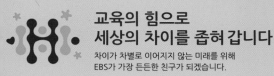

**교육의 힘으로
세상의 차이를 좁혀 갑니다**

차이가 차별로 이어지지 않는 미래를 위해
EBS가 가장 든든한 친구가 되겠습니다.

2025학년도
수능 연계교재
수능완성

사회탐구영역
생활과 윤리

KB214266

기획 및 개발	감수	책임 편집
박빛나리	한국교육과정평가원	이은미
김은미		
박 민		
여운성		

본 교재의 강의는 TV와 모바일 APP, EBSi 사이트(www.ebsi.co.kr)에서 무료로 제공됩니다.

발행일 2024. 5. 20. 3쇄 인쇄일 2024. 8. 29. 신고번호 제2017-000193호 펴낸곳 한국교육방송공사 경기도 고양시 일산동구 한류월드로 281

표지디자인 ㈜무닉 내지디자인 다우 내지조판 ㈜글사랑 인쇄 팩컴코리아㈜

인쇄 과정 중 잘못된 교재는 구입하신 곳에서 교환하여 드립니다. 신규 사업 및 교재 광고 문의 pub@ebs.co.kr

정답과 해설 PDF 파일은 EBSi 사이트(www.ebsi.co.kr)에서 내려받으실 수 있습니다.

교재 내용 문의	교재 정오표 공지	교재 정정 신청
교재 및 강의 내용 문의는 EBSi 사이트(www.ebsi.co.kr)의 학습 Q&A 서비스를 활용하시기 바랍니다.	발행 이후 발견된 정오 사항을 EBSi 사이트 정오표 코너에서 알려 드립니다. 교재 → 교재 자료실 → 교재 정오표	공지된 정오 내용 외에 발견된 정오 사항이 있다면 EBSi 사이트를 통해 알려 주세요. 교재 → 교재 정정 신청

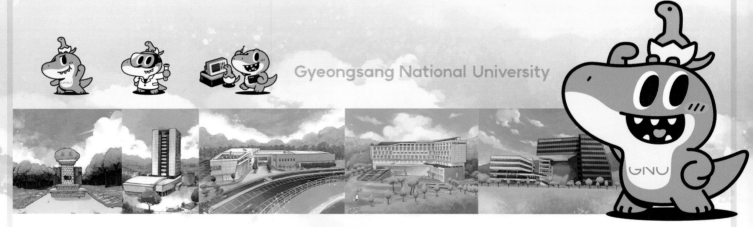

2025학년도

수능 연계교재

수능완성

★ ★ ★

사회탐구영역

생활과 윤리

이 책의 **차례** CONTENTS

이 책의 **구성과 특징** STRUCTURE

테마별 교과 내용 정리

주제별 핵심 개념을 쉽게 이해할 수 있도록 표, 그림, 모식도 등을 활용하여 체계적이고 일목요연하게 정리하였습니다.

수능 실전 문제

수능에 대비할 수 있는 다양한 유형의 문항들로 구성하여 응용력과 탐구력 및 문제 해결 능력을 향상시킬 수 있도록 하였습니다.

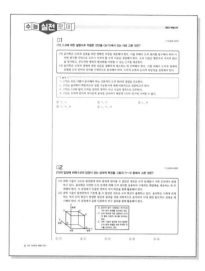

실전 모의고사

학습 내용을 최종 점검하여 실력을 테스트하고, 수능에 대한 실전 감각을 기를 수 있도록 수능 시험 형태로 구성하였습니다.

정답과 해설

정답의 도출 과정과 교과의 내용을 연결하여 설명하고, 오답을 찾아 분석함으로써 유사 문제 및 응용 문제에 대한 대비가 가능하도록 하였습니다.

학생
인공지능 DANCHQQ
푸리봇 문|제|검|색

EBS*i* 사이트와 EBS*i* 고교강의 APP 하단의 **AI 학습도우미 푸리봇**을 통해 문항코드를 검색하면 푸리봇이 해당 문제의 해설과 해설 강의를 찾아 줍니다. **사진 촬영으로도 검색**할 수 있습니다.

문제별 문항코드 확인   문항코드 검색

[24058-0001]   24058-0001
1. 아래 그래프를 이해한 내용으로 가장 적절한 것은?

[24058-0001]
사진 촬영 검색

선생님
EBS 교사지원센터
교재 관련 자|료|제|공

교재의 문항 한글(HWP) 파일과 교재이미지, 강의자료를 무료로 제공합니다.

⬇ 한글다운로드   🖼 교재이미지   📄 강의자료

• 교사지원센터(teacher.ebsi.co.kr)에서 '교사인증' 이후 이용하실 수 있습니다.
• 교사지원센터에서 제공하는 자료는 교재별로 다를 수 있습니다.

실천 윤리와 윤리 문제에 대한 탐구

① 현대인의 삶과 다양한 윤리적 쟁점

(1) 인간의 삶과 윤리

① 인간의 특성과 윤리

- 인간의 삶은 유한하고 일회적이며, 인간은 열려 있는 존재임
- 인간은 자신의 경험과 사유를 바탕으로 좋은 삶을 살아가기 위해 끊임없이 노력함

② 윤리의 의미와 특징

- 의미: 인간으로서 지켜야 할 행동의 기준이나 규범
- 특징: 당위적 태도를 강조하며 규범성을 지님

(2) 현대 사회의 다양한 윤리 문제

① 새로운 윤리 문제의 등장

- 과학 기술의 발달과 더불어 사회 구조가 복잡해지고 다양해짐
- 과거에는 발생하지 않았던 새로운 윤리 문제에 직면함 → 전통적인 윤리 규범만으로는 새로운 윤리 문제를 설명하거나 해결하기 어려움

② 현대 사회의 다양한 윤리 문제

구분	핵심 문제
생명 윤리	인공 임신 중절, 자살, 안락사, 뇌사, 생명 복제, 동물 실험과 동물의 권리 등 삶과 죽음 및 생명의 존엄성 등에 관한 문제
성과 가족 윤리	사랑과 성의 관계, 성차별, 성의 자기 결정권, 성 상품화, 결혼과 부부 윤리, 노인 소외 등에 관한 문제
사회 윤리	직업 윤리, 공정한 분배, 처벌, 시민 불복종 등에 관한 문제
과학 기술과 정보 윤리	과학 기술의 가치 중립성과 사회적 책임, 정보 기술과 매체의 발달 등에 관한 문제
환경 윤리	인간과 자연의 관계, 기후 변화, 미래 세대에 대한 책임, 생태계의 지속 가능성 등에 관한 문제
문화 윤리	예술, 대중문화, 의식주, 소비, 다문화, 종교 등에 관한 문제
평화 윤리	사회 갈등, 통일, 국제 분쟁, 해외 원조 등에 관한 문제

② 실천 윤리학의 성격과 특징

(1) 윤리학의 의미와 분류

① 의미: 도덕적 규범과 의무를 탐구하는 학문

② 특징: 인간의 도덕적 행위의 실천을 목적으로 삼고, 인간의 행위가 도덕적 차원에서 인정받기 위해 갖추어야 할 기준을 탐구함

③ 윤리학의 분류

규범 윤리학	이론 윤리학	도덕적 행위의 근거가 되는 도덕 원리를 탐구함 ⓔ 의무론, 공리주의, 덕 윤리 등
	실천 윤리학	도덕 원리를 적용하여 구체적 삶에 실천적 지침을 제공함 ⓔ 생명 윤리, 정보 윤리, 환경 윤리 등
메타 윤리학 (분석 윤리학)		도덕적 언어의 의미를 분석하고, 도덕적 추론의 타당성과 관련된 논리를 분석함
기술 윤리학		도덕적 관습이나 풍습 등을 경험적으로 조사하여 객관적으로 기술(記述)함

(2) 실천 윤리학의 등장 배경과 특징

① 등장 배경

- 현대 사회의 도덕 문제에 대한 실질적인 해결책을 제시하지 못하는 이론 윤리학의 한계
- 사회·문화적 변화와 과학 기술의 발달에 따른 새로운 윤리 문제의 등장 → 구체적, 실천적인 도덕 판단과 행위 지침이 필요함

② 특징

- 삶의 다양한 영역에서 발생하는 윤리 문제의 원인을 분석하고 이에 대한 해결책을 찾고자 함
- 다양한 영역에서 제기되는 문제와 과학 기술의 발달로 발생하는 새로운 윤리 문제를 다룸
- 윤리 문제의 해결을 위해 이론 윤리학의 연구 성과를 활용함
- 현실적인 도덕 문제의 해결을 위해 윤리 문제에 대한 학제적 접근을 강조함

자료와 친해지기 메타 윤리학의 탐구 과제

- 메타 윤리학은 어떤 행위가 옳은지를 제시하는 규범 윤리학의 본성과 규범적 속성의 존재론적, 인식론적 지위, 그리고 도덕 개념의 의미와 도덕 판단의 논리를 다루는 철학적 윤리학의 분야이다. 다시 말해 '옳음' 혹은 '좋음'이라는 속성이 존재하는지, 존재한다면 어떤 방식으로, 즉 책상이나 책상을 이루는 분자들과 동일한 혹은 다른 방식으로 존재하는지를 탐구하고, 이와 관련하여 '옳음' 혹은 '좋음'이 무엇을 의미하고 그것이 등장하는 판단의 진리치나 정당화가 어떻게 논의될 수 있는지를 탐구한다.
  − 서울대학교 철학사상연구소, 『처음 읽는 윤리학』 −
- 일반적으로 메타 윤리학의 과제는 두 가지로 구분된다. 첫째는 도덕적 논의에 사용되는 용어들의 의미를 분석하는 것이고, 둘째는 도덕적 신념이 참이냐 거짓이냐를 보일 수 있는 추론의 규칙과 인식의 방법을 검토하는 것이다. 첫째 과제는 의미론적인 문제이고, 둘째 과제는 논리적이고 인식론적인 문제이다.
  − 폴 테일러, 『윤리학의 기본 원리』 −

메타 윤리학은 규범 윤리학에서 사용되는 도덕적 용어의 의미 분석, 도덕적 추론의 논리적 타당성의 검증 등을 강조하는 학문이다. 메타 윤리학은 윤리학이 학문으로서 성립할 수 있는지에 대한 비판적인 검증을 강조한다.

③ 도덕적 탐구의 방법

(1) 도덕적 탐구의 의미와 특징

① 의미: 도덕적 지식을 통해 도덕적 의미를 새롭게 구성하는 지적 활동

② 특징: 도덕적 가치와 규범에 주목하여 탐구 대상의 옳고 그름, 선악을 밝혀 행위를 정당화하고 도덕적 실천을 하는 데 중점을 둠

③ 도덕적 탐구를 위한 사고 유형

논리적 사고	전제로부터 결론(주장)을 타당하게 도출하는지 사고함
합리적 사고	사고와 행위를 참된 근거와 원칙에 따라 사고함
비판적 사고	주장의 근거와 적절성에 대한 비판적 검토
배려적 사고	도덕적 감수성과 공감 능력

(2) 도덕적 탐구의 과정과 도덕적 추론의 방법

① 도덕적 탐구의 과정

❶ 윤리적 쟁점(딜레마) 확인	발생한 윤리적 문제의 쟁점과 원인을 검토하고, 관련된 사람들과의 관계 파악
❷ 자료 수집 및 분석	문제 해결을 위한 다양한 자료 수집과 분석
❸ 입장 채택 및 정당화 근거 제시	정당화 근거의 타당성 확보를 위해 노력(역할 교환 검사, 보편화 결과 검사, 공감과 배려 같은 도덕적 정서도 고려함)
❹ 최선의 대안 도출	토론이나 숙고, 성찰을 통해 최선의 대안 마련
❺ 반성적 성찰 및 입장 정리	탐구 과정을 통해 달라진 생각에 대한 반성과 정리

② 도덕적 추론의 방법

도덕 원리 (대전제)	규범적 차원에서 보편화 가능하며, 다른 사람들의 처지에서도 받아들일 수 있는지 검토함 (동물을 학대하는 행위는 옳지 않다.)
사실 판단 (소전제)	개념과 사실 관계를 명확하게 함 (공장식 동물 사육은 동물을 학대하는 행위이다.)
도덕 판단 (결론)	전제와 결론 사이에 논리적 오류가 없는지 검토함 (공장식 동물 사육은 옳지 않다.)

④ 윤리적 성찰과 실천

(1) 윤리적 성찰의 의미와 중요성

① 윤리적 성찰의 의미
  - 도덕 원리, 모범적인 도덕적 행동, 인격 특성 등을 판단의 준거로 사용하여 자신의 경험을 도덕적으로 판단함
  - 자신의 도덕적 경험에 대하여 반성적 사고를 하고, 도덕적 삶의 실천 방향을 결정함

② 윤리적 성찰의 중요성: 도덕적 자각을 하는 계기가 될 수 있고, 인격을 함양하는 데 도움을 줄 수 있으며, 지속적인 성찰을 통해 올바른 자아 정체성을 형성할 수 있음

(2) 윤리적 성찰의 방법

동양	유교	일일삼성(一日三省), 거경(居敬), 신독(愼獨)
	불교	참선(參禪)
서양	소크라테스	산파술(끊임없는 문답을 통해 자신의 무지를 자각할 수 있도록 돕는 방법)
	아리스토텔레스	중용(감정과 행동에서 적절함을 추구함)

(3) 토론을 통한 성찰

① 토론의 역할
  - 인간의 인식과 판단에서 오류 가능성을 줄이고 갈등을 원만하게 해결하는 데 도움을 줌
  - 주관적인 의견이 보편적인 앎의 형태로 나아가는 데 도움을 줌

② 일반적인 토론의 순서

❶ 주장하기	자신의 주장에 대한 근거를 찾고 자신의 주장을 발표함
❷ 반론하기	상대방 주장의 오류나 부당성을 밝힘
❸ 재반론하기	상대방 반론이 옳지 않음을 밝히거나 자기주장을 뒷받침할 만한 더 많은 근거를 제시함
❹ 정리하기	상대방의 반론을 참고하여 자신의 최종 입장을 발표함

(4) 윤리적 실천을 위한 도덕적 탐구와 윤리적 성찰

① 도덕적 탐구와 윤리적 성찰을 조화롭게 추구해야 함

② 도덕적 탐구와 윤리적 성찰을 통해 윤리적 실천으로 나아가야 함

자료와 친해지기 아리스토텔레스의 중용

마땅히 그래야 할 때, 또 마땅히 그래야 할 일에 대해, 마땅히 그래야 할 목적을 위해서, 마땅히 그래야 할 방식으로 감정을 갖는 것은 중간이자 최선이며 바로 그런 것이 탁월성에 속하는 것이다. 이와 마찬가지로 행위와 관련해서도 지나침과 모자람, 그리고 중간이 있다. 그런데 탁월성은 감정과 행위에 관련하고 이것들 안에서 지나침과 모자람이 잘못을 범하는 반면, 중간적인 것은 칭찬을 받고 또한 올곧게 성공한다. 탁월성은 중간적인 것을 겨냥하는 일종의 중용이다. …(중략)… 그런데 모든 행위와 모든 감정이 다 중용을 받아들이는 것은 아니다. 어떤 것들의 경우에는 애초에 나쁨과 묶여져서 이름을 받았기 때문이다. 예를 들어 심술, 파렴치, 시기와 같은 감정, 그리고 행위의 경우 절도, 살인과 같은 것들이 그런 것이다. 이 모든 것들이나 그와 같은 것들은 그것들의 지나침이나 모자람이 나쁘다고 이야기되는 것이 아니라 그것들 자체 때문에 나쁘다고 이야기된다.

— 아리스토텔레스, 『니코마코스 윤리학』 —

아리스토텔레스는 자신의 행위와 태도를 성찰하기 위한 기준으로 중용을 제시하였다. 중용이란 감정과 행위의 선택에서 지나침에 따른 악덕과 모자람에 따른 악덕 사이의 중간을 취하는 것으로, 구체적인 상황에서 마땅한 방식으로 감정과 행위의 선택이 이루어질 때 실현된다.

01
▶ 24058-0001

(가), (나)에 대한 설명으로 적절한 것만을 〈보기〉에서 있는 대로 고른 것은?

> (가) 윤리학은 도덕적 실천을 위한 명확한 지침을 제공해야 한다. 이를 위해서 도덕 원리를 탐구해야 하며 이러한 탐구를 기반으로 모두가 지켜야 할 도덕 이론을 정립해야 한다. 도덕 이론은 행위자의 자의적 판단을 방지하고, 부도덕한 행위의 합리화를 비판할 수 있는 근거를 제공한다.
>
> (나) 윤리학은 도덕적 명제에 대한 의문을 명확하게 해소하는 데 주력해야 한다. 이를 위해서 도덕적 명제에 포함된 도덕 언어의 의미를 구체적으로 분석해야 하며, 도덕적 논변의 논리적 타당성을 검증해야 한다.

> ┌ 보기 ┌
> ㄱ. (가)는 모든 사람이 준수해야 하는 근본적인 도덕 원리의 정립을 강조한다.
> ㄴ. (나)는 윤리학이 학문적으로 성립 가능한지에 대해 비판적으로 검증하고자 한다.
> ㄷ. (가)는 (나)와 달리 도덕을 당위의 영역이 아닌 사실의 영역으로 간주한다.
> ㄹ. (나)는 도덕적 언어의 의미론적 분석을 강조하기 때문에 (가)의 연구에 기여할 수 없다.

① ㄱ, ㄴ   ② ㄱ, ㄷ   ③ ㄴ, ㄹ
④ ㄱ, ㄷ, ㄹ   ⑤ ㄴ, ㄷ, ㄹ

02
▶ 24058-0002

(가)의 입장에 비해 (나)의 입장이 갖는 상대적 특징을 그림의 ㉠~㉤ 중에서 고른 것은?

> (가) 과학 기술이 고도로 발전함에 따라 종전에 찾아볼 수 없었던 새로운 도덕 문제들이 사회 곳곳에서 발생하고 있다. 윤리학은 다양한 도덕 문제에 대해 도덕 원리를 응용하여 구체적인 해결책을 제공하는 데 주력해야 한다. 이 과정에서 인접한 영역의 여러 학문을 함께 활용해야 한다.
>
> (나) 과학 기술이 발전하면서 기존에 볼 수 없었던 새로운 도덕 현상이 출현하고 있다. 윤리학은 사회에 존재하는 여러 도덕 현상이 발생한 원인과 결과를 경험 과학적으로 분석하여 이에 대한 합리적인 설명을 제시해야 한다. 이 과정에서 문화 인류학의 연구 결과를 함께 활용해야 한다.

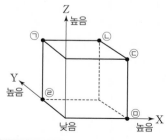

> • X: 윤리적 탐구 과정에서 연구자의 가치 판단 배제를 강조하는 정도
> • Y: 도덕 현상에 대한 설명보다 도덕적 행위 규범의 제시를 강조하는 정도
> • Z: 과학 기술의 발전에 따라 발생한 도덕 문제 해결을 위해 학제적 연구를 강조하는 정도

① ㉠   ② ㉡   ③ ㉢   ④ ㉣   ⑤ ㉤

03

▶ 24058-0003

(가)의 갑, 을, 병의 입장을 (나) 그림으로 탐구하고자 할 때, A~D에 들어갈 적절한 질문만을 〈보기〉에서 있는 대로 고른 것은?

(가)	갑: 인간이 어떻게 행위 해야 하는지에 대해 탐구해야 한다. 인간이 마땅히 따라야 할 도덕적 가치와 도덕 원리에 대한 탐구를 통해 일관적으로 적용할 수 있는 규범으로서 도덕 이론을 정립하는 것이 윤리학의 본질이다. 을: 인간이 어떻게 행위 해야 하는지에 대한 지침을 제시하는 도덕 명제에 사용되는 용어를 탐구해야 한다. '선함', '옳음' 등과 같은 용어의 의미를 밝혀 도덕 명제를 분석하는 것이 윤리학의 본질이다. 병: 인간이 어떻게 행위 하는지에 대해 사실적으로 탐구해야 한다. 도덕과 관련한 사회 구성원의 행동 방식과 행동의 요인이 되는 사람들의 도덕의식에 대해 객관적으로 기술하는 것이 윤리학의 본질이다.
(나)	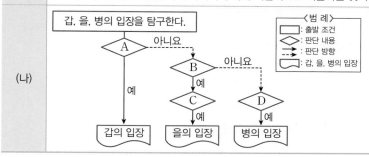

┌ 보기 ┐

ㄱ. A: 행위의 도덕적 정당성을 판단할 수 있는 기준의 정립을 윤리학의 목적으로 삼아야 하는가?
ㄴ. B: 도덕적 추론에 대한 타당성 검증보다 도덕적 관습의 실태 조사에 주력해야 하는가?
ㄷ. C: 도덕적 주장에 대한 논리적 타당성 분석을 윤리학의 탐구 과제로 삼아야 하는가?
ㄹ. D: 윤리학은 사회 집단에 존재하는 개인의 행위를 당위적으로 평가하는 학문인가?

① ㄱ, ㄴ   ② ㄱ, ㄷ   ③ ㄴ, ㄹ
④ ㄱ, ㄷ, ㄹ   ⑤ ㄴ, ㄷ, ㄹ

04

▶ 24058-0004

다음을 주장한 사상가의 입장으로 적절한 것만을 〈보기〉에서 고른 것은?

마음은 모든 일의 근본이고, 본성은 모든 선의 근원이다. 이를 위해 경(敬)의 공부가 필요하다. 경은 한곳에 몰입하여 다른 쪽으로 마음을 쓰지 않는 공부법이다. 즉 마음을 집중하여 항상 경각심을 가지면서 사사로운 욕심이 생기지 않도록 자기 성찰을 게을리하지 않는 것이다. 내면의 마음을 기르기 위해서는 밖으로 드러나는 행동을 살피는 것도 중요하다. 그런 까닭에 증자는 하루에 세 가지를 살피며 자기반성을 하였다. 거칠고 거만한 행동을 멀리하고, 얼굴빛은 믿음 있게 하며, 그릇된 말을 멀리하라고 강조한 것이다.

┌ 보기 ┐

ㄱ. 몸가짐을 단정히 하는 것은 마음을 바르게 하는 데 도움이 된다.
ㄴ. 마음공부를 위해서 자신의 행동에 대한 지속적인 성찰이 필요하다.
ㄷ. 악한 본성을 교화하기 위해 자신의 마음을 집중하는 태도가 필요하다.
ㄹ. 사욕을 제거하고 마음을 보존하기 위해 외부 세계와의 단절이 요구된다.

① ㄱ, ㄴ   ② ㄱ, ㄷ   ③ ㄴ, ㄷ   ④ ㄴ, ㄹ   ⑤ ㄷ, ㄹ

05
▶ 24058-0005

그림의 강연자가 지지할 입장으로 가장 적절한 것은?

규범 윤리학과 기술 윤리학, 메타 윤리학을 항상 상충하는 관계로 인식하는 경우가 많습니다. 그러나 기술 윤리학과 메타 윤리학의 연구가 도덕규범 정립에 도움을 주는 경우도 있습니다. 기술 윤리학은 사회의 도덕적 관행과 구성원의 도덕적 행위에 대한 인과 관계를 실증적으로 분석합니다. 규범 윤리학은 이러한 분석을 바탕으로 사회의 관습과 구성원의 행위를 규범적으로 평가하고, 해당 사회에 필요한 도덕규범을 제시할 수 있습니다. 도덕규범이 사람들에게 설득력을 갖기 위해서는 규범의 의미가 명확하고 논리적이어야 합니다. 이때 메타 윤리학이 필요합니다. 메타 윤리학은 도덕규범에 사용되는 용어의 의미를 밝히고, 규범의 논리적 타당성을 검증함으로써 체계적인 도덕규범 정립에 도움을 줄 수 있습니다.

① 규범 윤리학은 도덕 현상에 대한 사실적 지식을 활용할 수 없다.
② 메타 윤리학은 기술 윤리학과 달리 규범 윤리학과 항상 대립한다.
③ 기술 윤리학은 도덕적 추론에 대한 논리적인 구조 분석에 주력한다.
④ 기술 윤리학과 메타 윤리학은 도덕 판단의 기준 정립에 기여할 수 있다.
⑤ 메타 윤리학의 목표는 도덕 현상의 발생 원인을 과학적으로 분석하는 것이다.

06
▶ 24058-0006

(가)의 갑, 을, 병의 입장에서 서로에게 제기할 수 있는 비판을 (나) 그림으로 표현할 때, A~F에 해당하는 내용으로 가장 적절한 것은?

(가)	갑: 윤리학은 어떤 개인의 판단과 행위를 도덕적으로 평가할 수 있는 기준을 수립해야 한다. 선악을 판단할 수 있는 기반이 되는 도덕 이론을 수립함으로써 개인과 사회 전체가 지향해야 할 도덕적 방향을 제시할 수 있다. 을: 윤리학은 일상에서 발생하는 다양한 도덕 문제에 대해 윤리 이론을 적용하여 해결책을 제시하는 학문이다. 윤리 이론의 탐구만으로는 구체적인 해결책 도출에 한계가 있기 때문에 여러 학문을 함께 탐구해야 한다. 병: 윤리학은 어떤 사회에 존재하는 도덕 관행과 사회 구성원의 도덕적 사고 및 행위에 대해 가치 중립적으로 설명하는 학문이다. 도덕적 관행이 형성된 과정과 이에 대한 사람들의 인식 등을 객관적으로 기술해야 한다.
(나)	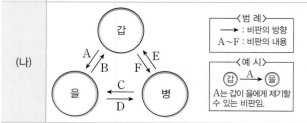

① A: 윤리 이론의 연구가 도덕적 딜레마 해결에 도움이 될 수 있음을 간과한다.
② B: 윤리학의 목적이 도덕적으로 바람직한 삶의 방향을 제시하는 것임을 간과한다.
③ C: 윤리적 탐구 과정에서 연구자가 경험 과학을 활용할 수 있음을 간과한다.
④ D와 F: 사회에 존재하는 도덕규범을 문화적 사실로 간주해야 함을 간과한다.
⑤ E: 윤리학은 연구자의 가치 판단을 배제하고 도덕 관행을 서술하는 학문임을 간과한다.

07

▶ 24058-0007

다음을 주장한 사상가의 입장으로 가장 적절한 것은?

> 마땅히 그래야 할 때, 또 마땅히 그래야 할 일에 대해, 마땅히 그래야 할 목적을 위해서, 또 마땅히 그래야 할 방식으로 감정을 갖는 것은 중간이자 최선이며, 바로 그런 것이 탁월성에 속하는 것이다. 이와 마찬가지로 행위에 관련해서도 지나침과 모자람, 그리고 중간이 있다. 지나침과 모자람이 잘못을 범하는 반면, 중간적인 것은 칭찬을 받고 또한 올곧게 성공한다. 탁월성은 합리적 선택과 결부된 품성 상태로 우리와의 관계에서 성립하는 중용에 의존한다. 이 중용은 이성에 의해, 실천적 지혜를 가진 사람이 규정할 방식으로 규정된 것이다. 중용은 두 악덕, 즉 지나침에 따른 악덕과 모자람에 따른 악덕 사이의 중용이다.

① 덕을 형성하기 위해 모든 행위에 적용되는 중용을 실천해야 한다.
② 유덕한 사람은 도덕적 문제 상황에서 이성의 판단에 따라 행위 한다.
③ 이성의 기능을 발휘하여 상황적 맥락을 고려하지 않고 행위 해야 한다.
④ 용기 있는 사람은 비겁한 사람과 달리 어떠한 두려움도 느끼지 않는다.
⑤ 지나침과 모자람에 따른 악덕을 피하기 위해 모든 감정을 제거해야 한다.

08

▶ 24058-0008

다음 가상 편지를 쓴 사상가의 입장으로 적절한 것만을 〈보기〉에서 있는 대로 고른 것은?

> ○○에게
>
> 오늘은 훌륭한 삶을 영위하기 위한 방법에 대해 말해보겠네. 훌륭한 삶을 위해서는 자신의 삶을 비판적으로 돌아보고 반성하는 태도가 필요하다네. 검토되지 않은 삶은 살 만한 가치가 없는 것이지. 그런데 많은 사람이 자신의 재산을 많이 모으거나 외적인 명성을 높이는 데만 마음을 쓰는 경우가 많은 것 같네. 그러나 진정으로 훌륭한 삶이란 진리를 깨닫기 위해 자신의 영혼을 최상의 상태로 돌보고 가꾸는 삶이라네. 진리를 깨닫기 위해서는 우리가 가진 이성 능력을 활용하여 대화를 해야 한다네. 대화를 통해 자신이 가진 생각의 오류를 발견할 수 있고, 이전에 알지 못했던 자신의 무지에 대해 깨달을 수 있다네. 자신의 무지를 깨달은 후, 지속적인 문답을 통해 우리는 자신의 내면에 내재한 참된 앎을 깨달을 수 있다네. 이러한 과정을 통해 보편적이고 절대적인 지식을 갖게 되면 우리는 그것을 행동으로 옮길 수 있다네.

┌ 보기 ┐
ㄱ. 이성을 활용한 문답의 대화가 진리 파악에 도움이 될 수 있다.
ㄴ. 참된 앎을 얻기 위해서는 자신의 삶에 대해 지속적으로 성찰해야 한다.
ㄷ. 보편적이고 절대적인 지식은 감각적 경험에 의존해야만 획득할 수 있다.

① ㄴ   ② ㄷ   ③ ㄱ, ㄴ   ④ ㄱ, ㄷ   ⑤ ㄱ, ㄴ, ㄷ

1 유교 윤리적 접근

(1) 유교 윤리의 특징

① 인간에게 도덕적 본성이 부여되어 있다고 여김: 공자는 인(仁)을 인간 내면의 도덕성으로 보았고, 맹자는 사단(四端)이 인간에게 선천적으로 주어져 있다고 봄

② 성실과 배려를 도덕적 삶의 실천에서 중요한 가치로 여김: 충서 (忠恕)를 통해 타인에 대한 사랑인 인(仁)을 실천하고자 함

충(忠)	자신의 정성을 다하는 것임
서(恕)	타인의 마음을 헤아리는 것으로, "자신이 원하는 바가 아니면 남에게도 행하지 마라."라는 것임

③ 구성원 간의 관계에 따른 역할과 책임을 강조함

공자	사회 구성원 각자가 자신의 역할과 신분에 맞는 덕을 실현해야 한다는 정명(正名)을 주장함
맹자	인간관계에서 지켜야 할 다섯 가지 의무인 오륜(五倫)을 강조함

④ 개인의 이익보다 사회 전체의 정의(正義)를 중요하게 여김

- 의로움을 추구하는 사람을 군자(君子)로, 자신의 이익만을 좇는 사람을 소인(小人)으로 구별함
- 이익을 보면 먼저 의로움을 생각할 것[見利思義]을 강조함
- 모두가 더불어 잘 사는 대동 사회를 이상 사회로 제시함

(2) 유교 윤리의 시사점

① 생명의 소중함을 알게 하여 환경 보호에 기여할 수 있음

② 현대 사회에서 심화되고 있는 인간 소외와 구성원 간의 갈등 문제를 해결하는 실천 덕목과 원리를 제공할 수 있음

③ 지나친 개인주의, 무책임한 태도에서 발생하는 다양한 문제의 근본 원인을 진단하고 이를 해결하는 데 도움을 줄 수 있음

2 불교 윤리적 접근

(1) 불교 윤리의 특징

① 연기(緣起)적 세계관

- 모든 존재가 인연으로 연결되어 있다는 연기의 깨달음을 강조함
- 연기에 대한 자각은 자기가 소중하듯 남도 소중하다는 자비(慈悲)의 마음으로 자연스럽게 이어짐

② 평등적 세계관: 살아 있는 모든 존재는 불성(佛性)을 지닌 평등한 존재임

③ 주체적 인간관: 인간은 누구나 주체적으로 계(戒)·정(定)·혜(慧)의 삼학(三學) 등과 같은 수행 방법을 통해 진리에 대한 깨달음을 얻을 수 있음

(2) 불교 윤리의 시사점

① 자비를 실천함으로써 보편적인 인류애를 발휘할 수 있음

② 무분별한 살생과 환경 파괴를 경계할 수 있어 생명 경시 풍조나 생태계 문제 해결에 기여할 수 있음

3 도가 윤리적 접근

(1) 도가 윤리의 특징

① 자연의 순리에 따르는 소박한 삶을 강조함

- 노자: 겸허(謙虛)와 부쟁(不爭)의 덕을 실천하여 자연 그대로의 모습대로 살아갈 것을 강조함 → 무위자연(無爲自然)의 삶
- 대규모의 집단생활보다 자연에 따라 평화롭고 소박하게 살아가는 소국과민(小國寡民)을 이상적 사회의 모습으로 제시함

② 도(道)의 관점에서 만물을 평등하게 바라볼 것을 강조함

- 장자: 좌망(坐忘)과 심재(心齋)의 수양을 통해 절대 자유의 경지에 이를 것을 강조함 → 제물(齊物)의 경지

(2) 도가 윤리의 시사점

① 내면의 자유로움을 추구함으로써 세속적 가치에 대한 지나친 욕망에서 벗어나게 하는 데 기여할 수 있음

② 인간을 자연의 일부로 보고 자연의 질서에 순응할 것을 강조함으로써 환경 문제를 해결하는 데 도움을 줄 수 있음

자료와 친해지기 노자의 이상적 인간

- 스스로를 드러내는 사람은 밝을 수 없고, 스스로를 의롭다고 하는 사람은 빛나지 않으며, 스스로를 과시하는 사람은 공이 없고, 자만하는 사람은 오래갈 수 없다.
- 굽으면 온전할 수 있고, 구부리면 펼 수 있고, 움푹하면 채울 수 있고, 오래되면 새로울 수 있고, 적으면 얻을 수 있고, 많으면 미혹될 수 있다. 그러므로 성인(聖人)은 이 원칙을 준수하여 세상사에 모범이 된다. 그는 스스로 드러내지 않으니 밝을 수 있다. 스스로 옳다 하지 않으니 드러날 수 있다. 스스로 자랑하지 않으니 공이 있을 수 있다. 자만하지 않기에 오래갈 수 있다. 그는 남들과 다투지 않으니 천하에 그와 대적할 상대가 없다.

– 노자, 『도덕경』 –

노자에 따르면 이상적 인간은 소박하고 자연적인 덕을 유지하는 사람이다. 즉 이상적 인간은 인위적인 가치나 규범을 추구하지 않으며 자연에 따른 삶을 살아간다. 또한 도(道)의 관점에서 만물을 바라보며 대립과 차별을 지양하는 삶을 살아간다.

④ 의무론적 접근

(1) 자연법 윤리

① 자연법: 인간의 본성에 의거하는 절대적인 법으로, 모든 인간에게 자연적으로 주어져 있는 보편적인 법

② 자연법 윤리: 자연법을 윤리의 기초로 보는 이론으로, 자연의 질서를 따르는 행위는 옳지만 그것을 어기는 행위는 그르다고 봄

③ 스토아학파: 인간은 누구나 자연법을 파악할 수 있는 이성을 가지고 있음

④ 아퀴나스: 인간이 본성적으로 지니는 자연적 성향으로 자기 보존, 종족 보존, 신과 사회에 대한 진리 파악을 제시함

⑤ 자연법 윤리는 인간이 본성적으로 지니는 자연적 성향으로부터 생명의 불가침성과 존엄성, 인간 양심의 자유, 만민 평등 등의 자연법적 권리를 도출함

(2) 칸트 윤리

① 도덕성을 판단할 때 행위의 결과보다 동기를 중시하면서 의무 의식과 선의지에서 비롯된 행위만이 도덕적 가치를 지닌다고 봄

② 이성적이고 자율적인 인간은 보편적 도덕 법칙을 의식할 수 있음

③ 도덕 법칙(정언 명령)

보편주의	"네 의지의 준칙(격률)이 언제나 동시에 보편적 입법의 원리가 될 수 있도록 행위 하라."
인격주의	"너 자신과 다른 모든 사람의 인격을 결코 단순히 수단으로만 취급하지 말고 언제나 동시에 목적으로 대우하도록 행위 하라."

(3) 의무론적 윤리의 시사점

① 자연법 윤리: 인간의 자연적 생명권과 신체의 완전성을 해치는 행위를 반대하는 입장의 이론적 근거를 제공함

② 칸트 윤리: 보편적인 윤리를 확립하고, 인간 존엄성의 정신을 강조하여 인권 보호에 기여할 수 있음

⑤ 공리주의적 접근

(1) 공리주의의 기본 입장

① 윤리관: 쾌락은 선이고 고통은 악이며, 행복이 삶의 목적임

② 도덕과 입법의 원리: '공리' 또는 '최대 다수의 최대 행복의 원리'

(2) 공리주의 사상가의 입장

벤담 (양적 공리주의)	모든 쾌락은 질적으로 동일하며 양적인 차이만 있음 → 쾌락을 계산하기 위한 일곱 가지 기준을 제시함
밀 (질적 공리주의)	쾌락의 양뿐만 아니라 질적인 차이까지도 고려해야 함

(3) 행위 공리주의와 규칙 공리주의

행위 공리주의	공리의 원리를 개별 행위에 적용하여 개별 행위가 가져오는 쾌락이나 행복에 따라 행위의 옳고 그름을 결정함
규칙 공리주의	어떤 규칙이 최대의 유용성을 산출하는지 판단한 후, 그 규칙에 부합하는 행위를 옳은 행위로 봄

(4) 공리주의의 시사점: 도덕의 목적이 행복 증진에 있음을 분명히 하고, 개인의 행복과 사회 전체의 행복을 조화시키려고 함

⑥ 덕 윤리적 접근

(1) 현대 덕 윤리의 특징

① 아리스토텔레스의 사상에 뿌리를 두고 있음

② 행위자 중심의 윤리: 행위자의 성품을 먼저 평가하고, 이를 근거로 행위의 옳고 그름을 판단해야 한다고 봄

③ 자연적 감정과 동기 중시: 인간의 감정과 인간관계에 주목함

④ 매킨타이어: 공동체의 전통과 역사에 주목하여, 도덕적 판단에서 구체적이며 맥락적인 사고를 중시할 것을 주장함

(2) 현대 덕 윤리의 시사점: 개인의 도덕적 실천력을 높이는 데 기여함

⑦ 도덕 과학적 접근

(1) 신경 윤리학: 도덕 판단 과정에서 이성과 정서의 역할, 자유 의지나 공감 능력의 여부 등을 과학적 측정 방법을 통해 입증하고자 함 ⑩ 뇌의 전면 영상을 보여 주는 장치 등을 활용하여 입증

(2) 진화 윤리학: 이타적 행동 및 성품과 관련된 도덕성은 자연 선택을 통한 진화의 결과라고 주장하며, 인간의 이타적 행위를 생물학적 적응의 산물로 봄

(3) 도덕 과학적 접근의 시사점: 도덕적 판단과 행동의 과정, 도덕성의 형성 요인 등에 대한 과학적 해명에 도움을 줌

자료와 친해지기 **밀의 질적 공리주의**

어떤 종류의 쾌락이 다른 것보다 더 바람직하고 가치 있다는 사실을 인정한다고 해서 공리주의 원리와 어긋나는 것은 결코 아니다. 쾌락 이외의 다른 것을 평가할 때는 양뿐만 아니라 질도 고려하면서 쾌락에 대해 평가할 때는 오직 양만 따져 보아야 한다고 말한다면 전혀 설득력이 없다. 쾌락의 질적 차이가 무슨 뜻이냐, 또는 양이 더 많다는 것을 제외하고 어떤 쾌락을 다른 쾌락보다 가치 있게 만드는 것이 무엇이냐고 질문한다면 이에 대해 할 수 있는 대답은 하나뿐이다. 만일 두 가지 쾌락이 있는데, 이 둘을 모두 경험해 본 사람 전부 또는 거의 전부가 도덕적 의무 같은 것과 관계없이 그중 하나를 더 뚜렷하게 선호한다면 그것이야말로 더욱 바람직한 쾌락이라고 할 수 있을 것이다. …(중략)… 만족해하는 돼지보다 불만족스러워하는 인간이 되는 것이 더 낫다. 만족해하는 바보보다 불만을 느끼는 소크라테스가 더 나은 것이다. …(중략)… '최대 행복 원리'를 따를 경우, 우리 자신의 이익을 고려하든 아니면 다른 사람의 이익을 고려하든, 가능한 한 고통이 없고 또 질적으로나 양적으로 할 수 있는 한 최대한 즐거움을 만끽할 수 있는 그런 존재 상태에 이르는 것이 궁극적 목적이 된다.

– 밀, 「공리주의」 –

밀은 쾌락의 질적 차이를 인정하는 입장이 공리의 원리에 부합할 수 있다고 주장하였다. 그렇다면 어떤 쾌락이 질적으로 높은 쾌락이라고 할 수 있을까? 밀은 비교하려는 두 가지 쾌락을 모두 경험해 본 사람 전부 혹은 대다수가 선호하는 쾌락이 질적으로 높은 쾌락이라고 보았다.

01

▶ 24058-0009

(가)의 갑, 을 사상가들의 입장을 (나) 그림으로 표현할 때, A~C에 해당하는 적절한 진술만을 〈보기〉에서 있는 대로 고른 것은?

(가)	갑: 사람이 금수와 다른 점은 지극히 미미하다. 보통 사람들은 이것을 내버리고 군자는 그것을 보존한다. 순임금은 사물의 이치에 밝았고 인륜(人倫)을 잘 살펴서 인의(仁義)에 순응하여 행동했던 것이지 인의를 억지로 행한 것이 아니다. 을: 물오리는 비록 다리가 짧지만 길게 이어 주면 괴로워하고, 두루미의 다리는 길지만 짧게 잘라 주면 슬퍼한다. 본래부터 긴 것을 잘라서는 안 되며, 본래부터 짧은 것을 이어 주어도 안 된다. 인의란 사람의 참된 모습이 아니다.
(나)	갑 을 A B C 〈범례〉 A: 갑만의 입장 B: 갑, 을의 공통 입장 C: 을만의 입장

보기

ㄱ. A: 하늘이 인간에게 부여한 도덕적 본성에 따라 살아가야 한다.
ㄴ. B: 이상적 인간이 되기 위해서 지속적인 수양에 힘써야 한다.
ㄷ. B: 감각적 욕망에 대한 절제를 통해 인의의 본성을 보존해야 한다.
ㄹ. C: 만물을 차별하는 태도에서 벗어나 예(禮)와 일치하는 삶을 살아야 한다.

① ㄱ, ㄴ　　　　　　② ㄴ, ㄷ　　　　　　③ ㄷ, ㄹ
④ ㄱ, ㄴ, ㄹ　　　　⑤ ㄱ, ㄷ, ㄹ

02

▶ 24058-0010

다음을 주장한 사상가의 입장으로 가장 적절한 것은?

무명(無明)을 인연(因緣)하여 행(行)이 있고, 행을 인연하여 식(識)이 있으며, 식을 인연하여 명색(名色)이 있고, 명색을 인연하여 육입(六入)이 있다. 육입을 인연하여 촉(觸)이 있고, 촉을 인연하여 느낌이 있고, 느낌을 인연하여 애착이 있고, 애착을 인연하여 취함이 있고, 취함을 인연하여 존재가 있다. 존재를 인연하여 태어남이 있고, 태어남을 인연하여 늙음과 죽음 그리고 순수한 큰 괴로움의 무더기가 모이는 것이다.

① 계율, 선정, 지혜를 함께 닦아 무명에 도달해야 한다.
② 고통의 원인이 집착임을 깨닫고 다른 존재에게 자비를 실천해야 한다.
③ 인간은 다른 생명체와 달리 수행을 통해 불변하는 실체를 확립할 수 있다.
④ 탐욕, 성냄, 어리석음을 제거하여 번뇌를 일으켜야 열반에 도달할 수 있다.
⑤ 연기(緣起)를 자각하여 만물이 독립적으로 존재한다는 것을 깨달아야 한다.

03

▶ 24058-0011

갑, 을 사상가들의 입장에서 〈사례〉 속 A에게 제시할 조언으로 적절한 것만을 〈보기〉에서 있는 대로 고른 것은?

갑: 인(仁)하지 못한 사람은 예(禮)를 행할 수 없다. 군자(君子)는 두루 사랑하고 편당(偏黨)하지 않으며, 소인은 편당하고 두루 사랑하지 않는다. 오직 인한 사람만이 사람을 좋아할 수도 미워할 수도 있다.

을: 이것이 있음으로써 저것이 있고, 저것이 있기 때문에 이것이 있는 것이다. 두 개의 갈대 단은 서로 의지하고 있을 때 서 있을 수 있으며, 두 개의 갈대 단에서 하나를 치운다면 다른 갈대 단도 역시 넘어진다.

〈사례〉

고등학생 A는 자신의 집 옆에 같은 학교에 다니고 있는 B와 그의 가족이 이사해 온다는 것을 알게 되었다. 가족 식사를 위해 집을 나선 A는 B가 무거운 이삿짐을 옮기며 힘겨워하는 모습을 보았다. A는 이삿짐 옮기는 것을 도와야 할지 고민하게 되었다.

┌ 보기 ┐
ㄱ. 갑: 타인의 마음을 헤아려 자신의 행위를 결정해야 함을 명심하세요.
ㄴ. 갑: 자기 가족만을 사랑하는 태도를 통해 인(仁)을 온전히 실현할 수 있음을 명심하세요.
ㄷ. 을: 자신과 타인이 인연으로 연결되어 있음을 깨닫고 자비를 실천해야 함을 명심하세요.
ㄹ. 갑과 을: 타인을 돕는 행위를 지속적으로 실천함으로써 악한 본성을 변화시켜야 함을 명심하세요.

① ㄱ, ㄴ   ② ㄱ, ㄷ   ③ ㄷ, ㄹ
④ ㄱ, ㄴ, ㄹ   ⑤ ㄴ, ㄷ, ㄹ

04

▶ 24058-0012

다음을 주장한 사상가의 입장으로 적절한 것만을 〈보기〉에서 있는 대로 고른 것은?

• 지극한 덕이 이루어진 세상에서는 사람들이 새나 짐승과 함께 살고, 만물과 함께 나란히 모여 있었다. 아무 지식도 없어서 본래의 참모습을 떠나지 않았다. 아무 욕망도 없어서 그야말로 소박하다 할 수 있었다. 소박하므로 곧 백성의 자연스러운 본성도 온전했다.

• 천지는 큰 공이 있으면서도 말하지 않고 만물은 각기 생성의 이치를 지니면서도 설명하지 않는다. 성인(聖人)이란 천지의 아름다움에 근원을 두고 만물의 이치에 통달해 있다. 진인(眞人)은 역경을 거역하지 않고 성공을 자랑하지 않으며 아무 일도 꾀하지 않는다.

┌ 보기 ┐
ㄱ. 인위적인 노력을 통해 자연스러운 본성을 변화시켜야 한다.
ㄴ. 편협하고 상대적인 지식에서 벗어나기 위해 좌망(坐忘)해야 한다.
ㄷ. 수양을 통해 외물의 속박에서 해방된 정신적 자유의 경지에 도달할 수 있다.
ㄹ. 도(道)의 관점에서 만물 간 우열을 구분하는 제물(齊物)의 경지에 도달해야 한다.

① ㄱ, ㄴ   ② ㄱ, ㄹ   ③ ㄴ, ㄷ
④ ㄱ, ㄷ, ㄹ   ⑤ ㄴ, ㄷ, ㄹ

05

▶ 24058-0013

다음 가상 대화에서 ㉠에 들어갈 진술로 가장 적절한 것은?

① 백성이 많은 지식을 쌓을 수 있는 사회적 환경을 조성해야 함을 명심해야 한다네.
② 인(仁)과 예(禮)의 덕목을 내면화하여 백성을 교화해야 한다는 것을 명심해야 한다네.
③ 통치자의 이름이 널리 알려지면 이상 사회에 도달할 수 있다는 점을 명심해야 한다네.
④ 인위적인 문명의 발달을 강조할수록 국가가 혼란해질 수 있다는 것을 명심해야 한다네.
⑤ 백성 간의 분쟁을 해결하기 위해 각종 규범과 제도를 정립해야 한다는 것을 명심해야 한다네.

06

▶ 24058-0014

다음을 주장한 사상가의 입장으로 적절한 것만을 〈보기〉에서 있는 대로 고른 것은?

의무에 어긋나는 것으로 인식된 모든 행위는 비록 이런저런 의도에는 유용하다고 할지라도 무시해야 한다. 왜냐하면 이런 행위는 의무와 상충하기조차 하므로, 그것이 의무로부터 일어난 것일 수 있는지는 애초부터 이들 행위에서는 전혀 문제가 되지 않기 때문이다. 할 수 있는 한 선행을 하는 일은 의무이다. 천성적으로 동정심이 많은 사람도 있다. 이러한 사람은 허영심이나 사사로운 이익 같은 다른 동인(動因) 없이도 자기 주변 사람들에게 기쁨을 확대시키는 데서 내적 만족을 발견하고, 다른 사람의 만족을 기뻐할 수 있다. 그러나 이런 행위가 비록 의무에 맞다 하더라도 아무런 도덕적 가치를 갖지 못한다. 이 준칙에는 의무로부터 행하는 윤리적 내용이 결여되어 있기 때문이다.

┌─ 보기 ┐
ㄱ. 의무에 맞는 행위 중 의무로부터 나온 행위만이 도덕적이다.
ㄴ. 타인에 대한 동정심에서 비롯된 행위는 의무에 일치할 수 없다.
ㄷ. 행위가 사회에 미치는 결과에 따라 행위의 도덕적 가치가 결정된다.

① ㄱ   ② ㄷ   ③ ㄱ, ㄴ   ④ ㄴ, ㄷ   ⑤ ㄱ, ㄴ, ㄷ

07

▶ 24058-0015

갑, 을 사상가들의 입장으로 가장 적절한 것은?

> 갑: 덕은 하나의 습득된 인간의 성질로서 그것의 소유와 실천이 우리로 하여금 어떤 실천에 내재하고 있는 선을 성취할 수 있도록 해 주며, 또 그것의 결여는 결과적으로 그러한 선의 성취를 방해하는 그러한 성질이다. 인간은 본질적으로 하나의 이야기를 말하는 동물이다.
>
> 을: 공리의 원리는 이해 당사자의 행복을 증가시키거나 감소시키는 것처럼 보이는 경향에 따라서 각각의 행동을 승인하거나 불승인하는 원칙을 의미한다. 공동체는 가공의 조직체로서 구성원으로 간주되는 개인들로 이루어진다. 공동체의 이익이란 구성원들의 이익의 총합이다.

① 갑: 사회적 맥락을 배제하고 보편적 도덕 원리에 따라 행위 해야 한다.
② 갑: 개인은 공동체 속에서 덕을 학습하고 실천할 수 있는 기회를 부여받는다.
③ 을: 사회적 이익은 사회를 구성하는 개인들의 이익을 모두 합한 것보다 크다.
④ 을: 최대 다수의 행복을 실현하려는 동기에 따라 이루어진 모든 행위는 도덕적이다.
⑤ 갑과 을: 도덕 판단 시 행위 결과의 유용성보다 행위자의 품성을 중시해야 한다.

08

▶ 24058-0016

(가)의 갑, 을 사상가들의 입장을 (나) 그림으로 탐구하고자 할 때, A~C에 들어갈 적절한 질문만을 〈보기〉에서 있는 대로 고른 것은?

(가)	갑: 도덕 법칙은 신성하다. 인간은 충분히 신성하지는 않지만 인간의 인격 안에 있는 인간성은 인간에게 신성할 수밖에 없다. 전체 피조물 가운데 인간이 원하고 다룰 수 있는 모든 것은 한낱 수단으로만 쓰일 수 있다. 오직 인간 및 인간과 더불어 모든 이성적 피조물만이 목적 자체이다. 인간은 자유의 자율에 힘입어 신성한 도덕 법칙의 주체이다. 을: 이성적 피조물은 스스로와 다른 것들을 위해 예비함으로써 자신이 섭리의 협력자가 되는 한에서 다른 것들에 비해 우월한 방식으로 신적 섭리에 속한다. 그러한 이유로 이성적 피조물에 영원한 이성이 분유되어 마땅한 행위와 목적을 향하는 자연적 경향성을 갖는 것이다. 이성적 피조물 안에서 일어나는 영원법에 대한 참여가 자연법이라 불리는 것이다.
(나)	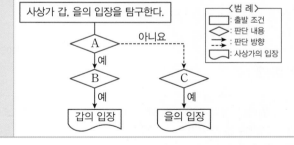

┌ 보기 ┐
ㄱ. A: 자연적 경향성에서 비롯된 행위만이 도덕적 가치를 가지는가?
ㄴ. B: 도덕 법칙에 대한 존경에서 나온 행위는 감정에 의한 행위이므로 도덕적 가치가 없는가?
ㄷ. C: 인간은 다른 동물과 마찬가지로 자기 보존을 추구하는가?
ㄹ. C: 행위의 도덕성 여부를 판단할 수 있는 보편적 도덕 원리가 존재하는가?

① ㄱ, ㄴ   ② ㄱ, ㄷ   ③ ㄷ, ㄹ
④ ㄱ, ㄴ, ㄹ   ⑤ ㄴ, ㄷ, ㄹ

09

▶ 24058-0017

그림의 강연자가 지지할 입장으로 적절한 것만을 〈보기〉에서 있는 대로 고른 것은?

인간은 다른 동물과 달리 자신과 친족이 아닌 타인의 이익을 위한 판단을 내리고, 이를 행위로 옮길 수 있는 도덕성을 갖고 있습니다. 이러한 도덕성의 본질을 진화론적인 관점에 따라 과학적으로 파악해야 합니다. 인류 진화의 역사는 곧 경쟁을 통해 하나의 부족이 다른 부족을 대체해 가는 과정이었습니다. 이러한 경쟁에서 승리하기 위한 주요 요인이 바로 도덕성이었습니다. 도덕적인 사람은 동정심을 갖고 있어서 기꺼이 타인을 도우려는 태도를 갖고 있으며, 자기 집단에 대한 충성심이 강하여 공공의 이익을 위해 행위 할 수 있습니다. 그렇기 때문에 도덕적인 사람이 많은 집단이 그렇지 않은 집단과의 경쟁에서 승리해 왔던 것입니다. 이러한 과정이 거듭되면서 도덕성이 높은 사람들이 생존하게 되었고, 후손을 남길 수 있었습니다. 이에 따라 도덕적인 사람이 인류 집단 내에서 대다수를 차지하게 되었고, 자연스럽게 도덕성이 인간의 본성적 능력으로 자리 잡게 되었습니다. 따라서 인간이 타인의 이익을 위해 행위 할 수 있게 된 근본적인 원인은 자신의 생존과 번식을 위해 진화한 본능인 것입니다.

┌─ 보기 ┌
ㄱ. 개인이 이타적인 행위를 하는 것은 생물학적인 적응의 결과이다.
ㄴ. 과학이 아닌 철학을 근거로 인간의 도덕성 발달에 대해 탐구해야 한다.
ㄷ. 도덕성은 인간의 자연적인 본능과 관계없이 진화를 통해 형성된 것이다.
ㄹ. 다른 동물과 구별되는 인간의 도덕성의 기원에 대한 인과적 설명이 가능하다.

① ㄱ, ㄴ   ② ㄱ, ㄹ   ③ ㄴ, ㄷ
④ ㄱ, ㄷ, ㄹ   ⑤ ㄴ, ㄷ, ㄹ

10

▶ 24058-0018

(가), (나)의 입장에 대한 설명으로 가장 적절한 것은?

(가) 선택의 상황에서 가능한 여러 행위에 공리의 원리를 직접 적용해야 한다. 어떤 행위가 다른 가능한 행위보다 결과적으로 더 큰 유용성을 산출한다면 그 행위는 도덕적으로 타당한 행위이다.
(나) 어떤 행위가 타당한 행위 규칙에 일치하면 옳고 위반되면 그르다. 타당한 행위 규칙이란 그것을 따를 때가 다른 어떤 규칙을 따를 경우보다 모든 사람에게 더 많은 행복과 더 적은 불행을 일으키는 규칙을 말한다.

① (가)는 (나)와 달리 개별 행위의 사회적 결과를 예측하는 것은 바람직하지 않다고 본다.
② (가)는 (나)와 달리 최대 다수의 최대 행복이라는 원리에 따른 행위를 도덕적이라고 본다.
③ (나)는 (가)와 달리 사회적 결과를 고려하지 않는 도덕 규칙의 수립이 필요하다고 본다.
④ (가)와 (나)는 인간의 자연적 경향성에 기초한 행위가 도덕적 가치를 가질 수 있다고 본다.
⑤ (가)와 (나)는 최대 다수의 최대 행복의 원리를 규칙이 아닌 개별 행위에 적용해야 한다고 본다.

11

▶ 24058-0019

(가)의 갑, 을, 병 사상가들의 입장에서 서로에게 제기할 수 있는 비판을 (나) 그림으로 표현할 때, A~F에 해당하는 내용으로 가장 적절한 것은?

(가)	갑: 선의지는 행복할 만한 자격 있음의 필요 불가결한 조건을 이루는 것이다. 행복의 원리가 준칙을 제공할 수 있기는 하지만 결코 의지의 법칙으로 쓰일 그런 준칙을 제공할 수는 없다. 순수 실천 이성은 행복에 대한 요구를 포기하는 것이 아니라 단지 의무가 문제가 될 때는 그런 것을 전혀 고려하지 않으려 하는 것이다. 을: 최대 행복의 원리를 따를 경우 우리는 자신의 이익을 고려하든 아니면 다른 사람의 이익을 고려하든 가능한 한 고통이 없고 또 질적으로나 양적으로 할 수 있는 한 최대한 즐거움을 만끽할 수 있는 상태에 이르는 것이 궁극적 목적이 된다. 어떤 종류의 쾌락이 다른 것보다 더 바람직하고 가치 있다는 사실을 인정한다고 해서 공리의 원리와 어긋나는 것은 아니다. 병: 자연은 인류를 고통과 쾌락이라는 주인이 지배하도록 했다. 우리가 무엇을 해야 하는가를 지시해 주는 것은 고통과 쾌락뿐이다. 공리의 원리는 행복한 구조를 세우려는 목적을 지닌 체계의 토대이다. 어떤 행동이 공동체의 행복을 증가시키는 경향이 감소시키는 경향보다 더 클 경우 공리의 원리에 부합한다고 말할 수 있다.
(나)	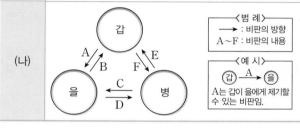 ⟨범 례⟩ → : 비판의 방향 A~F : 비판의 내용 ⟨예 시⟩ 갑 →A→ 을 A는 갑이 을에게 제기할 수 있는 비판임.

① A와 F: 타인의 행복을 증진하는 행위가 도덕적일 수 없음을 간과한다.
② B: 개인은 자기 자신의 행복 추구라는 동기에 따라 행위 할 수 있음을 간과한다.
③ C: 쾌락의 질적 차이를 인정하는 것이 최대 행복의 원리와 양립 가능함을 간과한다.
④ D: 행위에 영향을 받는 사람들의 행복을 증진하는 행위가 도덕적일 수 있음을 간과한다.
⑤ E: 최대 행복의 원리가 행위의 도덕적 가치를 판단하는 유일한 기준임을 간과한다.

12

▶ 24058-0020

다음 신문 칼럼의 입장으로 가장 적절한 것은?

○○ 신문	○○○○년 ○○월 ○○일

칼럼

신경 과학은 인간의 판단과 행위에 대한 새로운 이해의 가능성을 열어 주었다. 신경 과학에서 바라보는 바와 같이 인간의 판단과 행위가 이루어지기 위해서는 뇌의 신경 활동이 반드시 필요하다. 그러나 뇌의 신경 활동과 인간의 판단과 행위 사이에는 약한 상관관계가 있을 뿐, 인과적인 필연성은 없다. 행동을 위해 뇌의 신경 활동이 필수적인 것은 맞지만 뇌의 신경 활동만으로 인간의 행동을 모두 설명할 수 없는 것이다. 따라서 신경 과학이 모든 인간의 판단과 행위를 설명할 수 있는 만능열쇠는 아니다. 또한 신경 과학이 인간의 행위에 대한 설명을 일정 부분 제공할 수 있지만 인간 행위의 바람직한 방향을 제시해 주지는 못한다. 그렇기 때문에 신경 과학뿐만 아니라 규범 윤리학의 역할도 필요하다. 규범 윤리학은 신경 과학이 설명할 수 없는 인간 행위에 대한 도덕적 정당화의 근거를 제공하며, 나아가 인간의 자유 의지가 지향해야 할 윤리적 가치를 제시한다. 따라서 신경 과학과 규범 윤리학을 모두 활용하여 인간의 판단과 행위에 대한 객관적인 이해는 물론, 인간이 궁극적으로 나아가야 할 윤리적 방향에 대해서도 성찰해야 한다.

① 뇌의 신경 활동은 인간의 판단과 행동을 결정하는 유일한 요인이다.
② 신경 과학은 인간이 어떻게 행동해야 하는지에 대한 규범 원리를 제시한다.
③ 보편적 도덕 원리의 정립보다 도덕적 행위의 객관적 설명에 집중해야 한다.
④ 인간의 행위에 대한 과학적 분석과 더불어 도덕적 이상에 대한 탐구도 필요하다.
⑤ 규범 윤리학은 신경 과학과 달리 도덕 판단에 영향을 미칠 수 없으므로 불필요하다.

① 출생·죽음의 의미와 삶의 가치

(1) 출생의 생물학적·윤리적 의미

① 생물학적 의미: 수정된 생식 세포가 배아, 태아의 과정을 거쳐 모체에서 독립하는 것

② 윤리적 의미
- 유교: 도덕적 주체로 사는 삶의 출발점 → 삶은 하늘이 부여한 도덕적 본성을 실현하는 과정
- 자연법 윤리: 자신의 생명을 유지하고 종족을 번식하려는 자연적 성향을 실현하는 과정
- 가족과 사회 구성원으로 사는 삶의 시작: 다양한 인간관계의 시작

(2) 죽음의 윤리적 의미

① 죽음의 특성

평등성	죽음은 누구에게나 예외 없이 찾아옴
일회성	모든 사람은 죽음을 단 한 번 경험함
불가피성	죽음은 언제 닥칠지 모르지만 피할 수 없음
비가역성	죽은 사람을 다시 되살릴 수 없음

② 죽음에 대한 동양 사상의 입장

유교	• 죽음을 자연의 과정으로 여기면서도 애도해야 한다고 봄 • 공자: "사람을 섬길 줄도 모르면서 어떻게 귀신을 섬길 수 있으며, 삶도 아직 모르면서 어떻게 죽음을 알겠는가?" → 죽음보다는 도덕을 실천하는 삶에 더 관심을 가짐
불교	• 죽음[死]은 생(生), 노(老), 병(病)과 더불어 고통임 • 석가모니: "전생에 뿌려진 씨앗은 이번 생에 받는 것이고, 다음 생에 거둘 열매는 이번 생에 행하는 바로 그것이다." → 죽음은 윤회의 과정으로 현세의 행위가 죽음 이후의 삶을 결정한다고 봄
도가	• 삶과 죽음은 기(氣)가 모였다가 흩어지는 것 → 자연적이고 필연적인 과정 • 장자: 삶과 죽음에 대한 분별에서 벗어나 죽음에 초연할 것을 강조함

③ 죽음에 대한 서양 사상가들의 입장

플라톤	• 죽음 이후에 육체는 소멸하지만 영혼은 육체로부터 해방되어 이데아의 세계로 들어갈 수 있다고 봄 • "우리가 무엇인가를 순수하게 인식하려면 육체에서 벗어나야 하며, 오직 영혼만을 사용하여 사물 그 자체를 보아야 한다."
에피쿠로스	• 죽음은 인간을 구성하던 원자가 흩어져 개별 원자로 돌아가는 것임 • 인간은 죽음을 경험할 수 없기 때문에 죽음을 두려워할 필요가 없다고 봄 • "죽음은 우리에게 아무것도 아니다. 왜냐하면 우리가 존재하는 한 죽음은 우리와 함께 있지 않으며, 죽음이 오면 우리는 이미 존재하지 않기 때문이다."
하이데거	현존재인 인간만이 죽음을 염려할 수 있으며, 죽음 앞으로 미리 달려가 봄으로써 삶을 더욱 의미 있고 가치 있게 살 수 있다고 봄

② 출생·죽음과 관련된 윤리적 쟁점

(1) 인공 임신 중절의 윤리적 쟁점

① 인간의 지위를 인정하는 시기의 문제: 어느 시점부터 인간의 지위를 인정하느냐에 따라 인공 임신 중절에 대한 입장이 달라짐

② 인공 임신 중절 허용과 관련된 찬반 논거

찬성 논거	• 소유권 논거: 여성은 자기 몸에 대한 소유권을 지니며, 태아는 여성 몸의 일부임 • 자율성 논거: 여성은 자신의 삶을 자율적으로 결정할 수 있음 • 정당방위 논거: 여성은 자기방어와 정당방위의 권리를 지니기 때문에 일정한 조건하에서는 인공 임신 중절을 할 권리가 있음
반대 논거	• 존엄성 논거: 모든 인간 생명은 존엄하며, 태아 역시 인간임 • 무고한 인간의 신성불가침 논거: 잘못이 없는 인간인 태아를 해치는 것은 도덕적으로 옳지 않음 • 잠재성 논거: 태아는 일정한 발생 과정을 거쳐 성숙한 인간으로 발달할 잠재성을 가지고 있음

자료와 친해지기 죽음에 대한 장자의 입장

그가 처음 죽었을 때 나라고 어찌 슬픈 느낌이 없었겠는가. 그러나 그가 태어나기 이전을 살펴보니 본시는 삶이 없었던 것이었고, 삶이 없었을 뿐만 아니라 본시 형체조차도 없었던 것이었으며, 형체가 없었을 뿐만 아니라 본시 기운조차 없었던 것이었네. 흐릿하고 아득함 속에 섞여 있었으나 그것이 변화하여 기운이 있게 되었고, 기운이 변화하여 형체가 있게 되었고, 형체가 변화하여 삶이 있게 되었던 것이네. 지금은 그가 또 변화하여 죽어간 것일세. 이것은 봄·여름·가을·겨울 사계절이 운행하는 것과 같은 변화이니, 그 사람은 하늘과 땅이란 거대한 방 속에 편안히 잠들고 있는 것일세. 그런데도 내가 큰 소리를 내어 운다면 스스로 천명(天命)에 통하지 못한 것이라는 생각이 들어 울음을 그친 것이네. 　　　　　　　　　　－ 장자, 「장자」 －

아내의 죽음을 맞이한 장자는 삶과 죽음이 기(氣)가 모였다가 흩어지는 과정이며 사계절의 운행과 같이 자연스러운 것이므로 죽음에 대해 슬퍼할 필요가 없다고 보았다.

(2) 자살의 윤리적 문제

① 자신의 소중한 생명을 스스로 훼손하는 것임

② 인격을 훼손하고 자아실현의 가능성을 차단하는 것임

③ 가족, 친구 등 주변 사람들에게 깊은 슬픔과 고통을 안겨 주고, 사회 공동체의 결속을 약화시킴

④ 자살에 대한 동서양 사상의 입장

유교	부모로부터 받은 자신의 신체를 훼손하지 않는 것[不敢毁傷]이 효(孝)의 시작임
불교	불살생(不殺生)의 계율에 따라 모든 생명을 소중히 여기고 존중해야 함
자연법 윤리	자살은 인간의 자연적 성향인 자기 보존의 의무에 위배됨
칸트	자살은 고통을 피하기 위해 인격을 수단화하는 것임
쇼펜하우어	생에 대한 맹목적 의지가 고통의 원인인데, 고통을 피하기 위한 자살은 문제를 해결하는 것이 아니라 회피하는 것임

(3) 안락사의 윤리적 쟁점

① 안락사의 의미: 불치병으로 극심한 고통을 겪고 있는 회복 불가능한 환자 또는 그 가족의 요구에 따라 의료진이 인위적으로 개입하여 생명을 단축하는 행위

② 안락사의 유형

• 환자의 동의 여부에 따른 구분

자발적 안락사	환자의 직접적인 동의가 있는 경우
비자발적 안락사	환자의 직접적인 동의가 없고 가족 혹은 국가의 요구에 의한 경우

• 죽음에 이르게 하는 수단에 따른 구분

적극적 안락사	환자의 삶을 단축시킬 것을 의도하여 약물의 직접 주사 등 구체적인 행위를 능동적으로 행하는 경우
소극적 안락사	죽음의 진행 과정을 일시적으로 저지하거나 연명시킬 수 있는 의료 행위를 하지 않고 죽음에 이르게 하는 경우

③ 안락사 허용과 관련된 찬반 논거

찬성 논거	• 인간은 인간답게 죽을 권리를 가짐 • 인간은 자율적 주체로서 자신의 죽음과 관련하여 시기, 방법 등을 스스로 선택할 수 있음 • 불치병을 앓고 있는 환자에게 연명 치료를 하는 것은 본인과 가족에게 심리적·경제적 부담을 줌 • 연명 치료는 제한된 의료 자원을 효율적으로 사용하지 못하게 하여 사회 전체 이익에도 부합하지 않음
반대 논거	• 모든 인간의 생명은 소중함 • 인간은 자신의 죽음을 인위적으로 선택할 권리를 갖고 있지 않음 • 자연법 윤리: 삶이 고통스럽다는 이유로 죽음을 인위적으로 앞당기는 행위는 자연의 질서에 부합하지 않음 • 의료인의 기본 의무는 생명을 살리는 것이므로 의료인은 환자의 죽음을 앞당기는 의료 행위를 해서는 안 됨

(4) 뇌사의 윤리적 쟁점

① 뇌사의 의미

• 뇌간을 포함한 뇌의 활동이 회복될 수 없을 정도로 정지된 상태

• 뇌사에 이른 환자는 자발적 호흡이 불가능함

• 뇌사에 이른 환자는 가까운 시일 안에 심장과 폐 기능이 정지함

② 뇌사를 죽음으로 인정하면, 뇌사자의 장기를 다른 환자에게 이식할 수 있음 → 뇌사를 죽음의 판정 기준으로 인정해야 한다는 의견이 대두함

③ 뇌사를 죽음의 판정 기준으로 삼는 데 대한 찬반 논거

찬성 논거	• 뇌는 인간의 생명 활동을 관장하는 핵심 기관이기 때문에 뇌 기능이 불가역적으로 정지하면 이미 죽음의 단계에 들어선 것임 • 인공호흡기 등 의료 자원을 효율적으로 이용하는 데 도움을 줌 • 뇌사자의 장기를 장기 이식에 활용하여 다른 사람의 생명을 구할 수 있음
반대 논거	• 뇌사에 이르렀다 하더라도 연명 의료 기기를 이용하면 호흡과 심장 박동이 유지되므로 아직 죽음에 이른 것은 아님 • 의료 자원의 효율적 이용과 장기 이식을 위해 뇌사 문제에 접근하는 것은 생명의 존엄성을 경시하는 태도임 • 뇌사 판정의 오류 가능성이 존재함

자료와 친해지기 죽음에 대한 플라톤의 입장

우리가 무엇을 순수하게 인식하고자 한다면, 우리는 육체로부터 떠나야 하며 오로지 영혼만을 사용하여 사물 그 자체를 보아야 한다. 이것은 우리가 경험을 통해 알고 있는 사실이다. 죽었을 때에야 비로소 우리는 간절히 바라는 지혜를 얻을 수 있을 것이다. 그런데 그것은 우리가 살아 있는 동안에는 불가능한 일이며, 우리가 죽은 후에야 가능한 일이다.

– 플라톤, 『파이돈』 –

플라톤은 육체란 순수한 인식을 불가능하게 하는 감옥이라고 보았으며, 육체에 갇혀 있는 영혼이 죽음 이후에 영원불변한 이데아의 세계에 들어감으로써 참된 진리를 깨달을 수 있다고 보았다.

01

▶ 24058-0021

갑, 을 사상가들의 입장으로 옳지 않은 것은?

갑: 백이(伯夷)와 숙제(叔齊)*는 옛날의 현인(賢人)으로 그들은 평생 인(仁)을 구해서 마침내 인을 얻었으니 자신의 운명에 대해서 무슨 원망을 하겠는가. 비록 세상을 떠났지만 백이와 숙제는 그 뜻을 굽히지 않았고 그 몸을 욕되게 하지 않았다.

을: 죽거나 태어나는 것은 명(命)이다. 밤낮처럼 일정함이 있는 것이 자연인지라 사람이 관여하지 못하니 이것이 만물의 본모습이다. 사람들은 하늘을 부모로 여겨 온몸으로 사랑하는데 하물며 더 탁월한 것에 대해서는 어떻겠는가. 사람들은 세상의 군주가 자기보다 낫다고 여겨 목숨까지 바치는데 하물며 더 참된 것에 대해서는 어떻겠는가.

*백이와 숙제: 중국 주나라의 형제. 주나라 무왕이 은나라 주왕을 멸하자 이에 반대하며 산에 들어가 굶어 죽음

① 갑: 일찍 죽거나 오래 사는 것은 이상한 일이 아니다.
② 갑: 자신을 희생하여 인을 이룬다면 죽어도 여한이 없다.
③ 을: 죽음에 초연하는 것은 자연의 순리(順理)에 어긋나는 것이다.
④ 을: 도(道)의 자연스러움의 실현이 인위적인 도덕규범의 실천보다 중요하다.
⑤ 갑과 을: 죽음은 본래 피할 수 없는 것이므로 삶에 대한 과도한 집착을 버려야 한다.

02

▶ 24058-0022

다음 토론의 핵심 쟁점으로 가장 적절한 것은?

갑: 적극적 안락사는 불치병으로 극심한 고통을 받는 환자가 이로부터 벗어나기 위해 죽음에 대한 자기 결정권을 행사하는 것입니다. 인간은 누구나 자신의 신체에 대한 일을 스스로 결정할 권리를 지니므로 환자의 자율성은 존중되어야 합니다.

을: 물론 자신의 신체에 대한 인간의 자기 결정권은 존중되어야 합니다. 하지만 그러한 자기 결정권은 생명의 존엄성에 기초하여 행사될 때만 정당화될 수 있습니다. 적극적 안락사는 타인의 조력을 통해 환자를 죽게 만드는 것으로 이는 생명을 경시하는 것입니다.

갑: 아닙니다. 죽음에 대한 자기 결정권의 보장은 인간을 자기 책임 능력을 지닌 인격이라는 관점에서 대우하는 것이므로 오히려 인간 생명의 존엄성과 고귀함을 강조하는 것입니다. 자기 신체에서 발생하는 모든 일에 대해 스스로 선택하고 결정하는 것이야말로 자기 운명의 주인으로서 책임을 다하는 것으로, 이에는 삶뿐만 아니라 죽음까지 포함되어야 합니다.

을: 그렇지 않습니다. 죽음에 대한 자기 결정권의 행사는 생명을 보존하려는 인간의 자연적 경향성에 어긋나는 것으로 인간 본성에 반하는 것입니다. 또한 죽을 권리를 인정하게 되면 적극적 안락사 허용의 근거가 마련되어 사회적 · 경제적 약자들에게 사회적으로 강요된 죽음이 이루어질 가능성도 배제할 수 없습니다.

① 자신의 신체에 대한 자기 결정권에 죽을 권리가 포함되어야 하는가?
② 적극적 안락사는 결과적으로 인간 생명을 죽음에 이르도록 하는 것인가?
③ 자신의 신체에 대한 자기 결정권은 어떠한 경우에도 정당화될 수 없는가?
④ 죽음에 대한 자기 결정권의 인정은 적극적 안락사의 정당화 근거가 될 수 있는가?
⑤ 인간 생명의 존엄성 보장과 자신의 신체에 대한 자기 결정권 보장은 상호 무관한가?

03

▶ 24058-0023

(가)의 갑, 을 사상가들의 입장을 (나) 그림으로 표현할 때, A~C에 해당하는 적절한 진술만을 〈보기〉에서 있는 대로 고른 것은?

(가)	갑: 오온(五蘊)의 새로운 구성이 태어남이고 그 해체가 죽음이다. 죽음은 현세의 업(業)에 따라 다음 세상에서 태어남으로 이어진다. 삶과 죽음은 생멸(生滅)의 과정에서 반복되는 것이니 생사(生死)에 집착할 필요가 없다. 을: 기(氣)가 변하여 형체가 있고 형체가 변하여 생명이 있으며, 이제 그것이 변하여 죽음이 있게 된다. 이는 사계절이 서로 자리를 바꿔 운행하는 것과 같다.
(나)	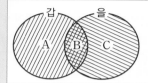 〈범례〉 A: 갑만의 입장 B: 갑, 을의 공통 입장 C: 을만의 입장

┌ 보기 ┐
ㄱ. A: 현세에서 자신이 지은 의도적 행위가 죽음 이후의 삶에 영향을 미친다.
ㄴ. B: 참된 진리에 대한 깨달음을 통해 죽음을 올바르게 이해할 수 있다.
ㄷ. B: 삶의 변화를 받아들이고 죽음에 집착하지 않는 태도를 지녀야 한다.
ㄹ. C: 연기(緣起)의 법칙을 깨달아 죽음의 고통에서 벗어나야 한다.

① ㄱ, ㄴ   ② ㄱ, ㄹ   ③ ㄷ, ㄹ
④ ㄱ, ㄴ, ㄷ   ⑤ ㄴ, ㄷ, ㄹ

04

▶ 24058-0024

갑, 을 사상가들의 입장에서 모두 긍정의 대답을 할 질문으로 가장 적절한 것은?

갑: 현존재는 죽음이 자신의 눈앞에 닥쳐올 때, 자신의 고유한 존재 가능성에 전적으로 마음을 쓰고 몰입하며, 다른 현존재와 교류할 여지를 완전히 잃어버린다. 현존재의 죽음은 더 이상 현존재일 수 없다는 가능성으로 현존재의 가장 독자적이고, 몰교섭적이고, 뛰어넘을 수 없는 가능성이다.
을: 사람들은 죽음을 가장 큰 악이라면서 두려워하는가 하면, 인생의 악을 멈추게 한다고 하면서 죽음을 열망한다. 하지만 현자는 삶을 도피하거나 삶의 중단을 두려워하지 않으며, 가장 즐거운 시간을 향유하고자 한다. 현자는 단순히 긴 삶이 아니라 가장 즐거운 삶을 원한다.

① 인간은 다른 동물처럼 죽음을 대면하고 죽음을 염려하는 존재인가?
② 죽음은 인간이 직면하는 가장 큰 악이므로 죽음을 회피해야 하는가?
③ 죽음의 본질이 무엇인지 인식하여 죽음 이후의 삶을 대비해야 하는가?
④ 죽음에 대한 사려 깊은 깨달음이 삶을 의미 있게 살아가는 데 기여하는가?
⑤ 인간은 유한한 존재이므로 죽음에 대해 올바른 인식을 하는 것이 불가능한가?

05
▶ 24058-0025

갑, 을, 병의 입장에 대한 설명으로 가장 적절한 것은?

> 갑: 인간 생명은 난자와 정자가 수정되는 순간부터 시작되고 이때부터 인격체로서 보호받아야 하므로, 방어 능력이 없는 태아가 지닌 생명에 관한 권리를 훼손하는 것은 옳지 않다.
>
> 을: 태아, 신생아, 성인은 모두 동일한 인간 종의 일원이지만 일정 조건을 충족하는 존재만이 인격체로서 보호받을 권리를 지닌다. 그런데 태아는 아직 성인이 아니므로 성인과 같은 인격체로 볼 수 없으며, 태아의 생명에 관한 권리도 제한될 수밖에 없다.
>
> 병: 태아는 임신부의 신체 중 일부이므로 인공 임신 중절 가능 여부는 임신부의 자유로운 결정에 맡겨야 한다. 또한 태아는 인격체가 아니므로 생명에 관한 권리를 갖지 못한다.

① 갑은 태아가 인격체가 아니므로 인공 임신 중절이 허용되어야 한다고 본다.
② 갑은 을, 병과 달리 태아의 인간 생명체로서의 도덕적 지위가 임신부와 차이가 없다고 본다.
③ 을은 병과 달리 태아의 생명권이 침해될 수 없는 절대적 가치를 지닌다고 본다.
④ 갑, 을은 병과 달리 태아의 생명에 대한 처분권이 임신부에게 부여될 수 있다고 본다.
⑤ 을, 병은 갑과 달리 태아가 지닌 생명권은 제한적으로 행사될 수 있다고 본다.

06
▶ 24058-0026

다음 가상 대화에서 ㉠에 들어갈 진술로 적절한 것만을 〈보기〉에서 있는 대로 고른 것은?

> 1 죽음이 언제, 어떻게 찾아올지 모른다는 점에서 우리는 누구나 불안을 지니고 있습니다. 선생님은 이에 대해 어떻게 생각하십니까?
>
> 2 죽음은 현존재에게 던져진 끝으로서 반드시 찾아오는 것이며 타인이 대신할 수 없습니다. 따라서 불안은 현존재 자신이 죽음을 향해 존재하며 현존재 자신의 실존에 죽음의 가능성이 속해 있다는 사실에서 비롯되는 것입니다.
>
> 3 그렇다면 불안에 대해 우리가 가져야 할 올바른 자세는 무엇인가요?
>
> 4 ㉠

──┤ 보기 ├──
ㄱ. 죽음으로부터 도피하지 말고 죽음 앞에서 불안을 받아들이려는 용기를 지녀야 합니다.
ㄴ. 죽음은 그것을 향한 선구(先驅)가 불가능한 미래의 일일 뿐이므로 불안을 회피하지 말아야 합니다.
ㄷ. 죽음은 가장 고유한 가능성이므로 불안이 없다면 현존재가 본래적 존재로 있을 수 없음을 깨달아야 합니다.

① ㄴ   ② ㄷ   ③ ㄱ, ㄴ   ④ ㄱ, ㄷ   ⑤ ㄱ, ㄴ, ㄷ

07

▶ 24058-0027

갑 사상가의 입장에 비해 을 사상가의 입장이 갖는 상대적 특징을 그림의 ⊙~⑩ 중에서 고른 것은?

> 갑: 지혜를 사랑하는 사람의 소원이 성취되어 죽음의 세계에 도착하면 이 세상에서 바라던 지혜를 얻게 될 희망이 있고 동시에 원수와 함께 있지 않게 될 것이다. 죽음의 세계에서만 지혜를 보람 있게 향유할 수 있다고 확신하는 사람은 죽음을 싫어할 수 없다.
>
> 을: 지혜로운 사람은 사려 깊음을 통해 죽음을 무서워하지 않고 마음의 평안을 추구한다. 모든 좋고 나쁨은 감각에서 발생하는데, 죽음이란 감각의 상실이다. 따라서 죽음은 우리에게 아무것도 아님을 깨달아야 한다.

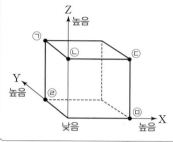

- X: 죽음 이후에 참된 진리에 이를 수 있음을 중시하는 정도
- Y: 죽음은 육체와 영혼이 모두 소멸되는 것임을 중시하는 정도
- Z: 죽음에 대한 올바른 인식이 최고선인 쾌락 추구에 기여할 수 있음을 인정하는 정도

① ⊙   ② ⓛ   ③ ⓒ   ④ ⓔ   ⑤ ⑩

08

▶ 24058-0028

(가)의 갑, 을, 병의 입장에서 서로에게 제기할 수 있는 비판을 (나) 그림으로 표현할 때, A~F에 해당하는 내용으로 가장 적절한 것은?

(가)	갑: 심장 박동과 호흡이 비가역적으로 정지된 심폐사만을 죽음으로 인정해야 한다. 심폐사는 죽음에 대한 전통적인 판정 기준으로 죽음의 시점을 확실하게 적시할 수 있어 이와 관련된 법적 문제를 최소화할 수 있다. 을: 인간 고유의 본질적 기능은 인식, 느낌, 기억, 의식의 정신 활동에 달려 있으므로 이를 담당하는 대뇌 피질의 고등 뇌의 기능이 정지되면 우리는 의식을 잃게 되고 기억이나 인식 내지 느낌도 상실하게 된다. 따라서 고등 뇌의 기능이 정지되는 것이 곧 죽음이다. 병: 뇌가 전체로서의 유기체를 통합하는 기능을 담당하는 중추 기관이므로, 뇌의 모든 기능이 상실되어 어떠한 치료를 위해 최선의 노력을 다하더라도 뇌가 회복될 수 없는 상태가 되었을 때 이를 죽음으로 간주해야 한다.
(나)	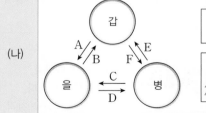

〈범 례〉
→ : 비판의 방향
A~F : 비판의 내용

〈예 시〉
갑 —A→ 을
A는 갑이 을에게 제기할 수 있는 비판임.

① A: 죽음이란 생명체로서의 생명이 아닌 인격체로서의 생명의 상실을 의미함을 간과한다.
② B와 D: 식물인간 상태의 환자는 자발적 호흡이 있어도 죽은 것으로 볼 수 있음을 간과한다.
③ C: 뇌사는 생물학적으로 죽음이 아닌 죽음에 이르는 과도기적 상태로 간주되어야 함을 간과한다.
④ E: 죽음의 기준을 정할 때 사망 시점에 대한 판정 가능 여부가 고려되어야 함을 간과한다.
⑤ F: 의학적 치료에 한계가 있음을 고려하여 삶과 죽음의 경계를 설정하는 것이 필요함을 간과한다.

09

▶ 24058-0029

(가)의 갑, 을 사상가들의 입장을 (나) 그림으로 탐구하고자 할 때, A~C에 들어갈 질문으로 가장 적절한 것은?

(가)	갑: 누가 무(無)를 머리로 삼고 삶[生]을 등뼈로 삼고 죽음[死]을 꽁무니로 삼을 수 있으며, 누가 삶과 죽음, 있음[存]과 없음[亡]이 한 몸임을 알겠는가. 을: 죽고 사는 것은 명(命)에 달려 있고 부유해지고 귀하게 되는 것은 하늘에 달려 있다. 군자는 위로는 하늘을 원망하지 않고 아래로는 남을 탓하지 않으며 명에 따라 살아갈 따름이다.
(나)	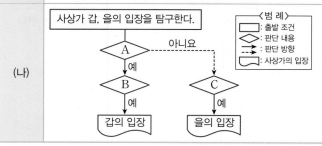

① A: 삶이 다한 뒤에는 자연스럽게 죽음이 이어지게 되는가?
② A: 삶은 그 자체로 다른 무엇보다 소중한 것임을 깨달아야 하는가?
③ B: 죽음은 상례(喪禮)를 통해 애도해야만 하는 슬픈 일인가?
④ B: 도(道)에 시작과 끝이 존재하듯이 모든 사람에게 삶과 죽음이 존재하는가?
⑤ C: 천명(天命)은 거역할 수 없으므로 생사(生死)에 얽매이는 것은 불필요한가?

10

▶ 24058-0030

다음을 주장한 사상가의 입장에서 〈문제 상황〉 속 A에게 제시할 조언으로 적절한 것만을 〈보기〉에서 있는 대로 고른 것은?

신의 이성의 영원한 법은 신의 마음속에 있는 그대로가 아니더라도 이미 계시를 통해서나 우리의 이성 작용을 통해서 부분적으로 알려져 있다. 자연법은 영원한 법이 이성적인 피조물에 관여한 것이므로, 자신의 선한 면을 보존하고 자연이 모든 동물에게 가르쳐 준 욕구를 채우며 신에 관한 지식을 추구하는 등 인간이 분명하게 정립할 수 있는 교훈으로 이루어져 있다.

〈문제 상황〉
A는 회사를 그만두고 의욕적으로 시작한 사업이 실패하면서 많은 빚을 지게 되어 고통스러운 나날을 보내고 있다. 다시 의욕적으로 일을 해보려 했지만 생각만큼 일자리를 구하기도 쉽지 않자 A는 삶을 포기해야 할지 고민하고 있다.

┌ 보기 ┐
ㄱ. 자살은 자신이 속한 공동체에 해를 끼치고 신이 부여한 본성을 거스르는 행위임을 깨달아야 합니다.
ㄴ. 자살은 고통을 피하고 행복을 추구하려는 자연적 성향에 근거하는 정당한 행위임을 이해해야 합니다.
ㄷ. 자살은 신에게 속한 권리를 자신이 행사하려는 것으로 인간에게는 자기 삶을 종식할 권리가 없음을 자각해야 합니다.
ㄹ. 자살은 도덕 원리의 참, 거짓을 인식하는 능력을 유일하게 지닌 존재인 신의 섭리에 어긋나는 행위임을 명심해야 합니다.

① ㄱ, ㄴ
② ㄱ, ㄷ
③ ㄷ, ㄹ
④ ㄱ, ㄴ, ㄹ
⑤ ㄴ, ㄷ, ㄹ

THEME 04 생명 윤리

① 생명 복제와 유전자 치료 문제

(1) 생명 윤리와 생명의 존엄성

① 생명 윤리의 의미: 생명을 책임 있게 다루는 것과 관련된 모든 경우에 대한 윤리적 고려

② 생명 윤리의 필요성: 생명의 존엄성에 대한 인식을 바탕으로 생명 과학 기술의 윤리적 정당성과 한계를 성찰하며, 생명 과학 기술의 건전한 발전을 추구함

③ 동서양의 생명관

동양	• 도가: 자연스럽게 태어나고 자라는 것을 인위적으로 조장하는 일은 바람직하지 못함 • 불교: 모든 생명은 연기를 바탕으로 상호 의존 관계에 있고, 인간은 함부로 살생을 하지 말아야 함
서양	그리스도교: 신의 피조물인 생명은 존엄하면서도 일정한 위계를 가짐

(2) 생명 복제와 관련된 생명 윤리 문제

① 생명 복제의 의미: 동일한 유전 형질을 가진 생명체를 만들어 내는 기술

② 생명 복제의 구분: 동물 복제와 인간 복제로 나뉨

③ 동물 복제에 대한 입장

찬성 입장	• 동물 복제를 통해 우수한 품종을 개발·유지할 수 있음 • 희귀 동물을 보존하고, 멸종 동물을 복원할 수 있음
반대 입장	• 동물 복제는 자연의 질서에 어긋나는 행위임 • 동물 복제는 종의 다양성을 해칠 수 있음 • 동물의 생명이 인간의 유용성을 위한 도구가 될 수 있음

④ 인간 복제에 대한 입장

• 배아 복제의 윤리적 쟁점

찬성 입장	• 복제 과정에서 이용하는 배아는 아직 완전한 인간이 아님 • 생식 초기에 관한 연구, 인체 조직과 장기 복구, 질병 치료 등에 활용할 수 있음
반대 입장	• 복제 배아는 인간의 지위를 지닌 생명이므로 보호되어야 함 • 복제 과정에서 수많은 난자를 사용하여 여성의 건강권과 인권을 훼손할 수 있음

• 개체 복제의 윤리적 쟁점

찬성 입장	• 불임 부부가 유전적 연관이 있는 자녀를 가질 수 있음 • 복제 인간도 서로 다른 선택과 경험, 환경에서 독자적인 삶을 살아갈 수 있음
반대 입장	• 인간의 존엄성 훼손: 복제를 원한 사람의 의도에 따라 복제 인간을 도구로 이용할 수 있음 • 자연스러운 출산 과정 위배: 출생의 자연적 우연성을 훼손할 수 있음 • 인간의 고유성 위협: 복제된 인간은 체세포를 제공한 사람과 유전 형질이 같으므로 자신의 고유성을 갖기 어려움 • 가족 관계에 혼란 초래: 체세포와 난자를 제공한 사람과 복제 인간이 부모 자녀 관계인지 형제자매 관계인지 불분명함

(3) 유전자 치료와 관련된 생명 윤리 문제

① 유전자 치료의 의미: 질병을 치료하기 위해 체세포 또는 생식 세포 안에 정상 유전자를 넣어 유전자의 기능을 바로잡거나 이상 유전자 자체를 바꾸는 치료법

② 구분: 치료 대상에 따라 체세포 유전자 치료와 생식 세포 유전자 치료로 나뉨

 자료와 친해지기 인간 유전자 조작에 대한 하버마스의 입장

어쨌든 계속해서 해명되고 있는 인간의 유전자를 조합하는 조작과 곧 진화 자체를 인간의 손아귀에 쥘 수 있게 될 것이라는 많은 유전학자의 기대는 지금껏 우리의 통제를 벗어나 있던 바로 그 영역들에서 주관적인 것과 객관적인 것, 자연 발생적인 것과 만들어진 것 사이의 범주적 차이를 지우고 있다. 여기서 문제는 우리가 지금까지 우리의 자기 서술에서 불변적으로 가정했던 깊게 뿌리내린 범주적 차이를 생명 공학적으로 해체시키는 것이다. 그것은 인류 전체와 연관된 우리의 윤리적 자기 이해를 변화시켜 그로부터 또한 도덕적 의식이 영향을 받게 될 것이다. 다시 말해 우리가 우리 자신만을 오직 자신의 삶의 저자이자 도덕 공동체의 평등한 권리를 지닌 성원이라고 이해할 수 있게 해 주었던 그러한 자연 발생성의 조건이 변화될 수도 있다는 것이다. 나는 자신의 유전 정보가 프로그래밍되었다는 데 대한 인식이 우리가 몸으로서 존재하고 어쩌면 우리의 몸이라는 데 대한 자명성을 방해하며, 그와 더불어 본래부터 비대칭적인 새로운 유형의 인격체들 사이의 관계가 등장할 것이라고 우려한다.　　　　　　　　　　　　　　　　－ 하버마스, 『인간이라는 자연의 미래』 －

하버마스는 인간 유전자 조작을 통한 우생학적 시도가 인간의 윤리적 자기 이해를 변화시킬 수 있다고 주장하였다. 그는 인간 유전자 조작이 자연적으로 태어났다는 데서 출발하는 인간 각자의 주체성과 자율성, 그리고 이에 근거한 인간 간의 평등한 관계를 깨뜨릴 수 있다고 보았다.

③ 체세포 유전자 치료
- 의미: 유전자 운반체인 바이러스를 이용해 유전 물질을 환자의 체세포에 삽입하여 질병을 치료하는 방법
- 특징: 치료를 위해 주입된 유전자는 주로 환자 개인에게만 영향을 끼치므로 환자의 질병 치료를 위해 제한적으로 허용하고 있음. 단, 생명 의료 윤리 원칙에 따른 과학적·의학적·윤리적 검토가 지속적으로 필요함

④ 생식 세포 유전자 치료의 윤리적 쟁점
- 의미: 수정란이나 발생 초기의 배아에 유전 물질을 삽입하여 질병을 치료하는 방법
- 특징: 생식 세포에 영향을 주어 변형된 유전적 정보가 후세대에 직접적인 영향을 미침 → 윤리적으로 논란의 소지가 있음
- 생식 세포 유전자 치료에 대한 찬반 논거

찬성 논거	• 병의 유전을 막아 다음 세대의 병을 예방할 수 있음 • 유전병을 퇴치하는 등 의학적으로 유용함 • 유전 질환을 물려주지 않으려는 부모의 자율적 선택을 존중하는 것임 • 새로운 치료법 개발을 통해 경제적 효용 가치를 산출할 수 있음
반대 논거	• 미래 세대의 동의 여부가 불확실함 • 의학적으로 불확실하고 임상적으로 위험할 수 있음 • 인간의 유전자를 강화하고자 하는 우생학을 부추길 수 있음 • 고가의 치료비로 인해 그 혜택이 일부 사람에게 치중되어 분배 정의에 어긋날 수 있음

② 동물 실험과 동물 권리의 문제

(1) 동물 실험의 윤리적 쟁점
① 동물 실험의 의미: 의학 및 생명 과학 연구 과정에서 살아 있는 동물을 대상으로 수행하는 실험
② 동물 실험의 실태: 신약 개발을 위한 연구, 화장품과 세제 등 공산품의 안전성 검사, 실험 방법 교육 등에서 광범위하게 이루어지고 있으며, 다양한 종의 동물이 실험에 사용되고 있음

③ 동물 실험에 대한 찬반 논거

찬성 논거	• 인간과 동물의 지위는 차이가 있고, 인간은 동물을 이용할 수 있음 • 인간과 동물은 생물학적으로 유사하여 동물 실험의 결과를 인간에게 적용할 수 있음 • 동물 실험으로 인간의 생명과 건강을 보호할 중요한 이익을 얻을 수 있음 • 동물 실험을 대신할 확실하고 믿을 만한 방안이 없음
반대 논거	• 인간과 동물은 존재 지위에 차이가 없음 • 인간과 동물은 생물학적으로 유사하지 않음 • 인간 세포와 조직을 이용한 실험, 컴퓨터 모의실험 등 대안적 방법이 존재함

(2) 동물 권리에 대한 논쟁
① 동물 권리에 관한 여러 가지 문제: 음식을 위한 동물 사육, 의복을 위한 동물 사육, 유희를 위한 동물 활용, 동물 학대와 유기, 야생 동물의 생존권 위협 등
② 논쟁의 핵심: 동물은 도덕적으로 고려받을 권리를 가지는가?
③ 동물의 도덕적 권리를 인정하지 않는 입장

아리스토텔레스	동물은 인간을 위해 존재하기 때문에 인간이 동물을 사용하는 것은 문제가 되지 않음
데카르트	동물은 이성이 없으므로 '자동인형' 또는 '움직이는 기계'에 불과함
칸트	동물을 잔학하게 다루는 것은 인간의 자기 자신에 대한 의무에 어긋남
코헨	동물은 윤리 규범의 고안 능력이나 자율성 등이 없으므로 도덕적 권리가 없음

④ 동물의 도덕적 권리를 인정하는 입장

벤담	동물도 고통을 느끼기 때문에 도덕적으로 고려할 필요가 있음
싱어	쾌고 감수 능력을 지닌 동물의 이익도 평등하게 고려해야 함
레건	일부 포유동물은 도덕적 무능력자이지만 믿음, 욕구, 지각, 기억, 감정 등을 가진 삶의 주체이므로 도덕적 지위를 지님

자료와 친해지기 싱어의 동물 해방론

종 차별주의란 자기가 소속되어 있는 종의 이익을 옹호하면서 다른 종의 이익을 배척하는 편견 또는 왜곡된 태도를 말한다. …(중략)… 설령 어떤 사람이 좀 더 나은 지적 능력을 소유한다고 해도 자신의 목적을 위해 상대방을 수단으로 취급할 수는 없다. 이것이 사실이라면 설령 인간이 좀 더 나은 지적 능력을 갖추고 있다고 해도, 그로 인해 인간에게 인간 아닌 존재를 착취할 권한이 부여되지는 않을 것이다. …(중략)… 고통이나 즐거움을 느낄 수 있는 능력은 적어도 이익을 갖기 위한 전제 조건이며, 그러한 능력을 갖는다는 조건은 이익을 의미 있는 방식으로 논하기 위해 우선적으로 충족되어야 한다. …(중략)… 만약 다른 사람들이 고통을 느낀다는 것을 의심하지 않는다면, 다른 동물이 고통을 느낀다는 것 또한 의심해서는 안 된다.

– 싱어, 『동물 해방』 –

싱어는 고통이나 쾌락을 느낄 수 있는 능력, 즉 쾌고 감수 능력이 이익을 갖기 위한 전제 조건이라고 보고, 쾌고 감수 능력을 지닌 모든 존재의 이익을 평등하게 고려해야 한다고 주장하였다. 싱어는 인간과 마찬가지로 쾌락과 고통을 느끼는 동물을 단지 종이 다르다는 이유만으로 차별하는 것은 종 차별주의라고 비판하였다.

01

▶ 24058-0031

㉠에 들어갈 내용으로 옳지 <u>않은</u> 것은?

> 우리가 다른 인격체에 대해 존중해야만 할 자기 목적의 '자기'는 각자가 자신의 요구에 따라 삶을 영위하면서 자신이 스스로 저자가 될 수 있다는 데서 표현된다. 모든 사람이 자신의 관점에서 세계를 해석하고 자신의 동기를 따라 행위 하고 스스로 삶을 기획하고 자신의 이해관계와 의도를 따른다는 것이, 그들 각자가 자신의 삶이 진정하다는 주장을 할 수 있는 원천이다. 따라서 태어나지 않은 자녀의 소질 개선과 향상을 위해 부모가 결정하여 이루어지는 우생학적 유전자 조작은 [㉠]

① 자녀가 자신의 삶을 스스로 결정할 자유를 제한하여 고유한 정체성 형성을 방해할 수 있다.

② 부모의 희망이 자녀에게 투영되어 인간 생명이 타인의 가치 지향에 의해 도구화될 수 있다.

③ 우생학적 조치의 결정자와 그 대상자가 일치하지 않음으로써 자녀의 주체성을 침해할 수 있다.

④ 타고난 우연성으로 인한 격차를 줄어들게 하여 자율성에 근거한 평등한 인간관계를 실현하도록 한다.

⑤ 자녀에 대한 향상적 개입을 허용함으로써 자녀 스스로가 도덕적 인격체로서 자신을 이해할 가능성이 줄어들 수 있다.

02

▶ 24058-0032

갑의 입장에 비해 을의 입장이 갖는 상대적 특징을 그림의 ㉠~㉤ 중에서 고른 것은?

> 갑: 인간 배아는 잠재적 인간 존재로서 도덕적 지위를 지닌다. 즉 장차 완전한 인간으로 발달할 가능성을 갖고 있으므로 성인과 같은 인격체로서 존중받아야 한다. 따라서 배아 연구를 허용하게 될 경우 난치병 치료를 위해 초기 배아로부터 줄기세포를 적출함으로써 배아가 계속 성장할 수 있는 기회가 사라지게 되어 배아의 잠재성을 파괴할 수 있다.
>
> 을: 인간 배아는 그 잠재성으로 인해 인간 존재로서 도덕적 지위를 지니지만 이에는 정도의 문제가 개입된다. 즉 착상 이전 배아의 도덕적 지위는 완전히 성숙한 인간의 도덕적 지위보다 낮다. 따라서 도덕적으로 좀 더 높은 지위를 지닌 인간의 생명을 구하는 데 활용된다면 배아 연구는 허용될 수 있다.

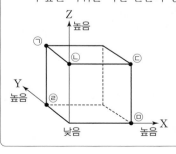

- X: 배아 연구에 규범적 한계가 설정되면 배아 연구가 허용될 수 있음을 인정하는 정도
- Y: 배아는 잠재적 인간 존재이지만 성인과 동일한 도덕적 지위를 지님을 강조하는 정도
- Z: 배아 연구의 사회적 효용이 배아 연구를 정당화하는 근거가 될 수 있음을 중시하는 정도

① ㉠   ② ㉡   ③ ㉢   ④ ㉣   ⑤ ㉤

03

▶ 24058-0033

갑, 을 사상가들의 입장으로 적절한 것만을 〈보기〉에서 있는 대로 고른 것은?

갑: 인간은 자신의 필요를 위해 동물을 사용할 수 있으며, 이것은 신의 섭리로서 부당한 일을 저지르는 것이 아니다. 하지만 인간이 동물에게 동정 어린 관심을 나타낸다면 그는 그만큼 더 동료 인간들에게 관심을 가질 것이다. 바로 이러한 이유로 성서에 "마음이 바른 사람은 가축의 생명도 돌보지만"이라고 쓰여 있다.

을: 우리는 말과 자연적 동작을 혼동하지 말아야 한다. 자연적 동작은 동물과 마찬가지로 기계도 흉내 낼 수 있다. 여러 동물이 인간보다 더 많은 재간을 보이지만 그렇다고 해서 그 동물이 정신을 가지고 있는 것은 아니다. 근본적으로 동물은 비합리적이며 그들 속에 있는 기관들의 배치에 따라 행동한다.

┌─ 보기 ┐
ㄱ. 갑: 동물은 이성적 존재인 인간을 위한 수단이 될 수 있다.
ㄴ. 갑: 동물에게 잔인한 행동을 하게 되면 다른 인간에게도 잔인한 행동을 할 수 있다.
ㄷ. 을: 인간은 영혼을 지니고 있어 사유가 가능하므로 동물보다 우월하다.
ㄹ. 갑과 을: 동물은 생명을 지닌 존재이므로 그 자체로 도덕적 고려의 대상에 해당한다.

① ㄱ, ㄴ   ② ㄴ, ㄹ   ③ ㄷ, ㄹ
④ ㄱ, ㄴ, ㄷ   ⑤ ㄱ, ㄷ, ㄹ

04

▶ 24058-0034

다음 토론의 핵심 쟁점으로 가장 적절한 것은?

갑: 유전적 형질의 동일성을 유지할 수 있는 복제 기술을 인간에게 적용함으로써 생명 공학 분야와 의학 분야에 획기적인 발전을 도모할 수 있습니다.

을: 그렇습니다. 현재 장기 이식을 기다리는 수많은 환자들을 고려한다면 세포와 장기의 원활한 공급을 위해 줄기세포를 추출하여 배양하는 치료적 복제가 활성화되어야 합니다.

갑: 동의합니다. 하지만 이제는 치료적 복제뿐만 아니라 더 나아가 인간 개체 탄생을 목적으로 복제 기술을 사용하는 생식적 복제의 허용에 대해서도 고려해야 합니다. 생식적 복제를 허용함으로써 불임으로 고통받는 부부에게 효율적인 해결책을 제시할 수 있으며, 생명 과학자와 의학자의 입장에서도 연구의 자유를 보장받을 수 있습니다.

을: 그렇지 않습니다. 인간은 본래부터 그 누구도 대신할 수 없는 존엄한 존재이므로 복제 인간은 인간 존재의 불가침성을 훼손합니다. 더 나아가 생식적 복제는 고유성을 지닌 새로운 개체를 만들어 내는 선택의 폭을 감소시킴으로써 유전적 다양성을 훼손할 수 있습니다.

① 인간의 질병 치료를 목적으로 하는 복제는 허용될 수 있는가?
② 줄기세포의 추출과 배양이 장기 이식의 원활한 진행에 기여할 수 있는가?
③ 인간 개체 탄생을 목적으로 하는 복제 기술의 사용은 정당화될 수 있는가?
④ 복제 기술을 인간에게 적용하려는 노력이 과학의 발전에 기여할 수 있는가?
⑤ 복제 기술은 유전적 동일성을 유지하게 하므로 치료적 복제가 아닌 생식적 복제에만 적용될 수 있는가?

05

▶ 24058-0035

갑, 을, 병의 입장에 대한 적절한 설명만을 〈보기〉에서 있는 대로 고른 것은?

생명 공학 기술이 발달함에 따라 유전자 개입을 통해 유전병을 치료하는 것이 가능해졌습니다. 체세포 유전자 치료와 생식 세포 유전자 치료를 모두 허용함으로써 현재 유전병으로 고통받는 사람들에게 행복을 줄 수 있습니다. 특히 생식 세포 유전자 치료는 여러 세대에 걸쳐 치료에 큰 비용이 드는 유전병을 근본적으로 예방하여 누구나 건강한 삶을 누릴 수 있도록 하는 데 기여하므로 허용되어야 합니다.

유전병으로부터 고통을 덜어 줄 수 있으므로 체세포 유전자 치료는 허용되어야 합니다. 하지만 생식 세포 유전자 치료는 변형된 유전 정보가 미래 세대에 직접적 영향을 줄 수 있으며, 경제적 여유가 있는 사람들이 우수한 유전자를 선별하여 생식하는 데 악용될 수 있으므로 허용되어서는 안 됩니다.

생식 세포 유전자 치료뿐 아니라 체세포 유전자 치료도 허용되어서는 안 됩니다. 아직 인류의 생명 공학 기술은 유전자의 기능을 완벽하게 이해하지 못했습니다. 따라서 유전자 치료로 인한 부작용을 막고 환자의 인권과 안전을 보호하기 위해 어떠한 유전자 치료도 시행되어서는 안 됩니다.

┌─ 보기 ┐
ㄱ. 갑은 을, 병과 달리 체세포 유전자 치료는 후세대에 유전적 영향을 주지 않으면서 유전병을 치료할 수 있으므로 허용되어야 한다고 본다.
ㄴ. 을은 갑과 달리 생식 세포 유전자 치료가 인간의 타고난 우연성을 인위적으로 조작해 사회적 불평등을 가속화할 수 있으므로 허용되어서는 안 된다고 본다.
ㄷ. 병은 을과 달리 생식 세포 유전자 치료뿐만 아니라 체세포 유전자 치료도 해악을 줄 수 있으므로 어떠한 유전자 치료도 허용되어서는 안 된다고 본다.
ㄹ. 갑, 을, 병은 유전자 치료를 시행했을 때 예상되는 이해(利害)를 근거로 유전자 치료 허용 여부를 결정할 수 있다고 본다.

① ㄱ, ㄷ   ② ㄱ, ㄹ   ③ ㄴ, ㄷ
④ ㄱ, ㄴ, ㄹ   ⑤ ㄴ, ㄷ, ㄹ

06

▶ 24058-0036

㉠에 들어갈 내용으로 가장 적절한 것은?

종(種) 차별주의는 자신이 소속되어 있는 종의 이익을 옹호하면서 다른 종의 이익을 배척하는 편견 또는 왜곡이다. 인간과 동물의 고통으로부터 벗어날 이익에 상이한 비중을 두어 동물의 이익을 무시해서는 안 되며, 한 개체가 다른 생물종에 속한다는 사실만으로 그 개체에게 고통을 주는 것은 옳지 않다. 그런데 어떤 사람은 다른 생물종과 달리 인간은 도덕 공동체를 구성하는 존재이므로 살아 있는 생물종 간에는 도덕적으로 중요한 차이가 있으며, 종 차별주의는 이를 인정하는 표현이므로 올바른 도덕적 입장이라고 주장한다. 나는 이 주장이
┌─────── ㉠ ───────┐ 고 본다.

① 동물 실험에서 인간의 이익보다 동물의 이익을 중시해야 함을 강조한다
② 인간과 동물을 도덕적으로 다르게 대우하는 것이 정당화될 수 있음을 간과한다
③ 도덕적 자율성이 없다는 이유로 동물의 고통을 인간의 고통보다 무시해서는 안 됨을 간과한다
④ 인간과 동물의 도덕적 행위 능력의 차이가 종 차별주의의 정당화 근거가 될 수 있음을 간과한다
⑤ 도덕 공동체 구성 여부가 동물과 비교하여 인간에게 차별적 권리를 부여하는 기준이 될 수 없음을 강조한다

07

▶ 24058-0037

갑, 을 사상가들의 입장으로 적절한 것만을 〈보기〉에서 있는 대로 고른 것은?

> 갑: 식물은 동물을 위해 존재한다. 동물은 인간을 위해 존재한다. 가축이 식량이나 기타 용도로 존재하는 것처럼, 야생 동물도 그러하다. 야생 동물은 식량이나 다른 기타 용도, 즉 의복이나 도구를 만드는 데 사용될 수 있다. 자연은 일정한 목적이나 의도를 위한 것이라는 우리의 믿음이 타당하다면, 그것은 다름 아닌 인간을 위한 것임에 틀림없다.
>
> 을: 다리의 수, 피부가 털로 덮였다는 것 따위는 어떤 감각적 존재를 똑같은 운명에 맡겨 버릴 근거로는 불충분하다. 그렇다면 이 밖에 밝혀내야 할 넘을 수 없는 경계선은 무엇인가? 이성의 능력인가, 아니면 대화의 능력인가? 그러나 다 자란 말이나 개는 태어난 지 얼마 안 된 아기보다 대화도 더 잘 나눌 수 있고 더욱 이성적이기도 하다. 그렇다면 어떤 근거를 제시할 수 있겠는가? 그 근거는 '이성을 발휘할 수 있는가?'도 아니고 '말을 할 수 있는가?'도 아니며, '고통을 느낄 수 있는가?'이다.

┌─ 보기 ───
ㄱ. 갑: 인간은 무생물뿐 아니라 다른 어떤 생물보다도 우월한 존재이다.
ㄴ. 갑: 동식물은 인간과 달리 감각 능력과 사고 능력이 모두 결여되어 있다.
ㄷ. 을: 도덕적 고려의 대상을 쾌락과 고통을 느낄 수 있는 존재로 확대해야 한다.
ㄹ. 갑과 을: 행복을 추구하려는 인간의 행위는 도덕적으로 정당화될 수 있다.
└──

① ㄱ, ㄹ   ② ㄴ, ㄷ   ③ ㄴ, ㄹ
④ ㄱ, ㄴ, ㄷ   ⑤ ㄱ, ㄷ, ㄹ

08

▶ 24058-0038

(가)의 갑, 을의 입장에서 서로에게 제기할 수 있는 비판을 (나) 그림으로 표현할 때, A, B에 해당하는 내용으로 가장 적절한 것은?

(가)	갑: 인간과 동물은 모두 존엄성을 갖는다는 점에서 도덕적 존재이며 인간과 마찬가지로 동물에게도 도덕적 권리가 있다. 그러나 인간은 권리 주체이자 객체이지만 동물은 권리 객체일 뿐이라는 점에서 인간과 동물의 도덕적 권리가 충돌할 때는 인간의 권리가 우선되어야 하며, 이에 따라 동물의 권리는 제한될 수 있다. 따라서 동물 실험을 전면적으로 금지할 필요는 없다. 을: 인간과 동물은 모두 존엄한 존재로서 내재적 가치를 지니며 내재적 가치를 지니는 모든 존재는 도덕적 고려 대상이다. 내재적 가치는 비교 불가능하다는 점에서 절대성을 지니므로 인간의 도덕적 권리와 동물의 도덕적 권리는 동등하며, 동물이 인간을 위한 수단으로 사용되는 것은 옳지 않다. 따라서 동물 실험은 허용되어서는 안 된다.
(나)	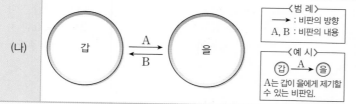

① A: 동물 실험이 제한 없이 전면적으로 허용되어야 함을 간과한다.
② A: 권리 객체가 아닌 권리 주체에게만 도덕적 지위가 부여됨을 간과한다.
③ B: 인간과 동물이 공통적으로 도덕적 권리를 지님을 간과한다.
④ B: 도덕적 권리에 차등을 두어 동물의 권리를 제한해서는 안 됨을 간과한다.
⑤ B: 도덕적 권리를 지닌 존재라 하더라도 수단으로 이용될 수 있음을 간과한다.

09

▶ 24058-0039

다음을 주장한 사상가가 긍정의 대답을 할 질문으로 가장 적절한 것은?

> 지금까지 인류는 생명이 없는 질료를 기술적 대상으로 삼아 왔다. 그러나 오늘날 생물학적 기술은 자기 활동성을 가진 생명체를 대상으로 하므로 주어진 대상의 구조 자체를 변형하게 되어, 생물학적 기술과 관련된 행위는 기존의 기술적 행위와 달리 조립이 아닌 간섭의 형태를 취하게 된다. 또한 생물학적 기술은 다른 기술에 비해 예측 가능성이 훨씬 떨어지게 되므로 실험과 실제 행위 사이의 차이도 사라지게 되어, 생물학적 기술의 적용은 생명체의 구조 변경이라는 돌이킬 수 없는 결과를 초래하게 된다. 따라서 생물학적 기술의 발달은 인간의 위대한 승리가 아닌 새로운 종류의 위험과 예속을 의미할 뿐이며, 생물학적 기술을 통해 우리가 가지게 된 권력은 우리 자신에 대한 권력일 뿐 아니라 미래 인류에 대한 일방적 권력을 의미한다. 지구상에서 으뜸가는 권력을 소유한 자로서 우리는 이제 더 이상 오직 자기 자신만을 생각해서는 안 되며, 권력의 행위에 비례해서 커지는 책임에 대한 요구에 응답해야 한다.

① 기존 기술의 적용 결과와 생물학적 기술의 적용 결과는 모두 가역적인가?
② 기존 기술보다 생물학적 기술이 그 적용 결과에 대한 예측이 더 용이한가?
③ 생물학적 기술의 적용을 위한 실험에서 생명을 보존하기 위한 책임은 불필요한가?
④ 미래 인류는 생물학적 기술을 통해 우리가 가지게 된 권력 앞에 무방비로 노출되는가?
⑤ 생물학적 기술의 결과가 인간의 고유성을 해칠 수 있으므로 생물학적 기술 연구를 금지해야 하는가?

10

▶ 24058-0040

을의 입장에서 갑에게 제기할 수 있는 비판으로 가장 적절한 것은?

> 유전자 조작을 통해 인간의 지성과 능력을 향상시키려는 시도는 존중되어야 합니다. 인류는 자연이 부여한 소질을 개선하기 위해 노력해 왔으며, 자연적인 것과 인공적인 것의 경계를 변화시켜 자신의 삶에 대한 더 나은 전망을 갖기 위해 끊임없이 도전해 왔습니다. 따라서 유전자 조작은 이에 대한 개인의 자유로운 선택권이 보장된다면 긍정적으로 보아야 합니다.

> 아닙니다. 유전자 조작이 인간의 강화를 위한 적극적 우생학으로 이어질 경우, 우생학적 프로그래밍은 인격체에게 일정한 삶의 계획을 강요하고 자신의 삶에 대한 선택의 자유를 제약하게 됩니다. 인격체의 유한성에도 불구하고 자기 행동과 주장은 스스로에게서 비롯되어야 하므로, 유전자 조작을 허용하지 않음으로써 적극적 우생학의 가능성을 차단해야 합니다.

갑

을

① 유전적 우연성 확보가 인간의 자율성을 존중하는 것임을 간과한다.
② 국가 주도의 강제적 유전자 조작은 도덕적으로 정당화될 수 없음을 간과한다.
③ 인간을 조작 가능한 존재로 간주할 때 인간 능력의 향상이 가능함을 간과한다.
④ 유전자 조작은 인간의 자연적 한계를 넘어서게 해 주는 인위적 조치임을 간과한다.
⑤ 인간의 선천적 소질을 유전자 조작으로 강화시키는 것이 허용되어야 함을 간과한다.

11

▶ 24058-0041

다음 사상의 입장에서 〈문제 상황〉 속 A에게 제시할 조언으로 적절한 것만을 〈보기〉에서 있는 대로 고른 것은?

직접 죽이거나 남을 시켜 죽이거나 방편을 써서 죽이거나 칭찬을 해서 죽게 하거나 죽이는 것을 보고 기뻐하거나 주문을 외서 죽이는 그 모든 짓을 하지 말지니, 죽이는 인(因)이나 죽이는 연(緣)이나 죽이는 방법이나 죽이는 업(業)을 지어서 온갖 생명 있는 것을 죽이지 말아야 하느니라.

〈문제 상황〉
생명 공학자인 A는 한 축산 회사로부터 기존의 동물 종에서 유전자 조작을 통해 뛰어난 육질을 지니면서 다산(多産)이 가능한 동물 종을 연구해 대량 생산하자는 제안을 받았다. 이 과정에서 관련된 많은 동물이 도살될 수 있지만 회사뿐 아니라 자신에게도 이익이 되므로 A는 제안을 수락해야 할지 고민하고 있다.

┌─ 보기 ┌
ㄱ. 나와 남의 구별 없이 자비를 베풀어야 하므로 회사에 도움을 주는 행위를 선택하세요.
ㄴ. 인간의 이익에 집착해 동물에게 불필요하게 해를 가하는 살생(殺生)을 저지르지 마세요.
ㄷ. 모든 생명은 서로 연결되어 있으므로 생명의 상호 의존성을 해치지 않는 행위를 선택하세요.
ㄹ. 현세에서 의도적 행위가 업이 되어 다음 생에 영향을 미치게 되므로 선업(善業)을 쌓는 행위를 선택하세요.

① ㄱ, ㄷ　　　　　　② ㄱ, ㄹ　　　　　　③ ㄴ, ㄹ
④ ㄱ, ㄴ, ㄷ　　　　⑤ ㄴ, ㄷ, ㄹ

12

▶ 24058-0042

갑, 을 사상가들의 입장으로 적절한 것만을 〈보기〉에서 있는 대로 고른 것은?

갑: 삶의 주체라는 것은 단지 살아 있다거나 또는 단지 의식을 갖고 있다는 것 이상의 의미를 갖는다. 쾌락과 고통의 감정과 정서적 생활, 믿음과 욕망, 지각과 기억, 자신의 미래에 대한 감각, 선호와 복지 등을 지닌 존재는 단순한 삶 그 이상의 삶을 살아가는 자기 삶의 주체이다. 정의는 우리가 삶의 주체를 존중하는 마음으로 대우할 것을 요구한다.

을: 어린이는 성인처럼 권리를 갖는데 그것은 그들이 인간이기 때문이다. 권리는 예외 없이 인간적인 것이고, 동물은 생존, 고통 회피 등의 이익을 가질 수 있을지는 몰라도 어떤 권리도 가질 수 없다. 인간과 동물을 구분하는 도덕 판단 능력은 인간 한 명 한 명에게 실행되는 테스트가 아니다. 결정적 기준은 종(種)에 달려 있다. 따라서 종 차별주의는 인종 차별주의와 달리 정당한 것이며, 도덕적 능력의 차이에 따라 동물보다 인간을 더 고려하는 차별은 정당하다.

┌─ 보기 ┌
ㄱ. 갑: 야생 동물을 덫을 이용하여 사냥하는 것은 동물의 권리를 침해하는 행위일 수 있다.
ㄴ. 을: 권리란 인간 종에 속하는 구성원들에게만 적용되며 동물 종의 구성원들에게는 적용될 수 없다.
ㄷ. 을: 동물이 고통을 느낄 수 있는 존재라고 하더라도 동물을 과학 실험에 이용하는 것은 허용될 수 있다.
ㄹ. 갑과 을: 어떤 존재가 권리를 지니려면 그 존재는 반드시 도덕적 자율성을 지녀야만 한다.

① ㄱ, ㄹ　　　　　　② ㄴ, ㄷ　　　　　　③ ㄴ, ㄹ
④ ㄱ, ㄴ, ㄷ　　　　⑤ ㄱ, ㄷ, ㄹ

① 사랑과 성의 관계

(1) 사랑의 의미와 가치

① 사랑의 의미: 인간의 근원적인 정서로, 어떤 사람이나 존재를 아끼고 소중히 여기는 마음

② 사랑의 가치
- 인간이 지향하는 정서의 최고 단계로서 인간을 도덕적 생활로 안내함
- 인간 상호 간에 인격적 교감을 이루게 함

③ 사랑의 구성 요소(프롬)

보호	사랑은 사랑하는 사람의 생명과 성장에 적극적인 관심을 갖고 상대방을 돌보는 것
책임	사랑은 상대방의 요구에 자발적으로 응답하고 반응하는 것
존경	사랑은 상대방을 지배하거나 소유하는 것이 아니라 상대를 있는 그대로 보는 것
이해(지식)	사랑은 자신의 관점을 초월해서 상대방을 깊이 이해하고 상대방에 대해 아는 것

(2) 성의 의미와 가치

① 성의 의미

생물학적 성(sex)	생물학적 신체 구조와 기능에 의해 결정되는 성 개념
사회·문화적 성(gender)	사회·문화적으로 구성되는 남성다움과 여성다움을 나타내는 성 개념
욕망으로서의 성(sexuality)	성적 관심이나 성적 활동 등 성적 욕망과 관련되는 모든 것을 포괄하는 성 개념

② 성의 가치

생식적 가치	종족 보존과 관련된 가치로, 새로운 생명을 탄생시키는 원천이 됨
쾌락적 가치	감각적인 욕구를 충족시켜 주는 가치를 지님
인격적 가치	상호 간의 존중과 배려를 실현하게 해 주는 가치를 지님

(3) 사랑과 성의 관계에 대한 다양한 관점

보수주의	• 결혼과 출산 중심의 성 윤리를 제시함 • 성은 부부간의 신뢰와 사랑을 전제로 할 때만 도덕적이라고 주장함 → 결혼을 통해 이루어지는 성적 관계만 정당하다고 봄
자유주의	• 개인의 자발적인 동의 중심의 성 윤리를 제시함 • 타인에게 해악을 주지 않는 범위에서 성인들의 자발적 동의에 따른 성적 자유를 허용함
중도주의	• 사랑 중심의 성 윤리를 제시함 • 사랑을 동반한 성적 자유를 인정하고 사랑을 통해 성적 자유와 성에 대한 책임을 절충함

(4) 성과 관련된 윤리적 문제

① 성차별

의미	남녀 간의 차이를 잘못 이해하여 발생하는 차별
원인	남자다움과 여자다움을 사회·문화적으로 규정한 후 이를 따르게 할 때 발생함
문제점	남성과 여성 모두의 자아실현을 방해하고, 인간으로서 평등성과 존엄성을 훼손하고 인권을 침해하며, 개인의 잠재력을 충분히 발휘할 수 없게 하여 국가 차원의 인적 자원 낭비를 초래함
극복 방법	양성평등의 관점을 바탕으로 남녀의 차이를 인정하며, 다양성과 개성을 존중하는 사회를 만들어 나가야 함

② 성의 자기 결정권

의미	• 자신의 성적 행동을 스스로 결정할 수 있는 권리 • 외부의 부당한 압력이나 타인의 강요 없이 스스로의 의지와 판단에 따라 자신의 성적 행동을 결정하는 것
올바르지 못한 성의 자기 결정권 행사로 인한 윤리적 문제	• 타인이 갖는 성에 대한 자기 결정권을 침해할 수 있음 → 상대방의 동의 없이 강제로 성적 행위를 하는 것은 타인의 성에 대한 자기 결정권을 침해하는 것임 • 생명을 훼손하는 부도덕한 결과를 초래할 수 있음 → 원치 않는 임신으로 무분별한 인공 임신 중절이 이루어질 수 있음
해결 방안	서로의 인격과 성에 대한 자기 결정권을 존중해야 하고, 자신의 결정에 책임을 지는 자세를 가져야 함

자료와 친해지기 남성과 여성의 관계에 대한 밀의 입장

- 자기 존재에 대한 자긍심을 통해서만 사람이 행복을 느끼는 것은 아니다. 각자의 능력을 자유롭게 자신이 원하는 대로 발휘하는 것도 행복의 한 원천이 된다. 반면 그것을 방해하고 가로막는 것은 불행의 씨앗이 된다. 이런 사실은 모든 인간에게 공통으로 적용된다. 여성이라고 예외는 아니다.
- 남성과 여성을 둘러싼 오늘날의 사회적 관계, 다시 말해 한쪽이 다른 한쪽에 법적으로 종속되어 있는 상태를 만들어 낸 원리는 그 자체가 잘못된 것이고, 인간 사회의 발전을 가로막는 중대한 장애물 중 하나이다. 이것은 완전 평등의 원리로 대체되어야 마땅하다. 어느 한쪽에 권력이나 특권을 주면서 그 반대편의 권리를 박탈하는 일은 없어져야 한다.

　　－ 밀, 「여성의 종속」 －

밀은 남성에 의한 여성의 예속이 옳지 않을 뿐만 아니라 인류의 발전을 저해한다고 보았다. 또한 남녀의 차이는 자연적 능력의 차이가 아닌 사회적 환경 요인에 의해 설명될 수 있으므로 여성에게도 양질의 교육 기회를 보장하고 그들의 사회 진출을 허용해야 한다고 주장하였다.

③ 성 상품화
- 의미: 성 자체를 상품처럼 사고팔거나, 다른 상품을 사고팔기 위한 수단으로 성을 이용하는 행위
- 사례: 성매매, 성적 이미지를 제품과 연결하여 성을 도구화하는 것 등
- 찬반 입장

찬성 입장	• 성에 대한 자기 결정권과 표현의 자유를 인정해야 함 • 이윤 극대화를 추구하는 자본주의 경제 논리에 부합할 수 있음 • 소비자의 선호를 반영하는 것이라면 허용할 수 있음
반대 입장	• 인간의 성이 지닌 인격적 가치의 의미를 훼손함 • 칸트 윤리의 관점에서 성 상품화는 인간을 수단화하고 도구화하는 것임 • 외모 지상주의를 조장할 수 있음

② 결혼과 가족의 윤리

(1) 결혼의 윤리적 의미와 부부간의 윤리
① 결혼의 의미
- 사랑의 결실이며 모든 인간관계의 출발점인 가정을 구성하는 의식
- 서로의 차이를 존중하고 사랑을 지키겠다는 약속이자 의지의 표현
- 사랑을 바탕으로 삶 전체를 공동으로 영위하겠다는 약속 → 백년가약

② 부부 윤리

전통 사회	• 남녀 간의 역할을 구분하면서도 서로 존중할 것을 강조함 • 음양론에 근거한 부부 윤리: 자연의 음(陰)과 양(陽)의 관계처럼 부부는 상호 보완적임 • 부부유별(夫婦有別), 부부상경(夫婦相敬), 상경여빈(相敬如賓), 정조의 윤리를 강조함
오늘날	• 각자의 주체성과 자유를 존중함 • 가정에서 부부의 역할을 고정적으로 구별하는 것을 지양함 → 양성평등을 강조함

③ 부부간에 요구되는 윤리: 서로 동등한 존재임을 인식하고 존중하고 협력하겠다는 신의를 지켜야 함

(2) 가족의 가치와 가족 윤리
① 가족의 의미: 혼인, 혈연, 입양 등으로 이루어진 공동체

② 가족의 가치
- 정서적 안정: 가족 구성원과 함께 긴장을 풀고 정서적으로 안정된 상태를 유지할 수 있음
- 사회화: 사회생활에 필요한 규칙과 예절을 습득할 수 있음 → 바람직한 인격 형성에 도움을 줌
- 건강한 사회의 토대: 가족의 화목과 안정은 사회 전체의 화목과 안정으로 이어짐

③ 가족 해체 현상

의미	가족 구성원 각자의 역할이나 가족 전체의 기능이 제대로 수행되지 못하는 상태
원인	가족이 서로 떨어져 지내거나 서로 접촉할 시간이 많지 않음 → 가족 공동체 내에서 정서적 상호 작용이나 가정의 사회화 기능이 제대로 이루어지지 못함
결과	가족 간의 유대감 약화로 아동 학대 증가, 청소년들의 정서적 결핍, 독거노인 증가 등

④ 바람직한 가족 윤리

전통 사회의 가족 윤리	부자유친(父子有親), 부자자효(父慈子孝)의 윤리를 강조함
부모 자녀 간의 윤리	• 자애와 효도를 실천해야 함: 부모는 자녀를 사랑으로 대하고, 자녀는 부모를 효로써 섬겨야 함 • 부모는 자녀가 신체적·정신적으로 건강하게 성장할 수 있도록 양육해야 하고, 자녀를 독립된 인격체로 존중해야 함 • 자녀는 부모의 은혜에 감사하는 마음을 가지며, 이 마음을 적절한 형식으로 표현해야 함
형제자매 간의 윤리	• 서로 우애 있게 지내야 함 • 형우제공(兄友弟恭)을 실천해야 함 → 형제자매 간에 지켜야 할 규범을 익히는 것은 사회적 관계의 규범을 익히는 밑거름이 됨

자료와 친해지기 길리건의 배려 윤리

- 여성들이 인정하는 도덕 명령은 보살핌의 명령이다. 그들은 이 세상의 심각한 문제들이 무엇인지 파악하고 이 문제들을 완화시켜야 한다는 책임감을 느끼고 있다. 이에 반해서 남성들이 받아들이는 도덕 명령은 다른 사람들의 권리를 존중하고, 생명과 자아실현에 대한 자신의 권리를 남들의 침해로부터 보호하라는 것이다.
- 우리가 남성들의 삶과는 다른 여성들의 삶의 모습을 보지 못하고 그들의 목소리가 다르다는 것을 알지 못하는 부분적인 이유는 사회적 경험과 그 해석에 하나의 방식만이 존재한다는 전제를 받아들이기 때문이다. 이 전제를 버리고 서로 다른 두 개의 해석 방식이 있다는 전제를 받아들일 때 우리는 인간 경험에 대한 더 발전된 이해를 할 수 있다.

— 길리건, 『다른 목소리로』 —

길리건은 남성의 도덕성과 여성의 도덕성이 다르다고 보았다. 길리건에 따르면 남성은 정의, 권리, 자율성, 독립성 등에 초점을 두는 반면, 여성은 배려, 책임, 관계, 맥락 등에 초점을 둔다. 길리건은 도덕적 성숙을 위해서 남성의 도덕성과 여성의 도덕성, 정의 윤리와 배려 윤리가 조화롭게 상호 보완적 관계를 이루어야 한다고 주장하였다.

01

▶ 24058-0043

(가)의 갑, 을의 입장을 (나) 그림으로 표현할 때, A~C에 해당하는 적절한 진술만을 〈보기〉에서 있는 대로 고른 것은?

(가)	갑: 성적 활동과 관련해 사랑하고 존중하는 사람들 간에 결혼이라는 사회적 승인을 거쳐 생식과 관련해 이루어지는 성행위만이 정당화될 수 있다. 성의 목적은 신으로부터 주어졌으며 그것은 결혼을 통한 출산이다. 인간의 모든 행동은 신의 섭리에 부합해야 하므로 신이 부여한 목적에 이르지 못하는 성은 허용되어서는 안 된다. 을: 성적 활동과 관련해 '자유의 원리'와 그 한계를 규정하는 '해악 금지의 원리'가 지켜질 경우 성행위는 정당화될 수 있다. 즉 성적 활동은 이에 참여하는 개인 간 계약에 근거하므로 타인에게 해악을 끼치지 않고 타인의 자율성을 존중한다면 성행위는 도덕적으로 허용 가능하다.
(나)	갑 을 ─〈범 례〉─ A: 갑만의 입장 B: 갑, 을의 공통 입장 C: 을만의 입장

┌ 보기 ┐
ㄱ. A: 성적 활동은 자식을 낳고 기르도록 명령한 신의 섭리의 실현이어야 한다.
ㄴ. B: 사랑은 성적 활동이 제약 없이 허용될 수 있는 필요충분조건이다.
ㄷ. B: 성적 활동이 도덕적으로 정당화되기 위해서는 상호 존중이 필요하다.
ㄹ. C: 당사자 간 자발적 합의가 없어도 해악을 주지 않는다면 성적 활동은 정당화된다.

① ㄱ, ㄷ   ② ㄱ, ㄹ   ③ ㄴ, ㄹ
④ ㄱ, ㄴ, ㄷ   ⑤ ㄴ, ㄷ, ㄹ

02

▶ 24058-0044

(가)의 갑, 을 사상가들의 입장을 (나) 그림으로 탐구하고자 할 때, A~C에 들어갈 질문으로 가장 적절한 것은?

(가)	갑: 어버이를 섬김에 평상시에는 자신의 공경을 지극히 하고, 봉양할 때는 어버이의 즐거움을 지극히 하고, 병을 앓으실 때는 자신의 근심을 지극히 하고, 상사(喪事)에는 자신의 슬픔을 지극히 하고, 제사에는 그 엄숙함을 지극히 할 것이니, 이 다섯 가지가 갖춰져야 어버이를 잘 섬길 수 있다. 을: 부모님 은혜에 보답하고자 하거든 부모님을 위해 경전을 쓰고, 부모님을 위해 경전을 읽고, 부모님을 위해 자신의 죄와 잘못을 뉘우치고, 부모님을 위해 삼보(三寶)에 공양하고, 부모님을 위해 재계(齋戒)를 지켜 받들고, 부모님을 위해 보시(布施)를 해 복(福)을 지어야 한다.
(나)	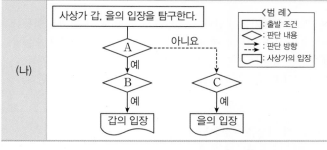

① A: 효는 부모의 마음을 헤아려 자애(慈愛)를 실천하는 것인가?
② A: 효는 부모가 베풀어 준 무한한 은혜에 대한 감사의 표현인가?
③ B: 효는 자녀의 도리로서 부모가 살아계실 때만 행하는 것인가?
④ B: 부모에 대한 효보다 주위 어른에 대한 공경을 우선해야 하는가?
⑤ C: 부모가 윤회의 굴레를 거듭하지 않도록 돕는 것도 효에 포함되는가?

03

▶ 24058-0045

다음 가상 편지를 쓴 사상가의 입장으로 적절한 것만을 〈보기〉에서 있는 대로 고른 것은?

○○에게

오늘날 자본주의 사회에서 돈이 있으면 자신이 원하는 상품을 얼마든지 얻을 수 있듯이, 사랑을 할 때도 상품을 고르는 것처럼 자신의 취향과 기호를 앞세우며 이를 기준으로 사랑의 대상을 선택하려는 사람들을 주위에서 흔히 볼 수 있다네. 이에 대해 나는 진정한 사랑이란 누군가를 배려하고 알고자 하며, 그 사람에게 몰입하고 그 존재를 입증하며, 그 사람을 보고 즐거워하는 모든 것을 내포한다고 본다네. 그것은 그 사람을 소생시키며 그 사람의 생동감을 증대시키는 것이라네. 이처럼 사랑은 상호 간에 소생과 성장을 낳는 과정이어야 하네. 그러나 소유 양식으로 체험되는 사랑은 사랑하는 대상을 구속하고 가두며 지배하려 한다네. 이런 종류의 사랑은 생명감을 불러일으키기는커녕 목을 조여서 마비시키는 행위라네. 따라서 진정한 사랑을 하려면 상대에 대해 적극적 관심을 가지고 자발적으로 그 사람의 요구에 응답하며, 독립된 개체로서 서로를 착취하지 않고 그 사람에 대해 올바로 이해하는 것이 필요하다네. 사랑하는 사람 간의 관계가 이와 같은 요소에 의해 인도될 때 비로소 우리는 그것을 사랑이라 부를 수 있을 것이라네. …(후략).

┌ 보기 ┐
ㄱ. 사랑은 상대방의 성장과 발달을 진심으로 지지하는 것이어야 한다.
ㄴ. 사랑이 맹목적 충동이 되지 않으려면 상대방에 대한 올바른 이해가 필요하다.
ㄷ. 사랑을 통해 상대방의 성장에 참여하려면 자신의 요구대로만 상대방을 이끌어야 한다.

① ㄱ   ② ㄷ   ③ ㄱ, ㄴ   ④ ㄴ, ㄷ   ⑤ ㄱ, ㄴ, ㄷ

04

▶ 24058-0046

갑, 을 사상가들의 입장으로 적절한 것만을 〈보기〉에서 있는 대로 고른 것은?

갑: 여자는 남자와의 관계에 따라 한정되고 달라지지만, 남자는 그렇지 않다. 남자는 '주체'이고 '절대'이지만 여자는 '타자(他者)'이다. 여자는 본질적인 것에 대해 비본질적인 것이며, 태어나는 것이 아니라 만들어지는 것이다. 여자아이가 태어날 때부터 이미 성적으로 우리의 눈에 별개의 것으로 비친다 해도, 그것은 여자아이의 본능이 그 아이를 수동성과 모성애에 어울리게 만들었기 때문이 아니라 처음부터 강제적으로 그 인생의 직분을 떠맡도록 되어 버렸기 때문이다. …(중략)… 주어진 현실 세계에서 자유의 승리를 가져오느냐의 여부는 우리에게 달려 있다. 이러한 승리를 쟁취하기 위해서는 무엇보다 먼저 남녀가 서로 간의 구별을 초월해 분명한 우애를 나누어야 할 것이다.

을: 남성은 여성이 강요된 노예가 아니라 자발적 노예가 되기를 바란다. 여성은 남성에 비해 그 자체로 열등한 것이 아니라 편견, 불리한 환경이나 관습과 같은 요인 때문에 종속화된다. 남성과 여성을 둘러싼 오늘날의 사회적 관계, 즉 한쪽이 다른 한쪽에 종속되는 상태는 인간 사회의 발전을 가로막는 중대한 장애물 중 하나이다. 어느 한쪽에 권력이나 특권을 주면서 그 반대편의 권리를 박탈하는 일은 다시는 없어야 한다.

┌ 보기 ┐
ㄱ. 갑: 여성이 남성에게 예속된 존재로 규정됨으로써 여성은 대상화된다.
ㄴ. 을: 여성은 결혼으로부터 벗어나야만 억압과 예속에서 해방될 수 있다.
ㄷ. 을: 여성으로 태어난 것이 사회적 지위를 결정하는 요인이 되어서는 안 된다.
ㄹ. 갑과 을: 여성이 남성보다 열등한 존재라고 간주하는 것은 근거가 없는 주장이다.

① ㄱ, ㄹ   ② ㄴ, ㄷ   ③ ㄴ, ㄹ
④ ㄱ, ㄴ, ㄷ   ⑤ ㄱ, ㄷ, ㄹ

05

▶ 24058-0047

그림의 강연자의 입장에서 부정의 대답을 할 질문으로 가장 적절한 것은?

> 결혼은 결코 임의적인 것이 아니라 인간성의 법칙에 따른 필연적 계약입니다. 즉 남자와 여자가 서로 각자의 성적 속성을 즐기려 한다면 반드시 결혼해야 하며 이것은 필연적입니다. 왜냐하면 한 성이 다른 사람의 성을 자연스럽게 사용하는 것은 한 사람이 다른 사람에게 일부를 바쳐 즐기는 것이기 때문입니다. 이 과정에서 인간은 자신을 사물로 만들게 되는데 이것은 자기 자신의 인격에 있는 인간성의 권리와 충돌합니다. 하지만 결혼이란 서로에게 평등한 권리를 허용하고 자신의 전인격을 온전히 상대방에게 양도한다는 조건을 받아들이겠다는 두 사람 사이의 계약이므로, 오직 결혼이라는 조건하에서 남녀는 서로의 인격성을 상실하지 않고 성을 향유할 수 있습니다.

① 인간의 성적 충동의 행사가 정당하려면 결혼이 필수적인가?
② 결혼은 자신의 인격을 서로 양도하기로 계약을 맺는 것인가?
③ 성행위로 인격을 사물화하는 것은 인간성의 권리에 위배될 수 있는가?
④ 성행위는 상대방을 사물화하는 것이므로 어떤 경우에도 허용될 수 없는가?
⑤ 인간성의 추락과 도덕성의 위반이 없이도 성적 만남이 가능한 방식이 있는가?

06

▶ 24058-0048

다음 가상 대화의 선생님의 입장으로 적절한 것만을 〈보기〉에서 있는 대로 고른 것은?

1 선생님, 일상생활 속에서 도덕적 실천을 위해 도덕 판단을 내릴 때 어떠한 점을 중시해야 할까요? 	**2** 일반적으로 사람들은 도덕 판단에서 보편화 가능성을 중시하지만, 보편성을 특징으로 하는 윤리는 실제로 우리가 어떻게 살아야 하는지에 대한 구체적인 답을 주지 못합니다. 따라서 관계와 맥락을 고려하여 도덕 판단을 내리고 이를 실천하기 위해 노력해야 합니다.
3 그렇다면 도덕적 실천을 위해 우리는 어떠한 태도를 갖추어야 할까요? 	**4** 도덕적 실천에서 중요한 것은 특정 상황에 놓여 있는 사람이 어떻게 느끼는지 공감하고 그에게 필요한 것을 배려하는 태도입니다. 낯선 사람이 길을 물을 때 우리는 그의 요구를 주의 깊게 듣고 그 사람이 인정하는 방식으로 반응함으로써 짧은 시간일지라도 배려의 관계를 만들 수 있습니다. 배려의 관계는 배려받는 타자가 배려하는 주체의 노력을 수용할 때 완성됩니다. 

┌─ **보기** ─────────────────────────────
ㄱ. 보살핌과 공감 능력의 함양을 위한 교육이 도덕적 삶을 살아가는 데 기여할 수 있다.
ㄴ. 배려의 관계 속에 있으려고 하는 인간의 열망이 도덕적 실천을 위한 동기가 될 수 있다.
ㄷ. 도덕적 행위를 하려면 배려를 필요로 하는 사람이 처한 상황을 파악하고 그 사람의 요구를 이해해야 한다.
ㄹ. 배려는 관계와 맥락을 고려해 이루어져야 하므로 낯선 사람이 아닌 친밀한 사람 간에만 가능한 윤리적 태도이다.
─────────────────────────────────────

① ㄱ, ㄷ   ② ㄱ, ㄹ   ③ ㄴ, ㄹ
④ ㄱ, ㄴ, ㄷ   ⑤ ㄴ, ㄷ, ㄹ

07
▶ 24058-0049

갑 사상가의 입장에 비해 을 사상가의 입장이 갖는 상대적 특징을 그림의 ㉠~㉤ 중에서 고른 것은?

> 갑: 도덕성 발달에서 가장 높은 단계에 이른 사람은 자신의 양심에 비추어 스스로 선택한 보편적 도덕 원리에 따라 행위 한다. 이러한 원리를 선택하는 기준은 논리적 일관성, 보편성 등이며, 이 기준에 부합하는 도덕 원리는 궁극적으로 모든 사람의 권리에 대한 평등성을 보장하는 보편적 정의의 원리이다.
>
> 을: 도덕 문제를 권리와 규칙의 문제가 아니라 인간관계에서의 보살핌과 책임의 문제로 보는 여성들에게 도덕성 발달은 책임과 인간관계에 대한 이해가 변화하는 것과 연결된다. 우리가 내세우는 보살핌의 도덕관에 깔린 논리는 인간관계에 내포된 인간 심리의 논리로서, 정의의 도덕관에 전제된 형식적인 공정성의 논리와는 대조를 이룬다.

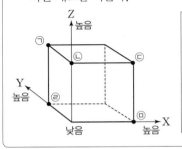

- X: 윤리가 도덕적 추론보다 보살핌에 대한 관심에서 비롯될 수 있음을 강조하는 정도
- Y: 도덕 판단이 상황적 맥락보다 보편적 도덕 원리에 따라 이루어져야 함을 강조하는 정도
- Z: 도덕성 발달 단계가 합리성과 정의가 아닌 관계와 책임 중심으로 설명되어야 함을 강조하는 정도

① ㉠ ② ㉡ ③ ㉢ ④ ㉣ ⑤ ㉤

08
▶ 24058-0050

(가)의 갑, 을, 병의 입장에서 서로에게 제기할 수 있는 비판을 (나) 그림으로 표현할 때, A~F에 해당하는 내용으로 가장 적절한 것은?

(가)	갑: 성을 결혼의 틀 내로 제한해야 한다. 이것만이 성의 목적이자 결과인 출산과 자녀 양육에 대해 온전히 책임을 지도록 할 수 있는 방법이다. 을: 성의 고유한 가치는 서로에 대한 사랑이며 이를 실현하기 위한 성만이 정당하다. 사랑이 있는 성은 타 인격과 함께 하나가 되는 경험을 제공함으로써 우리의 자아실현과 인격 완성에 중요한 역할을 한다. 병: 성의 목적은 쾌락을 추구하는 것이다. 성적 쾌락은 그 자체로 좋은 것이므로 상대의 의사를 무시하거나 상대에게 해를 주는 것이 아니라면 자유롭게 성적 쾌락을 추구하는 것을 정당한 이유 없이 방해하는 것은 옳지 않다.
(나)	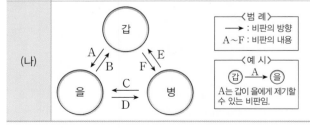

① A: 사랑이 없는 성은 인간의 존엄성을 침해할 수 있음을 간과한다.

② B: 성이 출산에 기여할 때 도덕적으로 가치를 지닐 수 있음을 간과한다.

③ C와 E: 성적 쾌락은 아무런 제약 없이 자유롭게 추구되어야 함을 간과한다.

④ D: 결혼하지 않고 이루어지는 성이라 하더라도 정당화될 수 있음을 간과한다.

⑤ F: 성의 생식적 가치를 실현하는 것이 성의 주된 목적이 되어야 함을 간과한다.

THEME 06 직업과 청렴의 윤리

① 직업 생활과 행복한 삶

1. 직업의 의의

(1) **직업의 의미**: 자신의 적성과 능력에 따라 일정 기간 지속적으로 종사하는 일, 경제적 재화를 취득하며 사회적 역할을 수행하는 일

(2) **직업의 어원**

① 동양: 사회적 지위나 역할을 나타내는 '직(職)'과 생계유지를 위한 일을 뜻하는 '업(業)'이 합쳐진 말

② 서양

- 잡(job), 어큐페이션(occupation): 경제적 재화를 얻기 위해 하는 일
- 프로페션(profession): 주로 많은 교육과 훈련이 필요한 전문직
- 보케이션(vocation), 콜링(calling): 신의 부르심이라는 종교적 의미를 담은 말

(3) **직업의 기능**

① 생계유지: 경제적으로 안정된 삶을 유지하게 함

② 자아실현: 개인의 잠재력과 능력을 발휘하여 성취감과 보람을 갖게 함

③ 사회 참여: 사회 구성원으로서 역할을 분담하고 수행하여 사회 발전에 기여하게 함

2. 동서양의 직업관

(1) **동양의 직업관**

공자	자신의 직분에 충실해야 한다는 정명(正名)을 강조함
맹자	직업을 통한 경제적 안정[恒産(항산)]이 백성의 도덕적 삶[恒心(항심)]의 기반이 된다고 보며, 대인의 일과 소인의 일을 구별하여 사회적 분업과 직업 간의 상호 보완성을 강조함
순자	모든 사람들이 직분을 올바로 수행하면 천하가 태평해진다고 보며, 각자의 덕과 능력에 따라 사회적 역할을 분담하게 하는 예(禮)에 따를 것을 강조함

(2) **서양의 직업관**

플라톤	각자 타고난 성향과 국가의 교육에 따라 사회적 역할을 분담해야 한다고 강조함
중세 그리스도교	노동을 원죄에 대한 벌로 신이 부과한 것으로 보고, 인간은 속죄의 차원에서 노동을 해야 한다고 강조함
칼뱅	직업은 신의 부르심, 즉 소명(김命)으로 자신의 직업에 충실히 임하는 것이 바로 신의 명령을 따르는 것이며, 직업에서의 성공을 구원의 현세적 징표라고 주장함
마르크스	인간은 노동을 통해 자신의 본질을 실현해야 한다고 보고, 자본주의 체제의 분업화된 노동이 인간 소외를 발생시킨다고 비판함

3. 직업과 행복

(1) **직업 선택의 중요성**: 직업은 단순히 부의 획득과 과시의 수단이 아니라 행복한 삶의 통로이고, 자신의 적성과 능력에 알맞은 직업 선택을 통해 자아실현을 할 수 있음

(2) **직업 생활과 행복**: 행복한 직업 생활을 위해서는 바람직한 직업관을 가져야 하고, 타인을 배려하며 서로 존중해야 함

② 직업 윤리와 청렴

1. 직업 윤리의 의의

(1) **직업 윤리의 의미**: 자신이 맡은 직업에서 지켜야 하는 행동 기준과 규범

(2) **직업 윤리의 필요성**: 개인의 행복과 사회의 발전을 이룰 수 있게 하고, 직업 생활에서 일어날 수 있는 부정부패와 비리를 막을 수 있음

(3) **직업 윤리의 일반성과 특수성**

일반성	모든 직업에서 공통적으로 지켜야 하는 행동 규범으로, 보편적인 윤리 규범과 통함 예 책임 의식, 성실성
특수성	각 직업에서 지켜야 하는 특수한 행동 규범으로, 전문 직종의 영향력이 커지고 직업이 세분화되면서 강조됨

자료와 친해지기 순자의 예(禮)와 직업관

- 사람은 무리를 이루어 생활하지 않을 수 없다. 무리를 이루어 생활하는데 사람들 사이의 분별[分]이 없다면 서로 다투게 되고, 서로 다투게 되면 혼란해지고, 혼란해지면 곤궁해진다. 그러므로 분별이 없다는 것은 사람들에게 큰 해가 되고, 분별이 있다는 것은 천하의 근본과 이익이 된다. 옛 임금들은 사람들 사이의 분별을 마련하여 차등을 두었다.
- 잘 다스려지는 나라는 사람들의 직분이 이미 정해져 있어, 임금과 재상과 신하들과 여러 관리들은 각각 그의 직분으로 들은 일들을 삼가 힘쓰게 되므로 그가 들어 보지 않은 직분 이외의 일은 들으려 애쓰지 않는다. 각각 그의 직분으로 본 일들을 삼가 힘쓰게 되므로 그가 본 일이 없는 직분 이외의 일은 보려고 애쓰지 않는다. 그들이 들은 일들과 본 일들이 진실로 그들 직분에 들어맞기 때문에 비록 으슥하고 외진 곳의 백성들이라 하더라도 직분을 공경히 지키고 제도에 안주하지 않는 사람이 없게 되어, 모두가 그들의 임금에게 감화를 받는다. 이것이 잘 다스려지는 나라의 징조이다. – 순자, 「순자」 –

순자는 사람들이 사회생활을 하는 데 예의를 바탕으로 하는 분별이 중요하며, 분별이 없으면 나라가 위태로워지고 손상된다고 보았다. 또한 잘 다스려지는 나라의 임금은 덕(德)을 헤아려 지위를 정하고 능력을 헤아려 관직을 맡겨, 모든 사람들이 자신의 직분에 충실히 임하도록 한다고 보았다.

2. 다양한 직업 윤리

(1) 기업가와 근로자 윤리

① 기업: 재화와 용역을 생산하고 판매하여 이윤을 추구하는 조직체로, 기업가와 근로자로 구성됨

② 기업의 책임

소극적 책임	• 기업 본연의 목적인 이윤을 창출함 • 이윤 창출 과정에서 법 규범을 준수함
적극적 책임	• 기업은 사회 핵심 기관으로 그에 상응하는 사회적 책임을 져야 함 • 법적 차원을 넘어서는 사회적 지원과 인류애를 구현해야 함

③ 기업가 윤리

• 법적 테두리 내에서 건전하게 이윤을 추구해야 함
• 근로자의 역할을 인정하고 근로자의 권리를 보장해야 함
• 사회적 책임을 다하여 공익 실현에 기여해야 함
• 소비자에게 양질의 서비스와 제품을 제공해야 함

④ 근로자 윤리

• 자신이 맡은 업무를 성실히 수행해야 함
• 동료 근로자와 연대 의식을 형성해야 함
• 기업가와 맺은 근로 계약을 지키고 기업가와 협력을 추구해야 함

⑤ 기업가와 근로자의 상생적 관계 유지를 위한 노력

개인 윤리적 차원	기업가는 회사 경영 상태를 투명하게 공개해야 하고, 근로자는 불필요한 대립 의식을 지양하고 공동 이익을 추구해야 함
사회 윤리적 차원	정부는 기업가와 근로자가 상생할 수 있는 제도를 마련하고, 노사 간의 공정한 조정자 역할을 해야 함

(2) 전문직과 공직자 윤리

① 전문직의 특징과 전문직 윤리

• 전문직의 특징

전문성	고도의 전문적 훈련을 통해 전문 지식과 기술을 갖춤
독점성	일정한 자격을 갖추어 사회적으로 승인된 사람만이 업무를 수행할 수 있음
자율성	독자적이고 자율적으로 업무를 수행함

• 전문직 윤리: 전문직은 직업적 특징으로 인해 사회적 영향력이 크기 때문에 더 높은 사회적 책임과 공공 의식이 요구됨

② 공직자의 특징과 공직자 윤리

• 공직자의 특징: 국민으로부터 권한을 위임받은 대리인으로서 법에 규정된 공권력을 지니며, 사회와 국가에 끼치는 영향력이 큼

• 공직자 윤리

선공후사	공사(公私)를 구분하여 공익을 우선적으로 실현하기 위해 노력해야 함
청렴 정신	직무를 통해 부당한 이득을 취하지 않는 올곧은 성품을 지녀야 함
공정성	직무를 수행할 때 민주적이고 공정한 방법으로 처리해야 함

• 공직자 윤리 확립을 위한 방안: 불공정한 관행이나 불합리한 제도 개선, 내부 공익 신고 제도 확립, 시민 단체 감시 활동, 공직 사회의 자정 노력과 공직 기강 확립

3. 청렴의 의미와 필요성

(1) 부정부패의 문제

① 부정부패의 의미: 불법적이거나 부당한 방법으로 이득을 취하거나 다른 사람이 부당 이득을 취하도록 돕는 행위

② 부정부패의 문제점

• 개인적 측면: 개인의 권리가 침해받게 되거나 올바른 시민 의식을 형성하기 어려움
• 사회적 측면: 비효율적인 업무 처리로 사회적 비용이 낭비되고, 국민 간 위화감을 조성하며 사회 통합이 어려워짐

(2) 청렴한 사회 실현

① 청렴의 의미: 행동이 맑고[淸(청)] 염치를 알아[廉(렴)] 탐욕을 부리지 않는 상태

② 청렴 문화 정착을 위한 노력

• 제도적 보완: 내부 공익 신고 제도 운영, 부패 방지법 시행, 시민 단체의 감시 활동 강화 등과 같은 업무 처리의 투명성 보장과 부정부패 방지를 위한 제도를 마련해야 함
• 사회적 자본의 확충: 청렴한 사회를 위해 사회 구성원이 상호 간의 신뢰와 소통을 바탕으로 각자 맡은 일을 능률적으로 처리해야 함

자료와 친해지기 사회적 자본

최근 사회 과학자들은 '사회적 자본'이라는 개념을 통해 미국 사회의 성격 변화를 분석하는 틀을 만들었다. 개인적 생산성을 향상시키는 도구와 훈련이라는 의미의 물리적 자본과 인적 자본에 비유해서 설명하자면, 사회적 자본 이론의 핵심은 사회적 네트워크가 중요한 가치를 갖고 있다는 생각이다. 스크루드라이버(물리적 자본) 혹은 대학 교육(인적 자본)이 (개인적·집단적) 생산성을 모두 향상시킬 수 있듯이, 사회적 접촉 역시 개인과 집단의 생산성에 영향을 미친다는 것이다. 물리적 자본이 물리적 사물, 인적 자본이 개인의 특성을 가리키듯, 사회적 자본이란 개인들 사이의 연계, 그리고 이로부터 발생하는 사회적 네트워크, 호혜성과 신뢰의 규범을 가리킨다. 이런 의미에서 사회적 자본은 몇몇 사람들이 '시민적 품성'이라고 부르던 것과 밀접하게 관련되어 있다.

– 퍼트넘, 「나 홀로 볼링」 –

퍼트넘은 사회적 자본을 '개인들 사이의 연계, 그리고 이로부터 발생하는 사회적 네트워크, 호혜성과 신뢰의 규범'으로 규정하고, 자발적 규범과 연대, 참여와 같은 사회적 자본이 많을수록 개인과 사회는 행복한 삶을 누릴 가능성이 높다고 주장하였다.

01

▶ 24058-0051

(가)의 갑, 을 사상가들의 입장을 (나) 그림으로 탐구하고자 할 때, A~C에 들어갈 적절한 질문만을 〈보기〉에서 있는 대로 고른 것은?

(가)	갑: 명분(名分)이 바르지 못하면 말이 사리에 맞지 않고, 말이 사리에 맞지 않으면 일이 이루어지지 않고, 일이 이루어지지 않으면 예(禮)와 음악이 흥성하지 못하고, 예와 음악이 흥성하지 못하면 형벌이 적절하지 않고, 형벌이 적절하지 않으면 백성들은 살아갈 방도가 없다. 을: 성향상 장인(匠人)인 사람이 전사의 부류로 이행하려 들거나, 혹은 전사들 중의 어떤 이가 숙의 결정하며 수호하는 부류로 이행하려 든다면, 그리하여 이런 사람들이 서로 도구나 직분을 교환하게 된다면, 또는 동일한 사람이 이 모든 일을 동시에 하려 든다면, 이들의 교환이나 참견은 나라에 파멸을 가져다주게 된다.
(나)	사상가 갑, 을의 입장을 탐구한다. 〈범례〉 ☐: 출발 조건 ◇: 판단 내용 --▶: 판단 방향 ▱: 사상가의 입장 A → 예 → B → 아니요 → C B → 예 → 갑의 입장 C → 예 → 을의 입장

┌ 보기 ┐
ㄱ. A: 각자 자신의 사회적 역할에 충실할 때 이상적 국가가 실현될 수 있는가?
ㄴ. B: 개인의 자유로운 선택에 따라 사회적 역할을 분담해야 하는가?
ㄷ. B: 통치자는 자신의 역할을 탁월하게 수행하기 위해 덕을 갖추어야 하는가?
ㄹ. C: 각 계층이 서로의 역할에 간섭하지 않도록 모든 계층에 절제의 덕이 요구되는가?

① ㄱ, ㄴ   ② ㄱ, ㄹ   ③ ㄷ, ㄹ
④ ㄱ, ㄴ, ㄷ   ⑤ ㄴ, ㄷ, ㄹ

02

▶ 24058-0052

다음을 주장한 사상가가 부정의 대답을 할 질문으로 가장 적절한 것은?

• 어떤 사람은 마음을 수고롭게[勞心] 하고 어떤 사람은 몸의 힘을 수고롭게[勞力] 한다. 마음을 수고롭게 하는 자는 남을 다스리고, 몸의 힘을 수고롭게 하는 자는 남에게 다스림을 받는다. 남에게 다스림을 받는 자는 남을 먹여 살리고, 남을 다스리는 자는 남에 의해 먹고사는 것이 천하의 보편적인 원리이다.
• 고정적인 생업[恒産]이 없으면서도 도덕적인 마음[恒心]을 지니는 것은 오직 선비만이 할 수 있다. 일반 백성의 경우는 고정적인 생업이 없으면 그로 인해 도덕적인 마음도 없어진다. 만일 도덕적인 마음이 없다면 방탕하고 편벽되고 간사하고 사치스러운 행위를 하지 않을 수 없다.

① 각자는 자신이 맡은 직분에 충실해야 하는가?
② 분업을 통한 직업 간 상호 부조는 불필요한가?
③ 분업은 공동체의 질서를 유지하는 데 기여하는가?
④ 경제적 요인은 백성의 도덕적 삶에 영향을 미치는가?
⑤ 통치자는 백성에게 일정한 생업을 마련해 주어야 하는가?

03
▶ 24058-0053

다음을 주장한 사상가의 입장만을 〈보기〉에서 있는 대로 고른 것은?

- 어질고 능력 있는 사람은 순서를 기다리지 않고 뽑아 쓰고, 덕이 없고 무능한 사람은 잠시도 기다리지 않고 그만두게 한다. 왕공(王公)이나 사대부의 자손이라 하더라도 예의에 맞지 않으면 서민으로 돌아가게 하며, 서민의 자손이라 하더라도 학문을 쌓고 몸가짐을 올바르게 하여 예의에 합치하면 사대부에 이르도록 한다.
- 권세와 지위가 동등하여 원하는 바와 싫어하는 바가 같은데 물자가 이를 만족시키지 못하면 반드시 다툼이 일어난다. 다투면 어지러워지고, 어지러워지면 어려워진다. 선왕께서는 이 혼란을 싫어하여 예의를 만듦으로써 등급을 나누었으며, 사람들로 하여금 빈부 귀천의 등급을 갖도록 하여 충분히 서로를 통제하게 하였다. 이것이 천하를 다스리는 근본이다.

┌ 보기 ┐
ㄱ. 예로써 사람들의 무분별한 욕구를 제어해야 한다.
ㄴ. 사회적 역할은 덕과 능력에 따라 결정되어야 한다.
ㄷ. 예를 통해 본성을 회복하면 누구나 관리가 될 수 있다.
ㄹ. 예에 따른 분별은 사람들의 욕구를 적절하게 충족하기 위함이다.

① ㄱ, ㄴ   ② ㄱ, ㄷ   ③ ㄷ, ㄹ
④ ㄱ, ㄴ, ㄹ   ⑤ ㄴ, ㄷ, ㄹ

04
▶ 24058-0054

다음을 주장한 사상가가 긍정의 대답을 할 질문으로 가장 적절한 것은?

진정한 매뉴팩처는 이전에는 독립적이었던 노동자를 자본의 지휘와 규율에 복종시킬 뿐 아니라 노동자 자신들 사이에 등급적 계층을 만들어 낸다. 단순 협업은 개개인들의 노동 방식을 대체로 변경시키지 않지만, 매뉴팩처는 그것을 철저히 변혁하며 개별 노동력을 완전히 장악한다. 매뉴팩처는 노동자의 일체의 생산적인 능력과 소질을 억압하고 특수한 기능만을 촉진함으로써 노동자를 무력하게 만든다. 독립적으로 어떤 물건을 만드는 것에 부적합해진 매뉴팩처 노동자는 자본가의 작업장 부속물로서만 생산적 활동을 발휘할 수 있을 뿐이다.

① 자본주의 사회에서 분업은 노동자의 정신적 능력의 쇠퇴를 심화시키는가?
② 자본주의 사회에서 노동자는 자신의 노동 생산물을 온전히 소유할 수 있는가?
③ 자본주의 사회에서 노동자는 자발적으로 노동을 수행하여 욕구를 충족하는가?
④ 자본주의 사회에서 노동자는 자본가와의 협력을 통해 소외를 극복할 수 있는가?
⑤ 자본주의 사회에서 분업은 노동자의 자아실현을 방해하여 전체적인 생산성을 하락시키는가?

05

▶ 24058-0055

다음을 주장한 사상가의 입장만을 〈보기〉에서 있는 대로 고른 것은?

신은 우리들 각자가 인생의 온갖 활동을 하는 가운데 우리 각자의 소명(召命)을 기억하고 존중할 것을 명하신다. 신은 인간의 마음이 얼마나 안절부절못하고 끓어오르며, 변덕으로 이랬다저랬다 하고, 단번에 이것저것을 다 잡으려는 야망이 얼마나 강한지를 잘 알고 계신다. 그러므로 우리의 어리석음과 경솔함으로 모든 일이 혼란에 빠지는 일이 없도록 하기 위해서, 각자 자기에게 주어진 삶에서 실행할 분명한 의무를 지정해 주셨다. 그리고 사람에게 자기에게 주어진 적절한 한계를 벗어나지 않도록 하기 위해서, 신은 이처럼 각기 다른 삶의 양태를 '소명'이라 이름하셨다.

┌ 보기 ┐
ㄱ. 신의 소명인 직업에는 귀천이 없다.
ㄴ. 직업적 성공을 거둔 사람만이 구원받을 수 있다.
ㄷ. 직업 활동의 궁극적 목적은 신의 영광을 드러내는 것이다.
ㄹ. 직업 활동을 통한 부의 축적과 신의 소명 실천은 양립할 수 없다.

① ㄱ, ㄴ   ② ㄱ, ㄷ   ③ ㄷ, ㄹ
④ ㄱ, ㄴ, ㄹ   ⑤ ㄴ, ㄷ, ㄹ

06

▶ 24058-0056

(가)의 갑, 을 사상가들의 입장에서 서로에게 제기할 수 있는 비판을 (나) 그림으로 표현할 때, A, B에 해당하는 적절한 내용만을 〈보기〉에서 있는 대로 고른 것은?

(가)	갑: 우리 각자는 서로가 그다지 닮지를 않았고, 각기 성향에서 서로가 다르게 태어나서 저마다 다른 일을 하는 데 적합하다. 각각의 것이 더 많이, 더 훌륭하게, 그리고 더 쉽게 이루어지는 것은 한 사람이 한 가지 일을 '성향에 따라' 적기에 하되, 다른 일들에 대해서는 한가로이 대할 때이다. 을: 프롤레타리아의 노동은 기계 장치의 확대와 분업으로 자립성을 상실했고, 따라서 노동자들에게도 매력을 상실했다. 그들은 기계의 단순한 부품이 되었는데, 이 부품에게 요구되는 것은 가장 단순하고 가장 단조로우며 가장 쉽게 배울 수 있는 손동작일 뿐이다.
(나)	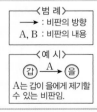 〈범 례〉 → : 비판의 방향 A, B : 비판의 내용 〈예 시〉 갑 —A→ 을 A는 갑이 을에게 제기할 수 있는 비판임.

┌ 보기 ┐
ㄱ. A: 구성원 간 역할 교환은 자유롭게 이루어져야 함을 간과한다.
ㄴ. A: 노동을 통해 자신의 본질을 실현할 수 있어야 함을 간과한다.
ㄷ. B: 계급이 소멸된 사회에서 이상적인 삶이 실현될 수 있음을 간과한다.
ㄹ. B: 이상 사회의 모든 구성원은 사유 재산을 소유하지 않음을 간과한다.

① ㄱ, ㄴ   ② ㄱ, ㄹ   ③ ㄷ, ㄹ
④ ㄱ, ㄴ, ㄷ   ⑤ ㄴ, ㄷ, ㄹ

07

▶ 24058-0057

그림의 강연자가 지지할 입장만을 〈보기〉에서 있는 대로 고른 것은?

> 사회적 자본이란 개인들 사이의 연계, 그리고 이로부터 발생하는 사회적 네트워크, 호혜성 과 신뢰의 규범을 의미합니다. 이는 사회적 연고, 즉 가족, 지인과 비공식적인 유대 관계를 통해서 형성되기도 하고, 시민 협의체, 종교 기관, 자원봉사 활동의 자율적 참여를 통해서 형성되기도 합니다. 이러한 사회적 자본은 협력적 행위를 촉진하여 사회적 효율성을 향상시 킬 뿐만 아니라 시민적 품성이 강력한 힘을 발휘할 수 있는 토대가 됩니다. 사회적 자본이 축적된 공동체에서는 시민들 스스로 기회주의적 처신과 부정행위를 할 동기가 줄어들기 때 문입니다.

┌─ 보기 ┌
ㄱ. 사회적 자본의 축적은 시민적 품성 형성에 기여한다.
ㄴ. 사회적 자본은 연고주의를 부추겨 부정부패를 초래한다.
ㄷ. 사회적 자본이 사회적 갈등 해결에 미치는 영향은 미미하다.
ㄹ. 사회적 자본의 확장은 시민들 간의 자율적 규제 가능성을 높인다.

① ㄱ, ㄷ   ② ㄱ, ㄹ   ③ ㄴ, ㄹ
④ ㄱ, ㄴ, ㄷ   ⑤ ㄴ, ㄷ, ㄹ

08

▶ 24058-0058

다음을 주장한 사상가의 입장으로 적절하지 <u>않은</u> 것은?

> • 청렴(淸廉)함이야말로 천하의 크게 득이 되는 장사이다. 그래서 포부가 큰 사람은 반드시 청렴하려고 한다. 사람이 청렴하지 못한 것은 지혜가 모자라기 때문이다. 청렴한 사람은 청렴함을 편하게 여기고, 지혜로운 사람은 청렴함을 이롭게 여긴다. 재물은 모든 사람이 크게 욕심내는 것이다. 그러나 자신이 얻고자 하는 것 이 재물보다 더 큰 것이어서, 재물을 버리고 취하려 하지 않는 사람도 있다.
> • 수령 노릇을 잘하려면 반드시 자애로워야 하고, 자애로우려면 반드시 청렴해야 하며, 청렴하려면 반드시 절 약해야 한다. 그러므로 절약이야말로 수령이 가장 먼저 힘써야 할 일이다. 못 배우고 무식한 사람이 한 고을 을 얻으면 건방져지고 사치스럽게 되어 절약하지 않는다. 욕심을 부리면 아전들과 짜고 일을 꾸며 이익을 나 눠 먹게 되고, 이익을 나눠 먹다 보면 백성들의 고혈을 짜게 된다. 그러므로 절약은 백성을 사랑하는 데 있 어 가장 먼저 지켜야 할 일이다.

① 공직자의 청렴은 지혜의 많고 적음과 관련이 있다.
② 공직자는 민본주의를 바탕으로 국민에게 봉사해야 한다.
③ 공직자는 청렴하기 위해 사유 재산을 소유해서는 안 된다.
④ 공직자는 공과 사를 구분하고 공익 실현을 위해 힘써야 한다.
⑤ 공직자의 청렴 실천은 애민(愛民) 정신을 실현하기 위함이다.

09

▶ 24058-0059

다음 신문 칼럼의 입장으로 적절하지 않은 것은?

○○ 신문	○○○○년 ○○월 ○○일
칼럼	

과학 기술의 급속한 발달과 더불어 사회 구조가 복잡하고 다양해짐에 따라 현대 사회에서는 고도의 전문적 교육과 훈련을 통해 특정 분야에서 높은 수준의 지식과 기술을 갖춘 사람들의 영향력이 일반 시민보다 커지고 있다. 이들은 전문성을 바탕으로 독자적이고 자율적으로 자신의 업무를 수행하며, 높은 사회적 지위와 경제적 보수를 보장받는다. 이러한 특성에 비추어 볼 때 전문직 종사자들은 사회에 대한 책임감뿐만 아니라 일반 시민보다 높은 도덕성을 지녀야 한다. 일부 사람들은 이를 두고 전문직 종사자들에 대한 과도한 요구라고 비판한다. 하지만 전문직 종사자들의 선택과 행위가 우리 사회에 끼치는 영향력을 고려한다면 그에 상응하는 수준의 윤리적 잣대가 이들에게 적용되어야 한다고 생각한다.

① 전문직 종사자의 지식과 기술은 누구나 쉽게 보유할 수 있다.
② 전문직 종사자는 일반 시민보다 사회에 미치는 영향력이 크다.
③ 전문직 종사자는 자율적이고 독자적으로 업무를 수행할 수 있다.
④ 전문직 종사자는 사회와 일반 시민에 대한 책무 의식을 지녀야 한다.
⑤ 전문직 종사자는 일반 시민보다 높은 윤리적 기준을 적용받아야 한다.

10

▶ 24058-0060

(가)의 갑, 을 사상가들의 입장을 (나) 그림으로 탐구하고자 할 때, A~C에 들어갈 적절한 질문만을 〈보기〉에서 있는 대로 고른 것은?

(가)	갑: 자유 경제 체제에서 경영자들은 오직 기업의 소유주들에 대해서만 직접적인 책임을 진다. 그 책임은 일반적으로 게임의 규칙을 준수하는 한에서 기업 이익을 극대화하기 위하여 자원을 활용하고 이를 위한 활동에 매진하는 것이다. 사회적 이익을 위한다는 것은 누군가의 돈을 마음대로 쓰는 것이며, 정부의 일에 주제넘게 나서는 것이다. 을: 이윤 극대화라는 단순한 규칙이 사회적 측면에서 비효율적일 수밖에 없는 상황이 생기는데 그중 하나는 생산품의 안전성과 관련하여 구매자보다 판매자가 그럴듯한 더 많은 지식을 가지고 있는 경우이다. 생산품의 안전성 맥락에서, 회사가 받아들인 윤리 규칙에 의해 경제적 효율성은 더 향상된다.
(나)	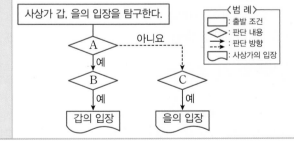 〈범례〉 □: 출발 조건 ◇: 판단 내용 ┅▶: 판단 방향 ◠: 사상가의 입장

┌ 보기 ┐
ㄱ. A: 기업은 법적 테두리 내에서 건전하게 이익을 추구해야 하는가?
ㄴ. B: 기업 경영자는 기업 소유자들의 이익 극대화를 위한 활동에 전념해야 하는가?
ㄷ. C: 기업 경영의 본질적 목적은 사회 복지 공헌과 같은 공익 증진인가?
ㄹ. C: 기업의 사회적 책임 이행은 기업의 장기적 이익 확보에 기여하는가?

① ㄱ, ㄷ　　　　　② ㄱ, ㄹ　　　　　③ ㄴ, ㄹ
④ ㄱ, ㄴ, ㄷ　　　　⑤ ㄴ, ㄷ, ㄹ

THEME 07 사회 정의와 윤리

① 사회 정의의 의미

(1) 개인 윤리와 사회 윤리

① 사회 윤리의 등장 배경
- 개인의 도덕성과 양심만으로 해결하기 어려운 윤리 문제가 발생함
- 사회는 단순히 개인의 집합체가 아니라 독자적 원리에 따라 움직임

② 개인 윤리와 사회 윤리

구분	개인 윤리	사회 윤리
주안점	개인의 양심, 윤리 의식 등 개인의 도덕성	사회 구조, 제도, 정책 등 사회의 도덕성
문제 원인	개인의 도덕적 판단 능력이나 실천 의지의 결여	개인보다는 사회 구조와 제도의 문제
문제 해결	개인의 도덕적 판단 능력이나 실천 의지, 도덕적 습관 함양	개인의 도덕성 함양과 더불어 사회 구조와 제도 개선

③ 개인 윤리와 사회 윤리의 관계: 현대 사회에서 발생하는 다양한 윤리 문제를 해결하기 위해서는 개인의 도덕성 함양과 더불어 사회 구조와 제도의 개선이 모두 필요함

④ 니부어의 사회 윤리에 대한 관점
- 현대 사회의 복잡한 윤리 문제는 개인의 양심과 덕목의 실천만으로 해결하기 어려움
- 개인적으로 도덕적인 사람도 자신이 속한 집단의 이익을 위해 비도덕적으로 행동하기 쉬움
- 개인의 도덕적 행위는 집단의 도덕성을 결정하지 못하며, 오히려 집단의 구조와 제도가 개인 행위의 도덕성을 결정할 수 있음
- 개인의 도덕성 함양뿐만 아니라 사회 구조와 제도의 도덕성 실현을 위해 노력해야 함

(2) 사회 정의

① 사회 정의의 의미: 사회가 추구해야 할 핵심적이고 기본적인 덕목 중 하나로, 사회를 구성하고 유지하는 공정한 도리이며, 사회 윤리적 문제를 해결하기 위한 기준

② 사회 정의의 종류

분배적 정의	각자가 자신의 몫을 누릴 수 있게 하는 것
교정적 정의	위법과 불공정함을 바로잡아 공정함을 확보하는 것
절차적 정의	공정한 절차를 통해 합당한 몫을 결정하는 것

② 분배적 정의와 공정한 분배

(1) 분배의 기준

구분	장점	단점
절대적 평등	구성원 모두에게 혜택을 골고루 나누어 줄 수 있음	생산 의욕이 저하되고 책임 의식을 약화시킬 수 있음
필요	인간의 존엄성을 보장하고, 사회적 약자를 보호할 수 있음	모든 사람의 필요를 충족시킬 수 없으며, 경제적 효율성을 저하시킬 수 있음
능력	능력이 뛰어난 사람에게 적절한 대우와 보상을 할 수 있음	선천적 영향을 배제할 수 없고, 평가 기준의 마련이 어려움
업적	객관적 평가와 측정이 쉽고, 생산성을 높이는 동기를 제공할 수 있음	서로 다른 종류의 업적을 비교하기 어렵고, 과열 경쟁으로 부정과 갈등이 생길 수 있음

(2) 분배적 정의의 다양한 관점

① 아리스토텔레스
- 동등한 사람들에게 동등한 몫을, 동등하지 않은 사람들에게 동등하지 않은 몫을 분배해야 함
- 각자에게 주어야 할 그의 몫이 그가 받아야 할 몫에 비하여 과도하게 지나치거나 부족하지 않은 중용의 상태가 분배적 정의임

② 마르크스
- 능력에 따라 일하고 필요에 따라 분배할 것을 주장함
- 실질적 필요를 충족시킬 수 있도록 분배하여 인간다운 삶을 보장하고자 함

③ 롤스의 '공정으로서의 정의'
- 절차나 과정이 공정하면 그 분배의 결과는 공정하다고 봄

자료와 친해지기 롤스의 공정으로서의 정의

천부적으로 타고나는 것은 정의롭다거나 부정의하다고 할 수 없으며, 사람이 사회의 어떤 특정한 지위에 태어나는 것도 부정의하다고 볼 수 없다. 이것은 단지 자연적인 사실에 불과하다. 정의 여부가 문제 되는 것은 제도가 그러한 사실을 처리하는 방식이다. 귀족 사회나 계급 사회가 부정의한 이유는 그러한 사회가 이러한 우연성을 다소간 한정되고 특전을 가진 계층에 속하게 되는 귀속 근거로 삼기 때문이다. 이들 사회의 기본 구조는 자연에서 발견되는 임의성을 내포하고 있다. 그러나 사람들이 이러한 우연성에 자신을 내맡길 필요는 없다. 이러한 사회 체제란 인간이 통제할 수 없는 불변적인 질서가 아니며 인간 행위의 한 양식이다. 공정으로서의 정의에 있어서 사람들은 공동의 이익을 가져오는 경우에만 자연적, 사회적 여건의 우연성을 이용하기로 약속한다. 두 원칙은 운명의 임의성을 처리하는 공정한 방식이며 다른 점에서 불완전할 수도 있으나 이러한 원칙을 만족시키는 제도는 정의롭다.

− 롤스, 「정의론」 −

롤스는 차등의 원칙을 천부적 자질이나 최초의 사회적 지위와 같은 도덕적으로 임의적인 우연성을 공정하게 처리하는 원칙이자, 사회 구성원들 간의 호혜성을 표현한 상호 이익의 원칙이라고 보았다.

- 자연적·사회적 우연성이 배제된 원초적 입장에 놓인 사람들은 자신이 가장 불리한 상황에 놓일 가능성을 염두에 두고 모든 사람에게 공정한 정의 원칙에 합의하게 됨
- 정의의 두 원칙

제1원칙	평등한 자유의 원칙	모든 사람은 평등한 기본적 자유를 최대한 누려야 함
제2원칙	차등의 원칙	사회적·경제적 불평등은 최소 수혜자에게 최대의 이익이 되도록 편성될 때 정당화됨
	공정한 기회 균등의 원칙	사회적·경제적 불평등의 계기가 되는 직위와 직책은 모든 사람들에게 공정하게 열려 있어야 함

- 최소 수혜자의 이익을 극대화하는 데 관심을 둠으로써 실질적 평등을 도모함

④ 노직의 '소유권으로서의 정의'
- 개인은 정당한 소유물에 대해 배타적·절대적 권리를 지님
- 개인의 소유권을 침해하지 않고 개인의 권리를 보호하는 역할만을 수행하는 최소 국가가 정당함

취득의 원칙	취득에서의 정의의 원리에 따라 소유물을 취득한 자는 그 소유물에 대한 권리가 있음
이전(양도)의 원칙	타인에 의해 자유로이 양도받은 재화에 대한 정당한 소유 권리가 있음
교정(시정)의 원칙	취득과 양도 과정에서 과오나 그릇된 절차에 의한 소유가 발생했을 때에는 이를 바로잡아야 함

⑤ 왈처의 '복합 평등으로서의 정의'
- 다양한 삶의 영역에서 각기 다른 공정한 기준에 따라 사회적 가치가 분배될 때 사회 정의가 실현됨
- 한 영역의 재화나 가치를 소유한 것이 다른 영역의 재화나 가치를 소유하게 되는 이유가 되어서는 안 됨
- 공동체의 역사적·문화적 맥락에 따른 다양한 정의 기준을 인정함

(3) 분배적 정의와 관련된 다양한 쟁점
① 우대 정책과 관련된 윤리적 쟁점
- 우대 정책의 의미: 특정 집단에 대해 역사적·사회 구조적으로 가해진 부당한 차별과 불평등을 바로잡기 위해 혜택을 제공하는 정책
- 우대 정책에 대한 찬반 입장

찬성 입장	반대 입장
• 과거의 부당한 차별에 대한 보상 • 사회 갈등 완화, 사회 전체 이익 극대화 • 자연적·사회적 운으로 발생한 불평등을 시정하여 실질적인 기회의 평등 보장	• 특정 집단에 대한 부당한 특혜 • 업적주의에 위배됨 • 과거의 피해와 현재의 보상 간 불일치 문제 • 역차별로 새로운 사회 갈등 유발

② 부유세와 관련된 윤리적 쟁점
- 부유세의 의미: 일정액 이상의 자산을 보유하고 있는 사람에게 비례적으로 또는 누진적으로 과세하는 것
- 부유세에 대한 찬반 입장

찬성 입장	반대 입장
• 부의 재분배를 통한 불평등 해소 • 빈부 격차를 완화하여 사회 통합에 기여	• 개인 재산권에 대한 과도한 침해 • 세금을 이중으로 부과한다는 점에서 부자들에 대한 역차별 발생

③ 교정적 정의와 윤리적 쟁점

(1) 교정적 정의
① 교정적 정의의 의미: 손해와 손실을 회복시키거나 범죄 행위에 대해 처벌함으로써 불균형과 부정의를 바로잡는 것
② 처벌과 관련된 윤리적 쟁점

응보주의의 문제점	• 범죄 예방에 도움을 주지 못할 수 있음 • 전과자의 사회 적응에 대한 어려움을 고려하지 않음
공리주의의 문제점	• 처벌의 예방 효과를 증명하기 어려움 • 범죄자 처벌을 사회 안정을 위한 수단으로 여겨 인간의 존엄성을 훼손할 수 있음

(2) 사형 제도에 대한 다양한 관점

칸트	응보주의 관점에서 살인자에 대한 사형은 정당하며, 살인자에 대해 사형 이외의 형벌은 정의에 부합하지 않음
루소	사회 계약설의 관점에서 계약자인 시민의 생명과 안전을 확보하기 위한 사형 제도는 정당함
베카리아	공리주의 관점에서 사형보다 종신 노역형이 범죄 예방과 사회 전체 이익 증진에 부합하며, 자신의 생명권은 양도할 수 없는 것이므로 사회 계약을 이유로 사형을 정당화할 수 없음

 자료와 친해지기 사형 제도에 대한 칸트와 베카리아의 입장

- 살인을 했거나 그것을 명했거나, 또는 그에 협력했던 살인자는 누구든 사형에 처해지지 않으면 안 된다. 이것이 사법권의 이념으로서 정의가 보편적이고 선험적으로 정초된 법칙들에 따라 의욕하는 바이다.
  — 칸트, 『윤리형이상학』 —
- 사형은 한순간에 모든 고통을 집결시킨다. 노역형의 고통은 일생에 걸쳐 분산된다. 바로 이것이 종신 노역형의 상대적 이점이다. 노역형은 수형자보다 구경꾼에게 더 큰 공포를 안겨 준다. 구경꾼은 수형자가 당하는 불행한 순간순간의 고통의 합산을 고려하지만, 수형자는 눈앞의 순간의 비참함에 사로잡혀 미래를 생각할 여력이 없다. …(중략)… 구경꾼은 불행한 수형자의 무감각해진 마음 대신 자신의 현재 감수성으로 사태를 판단한다. 구경꾼에게 수형자의 모든 고통은 상상 속에서 더욱 증폭된다.
  — 베카리아, 『범죄와 형벌』 —

칸트는 살인을 했거나 그러한 범행의 공범자들은 모두 공적 법칙(법률)에 따라 사형에 처해져야 한다고 주장하였다. 베카리아는 사형을 대체한 종신 노역형만으로도 가장 완강한 자의 마음을 억제하기에 충분한 정도의 엄격성을 지니고 있을 뿐만 아니라 사형 이상의 확실한 효과를 가져온다고 주장하였다.

01

▶ 24058-0061

다음을 주장한 사상가의 입장에만 모두 'V'를 표시한 학생은?

> 올바른 정치적 도덕성은 인간 사회에 있는 합리적·도덕적 요소에 가장 잘 부합할 수 있는 유형의 강제력을 사용하도록 권고함으로써, 그리고 강제력이 사용되는 목적과 목표의 차이를 밝혀 줌으로써 쓸데없는 갈등의 악순환에 빠져 있는 사회를 구원하고자 할 것이다. 아마도 합리적인 사회라면 강제력과 갈등의 제거보다는 강제력이 사용되는 목적의 정당성 여부에 더 큰 강조점을 둘 것이다. 강제력의 사용이 누가 봐도 합리적으로 수긍할 수 있는 사회적 목적에 기여한다면 그 사회는 강제력을 정당화할 것이고, 만일 그렇지 못하고 일시적인 열정에만 기여한다면 폭력의 사용은 지탄을 받을 것이다.

입장 　　　　　　　　　　　　　　　　　　　　　　학생	갑	을	병	정	무
개인의 양심과 선의지 함양은 집단 간의 갈등을 해결하는 데 기여할 수 없다.	V	V		V	
집단 속에서 이기적으로 되어 가는 인간의 성향은 사회 부정의의 원인이 된다.	V		V		V
집단 간의 힘의 균형을 실현하기 위해서는 정치적 방법으로서 강제력이 필요하다.			V	V	V
사회 정의는 도덕성이 높은 사람들이 승인하지 않는 방법으로 실현되어서는 안 된다.		V		V	V

① 갑　　　　　② 을　　　　　③ 병　　　　　④ 정　　　　　⑤ 무

02

▶ 24058-0062

다음을 주장한 사상가가 부정의 대답을 할 질문으로 가장 적절한 것은?

> 원초적 입장에서 사람들은 다음과 같은 상이한 두 원칙을 채택하게 된다. 첫 번째 원칙은 기본적인 권리와 의무의 할당에서 평등을 요구하는 것이며, 반면에 두 번째 원칙은 사회적·경제적 불평등, 예를 들면 재산과 권력의 불평등을 허용하되 그것이 모든 사람, 그중에서도 특히 사회의 최소 수혜자에게 그 불평등을 보상할 만한 이득을 가져오는 경우에만 정당한 것임을 내세우는 것이다. 다른 사람의 번영을 위해서 일부가 손해를 입는다는 것은 편리할지는 모르나 정의롭지는 않다. 그러나 불운한 사람의 처지가 그로 인해 더 향상된다면 소수자가 더 큰 이익을 취한다고 해도 부정의한 것은 아니다.

① 정의의 원칙은 가설적이고 비역사적 상황에서 도출되는가?
② 기본적 자유는 절대적이기에 어떠한 상황에서도 제한될 수 없는가?
③ 차등의 원칙은 사회 구성원들 간의 호혜성을 표현한 상호 이익의 원칙인가?
④ 차등의 원칙은 도덕적으로 임의적인 우연성을 공정하게 처리하는 원칙인가?
⑤ 유사한 능력과 재능을 가진 사람에게 유사한 인생의 기회가 주어져야 하는가?

[03~04] 갑, 을은 사회사상가들이다. 물음에 답하시오.

갑: 정의의 원칙은 무지의 베일 속에서 선택된다. 모든 이가 유사한 상황 속에 처하게 되어 아무도 자신의 특정 조건에 유리한 원칙을 구상할 수 없는 까닭에, 정의의 원칙은 공정한 합의나 약정의 결과가 된다.
을: 분배에서의 정의의 소유 권리론은 역사적이다. 분배가 정의로운가는 이 분배가 어떻게 이루어졌는가에 달려 있다. 대조적으로 정의의 현재 시간 단면 원리에 따르면, 분배의 정의를 판단하는 데 고려해야 할 유일한 것은 결국 누가 무엇을 갖게 되는가의 문제이다.

03

▶ 24058-0063

갑, 을의 입장만을 〈보기〉에서 있는 대로 고른 것은?

┌ 보기 ┐
ㄱ. 갑: 최소 수혜자에게 이익이 된다면 천부적 재능으로 인한 이익 획득이 허용될 수 있다.
ㄴ. 을: 개인이 노동을 통해 취득한 소유물은 교정의 대상이 될 수 없다.
ㄷ. 을: 자신의 노동이 투입되지 않은 결과물에 대해서도 정당한 소유권을 가질 수 있다.
ㄹ. 갑과 을: 분배 절차의 공정성은 분배 결과의 정의를 보장한다.

① ㄱ, ㄷ   ② ㄴ, ㄷ   ③ ㄴ, ㄹ
④ ㄱ, ㄴ, ㄹ   ⑤ ㄱ, ㄷ, ㄹ

04

▶ 24058-0064

다음을 주장한 사상가가 갑에게 제기할 수 있는 비판으로 적절한 내용만을 〈보기〉에서 있는 대로 고른 것은?

모든 사회적 가치 혹은 가치의 모든 집합은 말 그대로 그 고유한 분배 영역을 구성한다. 그리고 그 분배 영역에서는 오직 특정한 기준과 제도만이 적절하다. 돈은 성직의 영역에서는 부적절하며, 이것은 다른 영역으로부터의 침해이다. 반면에 통상적인 의미에서 시장이 이해된다면, 경건성이나 신앙심이 시장에서 특별한 역할을 해서는 안 된다. 정당하게 매매될 수 있는 것이라면, 살려는 사람이 신자건 이교도건 죄인이건 누구나 그것을 살 수 있어야 한다.

┌ 보기 ┐
ㄱ. 분배 정의는 복지 국가에서 완전히 실현될 수 없음을 간과한다.
ㄴ. 공동체의 문화적 특수성을 고려한 분배 원칙이 필요함을 간과한다.
ㄷ. 어떤 사회적 가치는 불평등하게 분배되어도 정당화될 수 있음을 간과한다.
ㄹ. 다양한 사회적 가치는 각기 다른 기준과 절차에 따라 분배되어야 함을 간과한다.

① ㄱ, ㄷ   ② ㄴ, ㄷ   ③ ㄴ, ㄹ
④ ㄱ, ㄴ, ㄹ   ⑤ ㄱ, ㄷ, ㄹ

05

▶ 24058-0065

갑, 을 사상가들 모두가 긍정의 대답을 할 질문만을 〈보기〉에서 있는 대로 고른 것은?

> 갑: 재산 소유 민주주의는 각 시기의 마지막 순간에 적게 가진 사람들에게 소득을 재분배함으로써가 아니라, 각 시기가 시작하는 순간 생산적 자산과 인간 자본(교육된 능력과 훈련된 기예)의 광범위한 소유를 보장함으로써 부의 집중을 피한다. 그리고 이 모든 것은 평등한 기본적 자유와 공정한 기회균등을 배경으로 하여 이루어진다.
> 을: 국가에 관한 주된 우리의 결론은 첫째, 강압·절도·사기로부터의 보호, 계약 집행 등 좁은 기능에 제한된 최소 국가는 정당화되며, 둘째, 그 이상의 포괄적 국가는 특정의 것들을 하도록 강제되지 않을 개인의 권리를 침해할 것이고, 셋째, 최소 국가는 옳을 뿐만 아니라 유토피아에 대한 영감을 고취시킨다.

┌─ 보기 ┐
ㄱ. 능력에 따른 분배는 정의의 원칙에 어긋날 수 있는가?
ㄴ. 자연적·사회적 운으로 취한 이득은 정당화될 수 있는가?
ㄷ. 개인은 정당한 소유물에 대한 배타적 사용권을 지니는가?
ㄹ. 경제적 불평등은 모든 사람에게 이익이 되어야 정당화될 수 있는가?

① ㄱ, ㄴ   ② ㄱ, ㄹ   ③ ㄷ, ㄹ
④ ㄱ, ㄴ, ㄷ   ⑤ ㄴ, ㄷ, ㄹ

06

▶ 24058-0066

다음을 주장한 사상가의 입장에서 질문에 대한 대답으로 가장 적절한 것은?

> 부분적인 정의와 그 정의에 따라 정의로운 것의 한 종류는 명예나 돈, 혹은 정치 체제를 함께하는 사람들 사이에서 나눌 수 있는 것들의 분배에서 성립한다. 이러한 분배에서는 한 사람이 다른 사람과 동등하지 않은 몫을 가질 수도 있고 동등한 몫을 가질 수도 있기 때문이다. 다른 한 종류는 상호 교섭에서 성립하는 교정적 정의이다. 이것은 다시 두 부분으로 나뉘어 있다. 상호 교섭의 한 부분은 자발적인 것이며, 다른 한 부분은 비자발적인 것이기 때문이다.

	질문	대답
①	분배와 상호 교섭에서 정의는 동등함이고, 부정의는 동등하지 않음인가?	예
②	누구에게나 동일한 양의 재화를 분배하는 것이 기하학적 비례의 동등함인가?	예
③	명예나 금전과 같은 사회적 재화의 분배에서 각자의 가치를 고려하는 것은 부정의한가?	예
④	상호 교섭에서 발생하는 불균형을 바로잡을 때 당사자들을 동등한 사람으로 간주해야 하는가?	아니요
⑤	타인에게 이익을 준 경우와 타인에게 해를 끼친 경우 모두 산술적 비례에 근거하여 교정해야 하는가?	아니요

07

▶ 24058-0067

(가)의 갑, 을 사상가들의 입장에서 서로에게 제기할 수 있는 비판을 (나) 그림으로 표현할 때, A, B에 해당하는 적절한 내용만을 〈보기〉에서 있는 대로 고른 것은?

(가)	갑: 개인이 분업에 복종하는 예속적 상태가 사라지고 이와 함께 정신노동과 육체노동 사이의 대립도 사라진 후에, 노동이 생활을 위한 수단일 뿐만 아니라 그 자체가 일차적인 생활 욕구로 된 후에, 사회는 자신의 깃발에 다음과 같이 쓸 수 있게 된다. '각자는 능력에 따라, 각자에게는 필요에 따라!' 을: 소유물에서의 정의 이론의 일반적 개요를 말하자면, 이는 한 사람의 소유물은 취득과 이전에서의 정의의 원리 또는 불의의 교정의 원리에 의해 그가 그 소유물에 대한 권리를 부여받았으면 정당한 것이다. 만약 각 개인의 소유물이 정당하다면, 소유물의 전체 집합도 정당하다.
(나)	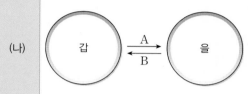 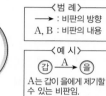

〈범 례〉
→ : 비판의 방향
A, B : 비판의 내용

〈예 시〉
갑 —A→ 을
A는 갑이 을에게 제기할 수 있는 비판임.

보기

ㄱ. A: 국가 주도의 재분배 정책은 노동자의 예속을 해소할 수 있음을 간과한다.
ㄴ. A: 이상적인 분배는 생산 수단의 사적 소유권이 폐지된 사회에서 실현됨을 간과한다.
ㄷ. B: 이상적인 분배 실현을 위해 국가가 분배 과정에 개입할 수 있음을 간과한다.
ㄹ. B: 분배의 정당성은 분배의 역사적 과정보다 분배된 결과에 달려 있음을 간과한다.

① ㄱ, ㄷ   ② ㄴ, ㄷ   ③ ㄴ, ㄹ
④ ㄱ, ㄴ, ㄹ   ⑤ ㄱ, ㄷ, ㄹ

08

▶ 24058-0068

갑은 긍정, 을은 부정의 대답을 할 질문만을 〈보기〉에서 있는 대로 고른 것은?

갑: 과거 부당한 차별을 받은 특정 집단의 후손에게 입학과 고용에 대한 혜택을 제공하는 정책을 시행할 필요가 있다. 이러한 우대 정책은 과거의 부당한 차별에 대한 정당한 보상일 뿐만 아니라 우리 사회의 불평등을 실질적으로 완화함으로써 사회 구성원들 간의 화합에 도움이 될 것이다.
을: 과거 부당한 차별에 대한 보상은 필요하나 우대 정책을 통해 보상을 받는 자는 과거에 차별을 받았던 당사자가 아니다. 또한 특정 집단에만 혜택을 제공하게 되면 다른 집단에 속한 사람들의 노력과 성취는 온전히 평가받지 못해 사회 구성원들 간에 새로운 갈등이 유발된다.

보기

ㄱ. 우대 정책은 부당한 역차별을 발생시키는가?
ㄴ. 우대 정책은 공정한 경쟁의 기회를 박탈하는가?
ㄷ. 우대 정책을 통해 실질적 평등을 실현할 수 있는가?
ㄹ. 우대 정책을 통해 사회적 긴장을 완화할 수 있는가?

① ㄱ, ㄴ   ② ㄱ, ㄹ   ③ ㄷ, ㄹ
④ ㄱ, ㄴ, ㄷ   ⑤ ㄴ, ㄷ, ㄹ

09
▶ 24058-0069

다음 표는 어느 서양 사상가에 대한 질의 응답지이다. ㉠, ㉡에 들어갈 질문으로 가장 적절한 것은?

	질문	응답	
		예	아니요
(1)	형벌의 질과 양은 공적인 보복법에 따라 결정되어야 하는가?	V	
(2)	형벌은 범죄자가 물권의 대상이 되지 않도록 보호해 주는가?	V	
(3)	㉠	V	
(4)	㉡		V

① ㉠: 형벌은 범죄자가 형벌을 의욕했기 때문에 부과되는 것인가?
② ㉠: 형벌은 범죄자를 자유 의지를 가진 행위자로 대우하는 것인가?
③ ㉠: 형벌은 사회 전체의 이익 증진을 목적으로 집행되어야 하는가?
④ ㉡: 형벌은 범죄자의 타고난 인격성을 존중하는 행위인가?
⑤ ㉡: 형벌은 범죄에 비례하여 정언 명령에 의해 주어져야 하는가?

10
▶ 24058-0070

(가)의 갑, 을, 병 사상가들의 입장에서 서로에게 제기할 수 있는 비판을 (나) 그림으로 표현할 때, A~F에 해당하는 내용으로 가장 적절한 것은?

(가)	갑: 누구도 그가 형벌을 의욕했기 때문이 아니라 형벌을 받아야 할 행위를 의욕했기 때문에 형벌을 받는 것이다. 무릇 누군가에게 그가 의욕하는 것이 일어난다면 그것은 형벌이 아니며, 형벌받기를 의욕한다는 것은 불가능하니 말이다. 을: 사회적 권리를 침해하는 모든 악당은 그의 중죄로 말미암아 조국에 대한 배신자이자 반역자가 된다. 그는 조국의 법을 위반함으로써 조국의 일원이 되기를 그만두며, 심지어 조국을 상대로 전쟁을 벌인다. 병: 인간의 정신에 무엇보다 큰 효과를 끼치는 것은 형벌의 강도가 아니라 그 지속도이다. 우리의 감수성은 강력하지만 일시적인 충동보다는 비록 미약하더라도 반복된 인상에 의해 훨씬 쉽게, 영속적으로 자극받기 때문이다.
(나)	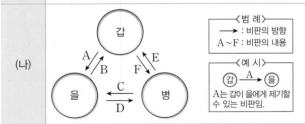

① A와 F: 사형의 정당성 여부는 사회 계약에 근거해야 함을 간과한다.
② B: 형벌은 범죄 사실 자체를 근거로 부과되어야 함을 간과한다.
③ C: 자신의 생명권을 국가에 양도하는 계약은 불가능함을 간과한다.
④ D: 국가는 계약자의 생명을 무조건 보존해야 함을 간과한다.
⑤ E: 사형은 범죄 억제력이 전혀 없는 비효과적인 형벌임을 간과한다.

11

▶ 24058-0071

(가)의 갑, 을, 병 사상가들의 입장을 (나) 그림으로 탐구하고자 할 때, A~D에 들어갈 적절한 질문만을 〈보기〉에서 있는 대로 고른 것은?

(가)	갑: 범죄자의 생득적 인격성은, 설령 그가 시민적 인격성을 상실할 선고를 받을 수 있을지라도, 물권의 대상이 되지 않도록 그를 보호해 준다. 을: 모든 형벌은 해악이다. 공리의 원칙에 의거하면, 만약 형벌이 허용되어야 한다면 오직 그것이 더 큰 악을 제거하리라고 보장하는 한에서만 허용되어야 한다. 병: 인간이 자신을 죽일 권리가 없는 이상. 그 권리를 타인이나 일반 사회에 양도하는 것 역시 불가능하다. 사형은 한 사람의 시민에 대한 국가의 전쟁이다.
(나)	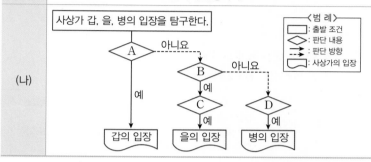

〈보기〉
ㄱ. A: 형벌은 정의의 기초가 되는 원리에 따라 부과되어야 하는가?
ㄴ. B: 형벌을 통해 통제하고자 하는 대상은 범죄자로 한정되는가?
ㄷ. C: 공동체의 선을 촉진하는 형벌도 그 자체는 악인가?
ㄹ. D: 형벌의 강도보다 지속도가 시민에게 더 큰 공포감을 주는가?

① ㄱ, ㄴ   ② ㄱ, ㄹ   ③ ㄷ, ㄹ
④ ㄱ, ㄴ, ㄷ   ⑤ ㄴ, ㄷ, ㄹ

12

▶ 24058-0072

다음 가상 대담 속의 ㉠에 들어갈 말로 가장 적절한 것은?

사회자: 선생님, 자연 상태의 개인이 사회 계약을 맺어 국가를 형성하는 목적은 무엇인가요?
사상가: 사회 계약은 계약자의 생명 보존을 목적으로 합니다. 타인의 희생으로 자신의 생명을 보존하려고 하는 사람은 타인을 위해 필요하다면 마땅히 생명을 희생해야 합니다.
사회자: 그렇다면 살인자에게 선고되는 사형에 대해서는 어떻게 생각하시나요?
사상가: 사형은 ____㉠____

① 공공의 이익을 위한 수단으로 실행되어서는 안 됩니다.
② 살인자의 인격을 목적으로 대우하기 위해 실행되어야 합니다.
③ 국가의 적으로부터 시민들의 안전을 지키기 위해 실행되어야 합니다.
④ 종신 노역형에 비해 범죄 억제력이 떨어지므로 실행되어서는 안 됩니다.
⑤ 시민의 생명을 처분할 권리가 국가에 없으므로 실행되어서는 안 됩니다.

국가와 시민의 윤리

① 국가의 권위와 시민에 대한 의무

1. 국가 권위의 정당성

(1) 국가 권위의 의미와 특징

의미	시민들을 국가의 뜻에 따르게 하는 힘. 명령을 내릴 수 있는 권리 또는 통치를 할 수 있는 권리
특징	• 시민의 삶 전체 영역에서 복종과 책무를 요구함 • 시민들의 자발적 지지와 동의를 바탕으로 할 때 정당화됨

(2) 국가와 시민의 관계: 국가와 시민은 상호 의존적 관계임

① 시민은 국가로부터 다양한 물질적 · 비물질적 혜택을 받으면서 살아가며 동시에 국가에 대한 다양한 의무를 이행해야 함

② 국가는 시민들에게 의무를 부과하고 강제력을 행사하는 동시에 시민들의 자유와 권리를 보장할 의무를 지님

(3) 국가 권위의 정당성에 대한 관점

유교	• 군주의 통치권은 하늘로부터 주어진 것임 • 부모에게 효도하는 것과 같이 국가에 충성하는 것이 의무임
플라톤	• 개인의 타고난 성향은 국가를 통해 실현될 수 있음 • 선의 이데아를 통찰한 통치자에게 복종하는 것이 정의로운 것임
아리스토텔레스	• 인간은 본성상 국가에 살도록 되어 있는 존재임 • 정치 공동체 속에서만 최선의 삶이 가능함
사회 계약론	• 국가의 권위는 시민들의 자발적 합의로 형성된 것임 • 국가를 전제로 할 때 시민들의 권리를 보호할 수 있음
공리주의	국가의 권위는 사회 구성원 전체의 최대 행복을 증진하는 통치에 기초함

2. 시민에 대한 국가의 의무

(1) 동양에서의 국가의 역할과 의무

공자, 맹자	• 민본주의(民本主義)를 바탕으로 군주가 먼저 백성들에게 덕을 베풀어야 함 • 맹자: 백성들이 경제적으로 안정[恒産(항산)]되어 도덕적인 삶[恒心(항심)]을 살 수 있도록 해 주어야 함
묵자	남의 나라와 나의 나라, 남의 가족과 나의 가족을 차별하지 않고 서로 돌보고 상호 이익을 추구하여 천하에 혼란이 일어나지 않게 해야 함
한비자	• 인간은 이기적인 존재이므로 엄격한 법에 따라 통치해야 함 • 적절한 포상과 처벌을 통해 질서를 유지해야 함
정약용	• 분쟁이 일어났을 때 현명하게 해결해 주어야 함 • 애민(愛民) 정신으로 백성을 돌보고 노약자나 빈자를 구제해 주어야 함

자료와 친해지기 국가의 기원에 대한 아리스토텔레스와 루소의 입장

• 모든 공동체는 어떤 종류의 좋음[善]을 목표로 하는 것이지만, 그 모든 공동체 중에서 최고의 것이면서 다른 모든 공동체를 포괄하는 이 공동체는 가장 으뜸가는, 다시 말해 모든 좋음 중에서 최고의 것－행복－을 목표로 한다. 이것이 바로 국가 공동체이다. …(중략)… 여러 마을로부터 이루어진 완전한 공동체는 국가인데, 국가는 한마디로 말해서 이미 전적인 자족의 한계에 도달해 있는 것이다. 또한 국가는 좋은 삶을 위해서 존재한다. …(중략)… 분명한 것은 국가는 자연적으로 존재하는 것들에 속하며, 인간은 본성적으로 '국가를 형성하며 살아가기에 적합한 동물'이라는 것이다. 운 때문이 아니라 본성 때문에 국가 없이 사는 사람은 좀 모자라는 사람이거나 인간 이상의 존재이다.　　　　　　－ 아리스토텔레스, 『정치학』 －

• 나는 인간이 다음 지점에 이르렀다고 가정한다. 자연 상태에서 인간의 보존을 방해하는 장애물들의 저항력이, 개인이 자연 상태에서 자신을 유지하기 위해 사용할 수 있는 힘을 능가하게 되었다. 그때 이 자연 상태는 더 이상 존속할 수 없으며, 인류는 존재 방식을 바꾸지 않으면 소멸할 것이다. 그런데 인간은 새로운 힘을 만들어 낼 수 없고 다만 존재하는 힘을 합하고 지휘할 수 있을 뿐이다. 따라서 응집을 통해 여러 힘을 모아 저항력을 이겨 내고, 하나의 동력으로 힘을 작동시켜 일치협력하여 움직이도록 하는 것만이 자신을 보존하기 위한 유일한 수단이다. …(중략)… 따라서 사회 계약을 통해 우리 각자는 공동으로, 자신의 인격과 모든 힘을 일반 의지의 최고 지도 아래 둔다. 그리고 우리는 단체로서, 각 구성원을 전체의 분리 불가능한 부분으로 받아들인다.　　　　　　－ 루소, 『사회 계약론』 －

아리스토텔레스는 국가가 가족이나 마을과 같은 공동체처럼 인간의 정치적 본성에 따라 자연 발생한 것이라고 주장하였다. 또한 국가는 자급자족적일 뿐만 아니라 구성원들이 훌륭하고 행복한 삶을 살 수 있도록 해 주는 가장 포괄적인 도덕 공동체라고 보았다. 한편, 루소는 사회 계약을 통해 국가가 형성된다고 보았다. 루소에 따르면 사회 계약은 공동의 이익을 추구하고자 하는 일반 의지를 기반으로 이루어진다. 그는 각자가 자신의 모든 것을 계약에 의해 구성되는 결합체인 공적 인격에 양도하는 것이 사회 계약의 기본적인 내용이라고 보았다.

(2) 서양에서의 국가의 역할과 의무

홉스	자기중심적 존재인 인간의 생명을 보호하고 사회 질서를 유지해야 함
로크	• 이성을 지녔지만 오류 가능성이 있는 인간들의 분쟁을 해결해야 함 • 개인의 생명과 자유, 재산을 보호하여 평화롭고 안전하며 행복한 삶을 보장해야 함
루소	시민의 생명을 보존하고 번영하도록 해야 함
흄	시민에게 공공재와 관행의 혜택을 제공해야 함
밀	시민이 타인에게 해악을 끼칠 경우를 제외하고는 시민의 자유와 기본권을 보장해야 함
롤스	• 개인의 평등한 자유를 보장해야 함 • 사회의 가장 불리한 위치에 있는 사람에게 최대의 이익이 돌아갈 수 있도록 해야 함 • 불평등의 계기가 되는 직위와 직책이 누구에게나 열려 있게 해야 함

② 민주 시민의 참여와 시민 불복종

1. 민주 시민과 민본주의

(1) 민주 시민의 권리와 의무

① 민주 시민의 의미: 민주 국가에서 주권을 발휘하는 주체

② 민주 시민의 권리

• 주권자로서 자유를 행사하는 권리

• 국가에 대해 생명, 재산, 인권 등의 보장을 요구할 수 있는 권리, 자유롭게 정치적 견해를 표현할 수 있는 권리 등

③ 민주 시민의 의무: 국가의 정당한 권위를 존중하고 국방 · 납세 · 교육의 의무, 정치 참여의 의무 등을 이행해야 함

(2) 동양 민본주의의 백성

① 민본주의의 의미: 백성을 나라의 근본으로 삼고, 근본을 탄탄히 해야 나라가 평안하다는 사상으로, 군주는 백성을 위한 정치를 지향해야 함

② 민본주의의 백성: 군주를 부모와 같이 여기고 군주가 부여한 의무를 자발적으로 따라야 함

③ 맹자: 군주가 백성을 위한 정치를 하지 않으면 역성혁명(易姓革命)이 가능하다고 봄

2. 민주 시민의 참여의 필요성과 방법

(1) 민주 시민의 참여의 필요성

① 대의 민주주의의 한계: 선출된 대표가 국민의 의견을 충분히 반영하지 못하거나 전문적이고 다양한 현대 사회의 문제를 해결하지 못할 수 있음

② 시민 참여의 필요성: '시민에 의한 통치'라는 민주주의의 이념을 실현할 수 있고, 다양한 의견 수렴을 통해 사회 문제를 효과적으로 해결할 수 있음

(2) 민주 시민의 참여 방법

① 시민 참여 분야: 정책의 입안 · 결정 · 집행 · 평가 등 정부와 사회의 모든 활동

② 시민 참여 방법: 공청회, 주민 투표제, 주민 소환제, 국민 참여 재판, 선거 등

③ 시민 참여의 한계: 다수의 참여는 행정과 자원에 과도한 부담을 줌으로써 효율적인 의사 결정을 저해하고, 정책의 일관성 및 정치 지도자에 대한 신뢰를 저하시킬 위험성이 있음

자료와 친해지기 **홉스와 로크의 사회 계약론**

• 공통 권력은 그들을 외적의 침입이나 서로의 침해로부터 방위함으로써 안전을 보장하고, 그들이 스스로의 노동과 대지의 산물로 일용할 양식을 마련하여 만족스러운 삶을 살 수 있도록 하기 위한 것이다. 그런 능력이 있는 공통의 권력을 확고하게 세우는 유일한 길은 그들 모두의 의지를 다수결에 의해 하나의 의지로 결집하는 것, 즉 그들이 지닌 모든 권력과 힘을 '한 사람' 또는 '하나의 합의체'에 부여하는 것이다. …(중략)… 사람들의 모든 인격을 떠맡는 권리가 주권자에게 부여된 것은 만인 상호의 신약에 의해서만 이루어지며, 주권자와 어느 한 사람 사이에서 이루어지는 일이 아니기 때문에 주권자 측에서 신약을 파기하는 일은 있을 수 없다. …(중략)… 주권은 분할할 수 없으며, 이들 권리는 본질적이며 분리가 불가능한 권리이므로 주권자가 직접 포기하지 않는 이상 결코 양도될 수 없다.
                                                                                            — 홉스, 『리바이어던』 —

• 사람들은 사회에 들어갈 때 그들이 자연 상태에서 가졌던 평등, 자유 및 집행권을 사회의 선이 요구하는 바에 따라 입법부가 처리할 수 있도록 사회의 수중에 양도한다. 그러나 그것은 오직 모든 사람이 그 자신, 그의 자유와 재산을 더욱 잘 보존하려는 의도에서 행하는 것이다. 사회의 권력 또는 사회에 의해서 구성된 입법부의 권력이 공동선을 넘어서까지 확대된다고는 결코 상상할 수 없다. …(중략)… 제정된 유효한 법의 집행을 담당하는 권력이 상시적으로 필요하기 때문에 입법권과 집행권은 종종 분리된다. …(중략)… 입법권은 일정 목적을 위해서만 활동할 수 있는 단지 신탁된 권력이므로 입법부가 그들에게 맡겨진 신탁에 반해서 행동하는 것이 발견될 때 입법부를 폐지하거나 변경할 수 있는 최고의 권력은 여전히 인민에게 있다.
                                                                                            — 로크, 『통치론』 —

홉스는 '만인의 만인에 대한 투쟁' 상태인 자연 상태에서 벗어나 자신의 생명을 보존하고 평화로운 삶을 살기 위해 상호 간의 합의를 통해 국가가 형성되었다고 주장하였다. 이때 주권자로서 통치자는 분할될 수도 없고 양도될 수도 없는 절대 권력을 가지며, 주권은 계약의 주체, 곧 인민에게 있는 것이 아니라 통치자에게 부여되어 있다고 보았다. 로크는 자연 상태에서 해결하기 힘든 분쟁을 해결하기 위해 사회 계약을 통해 공정한 재판관이자 집행관으로서 국가를 형성하게 된다고 보았다. 따라서 국가는 시민들 간의 분쟁을 해결하고 시민의 생명과 자유, 재산을 보호하여 평화롭고 안전한 사회를 유지해야 한다. 만약 국가가 시민의 생명과 재산을 자의적으로 다루게 된다면 국가에 신탁으로 맡겨진 권력은 다시 시민에게로 되돌아가게 된다고 보았다. 또한 로크는 국가 권력이 법률을 제정하는 입법권, 법률을 집행하는 집행권 등으로 분할된다고 주장하였다.

3. 시민 불복종

(1) 준법의 의무

① 준법의 의무를 이행해야 하는 이유: 개인의 자유와 권리를 보호할 수 있고, 사회의 질서를 유지하여 평화롭게 살아갈 수 있으며, 정의로운 사회를 구현할 수 있기 때문임

② 준법의 한계: 정의롭지 못한 법의 준수 문제 등장, 부정의한 법의 시정을 위한 노력과 시민 불복종의 필요성 등장

(2) 시민 불복종의 의의

① 시민 불복종의 의미와 특징

의미	부정의한 법을 개정하거나 정책을 변혁하려는 목적으로 행하는 의도적인 위법 행위
특징	부정의한 법이나 정책을 공개적이고 의식적으로 위반함

② 시민 불복종의 역사적 연원

- 자연법사상: 실정법은 자연법을 바탕으로 해야 하므로 자연법에 위배되는 실정법의 정당성을 검토해 보아야 함
- 뉘른베르크 재판: 개인은 자국의 정의롭지 못한 법률을 따른 것에 대한 책임을 져야 한다는 시민 불복종에 대한 국제법적 원칙을 제시함

(3) 시민 불복종에 대한 다양한 관점

소로	• 법에 대한 존경심보다 정의에 대한 존경심이 더 중요함 • 불의한 법에 대한 불복종은 도덕적이고 정의로운 행동임 • 양심에 따라 부정의에 대해 적극적으로 불복종해야 함
간디	• 부당한 법에 대한 저항은 정당함 • 비폭력적이고 평화적인 방법을 사용해야 함

롤스	• 사회적 다수에 의해 공유된 정의관이 불복종의 근거가 되어야 함 • 거의 정의로운 사회에서 부정의한 법과 정책의 변화를 위해 전개되어야 함
싱어	• 시민 불복종이 산출할 이익과 손해를 계산해 보아야 함 • 시민 불복종 행위의 성공 가능성을 고려해야 함
드워킨	헌법은 정치 도덕의 근본으로 헌법 정신에 반하는 법률에 대해 시민이 저항할 수 있음

(4) 시민 불복종의 일반적인 조건

최후의 수단	부정의한 법이나 정책을 개선하기 위해 합법적인 방법을 시도했지만 효과가 없을 때 고려하는 최후의 수단이어야 함
비폭력	비폭력적인 방법을 사용해야 함
공동선 추구	특정 개인이나 집단의 이익이 아닌 사회 정의 실현과 같은 공익을 목적으로 해야 함
공개성	시민 불복종의 정당성과 정의의 규범적·윤리적 근거를 널리 알리기 위해 공개적으로 이루어져야 함
처벌 감수	시민 불복종이 법체계 전체를 부정하는 것이 아니므로 자신의 위법 행위에 대한 처벌을 감수해야 함

(5) 시민 불복종의 한계

① 법을 어기는 행위이므로 준법 의식이 약화되고 국가와 사회의 존립을 위협할 수 있음

② 시민 불복종의 주체인 일부 시민이 전체 시민의 의사를 대표하지 못할 수 있음

③ 시민 불복종 과정에서 무고한 시민이 피해를 입을 수 있음

자료와 친해지기 시민 불복종에 대한 롤스와 싱어의 입장

- 사회의 기본 구조가 현 사태가 허용하는 바에 비추어 볼 때 합당하게 정의로운 경우, 그 부정의가 어느 정도를 넘지 않는다면 우리는 부정의한 법도 구속력이 있음을 인정해야 한다. …(중략)… 모든 것을 고려해서 어떤 상황에서는 불복종도 정당화될 수 있다. 불복종의 정당화 여부는 법과 제도가 부정의한 정도에 달려 있다. …(중략)… 시민 불복종을 통해서 우리는 공동 사회의 다수자가 갖는 정의감을 나타내게 되고, 우리의 신중한 견지에서 볼 때 자유롭고 평등한 사람들 사이에서 사회 협동체의 원칙이 존중되지 않고 있음을 선언하게 된다. 이러한 정의에 대한 한 가지 예비적인 설명을 하자면 시민 불복종 행위가 항의의 대상이 되고 있는 바로 그 법을 위반하라는 요구를 하지 않는다는 점이다. — 롤스, 『정의론』 —

- 시민 불복종은 합법적인 수단이 실패했을 때 사용할 수 있는 적합한 수단이다. 왜냐하면 시민 불복종은 그것이 비록 불법적이기는 하지만, 다수를 위협하거나 다수를 강제하지 않기 때문이다. 법의 힘에 저항하지 않음으로써, 비폭력적으로 행위 함으로써, 그들의 행위에 대한 법적인 처벌을 받아들임으로써, 시민 불복종을 하는 사람들은 자신들의 항의의 진지성과 법의 통치 및 민주주의 기본 원칙들에 대한 자신들의 존중을 명백히 한다. …(중략)… 실제로 심각하게 도덕적으로 그른 어떤 것을 중단시키려고 확신할 때, 우리에게는 아직도 자문해 보아야 할 다른 도덕적 문제들이 있다. 우리가 중단시키려고 하는 악의 크기와 우리의 행위가 가져올 법과 민주주의에 대한 존중심의 감소 정도를 저울질해 봐야 한다. 우리는 또 우리의 행위가 목표 달성에 실패하여 반작용을 불러일으킴으로써 다른 수단으로 성공할 가능성을 감소시킬 가능성도 고려해 봐야 한다. — 싱어, 『실천 윤리학』 —

롤스에 따르면 시민들은 부정의한 법이나 정책이라도 그것을 따라야 할 의무가 있지만, 정의의 제1원칙인 평등한 자유의 원칙과 제2원칙 중 공정한 기회균등의 원칙을 심각하게 위반한 법이나 정책에 대해 불복종할 수 있다. 따라서 롤스는 시민 불복종의 정당화 여부가 법과 정책의 부정의한 정도에 달려 있으며, 시민 불복종은 다수의 정의관, 즉 공공적인 정의관에 근거해야 한다고 보았다. 또한 불의한 법을 변혁하기 위해 다른 법을 위반할 수 있다고 주장하였다. 싱어에 따르면 시민들은 참된 민주주의적 결정을 위해 시민 불복종을 할 수 있다. 싱어는 공리주의 입장에서 시민 불복종의 결과가 가져올 이익과 손해를 따져 봐야 하며, 불복종 행위의 성공 가능성을 고려하여 시민 불복종을 전개해야 한다고 주장하였다.

01

▶ 24058-0073

(가)의 갑, 을 사상가들의 입장을 (나) 그림으로 탐구하고자 할 때, A~C에 들어갈 적절한 질문만을 〈보기〉에서 있는 대로 고른 것은?

(가)	갑: 인(仁)을 해치는 자는 남을 해치는 사람이라고 하고, 의(義)를 해치는 자는 잔인하게 구는 사람이라고 한다. 남을 해치고 잔인하게 구는 자는 인심(人心)을 잃어 고립된 사람일 뿐이다. 인심을 잃어 고립된 사람인 걸과 주를 처형했다는 말은 들어도 군주를 시해했다는 말은 듣지 못했다. 을: 천자는 천하에서 가장 귀하고 부유한 사람이다. 그러니 고귀하고 부유해지길 바라는 사람은 마땅히 하늘의 뜻에 순종해야 한다. 하늘의 뜻을 따르는 사람은 서로 사랑하고[兼相愛] 서로를 이롭게 하여[交相利] 반드시 하늘의 상을 받는다. 하늘의 뜻을 따르지 않는 사람은 사람을 차별하여 서로 미워하고 서로 해롭게 해서 하늘의 벌을 받는다.
(나)	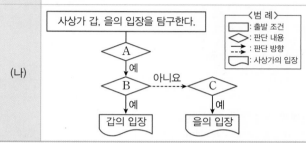

┌ 보기 ┐
ㄱ. A: 군주는 하늘의 뜻에 따라 백성을 다스려야 하는가?
ㄴ. B: 군주는 이로움[利]을 우선적으로 추구해야 하는가?
ㄷ. C: 군주는 나의 가족을 돌보듯 백성들을 돌봐야 하는가?
ㄹ. C: 군주는 남의 나라를 공격하거나 침략해서는 안 되는가?

① ㄱ, ㄴ ② ㄱ, ㄷ ③ ㄴ, ㄹ
④ ㄱ, ㄷ, ㄹ ⑤ ㄴ, ㄷ, ㄹ

02

▶ 24058-0074

다음을 주장한 사상가가 긍정의 대답을 할 질문만을 〈보기〉에서 있는 대로 고른 것은?

우리는 모든 국가가 어떤 종류의 공동체이고, 모든 공동체는 어떤 좋음[善]을 위해서 구성된다는 것을 관찰한다. 왜냐하면 모든 사람은 자신의 모든 행위에서 좋음이라고 여기는 것을 목표로 하기 때문이다. 그렇다면 분명히, 모든 공동체는 어떤 종류의 좋음을 목표로 하는 것이지만, 그 모든 공동체 중에서 최고의 것이면서 다른 모든 공동체를 포괄하는 이 공동체는 가장 으뜸가는, 다시 말해 모든 좋음 중에서 최고의 좋음을 목표로 한다. 이것이 국가라고 불리는, 즉 국가적 삶을 형성하는 공동체이다.

┌ 보기 ┐
ㄱ. 국가는 개인들의 동의에 의해 권위를 갖게 되는가?
ㄴ. 국가는 인간의 본성에 의해 자연스럽게 형성된 산물인가?
ㄷ. 국가는 완전한 자급자족이 가능한 가장 포괄적인 공동체인가?
ㄹ. 국가는 구성원의 생존뿐만 아니라 최고선을 추구하는 공동체인가?

① ㄱ, ㄴ ② ㄱ, ㄷ ③ ㄷ, ㄹ
④ ㄱ, ㄴ, ㄹ ⑤ ㄴ, ㄷ, ㄹ

03

▶ 24058-0075

(가)의 갑, 을 사상가들의 입장에서 서로에게 제기할 수 있는 비판을 (나) 그림으로 표현할 때, A, B에 해당하는 적절한 내용만을 〈보기〉에서 있는 대로 고른 것은?

(가)	갑: 백성을 법령으로 다스리고 형벌로써 규제하면, 백성은 구차하게 형벌을 면하면서도 범법 행위에 대해 부끄러워할 줄 모르게 된다. 백성을 덕(德)으로 다스리고 예(禮)로써 규제하면 백성은 부끄러워할 줄 알고 올바른 사람이 될 것이다. 을: 눈물을 흘리며 형(刑)을 집행하지 못하는 것은 인(仁)이고, 형을 집행하지 않을 수 없는 것은 법(法)이다. 선왕이 법을 우선하고 눈물에 따르지 않는 것은 인(仁)만으로는 백성을 다스릴 수 없기 때문이다.
(나)	〈범 례〉 → : 비판의 방향 A, B : 비판의 내용 〈예 시〉 갑 —A→ 을 A는 갑이 을에게 제기할 수 있는 비판임.

【 보기 】

ㄱ. A: 군주는 인(仁)이 실현된 도덕 공동체 구현에 힘써야 함을 간과한다.
ㄴ. A: 군주는 감화를 통해 백성들이 자기 잘못을 반성할 수 있도록 해야 함을 간과한다.
ㄷ. B: 군주는 먼저 자신을 수양하여 덕을 갖춘 후 나라를 다스려야 함을 간과한다.
ㄹ. B: 군주는 백성들의 이기적인 본성을 다스릴 힘과 수단을 갖추어야 함을 간과한다.

① ㄱ, ㄷ   ② ㄱ, ㄹ   ③ ㄴ, ㄷ
④ ㄱ, ㄴ, ㄹ   ⑤ ㄴ, ㄷ, ㄹ

04

▶ 24058-0076

다음을 주장한 사상가의 입장으로 적절하지 <u>않은</u> 것은?

인간은 모두 선천적으로 자유롭고 평등하며 독립된 존재이므로, 어떤 인간도 자신의 동의 없이 이러한 상태를 떠나서 다른 사람의 정치권력에 복종할 수 없다. 어떤 사람이 자신의 자연적 자유를 포기하고 시민 사회의 구속을 받아들이는 유일한 방도는 재산을 안전하게 향유하고 공동체에 속하지 않는 자들로부터 좀 더 많은 안전을 확보하면서, 그들 상호 간에 편안하고 안전하며 평화스러운 삶을 영위하기 위해서 다른 사람들과 함께 공동체를 결성하기로 합의하는 것이다.

① 국가의 모든 구성원은 법을 제정하고 집행하는 권력을 지닌다.
② 국가에 대한 시민의 정치적 의무는 묵시적 동의에 의해서도 발생한다.
③ 입법권은 신탁된 권력에 불과하므로 자의적으로 행사되어서는 안 된다.
④ 입법부가 구성원의 권리를 침해하면 시민은 위임한 권력을 되찾을 수 있다.
⑤ 국가는 개인의 자연권 보장을 목적으로 계약에 의해 수립된 인위적 산물이다.

05

▶ 24058-0077

(가)의 갑, 을 사상가들의 입장을 (나) 그림으로 표현할 때, A~C에 해당하는 적절한 진술만을 〈보기〉에서 있는 대로 고른 것은?

(가)	갑: 코먼웰스(국가)는 다수의 사람들이 상호 신의 계약을 체결하여 세운 하나의 인격으로서, 그들 각자가 그 인격이 한 행위의 본인이 됨으로써, 그들의 평화와 공동 방위를 위해 모든 사람의 힘과 수단을 그가 임의로 사용할 수 있도록 한 것이다. 을: 입법권은 일정한 목적을 위해서만 활동할 수 있는 단지 신탁된 권력이므로 입법부가 그들에게 맡겨진 신탁에 반해서 행동하는 것이 발견될 때 입법부를 폐지하거나 변경할 수 있는 최고의 권력은 여전히 인민에게 있다.
(나)	갑 을 〈범례〉 A: 갑만의 입장 B: 갑, 을의 공통 입장 C: 을만의 입장

┌ 보기 ┐
ㄱ. A: 절대 권력을 통해 개인의 권리를 보장받아야 한다.
ㄴ. B: 국가 권위의 정당성은 자연 발생적이지 않다.
ㄷ. B: 국가를 수립하는 계약은 이성에 따른 합리적 행위이다.
ㄹ. C: 자연 상태에서는 개인이 준수해야 할 아무런 규범이 없다.

① ㄱ, ㄷ   ② ㄱ, ㄹ   ③ ㄴ, ㄹ
④ ㄱ, ㄴ, ㄷ   ⑤ ㄴ, ㄷ, ㄹ

06

▶ 24058-0078

갑, 을 사상가들의 입장에서 서로에게 제기할 비판으로 가장 적절한 것은?

갑: 권력을 확립하는 유일한 길은 모든 사람의 의지를 다수결에 의해 하나의 의지로 결집하는 것, 즉 그들이 지닌 모든 권력과 힘을 한 사람 혹은 하나의 합의체에 양도하는 것이다. 이것은 동의 또는 화합 이상의 것이며, 만인이 만인과 상호 신의 계약을 체결함으로써 모든 인간이 단 하나의 동일 인격으로 결합되는 것이다.
을: 우리 각자는 자신의 신체와 모든 능력을 공동체에 맡겨 개인의 힘을 일반 의지의 최고 감독하에 둔다. 그리고 우리는 각자를 전체의 불가분의 한 부분으로서 받아들인다. 이 연합 행위가 이루어지는 순간부터 각 계약자의 개인적 권리는 사라지며, 그 대신 투표권을 가진 구성원으로 구성된 정신적이고도 집합적인 단체를 이룬다.

① 갑이 을에게: 주권은 양도될 수도 분할될 수도 없음을 간과한다.
② 갑이 을에게: 공공의 이익에 입각하여 법률을 제정해야 함을 간과한다.
③ 갑이 을에게: 국가는 구성원의 생명 보장을 위해 필수적임을 간과한다.
④ 을이 갑에게: 국가 구성원은 주권자로서 동등한 권리를 지님을 간과한다.
⑤ 을이 갑에게: 주권자가 한 행위의 본인은 모든 국가 구성원임을 간과한다.

07

▶ 24058-0079

다음을 주장한 사상가의 입장에서 질문에 대한 대답으로 가장 적절한 것은?

> 정의로운 체제에서 제정된 정의로운 법을 지켜야 할 이유를 설명하는 데는 아무런 어려움도 없음이 분명하다. 진정한 문제는 우리가 어떤 조건하에서 어느 정도까지 부정의한 체제를 따라야만 하는가이다. 일반적으로 말해서 법의 부정의가 그것을 지키지 않아도 될 충분조건이 아닌 것은 입법의 법적 유효성이 그것을 지켜야 할 충분조건이 아닌 것과 같다. 사회의 기본 구조가 현 사태가 허용하는 바에 비추어 볼 때 합당하게 정의로운 것인 경우, 그 부정의가 어느 정도 이상을 지나치지만 않는다면 우리는 부정의한 법도 구속력이 있음을 인정해야 한다.

	질문	대답
①	시민 불복종은 매우 부정의한 정치 체제에서 성립 가능한가?	예
②	시민 불복종은 정당한 법에 대한 위반을 통해서도 가능한가?	예
③	시민 불복종은 사회 협동체의 원칙에 이의를 제기하는 행위인가?	예
④	시민 불복종이 가져올 결과를 고려할 필요가 있는가?	아니요
⑤	시민 불복종의 대상이 되지 않는 부정의한 법이 존재할 수 있는가?	아니요

08

▶ 24058-0080

(가)의 갑, 을 사상가들의 입장을 (나) 그림으로 탐구하고자 할 때, A~C에 들어갈 적절한 질문만을 〈보기〉에서 있는 대로 고른 것은?

(가)	갑: 시민 불복종을 통해서 우리는 공동 사회의 다수자가 갖는 정의감을 나타내게 되고, 우리의 신중한 견지에서 볼 때 자유롭고 평등한 사람들 사이에서 사회 협동체의 원칙이 존중되지 않고 있음을 선언하게 된다. 을: 법에 불복종할 이유가 복종할 이유보다 우세한지를 알아보기 위해 각각의 경우 장단점을 평가해야만 한다. 예를 들어 불법적인 행위가 동물에 대한 고통스러운 실험을 방지하는 유일한 방법이라면, 법에 대한 복종심의 일반적인 저하를 가져올 수도 있는 다소간의 위험을 무릅쓰는 것이 정당화될 것이다.
(나)	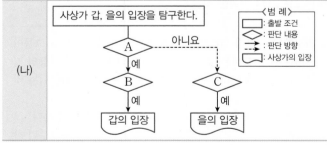

┌ 보기 ┐
ㄱ. A: 시민 불복종은 다수의 이익을 증진할 목적으로 이루어져야 하는가?
ㄴ. B: 소수자의 기본권을 침해하는 법은 시민 불복종의 대상이 될 수 있는가?
ㄷ. C: 동물의 이익 옹호를 위한 시민 불복종은 정당화될 수 있는가?
ㄹ. C: 시민 불복종은 민주주의적인 의사 결정을 복원하려는 시도인가?

① ㄱ, ㄴ 　　　　　② ㄱ, ㄹ 　　　　　③ ㄴ, ㄷ
④ ㄱ, ㄷ, ㄹ 　　　⑤ ㄴ, ㄷ, ㄹ

09
▶ 24058-0081

(가)의 갑, 을, 병 사상가들의 입장에서 서로에게 제기할 수 있는 비판을 (나) 그림으로 표현할 때, A~F에 해당하는 내용으로 적절하지 <u>않은</u> 것은?

(가)	갑: 법에 대한 존경심보다 먼저 정의에 대한 존경심을 기르는 것이 바람직하다. 내가 떠맡을 권리가 있는 나의 유일한 책무는, 어떤 때이고 간에 내가 옳다고 생각하는 일을 행하는 것이다. 을: 시민 불복종은 공동체의 정의감에 호소하는 정치적 행위이므로 정의의 제1원칙인 평등한 자유의 원칙에 대한 심한 위반이나 제2원칙의 두 번째 부분인 공정한 기회균등의 원칙에 대한 현저한 위배에 국한되어야 한다. 병: 언제 불복종이 정당화될 수 있고 언제 그렇지 않은지 단언할 수 있도록 해 주는 그런 간단한 규칙은 없다. 우리는 중단시키려고 하는 악의 크기와 우리의 행위가 가져올 법과 민주주의에 대한 존중의 심각한 감소 가능성을 저울질해 봐야 한다.
(나)	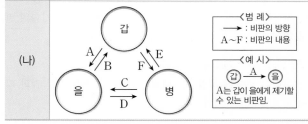

① A와 F: 시민 불복종을 정당화하는 근거는 개인의 양심임을 간과한다.
② B: 경우에 따라 부정의한 법도 준수할 의무가 있음을 간과한다.
③ C: 공유된 정의관 자체도 시민 불복종의 대상이 될 수 있음을 간과한다.
④ D: 공유된 정의관이 포괄하지 못하는 사안에 대해서도 불복종이 가능함을 간과한다.
⑤ E: 부정의의 개선을 위한 합법적 노력이 우선되어야 함을 간과한다.

10
▶ 24058-0082

(가)의 입장에 비해 (나)의 입장이 갖는 상대적 특징을 그림의 ㉠~㉤ 중에서 고른 것은?

(가) 현대 사회에서 시민들은 대표를 선출하여 정책 결정과 집행을 대신하게 한다. 이렇게 선출된 대표는 시민들의 의견을 충분히 반영할 능력과 의지를 갖춘 사람이므로 시민들은 그들을 전적으로 신뢰하고 정책 결정 과정에 간섭해서는 안 된다. 정책 결정 과정에 대한 시민들의 참여는 행정과 자원에 과도한 부담을 줌으로써 정책 결정과 집행의 효율성을 떨어뜨려 결국은 시민들의 이익을 저해한다.

(나) 현대 사회에서 발생하는 문제는 새롭고 복잡하므로 선출된 대표들만으로 최선의 대안을 마련하는 데는 한계가 있다. 따라서 시민들은 정책 결정 과정에 적극 참여하여 다양하고 심층적인 의견을 제시해야 한다. 정책 결정 과정에 대한 시민들의 참여는 정책 결정과 집행 과정에 정당성을 부여할 뿐만 아니라 공동체 문제를 협력적으로 해결하게 함으로써 결국은 시민들의 이익을 증진한다.

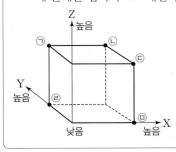

- X: 공청회, 주민 투표제 등을 통한 의사 결정을 강조하는 정도
- Y: 정책 결정 과정에서 선출된 대표의 역할과 권한을 강조하는 정도
- Z: 정책 결정 과정에 대한 시민의 참여가 시민에게 유리함을 강조하는 정도

① ㉠　　② ㉡　　③ ㉢　　④ ㉣　　⑤ ㉤

THEME 09 과학 기술과 윤리

① 과학 기술의 긍정적 측면과 부정적 측면

(1) 과학 기술의 긍정적 측면

물질적 풍요와 안락한 삶	재화의 대량 생산으로 물질적 풍요를 누리고, 삶의 각 영역에서 자동화가 진전되어 안락한 삶을 누리게 됨
시공간적 제약 극복	교통수단의 발달과 인터넷망의 연결로 시공간적 제약을 극복하게 됨
건강 증진과 생명 연장	생명 공학 기술의 발달로 각종 난치병을 예방하거나 치료할 수 있게 되어 평균 수명이 연장되고 건강한 삶을 누리게 됨

(2) 과학 기술의 부정적 측면

환경 문제 발생	대량 생산과 대량 소비 등으로 자원 고갈, 기후 변화, 생태계 파괴 등 심각한 환경 문제가 발생함
인간 소외와 기술 지배 현상 초래	과학 기술에 대한 지나친 의존으로 인간이 과학 기술에 종속되는 현상이 발생함
인권·사생활 침해	사이버 모욕과 폭력, 개인 정보 유출, 전자 판옵티콘 사회의 도래, 빅 브라더 출현 등의 우려가 제기됨
생명의 존엄성 훼손	장기 이식, 인공 임신 중절, 안락사, 유전자 조작, 생명 복제와 관련한 생명 윤리 문제가 발생함

(3) 과학 기술 발달에 대한 상반된 시각

과학 기술 지상주의	입장	• 과학 기술의 유용성을 강조하면서 과학 기술을 적극적으로 긍정하는 시각 • 과학 기술이 모든 문제를 해결할 수 있다고 봄
	문제점	과학 기술이 갖는 부정적 측면을 간과하고, 인간의 반성적 사고 능력을 훼손함
과학 기술 혐오주의	입장	• 과학 기술의 비인간적이며 비윤리적인 측면을 부각하거나 과학의 합리성 자체를 문제 삼음 • 과학 기술로 인해 결국 인간 소외와 기술 지배가 나타난다고 주장함
	문제점	과학 기술의 성과를 부정한다는 측면에서 현실을 제대로 반영하지 못함

② 과학 기술의 가치 중립성 논쟁

(1) 과학 기술을 가치 중립적으로 보는 입장

① 과학 기술 그 자체는 좋은 것도 나쁜 것도 아니라고 봄

② 과학 기술은 객관적인 관찰과 실험, 논리적 사고를 통해 지식을 얻기 때문에 주관적 가치가 개입될 수 없다고 봄

③ 사실을 다루는 과학 기술과 가치를 다루는 윤리는 구분되므로 과학 기술은 윤리적 규제나 평가로부터 자유로워야 한다고 봄

④ 과학 기술을 윤리적 관점에서 규제하려는 시도는 과학 기술의 발달을 저해하고, 왜곡된 결과를 초래할 수 있다고 봄

(2) 과학 기술에 대한 가치 판단이 필요하다는 입장

① 과학 기술의 정당화 과정과는 달리 연구 대상의 선정 및 결과 활용의 과정에서는 가치가 개입된다고 봄

정당화 과정	• 의미: 과학 기술이 객관적 타당성을 갖춘 지식이나 원리로 인정받기 위한 과정 • 정당화 과정에서는 연구자의 주관적 가치가 배제되어야 함 • 관찰과 실험을 통해 보편적인 법칙을 발견하는 연구 과정에서는 객관성을 확보하는 것이 중요함
연구 대상의 선정 및 결과 활용의 과정	• 의미: 과학 기술의 연구 대상을 선정하고 그 결과를 활용하는 과정 • 개인의 가치관이나 기업의 이익, 사회적 필요, 정치적 목적 등 다양한 가치가 개입될 수 있음 • 과학자들의 연구가 어떤 목적을 지향하는 공공 연구 기관이나 기업의 연구비 지원을 통해 이루어지는 경우가 있으므로 가치가 개입될 수 있음

② 과학 기술의 자유 또한 다른 자유와 마찬가지로 자기 정당화의 의무와 윤리적 책임이 뒤따라야 한다고 봄

③ 과학 기술이 궁극적으로 지향하는 바는 인간의 존엄성 구현과 삶의 질 향상이라는 윤리적 목적과 연결되어 있다고 봄

④ 과학 기술은 인간의 삶과 불가분의 관계에 있으므로 과학 기술을 연구하고 활용하는 전 과정을 인간의 삶과 독립적인 영역으로 여겨서는 안 된다고 봄

자료와 친해지기 **현대 기술에 대한 하이데거의 입장**

기술은 그저 하나의 수단만은 아니다. 기술은 탈은폐의 한 방식이다. …(중략)… 현대의 기술 속에 성(盛)하고 있는 탈은폐는 도발적 요청이다. 그것은 그 자체로 채굴되어 저장될 수 있는 에너지를 자연에게 내놓으라고 무리하게 요구한다. …(중략)… 우리는 어느 한 지역을 석탄과 광석을 캐내기 위해 도발적으로 굴착한다. 지구는 이제 한낱 채탄장으로서, 대지는 한낱 저장고로서 탈은폐될 뿐이다. 농부들이 예전에 경작하던 밭은 그렇지 않았다. 그때의 경작은 키우고 돌보는 것이었다. 농부의 일이란 농토에 무엇을 내놓으라고 강요하는 것이 아니라 씨앗을 뿌려 싹이 돋아나는 것을 그 생장력에 내맡기고 그것이 잘 자라도록 보호하는 것이었다. 그러나 오늘날의 농토 경작은 자연을 닦아세우는, 이전과는 다른 종류의 경작 방법 속으로 흡수되어 버렸다. 이제는 그것도 자연을 도발적으로 닦아세운다. 경작은 이제 기계화된 식품 공업일 뿐이다. 공기는 이제 질소 공급을 강요당하고, 대지는 광석을, 광석은 우라늄을, 우라늄은 —파괴를 위해서든 평화적 이용을 위해서든— 원자력 공급을 강요당하고 있다.

— 하이데거, 『기술에 대한 물음』 —

하이데거는 현대 기술의 '탈은폐' 방식을 '닦달'로 이해한다. 하이데거에 따르면 오늘날 인간은 기술을 통해 자연을 하나의 부품으로 간주하고 탈은폐하도록 닦달하며, 나아가 인간 스스로를 기술의 대상, 즉 부품으로 만든다. 하이데거는 기술을 통해 인간과 자연, 사물에 대한 관계를 왜곡하지 않으려면 기술의 본질에 대한 숙고가 필요하다고 보았다.

③ 과학 기술자의 책임

내적 책임	• 의미: 과학 기술자가 정직하고 성실한 태도로 책임 있는 연구를 위해 지켜야 할 윤리적 원칙과 행동 양식을 실천하는 것을 말함 • 과학 기술자는 연구 과정에서 표절, 변조, 위조, 부당한 저자 표기 등의 비윤리적 행위를 해서는 안 됨 • 과학 기술자는 연구 윤리를 지키며 자신의 연구가 참 또는 거짓인지를 밝혀야 하고, 다른 연구자들이 신뢰할 수 있는 검증 과정을 거쳐야 함
외적 책임 (사회적 책임)	• 의미: 과학 기술자가 자신의 연구 결과가 사회에 미칠 영향에 대해 책임지는 것을 말함 • 과학 기술자는 전문 직업인으로서 사회에 큰 영향을 미치므로 더 강한 사회적 책임 의식이 요구됨 • 과학 기술자는 선한 의도로 시작한 연구일지라도 사회적으로 해로운 결과가 예상된다면 위험성을 알리고 연구를 중단해야 함 • 과학 기술자는 과학 기술의 결과물이 사회에 미칠 부정적 영향과 미래에 초래할 위험을 폭넓게 검토하여 예방적 조치를 해야 함

④ 요나스의 책임 윤리

(1) 책임 윤리의 필요성 제시

① 책임의 범위를 현세대로 한정하는 전통적 윤리관으로는 과학 기술 시대에 발생할 수 있는 문제를 해결하는 데 한계가 있다고 봄

② 현대의 과학 기술이 자연을 파괴할 수 있는 힘을 갖게 됨에 따라 인간의 윤리적 책임의 범위를 자연은 물론 미래 세대로까지 확장해야 할 필요가 있다고 봄

③ '행해진 것에 대한 사후 책임 부과'를 특징으로 하는 전통적 윤리학의 책임 개념과 다른 '행위되어야 할 것에 대한 책임'을 제시함

④ 인간만이 책임질 수 있는 유일한 존재이며, 책임질 수 있는 능력은 책임을 이행해야 한다는 당위(當爲)로 이어져야 한다고 봄

(2) 인류 존속에 관한 현세대의 책임 강조

① 인류가 존재해야 한다는 당위적 요청을 근거로 인류 존속에 관한 현세대의 책임을 강조함

② 칸트의 정언 명령을 변형하여 "네 행위의 결과가 지구상의 인간 삶에 대한 미래의 가능성을 파괴하지 않도록 행위 하라."라는 새로운 생태학적 정언 명령을 제시함

③ 우리의 책임은 일차적으로 미래 세대의 존재를 보장하는 것이며, 이차적으로는 그들의 삶의 질을 배려하는 것이라고 봄

④ 현세대의 잘못으로 미래 세대가 생존할 수 없을지도 모른다는 사실에 대한 두려움을 갖고 인류 존속을 위해 겸손한 태도를 지니며, 검소한 생활과 절제하는 소비 습관을 길러야 한다고 봄

⑤ 사회 제도적 차원의 노력과 시민의 노력

(1) 사회 제도적 차원의 노력

① 과학 기술자의 개별적 책임만으로는 과학 기술의 윤리적인 문제를 해결할 수 없으므로 과학 기술에 대한 윤리적 책임은 개인적 차원뿐만 아니라 사회적 차원의 접근이 필요함

② 과학 기술의 연구 개발 과정과 결과를 평가·감시·통제할 수 있는 기관 또는 국가의 각종 윤리 위원회 활동을 강화하고 기술 영향 평가 제도를 시행해야 함

(2) 시민의 노력

① 시민도 과학 기술의 연구·개발과 관련된 사회적 토론과 합의 과정에 적극적으로 참여해야 함

② 시민은 과학 기술의 연구·개발 과정에 민주적으로 참여하여 과학 기술이 인권과 생명을 존중하고 환경친화적인 방향으로 발전할 수 있도록 노력해야 함

자료와 친해지기 요나스의 책임 윤리

• 전통적인 윤리학은 '지금'과 '여기'에 관련된 것들이고, 이들 사이에서 생겨나는 용무와 연관되어 있으며, 사적인 삶과 공적인 삶에서 늘 반복되는 전형적인 상황과 관련된 것이었다. 하지만 많은 것이 바뀌었다. 현대의 기술이 산출한 행위들의 규모는 너무나 새롭고, 그 대상과 결과가 너무나 새로운 것이므로 인간 사이의 관계에 한정되고 단기적인 예견에 토대를 둔 전통 윤리로는 이 행위들을 더 이상 파악하기 어렵게 되었다. 이제 우리는 지구 전체 생명에 대해 권력을 지니고 있으므로 그것에 대한 책임을 져야 한다. 우리가 책임져야 할 대상으로서 자연은 윤리 이론이 심사숙고해야 하는 '새로운 것'이 되었다. 새로운 윤리는 인간적 삶의 전 지구적 조건과 종(種)의 먼 미래와 실존을 고려해야만 한다. 그것은 인간의 선(善)은 물론 인간 이외의 존재 및 자연의 선을 탐구해야 하며, 동료 인간에 대한 책임은 물론 자연에 대한 책임을 심사숙고해야 하고, 아직 태어나지 않은 미래 세대의 삶의 조건에 대해서도 책임져야 한다는 것이다.

• 우리에게는 악(惡)의 인식이 선(善)의 인식보다 무한히 쉽다. 악의 인식은 더 직접적이며 설득력 있고, 의견의 차이에 별로 시달리지 않으며, 무엇보다 가시적이지 않다. 선은 눈에 띄지 않게 존재하며, 반성을 – 우리가 반성하려면 특별한 이유가 있어야 한다. – 하지 않으면 인식될 수 없는 데 반하여, 나쁜 것의 단순한 현재는 우리로 하여금 이를 인식하도록 강요한다. …(중략)… 따라서 우리가 실제로 무엇을 보호해야 하는가를 알아내기 위해서 도덕 철학은 우리의 희망보다는 공포를 논의의 상대로 삼아야 한다. – 요나스, 『책임의 원칙』 –

요나스는 『책임의 원칙』에서 현대 과학 기술은 인간의 행위가 미치는 범위를 이전과는 다른 방식과 크기로 확장하고 있다는 점을 지적하며, 인간 간의 관계와 '지금', '여기'의 문제로 한정하는 전통의 윤리학을 대신해 인간과 자연, 미래 세대에 대한 책임을 주장하는 새로운 윤리학(책임 윤리)을 제시하였다. 이에 따라 요나스는 칸트의 정언 명령을 변형하여 "네 행위의 결과가 지구상의 인간 삶에 대한 미래의 가능성을 파괴하지 않도록 행위 하라."라는 새로운 생태학적 정언 명령을 주장하였다.

01

▶ 24058-0083

갑, 을의 입장으로 적절한 것만을 〈보기〉에서 있는 대로 고른 것은?

과학 기술 연구에서 연구 주제를 선택하고 연구 목표를 설정하며 연구 방법론을 결정할 때 가치는 배제되어야 합니다. 과학 기술에 대한 연구는 '참', '거짓'의 사실 판단으로 접근해야지, 가치 판단의 문제로 접근해서는 안 됩니다. 또한 과학 기술 이론의 사실성 여부를 판단하는 경우에 특정한 가치를 개입시키면 안 됩니다. 과학자들은 개인적·정서적·재정적 상황에 영향을 받지 않기 위해 노력해야 하며, 과학 기술 연구에서 가치를 배제하기 위해 노력해야 합니다.

과학 기술 연구에서 가치가 과학에 개입하여 중요한 아이디어가 억제될 수 있고, 증거를 잘못 해석하도록 유도할 수 있는 가능성이 존재할 수 있습니다. 하지만 가치는 특정한 주제를 추구하도록 영감을 주거나, 연구가 추구하는 질문과 방법을 바꾸는 등 다양한 방식으로 과학에 영향을 주기 때문에 배제될 수 없습니다. 따라서 과학자들은 가치가 과학에 영향을 주는 다양한 방법을 인지하고, 그러한 영향이 정당한지를 판단해야 합니다.

 갑    을

┌ 보기 ┐
ㄱ. 갑: 과학 기술을 연구하거나 검증할 때 개인적인 가치관이 개입해서는 안 된다.
ㄴ. 을: 과학자는 가치가 과학에 주는 영향이 적절한지의 여부를 판단해야 한다.
ㄷ. 을: 과학 기술의 연구 목적을 설정할 때 가치 판단으로부터 자유로울 수 있다.
ㄹ. 갑과 을: 가치가 과학에 개입하여 부정적 영향을 주는 경우가 존재한다.

① ㄱ, ㄴ   ② ㄱ, ㄷ   ③ ㄷ, ㄹ
④ ㄱ, ㄴ, ㄹ   ⑤ ㄴ, ㄷ, ㄹ

02

▶ 24058-0084

다음 신문 칼럼의 입장에서 지지할 내용으로 적절하지 않은 것은?

○○ 신문	○○○○년 ○○월 ○○일
칼럼	

로봇 공학은 자동차, 제조업, 의료 등 다양한 분야에 걸쳐 우리의 미래를 바꾸어 놓을 것으로 관측되고 있다. 로봇이 인간의 삶에 도움이 되는 미래를 꿈꾼다면, 기술과 윤리 양 측면에서 조화를 이룰 수 있도록 해야 한다. 그러므로 로봇 공학자들은 인간의 삶에 도움이 되는 로봇을 만들기 위해 로봇의 연구와 개발에서 다음과 같은 윤리적 원칙을 지켜야 한다. 먼저 로봇은 인간 살상을 위한 용도로 사용하도록 설계되어서는 안 된다. 이를 위해 로봇이 법률과 기본적 인권을 준수하도록 설계되고 운영되어야 한다. 나아가 로봇은 사용자의 안전과 보안을 보장할 수 있게 설계되어야 한다. 로봇은 감정적 반응이나 의존을 유발해 취약한 이용자를 기만적인 방식으로 착취하도록 제작되어서는 안 된다. 마지막으로 로봇에 대한 법률적 책임이 누구에게 있는지 언제나 분명해야 한다. 즉 책임은 로봇이 지는 것이 아니라 사람이 지는 것임을 항상 유념해야 한다.

① 로봇 공학자는 무차별하게 인명을 살상할 용도로 로봇을 설계해서는 안 된다.
② 로봇 공학자는 로봇이 취약한 이용자를 기만적인 방식으로 착취하도록 제작해서는 안 된다.
③ 로봇 공학자는 로봇이 인간의 기본권을 보호하는 법률을 준수하도록 로봇을 제작해야 한다.
④ 로봇 공학자는 로봇을 해킹으로부터 안전하게 설계하여 사용자의 프라이버시를 보장해야 한다.
⑤ 로봇 공학자는 스스로 의사 결정을 내리고 수행할 수 있는 로봇을 책임의 주체로 인정해야 한다.

03

▶ 24058-0085

갑, 을 사상가들의 입장으로 적절한 것만을 〈보기〉에서 있는 대로 고른 것은?

> 갑: 기술은 그 자체로 보면 선도 아니고 악도 아니다. 그러나 기술은 인간에 결속되어 있고 인간의 노동을 통해서 그러한 기술이 실현되므로, 선으로도 사용될 수 있고 악으로도 사용될 수 있다. 중요한 것은 인간이 기술에서 어떤 것을 끄집어내는가이며, 기술이 인간에게 어떻게 봉사하고 인간이 기술을 어떤 조건 아래 놓는가이다. 그러나 기술은 일종의 공허한 힘이며, 결국은 목적에 대한 수단인 것이다.
> 을: 기술의 본질은 기술적인 어떤 것이 아니다. 우리가 기술적인 것만을 생각하고 그것을 이용하는 데에만 급급하여 그것에 매몰되거나 그것을 회피하는 한, 기술의 본질에 대한 우리의 관계를 결코 경험할 수 없는 것도 그 때문이다. 우리가 기술을 열정적으로 긍정하건 부정하건 관계없이 우리는 어디에서나 부자유스럽게 기술에 붙들려 있는 셈이다. 최악의 경우는 기술을 중립적인 것으로 고찰할 때이며, 이 경우 우리는 무방비 상태로 기술에 내맡겨진다.

> **보기**
> ㄱ. 갑: 기술은 기술을 실현시키는 것과는 독립해 있는 자립적인 존재이다.
> ㄴ. 을: 기술의 수단적 가치를 중시할 때 기술의 본질적 속성에 접근할 수 있다.
> ㄷ. 을: 기술을 가치 중립적인 것으로만 간주하면 기술의 본질에 대한 고찰의 필요성이 상실된다.
> ㄹ. 갑과 을: 기술의 활용이 인간 사회에 가져올 영향을 반성적으로 검토해야 한다.

① ㄱ, ㄴ   ② ㄱ, ㄷ   ③ ㄴ, ㄹ
④ ㄱ, ㄷ, ㄹ   ⑤ ㄴ, ㄷ, ㄹ

04

▶ 24058-0086

다음 글의 입장에서 지지할 주장으로 가장 적절한 것은?

> 과학 기술자의 사회적 책임은 과학 기술에서 부수적인 것이 아니라 오히려 과학 기술의 본질과 직결되어 있다. 과학 기술의 결과에는 상당한 불확실성과 위험성이 내재될 수밖에 없으며, 이에 따라 과학 기술자는 언제든지 실수를 범할 수 있는 가능성을 가지고 있다. 따라서 과학 기술자는 자신의 연구가 가져올 위험성과 관련하여 문제를 제기할 줄 알아야 한다. 예를 들어 과학 기술자만이 화학 물질의 미세한 차이를 알 수 있기 때문에 과학 기술자는 자신의 연구 결과가 어떻게 이용 혹은 오용되는가에 대해서 책임을 져야 하며, 과학 기술자에게는 새로운 물질의 위험성과 오용 가능성을 사회에 알려야 할 의무가 있다. 이처럼 과학 기술자는 자신의 활동을 사회적 맥락에서 살펴보고, 자신의 연구 성과물이 어떻게 활용될 수 있는지를 신중하게 고려해야 한다.

① 과학 기술자는 자신이 담당하게 되는 연구에 대한 가치 판단을 해서는 안 된다.
② 과학 기술자는 자신의 성과를 위해 연구 결과에 결함이 있더라도 침묵해야 한다.
③ 과학 기술자는 자신의 연구 결과가 사회에 미치게 될 영향을 충분히 숙고해야 한다.
④ 과학 기술자는 선한 목적으로 수행되는 연구에 대해서는 사회적 책임을 지니지 않아야 한다.
⑤ 과학 기술자는 인류 이익과 상충하는 연구일지라도 자유롭게 연구를 수행할 수 있어야 한다.

05

▸ 24058-0087

(가)의 갑, 을의 입장에서 서로에게 제기할 수 있는 비판을 (나) 그림으로 표현할 때, A, B에 해당하는 내용만을 〈보기〉에서 고른 것은?

(가)	갑: 과학 기술자는 연구 윤리를 준수해야 한다. 과학 기술자는 정확하고 검증된 자료에 의거하여 연구를 수행해야 하고, 타인의 연구 성과를 자신의 연구 성과인 것처럼 사용해서는 안 된다. 자유로운 과학 연구를 위해 연구의 사회적 응용에 따른 결과의 책임은 과학 기술자가 아닌 외부 집단에서 다루도록 해야 한다. 을: 과학 기술자는 연구를 수행하는 과정에서 연구 윤리를 준수해야 한다. 나아가 과학 기술자는 자신의 연구 활동의 결과가 사회에 미치는 영향이나 그것을 응용하여 나타나는 부정적 결과에 대해 응분의 사회적 책임을 져야 하는 사회의 일원이므로, 자신의 연구가 인간의 존엄성을 구현하고 삶의 질 향상에 기여하는지를 숙고해야 한다.
(나)	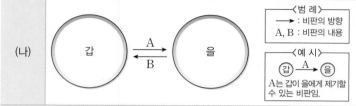

〈범 례〉
⟶ : 비판의 방향
A, B : 비판의 내용

〈예 시〉
갑 ─A⟶ 을
A는 갑이 을에게 제기할 수 있는 비판임.

┌ 보기 ┌
ㄱ. A: 과학 기술자는 위조되지 않은 자료를 사용하여 과학의 객관성을 추구해야 함을 간과하고 있다.
ㄴ. A: 과학 기술자는 연구의 자유를 위해 자신의 연구 결과가 미칠 사회적 영향에 대해서 책임질 필요가 없음을 간과하고 있다.
ㄷ. B: 과학 기술자는 타인의 연구 결과를 자신의 것으로 속이는 행위를 해서는 안 됨을 간과하고 있다.
ㄹ. B: 과학 기술자는 자신의 연구가 사회에 끼치게 될 파급 효과에 대해 책임을 져야 함을 간과하고 있다.

① ㄱ, ㄴ   ② ㄱ, ㄷ   ③ ㄴ, ㄷ   ④ ㄴ, ㄹ   ⑤ ㄷ, ㄹ

06

▸ 24058-0088

다음을 주장한 사상가가 부정의 대답을 할 질문으로 가장 적절한 것은?

> 나무의 본질이 나무가 아닌 것처럼, 기술의 본질은 기술적인 성격을 가지지 않는다. 기술은 단순한 수단이 아니다. 기술은 탈은폐의 한 방식이다. 탈은폐란 '밖으로 끌어내어 앞에 내어 놓음'이며, 은폐되어 있는 것을 밖으로 끌어내어 앞에 비은폐시키는 것이다. 현대 기술도 일종의 탈은폐이다. 현대 기술은 존재자를 탈은폐시킬 때에 일단 도발적으로 요청한다. 인간은 필요한 에너지를 자연에서 굴착하며, 자연은 에너지를 위한 광산으로서 드러난다. 자연의 존재 가치는 쓸모가 있는지 없는지, 에너지를 생산할 수 있는지 없는지에 따라 결정된다. 자연은 한낱 인간을 위한 저장고로 탈은폐될 뿐이다.

① 현대 기술의 지배 속에서 자연은 에너지원으로 규정되는가?
② 현대 기술은 자연을 기술적으로 조작 가능한 재료로 바라보는가?
③ 현대 기술의 본질은 자연에 대한 도발적 요청으로서의 탈은폐인가?
④ 현대 기술을 인간이 통제 가능한 가치 중립적 도구로만 규정해야 하는가?
⑤ 현대 기술의 종속에서 벗어나기 위해 기술의 본질에 대한 고찰이 필요한가?

07

다음을 주장한 사상가의 입장으로 적절하지 <u>않은</u> 것은?

> 전쟁의 처참함을 알지 못하면서 평화를 찬양할 수 없는 것처럼 우리에게는 악의 인식이 선의 인식보다 무한히
> 쉽다. 악의 인식은 눈에 띄지 않게 존재하는 선의 인식보다 더 직접적이고 설득력 있으며, 우리에게 반성을
> 인식하도록 강요한다. 따라서 우리가 실제로 무엇을 보호해야 하는가를 알아내기 위해서 윤리학은 희망보다
> 는 공포를 논의의 상대로 삼아야 한다. 행위를 하도록 북돋우는 공포가 바로 책임의 본질적 속성이다. 내가
> 주장하는 새로운 윤리학은 호혜성에 기초하고 있는 전통 윤리와 달리 아직 존재하지 않는 것들과 연관되어 있
> 으며, 권리와 호혜성의 모든 이념과 관련이 없다. 우리는 미래 세대의 실존에 대한 의무를 지니고 있다.

① 선을 탐구함에 있어 선의 인식보다 악의 인식이 더 효과적이다.
② 현세대와 미래 세대는 실존에 대한 상호 간 의무를 지니는 주체이다.
③ 책임 윤리는 생명이 처한 미래의 상황에 대한 책임을 의무로 규정한다.
④ 기술적 행위가 미칠 수 있는 부정적인 영향에 대한 반성적 사유가 필요하다.
⑤ 기술은 자연과 인류의 지속 가능성을 담보할 수 있는 방향으로 발전되어야 한다.

08

다음 토론의 핵심 쟁점으로 가장 적절한 것은?

> 갑: 기술이 일상생활에 미치는 파급력이 커지고 있으므로 기술 개발에 따른 부정적 효과를 미리 예측하고 대
> 비해야 합니다. 따라서 새로운 기술이 사회 전반에 미치는 영향을 사전에 평가하여 합리적인 기술 정책이
> 마련될 수 있도록 해야 합니다. 기술 영향 평가는 기술의 사후적 평가뿐 아니라 개발 초기부터 개입하여
> 기술의 바람직한 변화를 선도해야 합니다.
> 을: 동의합니다. 또한 기술 영향 평가의 도입은 기술의 영향에 대한 광범위한 논의 과정을 거치면서 사회적 수
> 용성을 제고하는 효과를 가져올 수 있습니다. 기술에 대한 사회적 수용성을 향상시키기 위해서는 과학 기
> 술자 외에 일반 시민들도 기술 영향 평가를 수행할 주체가 되어야 합니다.
> 갑: 아닙니다. 공정한 평가 수행을 위해 기술자가 평가 수행의 주체여야 하며, 기술에 대한 사회적 수용성의
> 향상은 기술 영향 평가가 도입되어 일반 시민들에게 결과를 공유함으로써도 충분히 가능합니다. 그러므로
> 기술에 대한 균형적 시각을 위해 관련 분야의 전문 지식을 갖춘 전문가들로 구성된 집단 중심의 의견 수렴
> 형식을 채택해야 합니다.
> 을: 기술은 관련 분야의 지식을 갖춘 전문가들만 전유하는 것이 아닌 사회 구성원 모두가 책임감을 가지고 논
> 의해야 하는 공동의 자산입니다. 기술의 공공적 성격을 강화하기 위해서라도 평가의 방식은 전문가와 시
> 민이 함께 참여하는 형식을 채택해야 합니다.

① 기술 영향 평가의 도입을 통해 기술 개발에 따른 부정적 효과를 줄일 수 있는가?
② 기술 영향 평가는 기술에 대한 사전적 평가가 아닌 사후적 평가만을 목표로 삼는가?
③ 기술 영향 평가의 주체는 관련 분야의 전문 지식을 갖춘 전문가들로 한정해야 하는가?
④ 기술 영향 평가의 도입은 기술에 대한 사회적 수용성을 높이는 결과를 가져올 수 있는가?
⑤ 기술 영향 평가를 통해 기술이 초래할 결과를 예측하여 바람직한 기술 정책을 마련해야 하는가?

09

▶ 24058-0091

다음 글의 입장에서 부정의 대답을 할 질문으로 가장 적절한 것은?

> 과학자는 시민 사회의 구성원이지만 동시에 다른 시민들이 가지지 못한 전문 지식을 소유한 사람이다. 과학자들은 환경 파괴를 가져올 수 있는 연구, 유전자 재조합 생명체 연구 등 사회적으로 논쟁적인 연구를 수행하고 있다. 이러한 연구는 우리 사회에 미치는 영향의 강도가 크고 범위가 넓기 때문에 과학자들은 자신의 연구가 가져올 수도 있는 사회적, 환경적 변화에 예의 주시하면서 자신의 연구 결과의 활용에 책임을 져야 한다. 과학자가 공공의 논의에 적극 참여하는 것은 과학의 건강성을 유지하는 데 도움이 된다. 과학자는 자신의 연구와 관련된 사회적 책임을 지니기에 자신의 연구를 공개적으로 수행할 필요가 있을 뿐만 아니라 자신의 연구가 나쁜 영향을 낳을 가능성이 있다면 연구를 중단하고 다른 연구 주제를 선택하는 결정을 내릴 수 있어야 한다.

① 과학자는 자신의 연구가 가져올 수 있는 사회적 위험에 대해 숙고해야 하는가?
② 과학자는 연구가 초래할 위험성에 대해 대중에게 정보를 제공하지 않아야 하는가?
③ 과학자는 자신의 연구가 인류를 위협하는 방향으로 활용될 때 문제를 제기해야 하는가?
④ 과학자는 과학 지식을 지닌 전문직 종사자로서 책임을 가지고 연구를 수행해야 하는가?
⑤ 과학자는 과학 기술의 건전한 발전을 위해 연구 결과가 올바르게 사용되도록 해야 하는가?

10

▶ 24058-0092

그림의 강연자가 지지할 주장으로 적절한 것만을 〈보기〉에서 있는 대로 고른 것은?

> 현대 기술 문명의 특징은 미래에 대한 영향력의 증대라 말할 수 있습니다. 그 결과 우리는 이제 우리가 무엇을 할 수 있으며, 무엇을 해도 좋은지에 대해서 숙고하지 않으면 안 됩니다. 현대 기술은 단순히 세계를 변형하기 위한 도구나 장치, 수단만이 아니라 권력의 대상, 즉 권력이 지향하는 것과 권력을 창출해 낼 수 있는 것까지도 만들어 내고 있습니다. 책임은 권력의 크기와 관계가 있으며, 권력을 가지지 않은 자는 아무런 책임이 없습니다. 오늘날 인류에게 허용된 기술적 조작 가능성은 양과 질에서 상상을 초월할 정도로 커졌으며 과거 어느 때보다 더 큰 권력이 인간에게 주어져 있습니다. 기술의 영향력이 인류 전체의 삶을 위협할 정도로 커지면서 인간의 책임 역시 기술적 폭력의 오용 앞에 무방비 상태로 노출되어 있는 지구 생명의 미래까지 확대되었습니다. 기술 문명으로 각인된 인류로서 우리가 오늘날 던져야 할 윤리적 물음은 높은 이상을 그려 내는 일이 아니라 무엇을 예방해야 하며, 무엇을 유지해야 하는가입니다.

┌ 보기 ┐
ㄱ. 기술이 가져올 부정적 결과보다 기술의 진보가 가져올 혜택에 주목해야 한다.
ㄴ. 기술 문명 시대 속의 인간은 확대된 권력의 행사에 대한 도덕적 성찰이 필요하다.
ㄷ. 인류의 존속을 위해서 현세대는 자연과 미래 세대에 대한 책임 의식을 지녀야 한다.
ㄹ. 인간이 져야 할 책임의 범위는 인간이 가진 권력이 영향을 미치는 범위에 따라 증가한다.

① ㄱ, ㄴ
② ㄱ, ㄷ
③ ㄴ, ㄹ
④ ㄱ, ㄷ, ㄹ
⑤ ㄴ, ㄷ, ㄹ

① 정보 기술 발달과 정보 윤리

1. 정보 기술의 발달과 사회의 변화

(1) 정보 기술의 발달에 따른 긍정적 변화

① 삶의 편리성 증대: 일상적인 업무를 스마트폰이나 컴퓨터를 이용해 쉽고 빠르게 처리할 수 있음

② 수평적·다원적 사회로의 변화: 정보 기술의 발달로 쌍방향 의사소통이 가능해져 수평적·다원적 사회로 변화하고, 사이버 공간의 등장으로 누구나 자신의 의견을 자유롭게 표현할 수 있게 되어 정치 참여 기회가 확대됨

③ 전문적 지식의 습득 기회 확대: 인터넷 검색이나 블로그 등을 통해 전문적인 지식이나 정보를 얻을 수 있는 기회가 확대됨

④ 다양한 문화에 대한 이해의 폭 확대: 인터넷을 통해 전 세계의 예술이나 풍습 등과 관련된 정보를 접해 봄으로써 다양한 문화를 경험하고 이해할 수 있게 됨

(2) 정보 기술의 발달에 따른 부정적 변화

① 감시와 통제의 가능성 증가: 정보 통신 기술을 남용하여 구성원들을 감시하고 통제할 가능성이 높아짐

② 기술에 대한 의존성 증가: 정보 통신 기술이 주는 편리함에 빠져 비판적 성찰 없이 맹목적으로 기술을 수용하는 경우가 증가함

③ 다양한 윤리적 문제 발생: 불법 복제, 표절, 사이버 폭력 등 다양한 사이버 범죄가 발생할 가능성이 높아짐

2. 정보 기술의 발달에 따른 윤리적 문제

(1) 사생활 침해 문제

① 사생활 침해 문제는 자신의 의사와 무관하게 여러 가지 개인 정보가 다른 사람에게 노출되거나 악용되는 것을 의미함

② 컴퓨터와 정보 통신 기술의 발전으로 개인 정보가 쉽게 노출되고 도용되는 문제가 발생함

③ 국가 권력에 의해 개인 정보가 악용되어 개인이 통제·억압당할 경우 개인의 자유가 침해되고 민주주의가 퇴보하는 등 심각한 문제가 발생할 수 있음

④ 정보의 유통 과정에서 개인이 자신의 정보를 결정하고 통제하는 권한을 가져야 한다는 개인 정보 자기 결정권을 강조하는 방향으로 논의가 전개되면서 '잊힐 권리'가 강조되고 있음

(2) 저작권 문제

① 저작권법에 의해 배타적으로 보호되는 저작물을 무단으로 이용하여 저작권자의 권리를 침해하는 행위가 발생하고 있음

② 저작권을 둘러싸고 지적 산물에 대한 창작자의 재산권과 인격권을 보호해야 한다는 입장과 사회적 산물인 정보에 대한 권리를 공유해야 한다는 입장이 대립하고 있음

저작권 보호를 주장하는 입장	• 정보 생산에 필요한 시간과 노력, 비용에 대해 정당한 대가를 지불해야 한다고 봄 • 창작자의 노력에 대한 경제적 이익을 보장함으로써 창작 의욕을 높이고 더 많은 지적 산물을 생산할 수 있다고 봄 • 창작자에게 정보에 대한 배타적 독점권을 부여하기 때문에 정보의 자유로운 교류를 방해할 수 있다는 비판을 받음
정보 공유를 주장하는 입장	• 모든 저작물은 인류가 생산한 정보와 지식을 활용하여 구성된 공공재이며, 이러한 공공재를 공동체의 이익을 위해 사용해야 한다고 봄 • 저작물에 대한 과도한 권리 행사는 새로운 창작을 방해할 수 있으며, 정보 격차에 따른 불평등을 발생시킨다고 봄 • 창작자의 노력을 충분히 고려하지 못하고, 창작물의 질적 수준이 낮아질 수 있다는 비판을 받음

자료와 친해지기 인공 지능 알고리즘에 어떻게 편향이 개입되는가?

우리는 알고리즘을 인간의 기호나 정치적 견해 등과 관련 없는 중립적인 것으로 생각한다. 그래서 인공 지능 판사나 인공 지능 의료 진단기가 어떤 진단을 내릴 때 인간보다 더 객관적이고 더 믿을 만하다고 생각한다. 그러나 인공 지능 알고리즘은 인간 사회의 거울이다. 인공 지능의 최종 출력과 판단은 컴퓨터 자체가 하는 일이라기보다는 인공 지능이 학습하는 데이터, 그리고 데이터를 제공하는 우리 일반인, 컴퓨터 알고리즘을 만드는 인간이 개입된 결과이기 때문이다. '알고리즘 편향'이란 인공 지능이 기계 학습을 할 때 사용되는 데이터를 선택, 수집, 분류, 사용할 때 그리고 알고리즘을 구성할 때 공평하지 않은 기준이 개입되는 것을 의미한다. 인공 지능이 내리는 의사 결정이 잘못될 수 있는 유형 중 하나가 편향된 데이터를 사용하는 경우이다. 이것은 인공 지능의 학습 과정에서 비도덕적 요소가 개입된 경우이다. 이는 인공 지능 시스템 자체가 편견을 가져서 그런 것도, 인공 지능을 설계하는 사람들이 일부러 그렇게 만든 것도 아니다. 이 편향은 인공 지능이어서 가지게 되는 편향이 아니라 인간 사회가 이미 가지고 있는 무의식적 성향이다. 인공 지능 시대에는 의도적으로 편견을 가지지 않도록 조심하는 것에서 더 나아가 데이터가 편향성을 지니지 않는지도 살펴보아야 문제를 예방할 수 있다. 알고리즘을 만들 때 다음 질문을 던져 보고 스스로 답해 보면 의식적으로는 골라내기 어려운 무의식적 편향의 개입을 방지할 수 있다. '인공 지능·로봇을 훈련하기 위해 데이터를 고를 때 어떤 기준을 취하는가?', '선택 과정에서 배제되거나 자동적으로 평가를 낮게 받는 사회 집단이나 특정 소수자는 없는가?'

– 인공 지능과 가치 연구회, 『인공 지능 윤리 다원적 접근』 –

저자는 우리가 일반적으로 인공 지능 알고리즘을 중립적인 것으로 생각하지만 인공 지능의 학습 과정에서 수집하는 데이터 자체에 편향이 있을 수 있다고 지적한다. 또한 이러한 문제는 인공 지능 자체의 문제가 아니라 인간 사회가 갖고 있는 편향이 원인이기 때문에 인공 지능 알고리즘을 구성할 때 편향된 데이터가 개입되어 있지는 않은지 살펴보아야 한다고 주장한다.

(3) 사이버 폭력 문제

① 사이버 폭력의 의미: 사이버 공간에서 상대방이 원하지 않는 글이나 영상 등을 이용하여 정신적·심리적 피해를 주는 행위

② 사이버 폭력의 유형: 사이버 따돌림, 사이버 명예 훼손, 사이버 모욕, 사이버 스토킹, 사이버 성폭력 등

③ 사이버 폭력의 특징

• 시공간의 제약을 받지 않고 일상적으로 발생할 수 있음

• 정보의 복제와 유포가 쉬워 광범위하고 빠르게 확산됨

• 한번 유포된 정보는 수정하거나 회수하기 어려워 피해자는 지속적인 고통에 시달리게 됨

• 사이버 폭력의 가해자들이 폭력의 심각성을 인식하지 못함: 가해자들이 피해자의 고통을 직접 목격하기 어려우며, 사이버 폭력이 집단으로 이루어질 경우 가해자들이 자신의 잘못을 다른 사람에게 전가하기 쉬움

(4) 표현의 자유 문제

① 표현의 자유는 자아실현의 토대가 되고 인간의 존엄성을 실현하는 데 바탕이 됨

② 표현의 자유는 현실 공간뿐만 아니라 사이버 공간에서도 기본적 권리로서 보장되어야 함

③ 가상 공간에서 누리는 표현의 자유는 활발한 사회 참여와 연대를 끌어낼 수 있다는 점에서 민주주의 사회에서 매우 중요한 가치임

④ 다른 사람의 인권을 침해하지 않고, 사회 질서를 어지럽히지 않는 범위 내에서 표현의 자유를 허용해야 함

3. 정보 사회에 필요한 정보 윤리

(1) 존중: 사이버 공간에서는 타인의 인격과 사생활, 다른 사람의 지식 재산권을 존중해야 함

(2) 책임: 사이버 공간에서 익명성으로 인해 나타나는 비윤리적인 행동을 삼가고, 정보가 자유롭게 제작·유통되므로 자신의 행동이 가져올 결과를 신중히 생각하고 행동하는 책임 의식을 지녀야 함

(3) 정의: 사이버 공간에서는 다른 사람의 기본적 자유와 권리를 침해하지 않고, 정보의 진실성과 공정성을 추구하여 정의를 실현해야 함

(4) 해악 금지: 사이버 폭력, 개인 정보 유출, 피싱(phishing)과 파밍(pharming), 해킹과 바이러스 유포 등과 같은 행동으로 다른 사람과 사회에 해악을 끼쳐서는 안 됨

② 정보 사회의 매체 윤리

1. 뉴 미디어 시대의 매체의 특징과 문제점

(1) 뉴 미디어의 특징

① 매체와 뉴 미디어의 의미

• 매체(media): 정보를 시공간적으로 이동시키는 수단으로, 신문이나 서적 등의 인쇄 매체와 텔레비전, 라디오 등의 방송 매체 등이 있음

• 뉴 미디어(new media): 기존의 매체들이 제공하던 정보를 인터넷을 통해 가공, 전달, 소비하는 포괄적 융합 매체를 의미함

자료와 친해지기 뉴 미디어 시대의 표현의 자유

뉴 미디어 시대는 개인을 미디어 소비자에서 공급자로 변신시켰다. 다양한 개인 매체의 출현이 사람들의 표현하고자 하는 욕망을 촉발시키며 자기표현의 시대를 열었다. 단순한 시청자나 독자의 자리를 벗어던지고 다양한 매체를 활용하여 개인 스스로 제작자가 되고 스토리 작가가 되었다. '너 자신을 방송하라.'는 말처럼 우리는 1인 미디어 시대에 살고 있다. 디지털 시대는 '객관보다는 주관이, 지식보다는 의견이, 사실보다는 느낌이 찬양받는 시대'이다. 표현의 자유를 통해 자기의 마음속 이야기를 꺼내 보이고, 자기의 감정을 나타내고, 그러는 가운데 자신의 정체성을 확인하며 자신의 디지털 신분을 자리매김하는 시대에 살고 있다. 문제는 자유와 책임의 균형이 상실되기 쉽다는 것이다. 자유에 책임과 절제가 없다면 그 자유는 타인에게 해악이 되기 쉽다. 우리 사회에는 지금 자기표현의 자유가 개인 감정의 무절제한 배설로 흐르고 있다. SNS와 댓글이 맹목적 비방과 욕설, 미움과 증오의 배출 수단으로 이용되고 있다. 표현의 자유가 '혐오의 자유'를 의미하는 것은 아니다. 이런 점에서 디지털 네트워크는 일종의 양날의 검이다. 디지털이 우리 삶의 모습을 획기적으로 변화시키고 있지만 우리가 살아야 할 사회의 규범과 윤리는 취약하다. 일시적으로는 익명이란 보호막 뒤에 숨을 수도 있다. 그러나 디지털 시대에는 '발자국'이 남게 되고 이는 언젠가 '다모클레스의 칼'이 될 것이다. 무엇보다 그 자신이 잘 알고 있기에 결국 '양심의 가책'이란 창이 언젠가 자신의 심장을 찌르게 되는 날이 오게 되는 것이다.

— 이홍규, 『디지털 시대, 인간에게 묻다』 —

정보 통신 기술의 발달에 따라 다양한 매체를 통해 누구나 정보를 생산, 가공하고 의견을 자유롭게 표출할 수 있게 되었다. 이는 이용자 간 쌍방향 소통을 활성화하고 다양한 의견이 표출되는 계기가 되었다. 반면 이와 함께 익명성에 기대어 타인에게 혐오와 차별의 표현을 하는 사례도 늘어나고 있다. 이는 타인에게 심각한 해악을 끼치며 사회적 차별을 재생산할 수 있다. 따라서 뉴 미디어 시대의 정보 주체는 혐오와 차별의 표현이 표현의 자유의 범위에 포함되지 않는다는 것을 명확하게 이해해야 한다.

② 뉴 미디어의 특징

상호 작용화	뉴 미디어는 송수신자 사이에 쌍방향 정보 교환을 가능하게 하여, 정보 생산자와 소비자가 비교적 수평적인 관계를 바탕으로 활발하게 상호 작용하게 함
비동시화	뉴 미디어는 정보 교환 시 송수신자가 동시에 참여하지 않고도 수신자가 원하는 시간에 정보를 볼 수 있게 함
탈대중화	뉴 미디어는 대규모 집단에 획일적 메시지를 전달하는 방식에서 벗어나 특정 대상과 특정 정보를 상호 교환할 수 있게 함
능동화	뉴 미디어는 정보를 발견하는 동시에 취합·공개할 수 있고 다양한 의견을 반영하여 즉각적으로 정보를 수집할 수 있어 이용자가 더욱 능동적으로 활동할 수 있게 함
종합화	아날로그 시대에 개별적으로 존재했던 매체들이 하나의 정보망으로 통합되어 멀티미디어화됨

(2) 뉴 미디어의 문제점

① 정보의 객관성 문제

- 전문성이 확보되지 않은 뉴 미디어의 정보는 기존 매체 수준으로 신뢰하기 어려움 → 뉴 미디어의 정보가 객관성을 지니는지를 점검할 감시 장치가 기존 매체에 비해 부족함
- 뉴 미디어가 전달하는 부정확한 정보가 빠른 확산력과 결합하면 심각한 사회 문제로 나타날 수 있음

② 책임의 분산으로 인한 문제: 매체가 다양해지면서 특정 저작물을 여러 공간에 저장함으로써 정보가 분산되어 존재하며, 그 결과 책임도 분산되어 윤리적 책임 의식이 약화될 수 있음

③ 사적 정보 노출의 문제: 매체가 발달하면서 정보를 교환하고 처리하는 과정에서 사적인 정보가 노출될 수 있음

2. 뉴 미디어 시대의 매체 윤리

(1) 개인 정보의 신중한 처리

① 뉴 미디어를 통한 개인 정보의 공개는 사람들의 알 권리를 충족시킬 수 있지만, 한편으로는 개인 정보에 대한 자기 결정권을 침해할 수 있음

② 시민의 알 권리를 충족하는 과정에서 개인의 명예나 사생활, 인격권을 침해하지 않도록 개인 정보를 신중하게 다루어야 함

(2) 표절 금지

① 표절이란 타인이 창작한 저작물 일부 또는 전부를 허락 없이 도용하여 자신의 저작물인 것처럼 사용하는 것을 의미함

② 표절 행위는 기사 작성자의 권리와 소중한 재산에 대한 침해인 동시에 뉴 미디어 언론에 대한 신뢰를 무너뜨림

(3) 상호 간의 소통과 시민 의식 함양

① 정보를 바탕으로 대화하고 교류함으로써 공동으로 체험하고 협력할 수 있는 능력과 자세를 갖추어야 함

② 매체 이용자들은 규범의 준수뿐만 아니라 사회 참여, 시민 의식 등을 포함한 윤리적 태도를 갖추어야 함

(4) 매체 이해력 습득

① 매체 이해력이란 매체의 내용을 비판적으로 해석하면서 매체를 제대로 사용하고 바람직하게 표현하는 능력으로, 미디어 리터러시(media literacy)라고도 함

② 뉴 미디어가 생산하는 정보 중에는 거짓 정보도 있는데, 이러한 거짓 정보를 무비판적으로 받아들이고 이를 뉴 미디어상에 유포하면 광범위한 피해가 발생할 수 있음

③ 매체가 제공하는 정보를 제대로 평가하기 위해서는 비판적 사고 능력을 길러야 하고, 자신의 목적에 맞게 기존 정보를 새로운 정보로 조합하는 능력도 길러야 함

 자료와 친해지기　미디어 리터러시와 시민성

미디어 리터러시의 지향점은 미디어의 이용 및 활용 능력과 비판적 이해 능력을 개발하여 미디어를 통한 상호적 네트워크 활동을 수행하는 것이다. 미디어를 통한 개인 및 공동 작업을 통해 지식을 공유하고, 사회 문제 해결을 위해 공동체 일원으로서 참여하는 데 궁극적인 지향점이 있다. …(중략)… 미디어 리터러시는 시민들이 미디어로 매개되는 복잡한 세상에서 비판적인 방식으로 대처할 수 있게 하는 지식, 기술, 태도의 총화이다. 이것은 사회 참여를 목표로 삼아 능동적이고 창의적인 방법으로 미디어를 활용할 수 있는 능력이다. 미디어 리터러시는 미디어를 이용하여 사회를 이해하고, 다시 사회 문제에 적극적으로 참여할 수 있는 통로라고 볼 수 있다. 미디어 리터러시는 시민들이 주체적으로 살아가는 데 큰 기여를 할 수 있다. 이런 측면에서 미디어 리터러시는 시민 교육적 의의를 가지고 있다. 미디어 리터러시의 시민 교육적 의의는 미디어를 통하여 세상의 문제에 적극적으로 참여할 수 있다는 점에 있다. 미디어는 시민들이 특정한 공공 이슈나 문제에 대한 특정한 입장을 정당화하는 미디어 텍스트에 내재한 의미 구조를 해석하도록 안내해 준다는 점에서 시민 교육적 가치가 있다.

– 이경한 외 5인, 『리터러시와 시민성 교육』 –

저자는 개인이 미디어를 활용하여 사회 문제에 적극적으로 참여할 것을 강조한다. 이러한 관점에 따라 미디어 리터러시를 단순히 미디어 내 정보를 해독하는 능력으로 제한할 것이 아니라 미디어를 활용하여 사회적 의제를 비판적으로 판단하고 표현하며, 나아가 문제 해결을 위해 구성원과 협업할 수 있는 능력으로 확대해야 한다고 주장한다. 즉 미디어 리터러시 학습을 통해 사회 구성원으로서 갖추어야 할 시민성도 함양할 것을 강조한다.

01

▶ 24058-0093

(가)의 갑, 을의 입장을 (나) 그림으로 탐구하고자 할 때, A~C에 들어갈 질문으로 적절한 것만을 〈보기〉에서 고른 것은?

(가)	갑: 인터넷을 통해 과거의 정보가 온라인상에서 축적되고 그것이 검색 엔진을 통해 다시 대중에게 다량의 정보를 제공한다. 개인 정보를 비롯하여 자신이 공개를 원하지 않는 민감한 정보를 검색 서비스를 통해 타인이 얼마든지 열람함으로써 신상 털기로 이어질 수 있다. 개인의 인격권을 침해하는 문제를 예방하기 위해 잊힐 권리가 보장되어야 한다.
	을: 인터넷에서 검색 서비스가 갖는 중요성을 고려할 때 잊힐 권리를 인정하는 것은 정보의 독점을 초래할 수 있다. 검색 엔진이 누군가의 잊히고 싶은 욕망에 따라 조작된다면 그것은 또 다른 억압과 불평등으로 연결될 수 있다. 잊힐 권리의 인정은 대중의 정보에 대한 접근권을 방해함으로써 표현의 자유에 대한 중대한 제약이 될 수 있다.
(나)	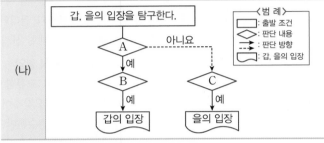

〈보기〉
ㄱ. A: 잊힐 권리는 정보 주체가 자신과 관련된 각종 정보를 열람하지 않도록 요구할 수 있는 권리인가?
ㄴ. B: 잊힐 권리는 개인의 모든 정보에 대한 대중의 접근을 가능하게 하는 권리인가?
ㄷ. B: 잊힐 권리는 인터넷 시대를 살아가는 개인의 인격권을 보장하기 위해 필요한가?
ㄹ. C: 잊힐 권리를 인정하는 것은 대중들의 알 권리의 침해로 이어질 수 있는가?

① ㄱ, ㄴ　　② ㄱ, ㄷ　　③ ㄴ, ㄷ　　④ ㄴ, ㄹ　　⑤ ㄷ, ㄹ

02

▶ 24058-0094

다음을 주장한 사상가의 입장에서 〈사례〉 속 A에게 해 줄 수 있는 조언으로 적절한 것만을 〈보기〉에서 있는 대로 고른 것은?

어떤 사람이 자신과 다른 생각을 가지고 있다고 해서 그 사람에게 침묵을 강요하는 일은 옳지 못하다. 만일 그 의견이 옳다면 그러한 행위는 잘못을 드러내고 진리를 찾을 기회를 박탈하게 된다. 만약 그 의견이 옳지 않더라도 그 의견을 억압하는 것은 틀린 의견과 옳은 의견을 대비시킴으로써 진리를 더 생생하고 명확하게 드러낼 기회를 박탈하는 것이다. 인간은 토론과 경험에 힘입어 자신의 과오를 고칠 수 있는 존재이며, 잘못된 생각과 관행은 사실과 논쟁 앞에서 그 힘을 잃게 된다.

〈사례〉
A는 인터넷 학급 토론방에서 토론을 할 때 자신의 주장이 언제나 옳으므로 다른 학급 친구들의 주장을 들을 필요가 없다고 생각하였다. 하지만 A는 자신의 주장이 진정으로 옳은 것인지 고민하게 되었다.

〈보기〉
ㄱ. 옳은 의견 못지않게 그릇된 의견을 통해서도 이득을 얻을 수 있음을 명심하세요.
ㄴ. 타당성에 의문이 제기된 문제에 대해서 자유로운 토론을 허용해야 함을 명심하세요.
ㄷ. 자기주장의 정당성 확인을 위해서라도 자신과 반대되는 의견을 경청해야 함을 명심하세요.

① ㄱ　　② ㄷ　　③ ㄱ, ㄴ　　④ ㄴ, ㄷ　　⑤ ㄱ, ㄴ, ㄷ

03

▶ 24058-0095

다음 대화에서 갑의 입장으로 적절하지 <u>않은</u> 것은?

인공 지능 챗봇은 금융, 법률, 통신, 전자 상거래 등 사회의 다양한 영역에서 활용되고 있습니다. 인공 지능 챗봇 개발의 성공 여부는 특정한 실제 사람의 개성과 인격을 투영한 페르소나 설정에 기인한다고 하는데, 인공 지능 챗봇에 특정 성향을 학습시키는 이유는 무엇입니까?

인공 지능 챗봇의 말투에서 나타나는 성격과 자연스러운 느낌이 사용자의 지속적인 사용을 유도하기 때문입니다. 그런데 특정 성향을 챗봇에 학습시킬 때는 인공 지능 챗봇에 특정 성향에 편향된 알고리즘이 적용되지 않도록 하는 것이 중요합니다.

인공 지능이 학습한 데이터에 편향된 알고리즘이 반영되어 있다면, 인간의 편향된 가치를 심화시켜 의도하지 않은 심각한 사회적 문제를 양산할 수 있겠군요. 그렇다면 인공 지능 챗봇에 편향된 알고리즘이 사용되지 않기 위해서는 어떤 노력이 필요합니까?

인공 지능 챗봇 개발자는 중립적인 자세를 가지고 데이터를 선택해야 합니다. 인공 지능 결정이 편향성에서 자유롭기 위해서는 데이터의 대표성이 중요합니다. 또한 성별, 인종, 종교, 지역 등 차별의 요소가 될 수 있거나 특정한 상황 설정에서 이루어진 대화 내용으로 한 데이터에 기반하여 챗봇이 설계되지 않아야 합니다.

① 인공 지능 챗봇 설정 시 편향 위험 요인의 최소화를 위한 윤리 지침이 필요하다.
② 편향된 알고리즘을 지닌 인공 지능 챗봇의 활용은 인간에게 이롭지 않을 수 있다.
③ 인공 지능 챗봇에 특정 성향을 학습시키는 것 자체가 문제가 되므로 이를 금지해야 한다.
④ 인공 지능 챗봇 개발에 사용될 학습 데이터는 인간의 존엄성을 존중하는 내용을 담아야 한다.
⑤ 인공 지능 챗봇 개발자는 챗봇에 불공정한 편향을 강화하지 않으려는 윤리적 태도를 지녀야 한다.

04

▶ 24058-0096

(가)를 읽고, (나)의 ㉠에 들어갈 진술로 적절한 것만을 〈보기〉에서 있는 대로 고른 것은?

(가)	디지털 플랫폼 경제의 발전은 비즈니스 거래 및 지불 수단을 온라인으로 연결하여 현대인의 삶을 편리하게 해 주는 장점에도 불구하고, 정부가 시민을 감시할 기회와 사회를 효율적으로 통제할 수단을 마련해 주었다. 디지털 플랫폼 경제의 발전 이면에 존재하는 '빅 브라더'와 같은 디지털 통제는 사이버 네트워크, 사회적 감시 체제와 알고리즘 등을 통해 광범위하게 개인과 사회를 감시하는 체제를 작동시키는 문제를 발생시켰다.
(나)	선생님: 디지털 통제의 심화는 어떤 윤리적 문제를 발생시킬까요? 학생: [㉠]

┌ 보기 ┐
ㄱ. 정보 독점으로 정보를 가진 정부의 정치적 통제 능력이 비대해지는 문제가 발생할 수 있습니다.
ㄴ. 정보에 대한 감시가 강화되면서 개인의 민감한 사생활이 침해당하는 문제가 발생할 수 있습니다.
ㄷ. 정보에 대한 사전 검열이 강화되어 개인의 표현의 자유를 위축시키는 문제가 발생할 수 있습니다.
ㄹ. 정보 유통에서 정보 생산자가 정보를 결정하고 통제할 자유가 강화되는 문제가 발생할 수 있습니다.

① ㄱ, ㄴ   ② ㄱ, ㄹ   ③ ㄷ, ㄹ
④ ㄱ, ㄴ, ㄷ   ⑤ ㄴ, ㄷ, ㄹ

05

▶ 24058-0097

다음 토론의 핵심 쟁점으로 가장 적절한 것은?

> 갑: 빅 데이터를 활용해 사용자들의 구매 행동 패턴을 분석하여 상품을 추천하는 디지털 맞춤 광고 기술이 상용되고 있습니다. 이러한 기술을 통해 판매자는 더 잘 팔릴 만한 상품을 기획하고, 소비자는 자신에게 맞는 맞춤형 상품을 추천받음으로써 생활의 편리함을 가져올 수 있습니다.
>
> 을: 맞습니다. 빅 데이터를 활용한 디지털 맞춤 광고는 개인이 필요한 정보 수집과 기업의 효율적 마케팅에 쓰임으로써 양자 모두에게 이익이 됩니다. 다만 빅 데이터를 활용한 디지털 맞춤 광고가 수집하는 정보에는 사용자들의 성향과 같은 민감한 정보가 있으므로 개인의 사생활 침해 가능성이 높아지는 문제를 지니고 있습니다.
>
> 갑: 동의합니다. 정보 주체의 사생활 보호를 위해 빅 데이터를 활용한 디지털 맞춤 광고는 특정 개인을 식별할 수 있는 이름, 주소, 주민 등록 번호 등과 같은 식별 개인 정보가 아닌, 익명으로 처리되어 그 자체만으로 특정 개인을 식별할 수 없는 구매 내역, 결제 기록 등 비식별 개인 정보만을 수집하여 이용해야 합니다.
>
> 을: 비식별 개인 정보라도 다른 정보와 결합하면 식별 가능한 정보로 전환될 가능성이 있으므로 식별 개인 정보뿐만 아니라 비식별 개인 정보의 수집과 이용도 허용되어서는 안 됩니다. 정보 주체의 식별 가능성이 존재하는 한 비식별 개인 정보도 수집되거나 이용되어서는 안 됩니다.

① 디지털 맞춤 광고는 소비자의 편의를 높이는 데 기여하는가?
② 디지털 맞춤 광고로 개인의 사생활을 침해할 위험성이 증가하는가?
③ 디지털 맞춤 광고를 위해 비식별 개인 정보 수집을 허용해야 하는가?
④ 디지털 맞춤 광고는 소비자와 판매자 모두에게 이익을 가져다줄 수 있는가?
⑤ 디지털 맞춤 광고는 특정 개인을 식별할 수 있는 정보를 활용하여 이루어져야 하는가?

06

▶ 24058-0098

다음 신문 칼럼에서 지지할 내용만을 〈보기〉에서 있는 대로 고른 것은?

> ○○ 신문 　　　　　　　　　　　　　　　　　　　○○○○년 ○○월 ○○일
>
> **칼럼**
>
> 정보 통신 기술의 발달과 함께 청소년을 상대로 한 디지털 성범죄가 부각되고 있다. 최근 사회적으로 문제되는 디지털 성범죄의 가장 심각한 유형은 온라인 그루밍이다. 온라인 그루밍은 온라인에서 청소년을 대상으로 허위 및 가장된 신뢰 관계를 이용하여 성적 착취를 하는 행위이며, 성 착취 영상물 배포로 이어지는 심각한 성범죄이다. 익명성에 숨어 있는 가해자가 시공간의 제약을 넘어 동시에 여러 피해자에게 접근할 수 있는 온라인 공간의 특성과 디지털 환경에 쉽게 중독되는 청소년의 특성이 결부되어 디지털 성범죄의 위험성을 증폭시키고 있다. 따라서 디지털 환경을 적극적으로 사용하는 집단인 청소년을 대상으로 한 디지털 성범죄 예방 교육의 지속인 실시와 더불어 온라인 그루밍을 예방할 실효성 있는 처벌 규정을 마련해야 한다. 또한 디지털 성범죄가 이루어지고 그 피해가 확산되는 기반인 온라인 플랫폼 기업이 사회적 책임을 다해야 한다.

┌─ 보기 ─
ㄱ. 온라인 공간의 익명성은 디지털 성범죄 위험이 확대되는 원인이 될 수 있다.
ㄴ. 청소년을 대상으로 한 온라인 그루밍 예방에 효과적인 법적 규정을 신설해야 한다.
ㄷ. 청소년을 디지털 성범죄로부터 보호하기 위해 청소년을 대상으로 한 교육이 요청된다.
ㄹ. 온라인 플랫폼 기업은 정부와 달리 온라인 그루밍에 대한 책임으로부터 자유로워야 한다.

① ㄱ, ㄴ　　　　　　　② ㄴ, ㄹ　　　　　　　③ ㄷ, ㄹ
④ ㄱ, ㄴ, ㄷ　　　　　⑤ ㄱ, ㄷ, ㄹ

07

▶ 24058-0099

다음 글의 입장에서 지지할 내용만을 〈보기〉에서 있는 대로 고른 것은?

누구나 쉽게 정보를 작성하고 유포할 수 있는 디지털 시대의 미디어에는 검증되지 않은 온갖 정보가 홍수를 이루고 있다. 기존 대중 매체에는 최소한 정보를 작성하고 유통하는 과정에서 사실 여부를 검증하거나 기자 및 편집자와 같은 뉴스 결정권자가 뉴스를 취사선택하는 장치가 있기에, 비록 편향적인 정보는 있을지언정 터무니없는 가짜 뉴스는 상당 부분 걸러졌다. 그러나 디지털 시대의 미디어에서 정보의 생산과 유통은 철저하게 상업적 이익에 기반을 둔 사업이 되어 클릭을 유도하는 자극적인 정보만을 추구하게 되므로, 정보의 객관성과 신뢰성은 끊임없이 추락하고 있다. 디지털 미디어 문해력의 문제는 어휘의 의미를 이해하지 못해 발생하는 것이 아니라 검증되지 않은 정보가 양산되는 디지털 미디어가 갖고 있는 특성에 기인한다. 따라서 디지털 미디어에서 생산된 정보가 사실인지를 검증하는 역량뿐만 아니라 정보를 평가하고 선택한 정보를 이용해 새로운 지식을 능동적으로 생산하는 역량을 기르는 데 주력해야 한다.

┌ 보기 ┌
ㄱ. 디지털 미디어에서 생산되고 유통된 정보의 진위를 검증해야 한다.
ㄴ. 디지털 미디어 문해력 문제는 대부분 어휘를 파악하지 못해 발생한다.
ㄷ. 디지털 미디어에서 정보는 자본의 영향력에서 벗어나 생산되므로 객관적 속성을 갖는다.
ㄹ. 디지털 미디어에서 유통되는 정보를 능동적으로 평가하는 능력을 위한 교육이 필요하다.

① ㄱ, ㄷ   ② ㄱ, ㄹ   ③ ㄴ, ㄷ
④ ㄱ, ㄴ, ㄹ   ⑤ ㄴ, ㄷ, ㄹ

08

▶ 24058-0100

(가)의 입장에 비해 (나)의 입장이 갖는 상대적 특징을 그림의 ㉠~㉤ 중에서 고른 것은?

(가) 정보화 사회의 지식과 정보는 부와 가치의 원천이자 새로운 생산 수단이므로 일반 재화처럼 사유화의 대상이 되어야 한다. 정보의 생성은 특정 개인이나 집단의 노력과 투자의 산물이기 때문에 우선적으로 보호되어야 한다. 적절한 보상 시스템이 존재하지 않는다면 정보의 생성은 빈약해지고 결과적으로 사회적 의미의 정보 유통은 불가능해진다. 결국 지식과 정보는 사유재로 보호될 때 사회 발전을 촉진하고 사회 전체에 이익을 가져다줄 수 있을 것이다.

(나) 정보화 사회의 지식과 정보는 특정 개인과 집단이 아니라 인류의 집단적 경험과 기억, 학습이 담겨 있는 인류의 공동 재산이므로 공공재처럼 공유되어야 한다. 정보는 소유하는 것이 아니라 확산되어야 그 가치가 더 드러난다. 진리 발견과 문화 진보를 이루기 위해서는 수많은 사람들이 남긴 지적 업적을 공중(公衆)이 널리 공유해야 한다. 지식 재산권의 강화는 자유로운 정보 유통을 억제하여 사회 문화의 발전과 진보에 위협이 된다.

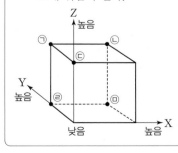

- X: 지식과 정보를 특정 개인과 집단의 노력의 산물로 규정하는 정도
- Y: 지식 재산권의 강화가 정보 생성 촉진에 방해가 된다고 보는 정도
- Z: 사회 발전의 촉진을 위해 지식과 정보의 독점 허용을 인정하는 정도

① ㉠   ② ㉡   ③ ㉢   ④ ㉣   ⑤ ㉤

09

▶ 24058-0101

갑, 을이 지지할 입장으로 적절한 것만을 〈보기〉에서 있는 대로 고른 것은?

 디지털 미디어 기술 확산은 문화 민주주의에 기여합니다. 디지털 기술 기반의 미디어 환경은 여가 활동과 문화를 누리는 패턴을 변화시켜 문화 선택의 기회를 증대시킴으로써 문화 수용자들의 다양한 문화 향유에 기여합니다. 다원화하는 현대 사회에서 디지털 기술 기반의 미디어 환경의 활용이 확대되면 모든 사람이 주체적으로 문화를 향유할 수 있게 되며, 평등하게 문화에 대한 접근권을 가지게 될 것입니다.

 아닙니다. 디지털 미디어 기술 확산은 문화 불평등을 심화시킵니다. 디지털 기술 기반의 미디어 환경은 문화 수용자들에게 문화에 대한 이해를 넓히는 능력을 함양시키기보다 일정한 취향만을 지속하게 함으로써 익숙한 문화에 가두는 폐쇄적 장치가 되어버릴 수 있습니다. 편리와 효율을 추구하는 디지털 기술 기반의 미디어 환경의 활용이 확대될수록 다양한 문화를 향유할 기회로부터 멀어지는 문화 편식의 문제를 낳게 될 것입니다.

갑   을

| 보기 |

ㄱ. 갑: 디지털 미디어 기술의 출현은 여가 생활과 문화 생활을 변화시킨다.
ㄴ. 갑: 디지털 미디어 기술은 문화 소비자의 다양한 취향의 계발에 도움이 된다.
ㄷ. 을: 디지털 미디어 기술의 확대는 개인이 누리는 문화 향유의 기회를 국한하는 결과를 야기한다.
ㄹ. 갑과 을: 디지털 미디어 기술의 활용은 문화 불평등 문제를 해소하는 데 기여한다.

① ㄱ, ㄴ   ② ㄱ, ㄹ   ③ ㄷ, ㄹ
④ ㄱ, ㄴ, ㄷ   ⑤ ㄴ, ㄷ, ㄹ

10

▶ 24058-0102

다음 글의 입장에서 부정의 대답을 할 질문으로 가장 적절한 것은?

메타버스(Metaverse)란 '현실의 나를 대리하는 아바타를 통해 일상 활동과 경제생활을 영위하는 3D 기반의 가상 세계'를 의미한다. 가상 공간 속 아바타의 개념은 이전에도 있었다. 그러나 메타버스의 아바타는 현실의 나로부터 책임, 의무, 권리를 위임받아 행동하는 대리인(agent)으로 볼 수 있으며, 메타버스는 단순한 가상의 오락 공간이 아니라 일상생활과 경제 활동이 가능한 세계이므로 가상 세계에서도 사회적 의무와 책임이 수반된다고 보아야 한다. 그런데 현실과 다르게 메타버스는 사용자들의 활동이나 대화, 경험 등 모든 내용이 자동으로 데이터화되어 메타버스 플랫폼 기업에 수집된다. 이러한 정보는 사용자들의 개인 맞춤형 정보를 생산하는 등 유용하게 사용될 수 있지만 개인 정보, 위치 정보, 금융 정보를 유출하는 등 악용될 수 있는 문제점도 있다. 따라서 사용자들이 메타버스를 건전하게 이용할 수 있도록 메타버스 플랫폼 기업은 적극적으로 윤리 규범을 마련해야 하며, 메타버스에서 발생할 수 있는 문제를 해결하기 위한 법적 제도를 구축해야 한다.

① 메타버스 사용자들이 준수해야 할 도덕 원칙의 마련이 필요한가?
② 메타버스의 아바타는 일상생활과 경제 활동을 대행하는 주체로 인식되는가?
③ 메타버스 안에서 사용자들의 개인 정보 보안을 위한 제도를 마련해야 하는가?
④ 메타버스 기술의 위험 요소를 사전에 예측하고 대응하는 정책적 노력이 요청되는가?
⑤ 메타버스 안에서 이용될 윤리 규범은 플랫폼 기업이 아닌 정부 주도하에 만들어져야 하는가?

THEME 11 자연과 윤리

① 자연을 바라보는 서양의 관점

(1) 인간 중심주의

① 인간만이 도덕적 지위를 지닌다고 보고, 인간 이외의 모든 존재를 인간의 목적을 이루기 위한 수단으로 간주함

② 인간은 이성과 자율성을 지니기 때문에 도덕적으로 대우받아야 하지만, 자연은 인간의 이익에 이바지하는 한에서 가치가 있다고 봄

③ 자연을 인간의 이익과 욕구 충족을 위한 수단으로 삼는 도구적 자연관을 지님

④ 한계: 자연에 대한 인간의 지배와 착취를 정당화하여 오늘날 인류가 직면하고 있는 환경 문제의 근본 원인이 됨

⑤ 대표적 사상가

아리스토텔레스	식물은 동물을 위해, 동물은 인간을 위해 존재한다고 주장함
아퀴나스	신의 섭리에 의해 동물은 자연의 과정에서 인간이 사용하도록 운명 지어졌다고 주장함
베이컨	자연에 대한 지식을 많이 얻을수록 자연을 지배하는 힘이 더 커진다고 주장함
데카르트	• 동물은 정신을 전혀 갖고 있지 않으며, 기관들의 배치에 따라 움직이고 있는 기계라고 주장함 • 인간의 정신을 물질로 환원할 수 없는 존엄한 것으로 본 반면, 자연을 단순한 물질 또는 기계로 파악함으로써 도덕적 고려의 대상에서 제외함
칸트	• 동물을 폭력적으로, 그리고 잔학하게 다루는 것은 인간의 자기 자신에 대한 의무에 배치되는 것이라고 봄 • 자연 중에 생명이 없으면서도 아름다운 것에 대한 파괴의 성향은 도덕성을 촉진하는 감정을 약화시키므로 인간의 자기 자신에 대한 의무에 반한다고 봄

(2) 동물 중심주의

① 도덕적 고려의 범위를 동물까지 확대해야 한다고 봄

② 한계: 인간과 동물의 이익이 충돌할 때 현실적인 대안을 제공하기 어렵고, 동물 이외의 식물, 생태계 전체에 대한 고려가 미흡함

③ 대표적 사상가

싱어	• 공리주의에 기초하여 도덕적 고려의 기준을 쾌고 감수 능력의 소유 여부로 보며, 쾌락과 고통을 느끼는 동물도 도덕적 고려의 대상이라고 주장함 • 쾌락과 고통을 느끼는 동물을 단지 종(種)이 다르다는 이유만으로 차별하는 것은 종 차별주의라고 비판함
레건	• 일부 동물은 도덕적으로 무능할지라도 자기의 삶을 영위할 수 있는 삶의 주체로서 내재적 가치를 지니기 때문에 도덕적으로 존중받을 권리가 있다고 봄 • 동물에 대한 실험, 매매, 사냥, 식용 등이 비윤리적인 이유는 삶의 주체인 동물이 지닌 가치와 권리를 부정하기 때문이라고 봄

(3) 생명 중심주의

① 인간은 도덕적 고려의 범위를 모든 생명체로 확대해야 한다고 봄

② 한계: 모든 생명체를 존중하는 것은 현실적으로 실천 가능성이 낮으며, 개별 생명체에 중점을 두고 있어 생태계를 구성하는 무생물을 고려하지 못함

③ 대표적 사상가

슈바이처	• 모든 생명은 살고자 하는 의지를 지니고 있으며, 그 자체로 신성하다는 생명 외경(畏敬) 사상을 제시함 • 생명을 유지하고 고양하는 것은 선이며, 생명을 파괴하고 억압하는 것은 악이라고 봄 • 모든 생명은 동등한 가치를 지니지만 불가피하게 생명을 해쳐야 하는 선택의 상황이 있을 수 있다는 점을 인정하면서, 그러한 선택에는 도덕적 책임을 느껴야 한다고 주장함
테일러	• 모든 생명체는 각기 고유한 방식으로 자신의 생존, 성장, 발전, 번식이라는 목적을 지향하고 있으며 그러한 목적을 실현하기 위해 환경에 적응하고자 애쓰는 존재이기 때문에, 모든 생명체가 목적론적 삶의 중심이라고 규정함 • 모든 생명체가 의식의 유무에 관계없이 고유의 선을 지니며, 인간은 이처럼 고유의 선을 지니는 생명체를 도덕적으로 고려해야 할 의무를 지닌다고 봄

자료와 친해지기 테일러의 생명체에 대한 네 가지 의무

불침해(악행 금지)의 의무	생명체에 해를 끼쳐서는 안 된다는 가장 기본적인 의무	불간섭의 의무	개별 생명체의 자유를 침해하거나 생태계를 조작·통제하려고 시도해서는 안 된다는 의무
신의(성실)의 의무	총사냥, 낚시, 덫사냥 등의 행위로 야생 동물을 속이는 기만행위를 해서는 안 되는 의무	보상적 정의의 의무	인간이 다른 생명체에게 해를 끼쳤을 때 그 피해를 보상해야 한다는 의무

— 테일러, 『자연에 대한 존중』 —

테일러는 고유의 선을 지닌 모든 존재의 선을 동등하게 배려해야 하는 도덕적 의무가 인간에게 있다고 보았다. 또한 자연에 대한 존중의 태도로부터 따라 나오는 네 가지 의무를 강조하였는데 이러한 네 가지 의무에도 우선순위를 정해 주었다. 그는 불침해의 의무가 "자연에 대한 우리의 가장 기본적인 의무"라고 강조하였다. 만약 나머지 의무 간에 충돌을 피할 수 없고 중요한 이익이 영속적인 피해 없이 발생할 경우에는 보상적 정의의 의무는 성실의 의무에 우선하고, 성실의 의무는 불간섭의 의무에 우선한다고 보았다.

(4) 생태 중심주의

① 무생물을 포함한 생태계 전체를 도덕적 고려의 대상으로 간주함

② 동물 중심주의나 생명 중심주의 윤리가 개별 생명체에 초점을 맞추는 개체론의 성격을 지닌다고 비판하면서 도덕적 고려의 범위를 생태계 전체로 보아야 한다는 전체론 혹은 전일론적 입장을 취함

③ 한계: 생태계 전체의 선을 위해 개별 구성원을 희생시킬 수 있다는 비판이 제기될 수 있고, 환경 문제 해결을 위해 불특정 다수에게 과도한 책임을 부과한다는 한계를 지님

④ 대표적 사상가

레오폴드	• 도덕 공동체의 범위를 흙, 물, 식물, 동물 등을 포함한 대지까지 확대하는 대지 윤리를 주장함 • 대지 윤리는 인간이 생명 공동체의 한 구성원일 뿐이며 대지는 인간의 이해와 상관없이 본래적 가치를 지니므로 자연 전체가 도덕적 고려의 대상이 되어야 한다고 보는 입장임 • 대지 윤리에서는 개별 생명체의 가치보다 생태계 전체의 유기적 관계와 균형을 중시함
네스	• 인간 중심주의적 환경 운동을 비판하고 세계관과 생활 양식 자체를 생태 중심적으로 바꿔야 한다고 보는 심층 생태주의를 주장함 • 자신을 자연과 상호 연관 속에서 존재하는 것으로 이해하는 '큰 자아실현'과 모든 생명체를 상호 연결된 전체의 평등한 구성원으로 보는 '생명 중심적 평등'을 제시함

② 자연을 바라보는 동양의 관점

유교의 관점	• 인간과 자연을 상호 유기적인 존재로 파악하고 조화를 이루는 삶을 중시함 • 만물이 본래의 가치를 지닌다고 보며, 인간과 자연이 조화를 이루는 천인합일(天人合一)의 경지를 지향함 • 하늘과 땅은 서로 느끼고 상응하며 맞물리면서 끊임없이 만물을 낳고 기르는 존재이며, 자연은 살아 있는 유기체라고 봄
불교의 관점	• 모든 존재가 원인과 조건으로 연결되어 서로 영향을 주고받는다는 연기론을 주장하면서 만물의 상호 의존성을 강조함 • 인간과 자연의 상호 의존성을 자각하고 모든 생명을 소중히 여기면서 자비를 베풀 것을 강조함 • 불살생(不殺生)의 계율에 따른 생명 존중 사상을 제시함

도가의 관점	• 자연은 아무런 목적이 없는 무위(無爲)의 체계로서 무목적의 질서를 담고 있다고 봄 • 무위자연(無爲自然)을 추구하여 인간의 인위적인 의지나 욕구와 무관하게 존재하는 자연의 가치와 아름다움을 중시함 • 인간이 자연에 조작과 통제를 가하는 것에 반대하고 자연의 순리에 따라 살아야 한다고 봄

③ 환경 문제와 기후 변화의 윤리적 쟁점

(1) 환경 문제의 원인

① 자연을 오직 인간을 위한 수단으로 여기는 도구적 자연관을 환경 문제의 근본적인 원인으로 볼 수 있음

② 산업화와 도시화, 무분별한 개발과 남획으로 오염과 자원 고갈, 생물 다양성 감소와 같은 생태계 파괴가 발생함

(2) 기후 변화와 기후 정의

① 기후 변화: 자연적 요인 또는 인간 활동의 결과로 인해 장기적으로 기후가 변하는 현상으로, 대표적인 것은 지구 온난화임

② 기후 정의: 기후 변화에 따른 불평등을 해소함으로써 실현되는 정의로, 기후 변화 문제를 형평성의 관점에서 바라봄

③ 기후 변화의 피해는 개발 도상국, 경제적 약자에게 더 크게 발생함

④ 기후 정의를 실현하기 위해서는 기후 변화로 고통받는 나라에 지원을 확대하고, 사회 취약 계층이 받는 기후 변화의 영향을 최소화하기 위한 노력이 필요함

④ 미래 세대에 대한 책임

(1) 환경 문제는 미래 세대의 생존 및 삶의 질 문제와 직결됨

(2) 현세대는 미래 세대의 삶의 질에 관심을 가지고 온전한 자연을 물려주기 위해 환경 보전의 의무를 다해야 함

(3) 인류는 하나의 연속적 세대로 이루어진 도덕 공동체를 이루고 있으며, 어느 세대도 자신의 이익을 위해 전 인류의 공동 자산인 자연환경을 남용할 권리를 가지고 있지 않음

(4) 요나스의 책임 윤리: 인류 존속에 대한 현세대의 책임을 강조하면서, 현세대의 책임은 일차적으로 미래 세대의 존재를 보장하는 것이며, 이차적으로는 그들의 삶의 질을 배려하는 것이라고 주장함

자료와 친해지기 레오폴드의 대지 윤리

대지에 대한 우리의 윤리적 관계가 그것에 대한 사랑과 존중, 그것의 가치에 대한 높은 평가 없이 형성될 수 있다고는 생각하지 않는다. 물론 이때의 가치란 단순한 경제적 가치보다 훨씬 광범위한 철학적 가치이다. …(중략)… 바람직한 대지의 이용을 오직 경제적 문제로만 생각하지 말라. 낱낱의 물음을 경제적으로 무엇이 유리한가 하는 관점뿐만 아니라 윤리적, 심미적으로 무엇이 옳은가의 관점에서도 검토하라. 어떤 것이 생명 공동체의 온전함, 안정 그리고 아름다움의 보전에 이바지한다면 그것은 옳고, 그렇지 않다면 그르다.
－ 레오폴드, 『모래 군의 열두 달』－

레오폴드는 무생물을 포함한 자연 전체가 인간의 이해와 무관하게 본래적 가치를 가지고 있다고 보았으며, 생명 공동체를 오직 경제적 관점으로만 바라보는 것을 비판하였다. 또한 그는 생명 공동체의 선을 증진하는 데 이바지하는 것은 옳고, 그렇지 않은 것은 그르다고 보았다.

정답과 해설 25쪽

01

▶ 24058-0103

다음을 주장한 사상가의 입장으로 적절한 것만을 〈보기〉에서 고른 것은?

우리는 우리의 모든 경험상 인간 외에는 의무를 질 능력이 있는 또 다른 존재자를 알지 못한다. 그러므로 인간은 통상 인간에 대한 의무 외에는 어떤 존재자에 대한 의무도 가질 수 없다. 소위 인간의 다른 존재자들에 대한 의무는 자기 자신에 대한 의무일 뿐이다. 인간은 다른 존재자와 관련한 자기의 의무를 이들 존재자에 대한 의무로 혼동함으로써 이러한 오해로 오도된 것이다. 늙은 말이나 개의 오랫동안 수행한 봉사에 대한 감사의 정은 직접적으로 볼 때는 언제나 인간의 자기 자신에 대한 의무일 따름이다.

┌ 보기 ┐
ㄱ. 이성적 존재 이외의 다른 존재들은 어떤 가치도 가질 수 없다.
ㄴ. 인간에게 오래 봉사한 동물은 목적 그 자체로서 가치를 지닌다.
ㄷ. 이성적 존재인 인간은 무조건적 명령인 도덕 법칙을 따라야 한다.
ㄹ. 인간이 자연에 관해 행하는 의무는 인간의 자기 자신에 대한 의무일 뿐이다.

① ㄱ, ㄴ   ② ㄱ, ㄷ   ③ ㄴ, ㄷ   ④ ㄴ, ㄹ   ⑤ ㄷ, ㄹ

02

▶ 24058-0104

다음을 주장한 사상가의 입장으로 옳지 않은 것은?

어떤 사람이 나에게 무슨 동물을 키우느냐고 물었을 때 나는 동물을 키우지 않는다고 대답했다. 그러자 잠시 놀라며 "당신은 분명 동물에 대해 관심을 갖고 있지 않나요?" 하고 다시 물었다. 나는 고통과 비참함을 막는 데 관심이 있다고 말했다. 설령 어떤 존재가 우리 종의 구성원이 아닐지라도 그 존재에게 불필요한 고통이 가해져서는 안 되며, 동물을 무자비하게 착취하는 것은 잘못이라고 말했다. 만약 동물이 착취당하는 상황이 있음에도 우리가 이런 상황을 변화시키지 않는 것은 동물에게 특별히 '관심을 갖는' 것이 아니라고도 말했다. 나는 동물을 애호(愛好)하지 않는다. 나는 그저 쾌고 감수 능력이 있는 동물이 독립적인 존재로 대우받기를 원한다. 또한 이익에 대한 평등한 고려라는 기본적인 도덕 원리가 아무런 이유 없이 우리 종 구성원에게만 적용되어서는 안 된다고 생각한다.

① 도덕적 고려의 구체적 내용은 고려 대상의 특징에 따라 달라질 수 있다.
② 모든 유정(有情)적 존재가 도덕적 고려의 대상에 포함되는 것은 아니다.
③ 이익 평등 고려의 원리는 이익 관심을 갖는 모든 존재에게 적용되어야 한다.
④ 도덕적 배려의 대상에서 감각 능력을 지닌 다른 종의 이익을 배제해서는 안 된다.
⑤ 어떤 존재가 고통과 쾌락을 느낄 수 없다면 도덕적으로 고려해야 할 이유는 없다.

03

▶ 24058-0105

다음을 주장한 사상가의 입장으로 적절한 것만을 〈보기〉에서 있는 대로 고른 것은?

> 우리는 유기체가 자신을 보존하고 자신만의 독특한 방식으로 고유의 선을 실현하려고 애쓰는 목적론적 삶의 중심이라고 생각한다. 개별 유기체를 목적론적 삶의 중심으로 이해한다고 해서 우리가 개별 유기체를 그릇되게 의인화하고 있는 것은 아니다. 예를 들어, 어떤 나무가 목적론적 삶의 중심이라고 해서 나무가 의도적으로 자기 존재를 지키려고 하거나, 죽음을 피하려고 노력하거나, 심지어 삶과 죽음에 관심을 가지는 것은 아니다. 나무에게는 의식적인 삶이 없다. 동물이나 식물은 인간 존재가 고유의 선을 지닌 것과 동일한 의미로 고유의 선을 지니고 있으며, 우리는 목적론적 삶의 중심이 되는 생명체를 도덕적으로 고려해야 할 의무를 지닌다.

┌ 보기 ┐
ㄱ. 우리는 어떤 종을 위한 선이 다른 종을 위한 선은 아닐 수 있음을 알아야 한다.
ㄴ. 개별 생명체뿐만 아니라 생명 공동체 전체가 지닌 고유의 선도 고려해야 한다.
ㄷ. 내재적 가치를 지닌 모든 유기체 간에는 서로 지켜야 할 도덕적 책임이 존재한다.
ㄹ. 인간이 생명체의 선을 배려해서 하는 행동은 자연을 존중하는 태도로 볼 수 있다.

① ㄱ, ㄴ　　　　　　② ㄱ, ㄹ　　　　　　③ ㄴ, ㄷ
④ ㄱ, ㄷ, ㄹ　　　　⑤ ㄴ, ㄷ, ㄹ

04

▶ 24058-0106

다음을 주장한 사상가가 부정의 대답을 할 질문으로 가장 적절한 것은?

> 철학적으로 윤리란 사회적 행위와 반사회적 행위를 구분 짓는 것이다. 생태학적으로 윤리란 생존 경쟁에서 행동의 자유를 제한하는 것이다. 이는 하나의 대상에 대한 두 가지 정의일 뿐이다. 이와 같은 윤리가 진화할 수 있으려면 바람직한 대지 이용을 오직 경제적 문제로만 생각하지 말아야 한다. 경제적으로 무엇이 유리한가 하는 관점뿐만 아니라 윤리적, 심미적으로 무엇이 옳은가의 관점에서도 검토해야 한다. 어떤 것이 생명 공동체의 온전함과 안정성 그리고 아름다움의 보전에 이바지한다면 그것은 옳고, 그렇지 않다면 그르다.

① 인간은 생명 공동체의 정복자가 아니라 평범한 한 구성원일 뿐인가?
② 인간은 개별 유기체를 자신의 삶에 필요한 자원으로 활용할 수 있는가?
③ 생명 공동체는 그 자체로서 인간의 목적과 무관한 본래적 가치를 지니는가?
④ 인간은 생명 공동체의 유기적인 관계에 함부로 개입하는 것을 삼가야 하는가?
⑤ 개별 생명체의 이익과 생명 공동체의 안정성은 항상 동등하게 고려되어야 하는가?

05

▶ 24058-0107

갑 사상가에게 을 사상가가 제기할 수 있는 비판으로 가장 적절한 것은?

> 갑: 동물을 해방한다는 관점에서 보았을 때, 동물에게 고통을 주지 않고 살아갈 수 있다면 우리는 마땅히 그러한 삶의 방식을 취해야 한다. 우리는 이익 관심을 가지고 있는 동물의 이익을 고려해야 하며 그들을 도덕적으로 배려해야 한다.
>
> 을: 각 야생 동식물은 그들 자체가 목표 지향적 활동의 중심이다. 어떤 종이든 상관없이 다른 종보다 우월한 종은 없으며 모두 동등한 배려를 받을 자격이 있다. 도덕 행위자는 야생 동식물에 대해 애정이 있든 없든 이들에 대한 존중의 의무가 있다.

① 생태계 내의 모든 존재는 도덕적으로 대우받아야 함을 간과하고 있다.
② 모든 개별 유기체는 인간과 동등한 의식 능력을 가지고 있음을 간과하고 있다.
③ 인간을 비롯한 자연의 모든 존재는 내재적 가치를 지니고 있음을 간과하고 있다.
④ 이성적 존재는 자신의 이익보다 항상 생명체의 선을 우선해야 함을 간과하고 있다.
⑤ 야생의 생물 군집도 인간의 도덕적 관심과 배려의 대상이 되어야 함을 간과하고 있다.

06

▶ 24058-0108

그림의 강연자가 지지할 입장만을 〈보기〉에서 있는 대로 고른 것은?

> 인간의 행복을 위해 고안되었던 자연 정복은 생태학적 위기를 비롯하여 커다란 문제를 야기했습니다. 완전히 새로운 양상으로 나타나고 있는 이 문제들에 대해 전통 윤리학은 해답을 제시하지 못합니다. 이에 우리는 "인간은 왜 존재해야 하는가?"라는 물음으로부터 출발하여 새로운 윤리학의 토대를 마련해야 합니다. 우리는 미래에 있을 수 있는 심상치 않은 변화, 위험이 미칠 수 있는 전지구적 범위, 그리고 인간의 몰락 과정에 대한 징조를 통해서 새로운 윤리적 원리를 발견할 수 있습니다. 이런 윤리적 원리로부터 새로운 권력에 대한 새로운 의무가 도출될 수 있습니다. 이 의무는 '책임'이라는 개념을 통해 요약할 수 있으며, 오늘의 책임을 미래 차원으로 확장해야 합니다.

┌ 보기 ┐

ㄱ. 현세대는 이미 실존하는 대상만을 책임의 대상으로 삼아야 한다.
ㄴ. 현세대는 인류의 무한한 존속을 위협하는 어떠한 행동도 해서는 안 된다.
ㄷ. 현세대는 책임의 원칙에 따라 두려움, 겸손, 검소, 절제의 덕목을 지녀야 한다.
ㄹ. 현세대는 미래 세대와 함께 책임의 주체로서 자연에 대한 도덕적 의무를 다해야 한다.

① ㄱ, ㄴ   ② ㄴ, ㄷ   ③ ㄷ, ㄹ
④ ㄱ, ㄴ, ㄹ   ⑤ ㄱ, ㄷ, ㄹ

07

▶ 24058-0109

(가), (나) 사상의 입장으로 옳지 않은 것은?

> (가) 자연[天]은 안에 있고, 인위[人]는 밖에 있다. 그러면 무엇을 자연이라 하고, 무엇을 인위라고 하는가? 소와 말이 네 다리를 가지고 있는 것은 자연이며, 말 머리에 멍에를 얹고 소의 코에 고삐를 꿰는 것은 인위이다. 자연은 무위(無爲)의 원칙으로 행한다.
>
> (나) 하늘[天]이 아버지요 땅이 어머니임은 생명이 있는 사물치고 그렇지 않은 것이 없으니, 이른바 이치는 하나[理一]라는 말이다. 그러나 사람이든 생물이든 모든 혈기가 있는 것들은 저마다 자기의 부모를 친애하고 자기 자식을 사랑하니 각자의 분수(分數)가 어찌 다르지 않을 수 있겠는가.

① (가): 자연은 무목적의 질서 체계를 통해 인간에게 도덕성을 부여한다.

② (가): 자연은 인간의 인위적인 의지나 욕구와 무관하게 고유한 가치를 지닌다.

③ (나): 자연은 다양한 모습으로 드러나지만 만물을 관통하는 이치는 하나이다.

④ (나): 자연에 있는 만물은 하늘과 땅이 서로 끊임없이 상응하여 드러난 것이다.

⑤ (가)와 (나): 자연에 대한 인간의 무분별한 개입은 만물의 본성을 거스르는 행위이다.

08

▶ 24058-0110

(가)의 갑, 을, 병 사상가들의 입장을 (나) 그림으로 탐구하고자 할 때, A~D에 들어갈 적절한 질문만을 〈보기〉에서 있는 대로 고른 것은?

(가)	갑: 인간의 지식이 곧 인간의 힘이다. 원인을 밝히지 못하면 어떤 효과도 낼 수 없다. 자연은 오로지 복종함으로써만 복종시킬 수 있기 때문이다. 을: 인간은 본래적 가치를 지닌 모든 생명체가 관심과 배려를 받을 자격이 있다고 간주해야 한다. 자연 존중의 태도는 인간이 지녀야 할 도덕적 태도이다. 병: 인간은 대지를 단순한 토양으로 여겨서는 안 된다. 대지는 식물, 동물과 서로 연결되어 흐르는 에너지의 원천이다. 대지 윤리는 생태학적 도덕의식을 반영한다.

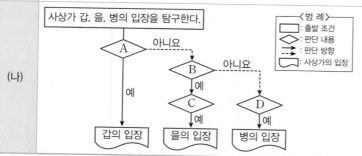

〈보기〉

ㄱ. A: 쾌고 감수 능력을 지닌 존재를 불가피하게 해치는 행위가 정당화 가능한가?

ㄴ. B: 생명 공동체에 대한 이성적 존재의 개입은 허용될 수 있는가?

ㄷ. C: 인간에 대한 의무의 근거로 생명체에 대한 의무를 정당화할 수 있는가?

ㄹ. D: 개별 구성원에 대한 존중과 생명 공동체 자체에 대한 존중은 양립 가능한가?

① ㄱ, ㄴ   ② ㄱ, ㄷ   ③ ㄷ, ㄹ

④ ㄱ, ㄴ, ㄹ   ⑤ ㄴ, ㄷ, ㄹ

09

▶ 24058-0111

다음을 주장한 사상가의 입장으로 가장 적절한 것은?

> 삶의 주체가 된다는 것은 믿음, 욕구, 지각, 기억, 자신의 미래를 포함하여 미래에 대한 의식을 가지고 있고,
> 쾌락과 고통 등의 감정을 느낄 수 있다는 것이다. 즉 선호와 복지에 대한 이익 관심과 자기의 욕구와 목표를
> 위해 행동할 수 있는 능력이 있으며, 순간의 시간을 넘어서 자신의 정체성을 느낄 수 있고, 타자와는 별개로
> 자신의 삶이 좋을 수도 나쁠 수도 있다는 의미에서 자신의 복지를 갖고 있다는 것이다.

① 동물에 대한 도덕적 고려는 인간의 이익 관심에 따른 조건부적 의무이다.
② 인간과 삶의 주체가 되는 일부 동물은 도덕적 책임을 질 수 있는 존재이다.
③ 인간이 내재적 가치를 지닌 모든 동물을 도덕적으로 고려해야 하는 것은 아니다.
④ 인간은 동물 종(種)을 도덕적으로 고려해야 하는 직접적인 의무를 지니지 않는다.
⑤ 동물을 사냥하는 것이 나쁜 궁극적인 이유는 동물이 느끼는 고통이 크기 때문이다.

10

▶ 24058-0112

**(가)의 갑, 을, 병 사상가들의 입장을 (나) 그림으로 표현할 때, A~D에 해당하는 진술로 적절한 것만을 〈보기〉
에서 있는 대로 고른 것은?**

(가)	갑: 식물은 동물을 위해 존재하고 동물은 인간을 위해 존재한다. 사물의 질서는 불완전한 것이 완전한 것을 위해 존재하는 방식으로 이루어져 있다. 인간이 동물에게 동정 어린 감정을 나타낸다면, 그는 그만큼 더 동료 인간들에게 관심을 가질 것이다. 을: 식물에는 이익 평등 고려의 원칙이 적용되지 않는다. 동물이 고통을 느낀다고 믿을 수 있게 하는 어떤 근거도 식물에는 적용되지 않기 때문이다. 유정성이 있는 존재만이 이익 관심을 갖기 때문에, 유정성이 있는 존재만이 도덕적 지위를 갖는다. 병: 식물이나 동물이 목적론적 삶의 중심인 반면, 돌은 그렇지 않다. 고유의 가치를 갖는 존재는 마땅히 도덕적 고려의 대상이 되어야 하며, 모든 도덕 행위자는 고유의 가치를 지닌 존재의 선을 존중할 의무가 있다.
(나)	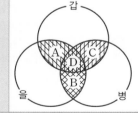 〈범 례〉 A: 갑과 을만의 공통 입장 B: 을과 병만의 공통 입장 C: 갑과 병만의 공통 입장 D: 갑, 을, 병의 공통 입장

┌ 보기 ┐
ㄱ. A: 동물과 식물은 각각 자신만의 고유한 목적을 추구하는 존재이다.
ㄴ. B: 어떤 존재의 도덕적 지위는 지성의 소유 여부로 결정되어서는 안 된다.
ㄷ. C: 인간의 삶을 위한 자원으로 활용될 수 있는 비이성적 존재가 있다.
ㄹ. D: 인간은 쾌고 감수 능력이 있는 동물을 함부로 다루어서는 안 된다.

① ㄱ, ㄴ   ② ㄴ, ㄹ   ③ ㄷ, ㄹ
④ ㄱ, ㄴ, ㄷ   ⑤ ㄱ, ㄷ, ㄹ

11

▶ 24058-0113

그림은 갑, 을 사상가들의 가상 대화이다. 갑, 을의 입장으로 옳지 <u>않은</u> 것은?

아프리카에서 하마 떼를 헤치면서 강의 상류로 올라갈 때, 전혀 예기치 않게 갑자기 '생명에 대한 외경'이라는 말이 섬광 같이 떠올랐습니다. 선(善)이란 생명을 유지하는 것, 생명을 촉진하는 것, 그리고 발전 가능한 생명을 최고의 가치에까지 끌어올리는 것입니다.

인간은 없어서는 안 될 본질적인 필요를 충족시키는 경우를 제외하고는 생명의 풍부함과 다양성을 축소시킬 권리가 없습니다. 우리는 자신을 자연과 상호 연관 속에서 존재하는 것으로 이해하는 '큰 자아실현'과 모든 생명체를 상호 연결된 전체의 평등한 구성원으로 보는 관점을 가져야 합니다.

 갑
 을

① 갑: 생명을 파괴하거나 발전 가능한 생명을 억누르는 것은 악이다.
② 갑: 인간이 불가피하게 생명을 해친 경우 도덕적 책임은 불필요하다.
③ 을: 인간은 자기 자신을 자연이라는 더 큰 전체의 일부로 인식해야 한다.
④ 을: 모든 생명체의 풍요로움과 다양성은 그 자체로 가치가 있음을 알아야 한다.
⑤ 갑과 을: 생태계 내 모든 생명체는 본질적으로 평등한 존재로 여겨져야 한다.

12

▶ 24058-0114

다음 신문 칼럼의 입장만을 〈보기〉에서 있는 대로 고른 것은?

○○ 신문   ○○○○년 ○○월 ○○일

칼럼

기후 변화는 감자, 옥수수 등 주요 식량 생산량 감소를 초래할 것으로 예상되고 있다. 또한 기후 변화로 인한 홍수로 삶의 터전을 잃은 사람들이 늘어나고 있다. 이처럼 인류의 생존을 위협하는 기후 변화 현상은 지역에 따라 미치는 영향도 다르고, 해당 국가의 경제력에 따라 대처할 수 있는 역량도 다르다. 거의 모든 국가에서 기후 변화로 인한 피해가 나타나고 있지만 가난한 특정 국가나 특정 계층에 더 큰 피해가 발생한다. 그러므로 기후 변화 문제는 단순한 자연 현상이 아닌 국제 사회의 구조적 문제로 보아야 한다. 기후 변화 문제 발생에 대해 책임이 거의 없는 국가들이 도리어 위험에 노출되는 현상은 '기후 불평등' 문제가 심각하다는 점을 드러낸다. 기후 변화 문제의 발생 원인 중 하나인 온실가스를 많이 배출한 국가가 기후 변화로 피해를 입은 국가에 대해 보상하고, 기후 변화 문제 해결에 필요한 비용을 더 많이 부담해야 한다.

┌ 보기 ┐
ㄱ. 기후 변화 현상에 대한 책임은 모든 국가나 개인이 균등하게 져야 한다.
ㄴ. 기후 변화 현상은 자연 현상의 문제이지 분배 정의의 문제로 볼 수는 없다.
ㄷ. 기후 변화 현상으로 인한 피해는 가난한 국가에서 더 크게 나타날 수 있다.
ㄹ. 기후 변화 현상으로 인한 문제점은 지역에 따라 다양한 형태로 나타나고 있다.

① ㄱ, ㄴ   ② ㄴ, ㄹ   ③ ㄷ, ㄹ
④ ㄱ, ㄴ, ㄷ   ⑤ ㄱ, ㄷ, ㄹ

THEME 12 예술과 대중문화 윤리

① 미적 가치와 윤리적 가치

(1) 인간의 삶과 예술

① 예술의 어원

동양	'사람이 살아가는 데 필요한 기술을 연마하기 위한 여러 방법을 찾는다.'는 뜻
서양	'어떤 일을 수행할 수 있는 능력이나 기술'을 의미함

② 예술의 의미: 미적 가치를 표현하고 창조하는 일에 목적을 둔 모든 인간의 경험과 그 산물

③ 예술의 역할: 감정의 순화, 심리적 안정과 즐거움, 인간 상호 간의 교류, 사회 모순 비판, 도덕적 교훈 제공, 삶에 대한 성찰 등

(2) 예술과 윤리의 관계

① 예술과 윤리의 공통점과 차이점

공통점	인간이 총체적으로 삶을 바라보며 의미 있는 삶을 살아가려는 것과 관계된 것으로, 인간의 본질에 대한 해명이자 인간성을 향한 정신 활동임
차이점	• 예술: 미(美)를 추구, 현실적 제약을 넘어서 자유를 추구함 • 윤리: 선(善)을 추구, 현실이라는 제약 속에서 도덕적 당위를 추구함

② 예술에 대한 도덕주의 관점

- 모든 예술 작품은 도덕적 교훈이나 본보기를 제공해야 함
- 도덕적 가치가 미적 가치보다 우위에 있으므로 예술은 윤리의 인도를 받아야 한다고 봄
- 예술가도 사회인이며 예술 활동 역시 사회 활동이므로 예술은 사회의 모순을 비판하고 사회 발전에 이바지해야 한다고 보는 참여 예술론과 관계됨
- 문제점: 예술에서 미적 요소가 경시되거나 자유로운 창작이 제한될 수 있음
- 대표자: 플라톤, 톨스토이

③ 예술에 대한 심미주의(예술 지상주의) 관점

- 예술은 미적 가치의 구현을 목적으로 해야 함
- 예술은 윤리적 평가로부터 자유로워야 하며, 다른 것을 위한 수단이 되어서는 안 됨
- 예술의 자율성을 옹호하는 순수 예술론을 지지함
- 문제점: 예술의 사회적 영향력을 간과할 수 있음
- 대표자: 와일드, 스핑건

④ 미적 가치와 윤리적 가치의 바람직한 관계

- 칸트: 미(美)와 선(善)은 형식이 유사하므로, 미는 도덕성의 상징이 됨
- 정약용: 악(樂)을 통해 인격을 수양하여 성인이 될 수 있으므로 항상 악을 가까이 해야 함
- 예술의 미적 체험을 통해 인간은 풍요로운 삶을 누릴 수 있으며, 도덕적 감수성이 풍부해질 수 있음
- 예술의 자율성을 인정하면서도 윤리와의 상호 관련성을 고려하여 예술과 윤리의 조화로운 관계를 추구해야 함

(3) 예술의 상업화

① 현대 예술의 특징

포스트 모더니즘적 관점의 등장	• 기존 질서와 가치 체계를 해체하는 팝 아트(pop art), 과거의 작품을 패러디하거나 기존 작품을 혼성 모방하는 키치(kitsch)가 등장함 • 고급과 저급, 창조품과 기성품, 작가와 감상자 등의 경계를 허물고 일상생활에서 마주치는 모든 대상을 미적 대상으로 간주하는 포스트모더니즘적 관점은 권위주의적 사고나 인간을 억압하는 제도를 혁신하는 데 기여
예술의 상업화의 확산	• 상품을 사고파는 행위를 통해 이윤을 얻는 일이 예술 작품에도 적용됨 • 예술 작품을 대량으로 생산하고 소비할 수 있도록 하는 대중 매체의 발달로 예술 작품에 상품 가치를 매겨 거래함으로써 예술에서도 경제적 가치를 중시하게 됨

 자료와 친해지기 예술에 대한 톨스토이의 관점

진짜 예술을 가짜 예술에서 구별하기 위한 확실한 특징이 하나 있다. 예술의 감염성(感染性)이 그것이다. 만일 사람이, 자기 쪽에서는 능동적인 일을 하지 않고 자기 입장을 조금도 바꾸지 않고서 남의 작품을 읽고 듣고 보고 한 결과, 자신이 그 작자와 공감(共感)을 하고 그 작품을 감상한 다른 사람들과 공감을 하는 경우, 그런 마음을 일으키는 것은 틀림없는 예술품이다. 그와 반대로, 대상이 아무리 시적이거나 진짜를 닮았거나 효과적일지라도 아니면 흥미를 돋우는 것일지라도, 그것이 만일 다른 보통 감정과는 구별되는 전혀 독자적인 기쁨의 감정, 즉 다른 사람(작자)이나 같은 예술 작품을 감상하는 다른 사람들(청중, 관객)과 정신적으로 합일하는 감정을 환기하지 않는다면, 그것은 진정한 예술품이 아니다.
— 톨스토이, 『예술이란 무엇인가』 —

톨스토이는 진짜 예술과 가짜 예술을 구분하였다. 그는 진짜 예술은 형제애를 불러일으키고 어린아이와 교육받지 못한 사람들에게도 쉽게 이해되는 것이라고 보았다. 반면 너무 난해하여 일반적인 사람들은 이해할 수 없거나 부자와 빈자의 분열을 초래하며 자만심, 성적 욕망을 부추기는 예술은 가짜 예술이며 나쁜 예술이라고 보았다. 톨스토이는 예술을 통해 현세대 인간이 과거 시대와 소통할 수 있고, 개인의 행복에 필요한 감정을 고양하고 불필요한 감정을 추방할 수 있으며, 이것이 바로 예술의 목적이라고 보았다. 그는 이런 예술의 목적에 부합하면 진짜 예술이자 좋은 예술이 되고, 그렇지 않으면 가짜 예술이자 나쁜 예술이 된다고 보았다.

12. 예술과 대중문화 윤리 **85**

② 예술의 상업화의 긍정적 측면과 부정적 측면

긍정적 측면	• 특수 계층만 누려왔던 예술 작품을 일반 대중도 쉽게 접할 수 있게 함 • 예술가들이 예술 활동을 할 수 있는 경제적 기반을 마련해 줌으로써 예술가들의 창작 의욕을 북돋아 줄 수 있음
부정적 측면	• 대중성을 중시함으로써 예술의 자율성을 훼손할 수 있음 • 상업적 가치가 예술을 평가하는 척도가 되어 예술 작품이 지향해야 할 미적 가치와 윤리적 가치를 간과할 수 있음 • 예술이 오락이나 유희거리로 전락하여 자극적인 표현에 치우치게 됨으로써 예술의 질적 저하를 가져올 수 있음 • 상투적이고 기계적인 기법을 복제함으로써 예술의 창조성을 경시할 수 있음

② 대중문화의 윤리적 문제

(1) 대중문화의 의미와 중요성

① 대중문화의 의미
- 대중 사회를 기반으로 형성되어 다수의 사람들이 소비하고 향유하는 문화
- 텔레비전, 라디오, 영화, 신문, 음반 등을 통해 많은 사람들이 쉽게 접하고 즐기는 문화

② 대중문화의 중요성
- 대중문화에 대한 일상적 노출은 개인의 가치관이나 행동 양식에 영향을 줌
- 대중문화는 짧은 시간에 다수의 사람에게 전파되므로 사회 변화에 큰 영향을 줌

③ 대중문화의 긍정적 효과
- 다양한 문화를 저렴한 비용으로 풍부하게 공급함으로써 문화의 대중화에 이바지함
- 대중이 사회에 관심을 가지고 참여할 수 있도록 기회를 제공함

(2) 대중문화의 문제점

① 선정성과 폭력성
- 대중문화가 흥행이나 수익성만을 추구하면서 대중들의 이목을 끌기 위해 선정적이고 폭력적인 요소를 포함하게 됨
- 폭력을 미화하여 대중의 정서에 악영향을 미칠 수 있음
- 선정성과 폭력성에 과도하게 노출될 경우 모방 범죄로 이어질 가능성이 있음

② 자본 종속
- 자본의 힘이 대중문화를 지배하는 현상을 의미함
- 막대한 자본 투자력을 지닌 일부 대형 문화 기획사가 대중문화를 주도하게 됨
- 상업적 이익만을 우선하여 획일적 문화 상품이 양산될 수 있으며, 이로 인해 문화의 다양성이 위축될 위험성이 커짐
- 대중문화를 생산하고 소비하는 각 개인이 문화 산업의 도구가 됨으로써 예술의 창조성과 자율성이 제약될 수 있음

(3) 대중문화에 대한 윤리적 규제

① 윤리적 규제에 대한 입장

찬성 입장	반대 입장
• 대중문화의 선정성은 성을 상품으로 대상화하여 성의 인격적 가치를 훼손하므로 규제가 필요함 • 청소년의 정서에 악영향을 끼치는 해로운 대중문화를 윤리적 규제를 통해 선별할 필요가 있음	• 문화의 자율성과 표현의 자유를 침해할 수 있음 • 다양한 대중문화를 즐길 대중의 문화적 권리를 침해할 수 있음

② 대중문화의 건전한 발전을 위한 자세
- 대중문화의 소비자는 대중문화를 비판적으로 수용해야 함
- 대중문화의 생산자는 건전한 대중문화 보급을 위해 노력해야 함
- 법적·제도적 노력을 병행하여 대중문화의 올바른 발전 방향을 모색해야 함

자료와 친해지기 — 아도르노의 문화 산업에 대한 입장

갑이라는 영화와 을이라는 영화 사이에 또는 상이한 가격 층의 잡지 내용 사이에 차이가 없는 것은 물론 아니지만, 그 차이란 사실 자체로부터 나오는 본질적인 차이라기보다는 소비자들을 분류하고 조직하고 장악하기 위한 차이에 불과하다. 어느 누구를 위해서도 무엇인가가 마련되어 있지만, 그것은 누구도 그것으로부터 빠져나가지 못하게 하기 위해서이다. 이를 위한 차이는 오히려 강조되고 선전된다. 대중에게는 각계각층을 위해 다양한 질(質)의 대량 생산물이 제공되지만 그것은 양화(量化)의 법칙을 더욱 완벽하게 실현하기 위한 것이다. …(중략)… 여러 유형의 인기 가요나 인기 배우, 멜로물이 돌고 돌지만 실제로는 전혀 변화가 없는 것처럼 오락물도 겉보기에는 내용이 변하는 것 같지만 사실은 전혀 변화 없는 반복일 뿐이며 세부 사항들만이 대체 가능하다. …(중략)… '항상 동일한 것'이라는 관념은 또한 과거에 대한 관계도 주재한다. 후기 자유주의 단계에 비해 대중문화 단계에서 새로운 것은 '새로움'을 배제하는 것이다. 기계는 항상 같은 자리를 돌고 있다. 소비를 결정하는 과정에서 아직 시험해 보지 않은 것은 위험 부담이 있는 것으로서 배제된다. 영화 제작자는 베스트셀러에 의해 보증된 안심할 수 있는 원고가 아닌 경우 모든 원고에 대해 의심의 눈길을 보낸다. 바로 그 때문에 모두에게 친숙한 것이지만 아직 존재해 본 적이 없는 무엇인가를 머릿속에 떠올리게 만드는 말인 '참신한 아이디어', '신선한 무엇', '경이스러운 것'이라는 단어가 끊임없이 들먹여진다.

— 아도르노·호르크하이머, 『계몽의 변증법』 —

아도르노는 대량 생산 체제의 산물로서 대중문화는 미적 가치가 아닌 이윤을 기준으로 평가되기 때문에 기존에 많은 이윤을 창출한 작품을 모방하게 되고, 이 과정에서 표준화가 이루어진다고 보았다. 표준화 과정에서 대중이 식상함을 느끼지 않기 위해 차이와 개성을 강조하지만 실상 이는 소비자를 분류하고 조직하여 장악하기 위한 것으로 진정한 의미의 개성이 아닌 사이비 개성이라고 주장하였다.

01

▶ 24058-0115

다음을 주장한 사상가의 입장으로 적절한 것만을 〈보기〉에서 있는 대로 고른 것은?

> 백성들에게 좋아하고 싫어하는 감정만 있고, 기뻐하고 노여워하는 대응이 없다면 곧 어지러워진다. 옛 임금
> 께서는 그러한 어지러움을 싫어했기 때문에, 그들의 행실을 닦게 하고 그들의 음악을 바로잡아 천하가 순조
> 로울 수 있었다. 그러므로 상복을 입고 곡하는 소리를 들으면 사람들의 마음은 슬퍼지고, 갑옷을 입고 투구를
> 쓰고 행렬을 지어 노래를 부르면 사람들의 마음은 아파진다. 군자는 귀로는 음란한 음악을 듣지 않고, 입으로
> 는 악한 말을 하지 않는다. 악(樂)이란 아무것으로도 변화시킬 수 없는 조화이며, 예(禮)란 아무것으로도 바꿀
> 수 없는 이치이다. 예악은 모두 사람들의 마음을 주관한다.

┌─ 보기 ┐
ㄱ. 음악을 통해 군자는 도의 터득함을, 소인은 욕망의 채움을 즐긴다.
ㄴ. 음악과 예는 백성들의 타고난 성정(性情)을 보존하기 위해 필수적이다.
ㄷ. 음악이 백성들을 즐거움으로 인도하는 방편이 되는 경우는 없어야 한다.
ㄹ. 음악은 통치자가 백성을 올바르게 다스리는 데 유용한 수단이 될 수 있다.

① ㄱ, ㄷ   ② ㄱ, ㄹ   ③ ㄴ, ㄷ
④ ㄱ, ㄴ, ㄹ   ⑤ ㄴ, ㄷ, ㄹ

02

▶ 24058-0116

다음 가상 편지에서 강조하는 내용으로 적절한 것만을 〈보기〉에서 고른 것은?

> ○○에게
> 오늘은 지난번에 질문한 음악[樂]에 대해 얘기하려 합니다. 어진 사람은 반드시 천하
> 의 이익을 일으키고 천하의 해를 없애는 것에 힘쓰는 것을 천하의 법도로 삼습니다.
> 옛 성군이 백성들로부터 많은 세금을 걷어 배와 수레를 만들었는데 백성들이 이를 원
> 망하지 않았던 것은 배와 수레가 백성들의 이익에 부합하였기 때문입니다. 음악이 배
> 와 수레의 경우처럼 백성들의 이익에 부합한다면 저는 감히 반대하지 않았을 것입니
> 다. 하지만 음악이 흥을 북돋울 수는 있지만 악기 제작과 연주에 아까운 재물과 노동
> 력이 낭비되므로 백성의 이익에 부합하지 않습니다. 그러므로 정말로 천하의 이익을
> 일으키고 천하의 해를 없애려고 한다면, 음악을 금지할 수밖에 없을 것입니다.

┌─ 보기 ┐
ㄱ. 위정자가 음악을 계속 즐긴다면 국가는 위태로워질 수 있다.
ㄴ. 어진 사람은 사회적 효용성을 고려하여 음악의 가치를 판단한다.
ㄷ. 음악은 백성들에게 해악만을 줄 뿐 감정적인 즐거움은 줄 수 없다.
ㄹ. 음악을 금지하는 것은 천하의 법도와 천하의 이익 증진에 어긋난 일이다.

① ㄱ, ㄴ   ② ㄱ, ㄷ   ③ ㄴ, ㄷ   ④ ㄴ, ㄹ   ⑤ ㄷ, ㄹ

03

▶ 24058-0117

다음을 주장한 사상가의 입장에서 〈사례〉 속 A에게 제시할 조언으로 가장 적절한 것은?

상태가 좋지 않은 풀밭에 있는 양들은 그 풀들을 여기저기서 조금씩 뜯어 먹게 된다. 이렇게 하다 보면 어느새 몸 안에는 좋지 않은 것들이 많이 쌓이게 된다. 우리의 아이들도 마찬가지이다. 나쁜 것을 보고 배우면서 자라다 보면, 어느새 아이들 영혼에는 나쁜 습성이 커다랗게 자리 잡게 된다. 훌륭한 예술 작품은 몸에 좋은 곳에서 불어오는 미풍처럼 사람들에게 좋은 영향을 주며, 어릴 때부터 곧장 자기도 모르는 사이에 아름다운 말을 닮고 사랑하고 공감하도록 그들을 이끌어 준다.

〈사례〉

시나리오 작가 A는 최근 OTT(Over The Top) 서비스를 제공하는 ○○ 회사로부터 작품 집필 계약 제안을 받았다. 그런데 ○○ 회사는 시청률 향상을 위해 청소년에게 유해할 수 있는 폭력성과 선정성이 높은 시나리오를 요구하였다. 이에 작가 A는 ○○ 회사와 작품 계약을 해야 할지 고민하고 있다.

① 많은 사람들에게 인기 있어야만 좋은 작품임을 고려하세요.
② 유희를 목적으로 하는 시나리오만이 훌륭한 작품임을 고려하세요.
③ 작품의 가치는 사회와 무관하게 작품 그 자체로 평가됨을 고려하세요.
④ 작품은 사람들의 품성 함양을 위한 모범을 제시해야 함을 고려하세요.
⑤ 작품을 창작하는 작가는 도덕적 이상을 따를 필요가 없음을 고려하세요.

04

▶ 24058-0118

다음을 주장한 사상가의 입장으로 적절한 것만을 〈보기〉에서 있는 대로 고른 것은?

우리는 맑은 공기, 따사로운 햇살, 깨끗한 물, 안락한 집으로 삶의 조건을 개선하려 하지만, 그런 것은 우리를 건강하게 해 줄지언정 우리에게 아름다움을 안겨 주지는 못한다. 그래서 예술이 필요하다. 예술은 사실적인 것에 철저히 무관심하다. 예술은 창조하고, 상상하고, 꿈을 꾸고, 눈앞에 펼쳐진 현실에 절대적인 장벽을 드리운다. 대신 그 장벽을 아름다운 장식과 이상으로 꾸민다. 예술은 예술 안에서 그 완벽함을 추구할 뿐이지 예술 밖에서 완벽함을 찾지 않는다.

┌ 보기 ┐
ㄱ. 예술은 도덕적 삶의 실현이 아닌 예술 자체를 위해 존재할 뿐이다.
ㄴ. 예술은 상상력이나 예술적 성향이 아닌 인간의 지성에 호소하는 것이다.
ㄷ. 예술은 사실의 단순한 복제품이 아니라 아름다움을 드러낼 수 있어야 한다.
ㄹ. 예술은 억눌린 감정을 풀어 주고 사회를 통합하기 위해 필요한 것이 아니다.

① ㄱ, ㄴ
② ㄱ, ㄷ
③ ㄴ, ㄹ
④ ㄱ, ㄷ, ㄹ
⑤ ㄴ, ㄷ, ㄹ

05

▶ 24058-0119

다음을 주장한 사상가의 입장에서 부정의 대답을 할 질문으로 가장 적절한 것은?

좋은 예술과 나쁜 예술은 어떻게 구분되는가? 예술은 인류를 진보시키는 두 기관 중의 하나이다. 인간은 언어를 통해서 사상을 교환하고, 예술의 형상을 통해서는 현재뿐만 아니라 과거와 미래의 모든 사람과도 감정을 교환할 수 있다. 또한 예술은 사람들의 행복에 불필요하고 불량한 감정을 필요하고 선량한 감정으로 대체하도록 한다. 예술의 목적이 바로 여기에 있다. 예술은 이 임무를 다하면 다할수록 점점 좋은 것이 되고, 그렇지 않으면 점점 나쁜 것이 된다.

① 예술은 인간의 삶에 필요한 선(善)을 촉진할 수 있는가?
② 예술은 인간의 감정을 고양시키는 데 도움이 될 수 있는가?
③ 예술은 과거의 사람들과도 감정을 교환할 수 있게 해 주는가?
④ 예술은 언어와 함께 인류를 진보시키는 수단으로 작용하는가?
⑤ 예술은 인류애가 아닌 아름다움과 쾌락을 위해 존재해야 하는가?

06

▶ 24058-0120

(가)의 갑, 을 사상가들의 입장을 (나) 그림으로 표현할 때, A~C에 해당하는 적절한 진술만을 〈보기〉에서 있는 대로 고른 것은?

(가)	갑: 우리가 색깔을 겸손하다, 귀엽다고 하는 것은 이 색깔이 도덕 판단에 의해 일으켜진 마음 상태의 의식과 유비적인 것을 함유하고 있기 때문이다. 이처럼 감각 기관의 자극에서 도덕적 관심으로의 이행은 너무 억지스러운 비약 없이 가능하다. 미적인 것은 윤리적으로 선한 것의 상징이라 할 수 있다.
	을: 우리가 안개를 보는 것은 안개가 있기 때문이 아니라 시인과 화가가 안개가 지니는 신비로운 아름다움을 우리에게 가르쳐 주었기 때문이다. 즉 예술이 자연에 아름다움을 부여한다. 예술이 삶과 자연을 모방하는 것이 아니라 삶과 자연이 예술을 모방한다. 예술은 예술 그 자체를 위해 존재한다.
(나)	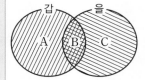 〈범례〉 A: 갑만의 입장 B: 갑, 을의 공통 입장 C: 을만의 입장

┌ 보기 ┐
ㄱ. A: 인간의 선함과 악함은 예술 작품의 소재로 사용될 수 있다.
ㄴ. B: 인간은 예술을 통해 사물의 아름다움을 느낄 수 있다.
ㄷ. B: 예술의 미와 도덕적 선은 서로 독자성과 자율성을 가진다.
ㄹ. C: 예술 작품의 아름다움은 도덕성을 실현하는 데 기여할 수 있다.

① ㄱ, ㄹ   ② ㄴ, ㄷ   ③ ㄴ, ㄹ
④ ㄱ, ㄴ, ㄷ   ⑤ ㄱ, ㄷ, ㄹ

07

▶ 24058-0121

다음을 주장한 사상가의 입장으로 적절하지 <u>않은</u> 것은?

가장 오래된 예술 작품들은 의식(儀式)에 쓰이기 위해 생겨났는데, 처음에는 주술적 의식에 쓰이다가 나중에 종교적 의식에 쓰였다. 우리는 예술 작품이 지닌 유일무이한 현존성을 '아우라(Aura, 독특한 분위기)'라는 개념으로 말할 수 있다. 그런데 예술 작품의 기술적 복제가 가능해지면서 예술 작품의 아우라가 위축되고 있다. 복제 기술은 예술 작품의 복제를 대량화함으로써 복제 대상이 일회적으로 나타나는 대신 대량으로 나타나게 하며, 대중들이 개별적 상황에서 복제품을 쉽게 접할 수 있게 한다. 또한 복제 기술은 기존의 종교 의식을 중심으로 한 예술을 밀어내고, 전시 가치를 중시하는 대중 예술이 우월한 지위를 차지하게 되는 결과를 가져온다.

① 복제 기술로 원작이 가진 유일무이한 현존성의 가치는 위축된다.
② 복제 기술로 인해 대중은 예술 작품을 더욱 쉽게 접할 수 있게 된다.
③ 복제 기술의 발달로 예술의 종교적 가치보다 전시적 가치가 더 중시된다.
④ 복제 기술의 발달로 진품이 가진 아우라는 복제품에 그대로 전승되고 있다.
⑤ 복제 기술로 인해 원작이 놓일 수 없는 장소에서는 복제품이 원작을 대신할 수 있다.

08

▶ 24058-0122

다음은 신문 칼럼이다. ㉠에 들어갈 내용으로 가장 적절한 것은?

○○ 신문	○○○○년 ○○월 ○○일
칼럼	

네덜란드에서는 렘브란트의 작품을 학습해서 렘브란트가 그렸을 법한 그림을 그리는 인공 지능 '넥스트 렘브란트'가 화제이다. '넥스트 렘브란트'는 그림의 완성도나 물감의 두께 조절까지 깜짝 놀랄 수준을 보여 준다. 그런데 '넥스트 렘브란트'가 렘브란트 화풍에 내재된 패턴을 성공적으로 학습하기 위해서는 이 과정 전체를 기획하고 매단계마다 실행하는 인간 엔지니어의 존재가 필수적이다. 렘브란트 그림을 방 안 가득 늘어놓고 휴머노이드 로봇에게 "자, 이제 렘브란트 식으로 그려 봐."라는 식의 설정은 SF 영화에서만 가능할 뿐이다. 즉 '넥스트 렘브란트'도 인간의 협력을 기반으로 얻어 낸 결과물이다. 글을 쓰거나 음악을 작곡하는 인공 지능도 마찬가지이다. 그런데 인공 지능 시대에 자주 등장하는 질문이 "인공 지능이 진정으로 예술 창작을 할 수 있을까?"이다. 하지만 이 질문은 질문 제기 자체가 잘못된 측면이 있다. 왜냐하면 예술의 역사가 그러했듯이, 새로운 기술적 장치가 예술 행위에 도입되면 각 시대마다 그 기술적 장치가 어느 정도까지 사용되더라도 창작으로 인정할 수 있는지 사회적 논의를 마쳐야만 답할 수 있는 질문이기 때문이다. 인공 지능을 이용한 작품이 예술 창작물로 인정될 수 있는지의 여부는 ⟨　　㉠　　⟩

① 인간 엔지니어의 협력이 필수적이었는지에 따라 달라진다.
② 새 기술적 장치가 창작 행위에 사용되었는지에 따라 달라진다.
③ 사회 구성원들이 창작의 의미를 어떻게 규정하는지에 따라 달라진다.
④ 인공 지능의 최종 산출물의 완성도가 얼마나 높은지에 따라 달라진다.
⑤ 인공 지능이 스스로 창작 행위를 기획하고 실행하는지에 따라 달라진다.

09

▶ 24058-0123

그림은 갑, 을의 가상 대화이다. 갑, 을의 입장으로 옳지 <u>않은</u> 것은?

나는 "돈 버는 일은 예술이고, 일하는 것도 예술이며, 잘 되는 사업은 최고의 예술이다."라는 어떤 예술가의 말에 동의해. 사실 예술이 상업화되면서 일부 상류층만 누렸던 많은 예술 작품들의 아름다움을 대중도 누릴 수 있게 되었지. 또 대중의 다양한 요구를 반영한 많은 예술가들의 작품이 창작되고, 예술 작품 시장의 저변이 확대되어 예술가의 경제적 기반 마련에 도움이 될 수 있다고 생각해.

갑

나는 "미술계 전체가 거대한 투기사업이 되었다. 대부분 속물적인 의도로 그림을 구매해 미술관에 맡겨 둔다."라는 어느 미술품 수집가의 말에 동의해. 예술 작품이 창작활동의 결과물이 아니라 경제적 이익 때문에 만들어지는 경우가 많아. 이러면 예술의 자율성이나 미적 가치를 표현하려는 목적을 담은 예술 작품은 점점 퇴색하고, 대신에 단순히 자극적인 대중의 기호를 맞추는 오락용 작품이 주로 창작될 수 있다고 생각해.

을

① 갑: 예술의 상업화로 예술가는 안정된 창작 활동 기반을 준비할 수 있다.
② 갑: 예술의 상업화로 대중은 예술의 아름다움을 체험할 기회가 증가하고 있다.
③ 을: 예술의 상업화로 예술의 자율성을 추구하는 창작 활동이 많아질 수 있다.
④ 을: 예술의 상업화로 예술 작품은 이윤 추구를 위한 수단으로 전락할 수 있다.
⑤ 갑과 을: 예술의 상업화로 대중의 요구가 반영된 작품들이 창작될 수 있다.

10

▶ 24058-0124

그림의 강연자가 지지할 입장으로 적절한 것만을 〈보기〉에서 있는 대로 고른 것은?

현대 사회의 대중문화는 자본에 종속되어 문화 산업으로 전락하였습니다. 문화 산업은 소비자의 모든 욕구가 실현될 수 있는 것처럼 제시하지만 그 욕구는 문화 산업에 의해 사전에 결정된 것입니다. 소비자는 영원한 소비자, 문화 산업의 객체가 됩니다. 문화 산업은 자신이 행하는 기만이 욕구의 충족인 양 소비자를 설득하려 들 뿐만 아니라, 이를 넘어 문화 산업이 무엇을 제공하든 소비자는 그것에 만족해야 한다는 것을 소비자에게 주입합니다. 결국 문화 산업은 하자 없는 규격품을 만들 듯이 인간을 재생산하려 듭니다.

┌─ 보기 ───
│ ㄱ. 문화 산업의 생산물은 비판 능력을 상실한 대중을 양산한다.
│ ㄴ. 문화 산업은 소비자의 욕구를 만들어 내고 조장하며 통제한다.
│ ㄷ. 문화 산업은 대중을 문화의 소비자에서 문화의 생산자로 전환시킨다.
└──

① ㄱ   ② ㄷ   ③ ㄱ, ㄴ   ④ ㄴ, ㄷ   ⑤ ㄱ, ㄴ, ㄷ

① 의식주 윤리

(1) 의복 문화와 윤리 문제

① 의복의 윤리적 의미

개인적 차원	의복을 통해 개성과 가치관을 표현함
사회적 차원	• 중요한 행사에서 의복을 통해 상대에게 예의를 표시함 • 의복을 통해 개인이 속한 집단과 시대의 특징이 드러남

② 의복 문화의 윤리 문제와 해결 자세

윤리 문제	• 과시 소비로 계층 간 위화감 조성 • 동조 소비로 비합리적 소비, 패션의 획일화, 몰개성화 초래 • 동물의 가죽이나 털을 사용함으로써 동물 학대 문제 발생 • 제복(유니폼) 착용으로 개성과 다양성 제한
해결 자세	• 장소와 상황에 맞는 옷차림으로 상대방에 대한 존중 표현 • 환경을 고려하는 절제 있는 소비 필요

(2) 음식 문화와 윤리 문제

① 음식의 윤리적 의미

생명권으로서의 의미	음식 섭취를 통해 생명과 건강이 유지됨
사회적 도덕성으로서의 의미	• '한솥밥'은 가족이나 자신이 속한 공동체와의 연대와 친교의 정을 표현함 • 음식의 생산, 유통, 소비 과정에서 안전성과 생태계의 질서를 고려함

② 음식 문화의 윤리 문제와 해결 자세

윤리 문제	• 유전자 변형, 화학 물질 과다 첨가로 안전성 위협 • 무분별한 식량 생산과 음식 소비로 환경 문제 발생 • 절제하지 않는 폭식과 탐식의 문제 • 육류 소비 증가로 동물에 대한 비윤리적 대우
해결 자세	• 경제 공동체와 생태적 지속성을 고려하는 음식 문화 확립 • 음식 생산자, 유통업자, 소비자 모두 건강한 사회에 대한 책임 의식을 지녀야 함 • 안전한 먹거리, 동물의 고통 최소화를 위한 제도 마련

(3) 주거 문화와 윤리 문제

① 주거의 윤리적 의미

주거 공간의 의미	개인, 가족, 사회생활이 이루어지는 생활 공간으로, 개인의 품성과 가치관 형성에 영향을 줌
주거 공간의 윤리적 의미	• 휴식과 행복, 평화를 누릴 수 있는 내적 공간 • 가족, 이웃, 지역 사회에 대한 소속감을 형성하여 삶의 질과 인간다움 형성에 영향을 줌

② 주거 문화의 윤리 문제와 해결 자세

윤리 문제	• 주거의 본래적 의미 상실: 주거를 주로 경제적 측면에서 파악 하려 함 • 과거 주거 형태에 비해 정체성과 개성 상실: 주거 형태의 규격 화 · 획일화 • 주거에 담긴 고유한 역사와 전통의 약화: 효율성과 편리성을 강조하는 주거 형태
해결 자세	• 주거 공간의 본질적 가치 회복 • 주거권을 인간다운 삶을 위한 인권의 한 요소로 인식해야 함 • 생태적으로 건강하고 정의로운 공간으로서 주거 공간 추구 • 공동체를 고려하는 주거 공간 형성을 위한 노력

② 윤리적 소비

(1) 현대 소비문화와 윤리 문제

현대 소비문화	자본주의의 대량 소비문화, 소비의 자유에 따른 개별 화된 소비 가능
현대 소비문화의 문제점	과시 소비, 의존 소비, 충동 소비, 대량 소비, 과소비 등의 문제

(2) 합리적 소비와 윤리적 소비

합리적 소비	자신의 소득 범위 내에서 최소한의 비용으로 자신의 욕구를 최 대한 충족하려는 소비
윤리적 소비	• 생산과 유통의 전 과정을 윤리적 가치에 따라 판단하여 소비 • 평화, 인권, 사회 정의, 환경 등 인류의 보편적 가치를 중시하 여 인류의 행복과 지속 가능성에 기여함

 자료와 친해지기 ◆ 베블런의 과시 소비

유한계급의 생활 방식과 가치 기준은 사회적 명성의 규준을 제공한다. 이들 기준을 되도록 최대한 따르는 것이 모든 하류 계급의 의무가 된다. 상류 계급이 강요하는 명성의 규준은 사회 구조의 최하층까지 영향을 미친다. 그 결과 각 계급의 구성원들은 자신들보다 한 단계 높은 계급에서 유행하는 생활 양식을 자신들이 추구해야 할 이상적인 생활 양식으로 인정하고 그러한 이상을 추구하는 데 자신들의 에너지를 쏟아붓는다. 명성 획득의 근거는 재력이며, 재력을 과시하는 방편인 동시에 명성을 획득하고 유지하는 방편은 여가 활동과 과시적 소비이다. 이 두 방편은 그런 여가나 소비의 가능성을 지닌 중하류 계급에서도 유행하기에 이른다. 사회를 구성하는 어떠한 계급도, 심지어 절대 빈곤에 시달리는 빈민조차도 모든 관습적인 소비의 유혹을 떨쳐 버리지 못한다.

— 베블런, 『유한계급론』 —

베블런은 유한계급이 명성을 획득하기 위해 재력을 과시하려 하는데, 이러한 과시의 수단으로 과시 소비와 여가 활동을 한다고 보았다. 그는 유한계급의 생활 예절과 가치 기준은 사회적 명성의 기준으로서 사회를 구성하는 모든 계급에 영향을 미친다고 보았다.

③ 문화 다양성과 존중

(1) 다문화 사회와 문화 다양성

다문화 사회의 특징	통일성보다 다양성, 단일성보다 다원성, 동일성보다 차이를 강조함
다문화 존중의 이유	• 다른 문화를 이해하고 존중함으로써 공존의 정신을 배울 수 있음 • 고유성을 지닌 각 문화는 그 자체로 가치가 있으며, 문화 다양성의 인정은 더욱 풍요로운 삶의 기회를 제공할 수 있음

(2) 다문화 사회와 문화 정체성

동화주의	이민자가 출신국의 문화적 특성을 포기하고 주류 문화로 편입되어야 한다고 보는 입장
샐러드 볼 이론	다양한 문화가 서로 대등하게 조화를 이루어야 한다고 보는 입장
국수 대접 이론	주류 문화와 비주류 문화가 공존해야 한다고 보는 입장

(3) 다문화 사회에서 관용의 필요성과 한계

① 문화 상대주의와 윤리 상대주의
- 문화 상대주의: 다른 나라의 문화를 상대의 관점에서 인정하고 존중할 것을 강조하는 입장
- 윤리 상대주의: 행위의 도덕적 옳음과 그름은 사회마다 다르기 때문에 보편적 도덕 기준은 존재하지 않는다는 입장
- 윤리 상대주의를 인정하게 되면 보편 윤리를 위반하는 문화까지 인정하게 되어 문화에 대한 비판적 성찰이 어려워질 수 있음

② 관용의 의미와 필요성
- 관용의 의미: 인종, 문화, 예술 등의 영역에서 다른 생각이나 입장을 인정하고 이해하려는 태도
- 관용의 필요성: 이질적인 문화를 가진 사람들 간의 평화로운 공존 모색, 문화적 편견과 차별을 극복하여 인간 존중의 가치 실현

③ 다문화 사회에서 관용의 한계
- 관용의 역설: 무제한적인 관용은 인권 침해와 사회 혼란을 야기함
- 관용의 한계: 인류의 보편 가치인 인권과 자유를 침해하지 않고, 사회 질서를 훼손하지 않는 범위 내에서 관용을 베풀어야 함

④ 종교의 공존과 관용

(1) 종교의 의미와 본질

종교의 의미	초자연적인 절대자의 힘에 의존하여 인간 삶의 고뇌를 해결하고 삶의 궁극적 의미를 추구하는 문화 체계
종교의 본질	• 현실 속에서 겪는 불안과 어려움을 극복하고자 함 • 삶과 죽음의 의미와 같은 궁극적 물음에 대해 답을 얻고자 함 • 엘리아데: 인간을 종교적 존재로 보고, 세속과 성스러움의 세계가 조화를 이루는 종교 생활을 강조함

(2) 종교와 윤리의 관계

① 종교와 윤리의 공통점과 차이점

공통점	• 인간의 존엄성을 바탕으로 타인에 대한 배려를 강조함 • 소외된 이웃에 대한 사랑과 자비의 실천을 강조함
차이점	• 종교가 성스러움이나 초월적 문제를 다룬다면, 윤리는 도덕규범이나 그 규범의 근거에 대해 탐구함 • 종교가 신앙심을 바탕으로 신에 대한 의존을 강조한다면, 윤리는 이성이나 양심, 도덕 감정 등을 근거로 도덕적 행위의 실천에 관심을 둠

② 종교와 윤리의 상보적 관계
- 바람직한 종교는 인간 존중과 도덕을 전제로 삶의 의미와 가치를 신장하며 초월적 세계와 관계를 맺음
- 종교는 인간의 윤리적 삶과 관련하여 보편적 근거를 제시할 수 있고, 도덕적 공동체를 형성하는 데 도움이 되는 지혜와 가르침을 제공할 수 있음

(3) 종교 간 갈등 문제

종교 간 갈등의 원인	• 다른 종교에 대한 무지와 편견 • 민족적·문화적·경제적 이해관계의 상충 • 자기 종교의 절대성을 지나치게 주장하는 배타적 태도
갈등 해결 자세	• 관용: 종교의 자유를 인정하고, 타인에게 자신의 믿음을 강요하지 않음 • 대화와 협력: 종교 간의 대화를 통해 타 종교에 대한 이해를 높여 상호 협력해야 함 • 보편적 가치 존중: 인권, 사랑, 평화와 같은 인류의 보편적 가치에 대한 실천 의지를 지녀야 함

 자료와 친해지기 비종교적 인간에 대한 엘리아데의 입장

근대의 비종교적 인간은 자신을 역사의 주체로 생각하며 초월적인 것을 모두 거부한다. 인간은 스스로 자신을 만든다. 그리고 그는 오로지 자기 자신과 세계를 탈신성화시키는 정도에 비례해서만 스스로 자신을 완전하게 만든다. 성스러운 것은 그가 자유를 획득하는 데 최대의 장애물이다. 그는 완전한 신비성을 잃어버릴 때에만 그 자신이 될 수 있을 것이다. 그러나 이러한 비종교적 인간은 종교적 인간으로부터 발생한 것이며, 좋든 싫든 간에 종교적 인간이 만들어 낸 것이다. 즉 그의 선조가 만들어 낸 상황에서 발전한 것이라 할 수 있다. 간단히 말해 비종교적 인간은 탈신성화 과정의 소산이다. 자연이 신의 작품인 우주의 점진적인 탈신성화 과정의 산물인 것과 마찬가지로 세속적인 인간은 인간 실존의 탈신성화 과정의 결과이다.

– 엘리아데, 『성과 속』 –

엘리아데에 따르면 근대의 비종교인은 초월적 존재를 거부하고 스스로가 자신을 만들고 역사를 만들어 간다고 생각한다. 그러나 엘리아데는 비종교적 인간도 종교적 인간의 후예로서 종교적으로 행동하는 경우가 있다고 주장하였다.

01

▶ 24058-0125

다음을 주장한 사상가의 입장으로 적절한 것만을 〈보기〉에서 있는 대로 고른 것은?

> 인간에게는 뿌리를 내릴 중심, 공간 안에서 발생하는 모든 관계의 기준이 되는 중심이 필요하다. 인간은 그런 중심을 삶의 기준으로 삼는다. 그 중심은 인간이 이 세계에서 '거주하는 곳', 그가 '집으로' 생각하는 곳, 그가 항상 '귀환하는 곳'이다. 그 중심은 바로 인간이 거주하는 집이다. 집은 인간이 사는 세계의 구체적 중심이다. …(중략)… 현대인이 직면한 고향 상실이라는 위험으로부터 인간의 과제가 탄생한다. 인간은 더 이상 중심을 주어진 것으로 보지 말고 스스로 만들어 내야 하며, 자발적으로 중심에 서서 모든 외부 공격을 막아 내야 한다. 이러한 과제는 인간이 자신의 집을 짓고 거주함으로써 실현된다. 하지만 이것은 집을 피상적으로 소유하는 것만으로는 충분하지 않다.

┌─ 보기 ┐
ㄱ. 인간은 거주함을 통해 자신의 참된 본질을 실현할 수 있다.
ㄴ. 인간은 자기 삶과 관계의 중심을 스스로 창조해 내야 한다.
ㄷ. 인간은 고향 상실의 문제를 집을 소유함으로써만 극복할 수 있다.
ㄹ. 인간은 외부의 공격을 막아 주는 집을 통해 안도감을 느낄 수 있다.

① ㄱ, ㄴ   ② ㄱ, ㄷ   ③ ㄷ, ㄹ
④ ㄱ, ㄴ, ㄹ   ⑤ ㄴ, ㄷ, ㄹ

02

▶ 24058-0126

다음을 주장한 사상가가 부정의 대답을 할 질문으로 가장 적절한 것은?

> • 명성의 획득을 목표로 하는 과시적 여가와 소비의 공통점으로 낭비를 발견할 수 있다. 한편으로는 시간과 노력의 낭비이고, 다른 한편으로는 재화의 낭비이다. 이 두 가지 모두 부를 소유했음을 증명하는 방편이며, 이런 과시적 소비는 인간적 접촉이 광범위하게 이루어지고 인구 이동이 많은 곳의 사람들에게 최선의 소비로 여겨진다.
> • 명성의 지침에 따라 유행하는 취미 기준은 동물의 아름다움을 평가하는 지배적 기준에서도 발견된다. 닭·돼지·양·비육우·염소·소와 같은 가축은 공동체 안에서 산업적 유용성을 갖기 때문에 유용하고 영리 목적에도 기여하지만, 사람들은 이들에게 선뜻 미의 기준을 적용하지 않는다. 그런 가축은 보통 생산적 목적에 전혀 기여하지 않는 가축, 예를 들어 감상용 조류·고양이·개·경주마 같은 동물과는 처한 상황이 다르다. 이런 동물은 인습적으로 상류 계급에 의해 찬미된다.

① 빈번한 인구 이동과 접촉은 과시 소비를 일으키는 요인인가?
② 허영의 충족을 위해 물질적 결핍의 불편을 감수할 수 있는가?
③ 가축과 관련한 과시 소비는 경제적 실용성에 따라 판정되는가?
④ 과시적 여가와 낭비적 소비는 명성의 획득을 위해 필수적인가?
⑤ 상류 계급의 과시적 소비는 하류 계급의 소비 성향에 영향을 주는가?

03

▶ 24058-0127

(가), (나)의 입장에서 긍정의 대답을 할 질문만을 〈보기〉에서 있는 대로 고른 것은?

> (가) 국가 간에 존재하는 무역 장벽을 제거함으로써 자유 무역을 실현해야 한다. 자유 무역이 확대됨으로써 세계의 모든 나라는 자기 나라에 가장 적합한 상품과 용역을 생산하여 그것을 거래할 수 있게 될 것이고, 이에 따라 무역을 통한 산출물의 증대는 국가 간에 상호 이익을 가져오게 될 것이다. 자유로운 경쟁 시장에 의한 국제 분업과 경제 성장에 대한 긍정적 자극은 새로운 고용 기회를 창출할 것이고, 이로 인해 경제 전반에 활력이 넘치게 될 것이다.
>
> (나) 국경 없는 자유 무역은 세계의 빈자들을 가난으로부터 자유롭게 만들지 못한다. 그것은 '시장 독재'를 위한 수단일 뿐이다. 이를 극복하기 위해서는 개발 도상국 생산자와 공정한 거래 계약이 필요하고, 이들의 생산물에 대한 공정한 가격 보장과 작업장에 대한 민주적 운영이 실현되어야 한다. 또한 생산자 중심의 협동조합을 결성하고, 이를 통해 개발 도상국 생산자들이 자기 삶을 스스로 조절할 수 있도록 도와야 한다. 다시 말해 불공정 무역 구조를 공정하게 바꾸어야 한다.

┌─ 보기
│ ㄱ. (가): 자유 무역을 통한 국제 분업은 각국의 경제적 이익 실현에 기여하는가?
│ ㄴ. (나): 공정 무역은 노동자의 인간다운 노동 환경을 보장하는 데 기여하는가?
│ ㄷ. (나): 공정 무역은 개발 도상국의 농민 등 생산자의 경제적 자립에 기여하는가?
│ ㄹ. (가)와 (나): 자유 무역을 통해 국가 간 불공정 무역 구조를 개선해야 하는가?

① ㄱ, ㄷ   ② ㄱ, ㄹ   ③ ㄴ, ㄹ
④ ㄱ, ㄴ, ㄷ   ⑤ ㄴ, ㄷ, ㄹ

04

▶ 24058-0128

다음을 주장한 사상가의 입장으로 적절하지 <u>않은</u> 것은?

> 종교적 인간에게 공간은 균질(均質)적인 것이 아니다. 그는 공간 내부의 단절과 균열을 경험한다. 그에게 공간은 거룩한 공간, 강력하고 뜻깊은 공간이 있는 반면, 거룩하지 않고 구조나 형태를 갖추지 못한 공간이 있다. 그에게 어떤 공간의 일부는 다른 어떤 공간의 부분과 질적으로 같지 않다. 공간에서의 단절성은 모든 미래의 방향을 위한 고정점, 즉 중심축을 드러내며, 이로써 세계의 형성이 비로소 가능해진다. 균질적이고 무한한 공간 속에는 어떤 참고할 지점이 가능하지 않으며, 따라서 어떤 방향성도 정립될 수가 없는데, 성현(聖顯)은 여기에 하나의 절대적 고정점을, 즉 하나의 중심을 계시해 주게 된다.

① 종교적 인간의 종교적 경험과 공간의 비균질성은 불가분의 관계이다.
② 종교적 인간에게 거룩한 공간의 발견은 참된 실존의 계기를 제공한다.
③ 종교적 인간은 거룩한 것의 드러남을 통해 공간의 균질성을 회복한다.
④ 종교적 인간에게 거룩한 공간의 구축은 신들의 작업 재현의 의미를 지닌다.
⑤ 종교적 인간은 거룩한 공간의 구축을 통해 초월적 존재와의 소통을 추구한다.

05

▶ 24058-0129

다음을 주장한 사상가의 입장으로 적절한 것만을 〈보기〉에서 있는 대로 고른 것은?

- 참된 종교는 참된 인간성의 완성이다. 종교는 포괄적이며 최고의 가치 표현으로서 인간적인 것의 실현을 위한 적극적인 전제 조건이다. 절대적이고 보편적인 요구로서 참된 인간성이 실현되고 구체화되기 위해서는 바로 종교가 기준으로서 존재해야 한다.
- 신약 성서는 그리스도교 교회에서 결정적 역할을 수행하며, 히브리어 성서는 유대교와 그리스도교 사이의 토론에서 결정적 역할을 수행한다. 이슬람교와 힌두교, 불교와의 대화에서 진리의 기준으로 성서에 호소하는 것은 바람직하지 않다. 이는 코란이나 바가바드기타* 또는 붓다의 어록집을 그리스도인들에게 호소할 수 없는 것과 같다.

*바가바드기타: 거룩한 신의 노래라는 뜻을 지닌 고대 인도의 힌두교 경전의 하나

┌ 보기 ┐

ㄱ. 참된 종교는 인간의 존엄과 가치에 대한 존중을 구현해야 한다.
ㄴ. 자기 종교의 고유한 진리 기준을 타 종교에 강요해서는 안 된다.
ㄷ. 종교 간 참된 평화를 위해서 모든 종교의 자기 성찰이 필요하다.
ㄹ. 종교 간 평화를 위해 모든 종교를 단일한 종교로 통합해야 한다.

① ㄱ, ㄴ   ② ㄱ, ㄹ   ③ ㄷ, ㄹ
④ ㄱ, ㄴ, ㄷ   ⑤ ㄴ, ㄷ, ㄹ

06

▶ 24058-0130

(가)의 갑, 을의 입장을 (나) 그림으로 표현할 때, A~C에 해당하는 적절한 진술만을 〈보기〉에서 있는 대로 고른 것은?

(가)	갑: 다문화 사회에서 사회 통합은 이민자가 자신의 언어와 문화, 사회적 특성을 포기하고 주류 사회의 일원으로 편입되게 하는 것으로 실현해야 한다. 문화적 갈등은 이민자 문화가 주류 문화에 동화됨으로써 해결할 수 있다. 을: 다문화 사회에서 사회 통합은 음식에서 국수가 주된 역할을 하고 고명은 부수적 역할을 함으로써 맛을 내듯이, 주류 문화를 중심으로 비주류 문화가 함께 존재하는 것을 통해 실현해야 한다.
(나)	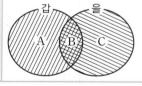 〈범례〉 A: 갑만의 입장 B: 갑, 을의 공통 입장 C: 을만의 입장

┌ 보기 ┐

ㄱ. A: 주류 문화에 이민자 문화의 정체성이 동화되게 해야 한다.
ㄴ. B: 주류 문화를 중심으로 사회 통합과 안정을 도모해야 한다.
ㄷ. C: 주류 문화와 이민자 문화가 각각 정체성을 유지해야 한다.
ㄹ. C: 주류 문화와 이민자 문화의 대등한 공존을 추구해야 한다.

① ㄱ, ㄴ   ② ㄱ, ㄹ   ③ ㄷ, ㄹ
④ ㄱ, ㄴ, ㄷ   ⑤ ㄴ, ㄷ, ㄹ

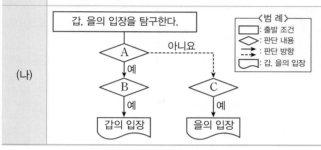

07

▶ 24058-0131

(가)의 갑, 을의 입장을 (나) 그림으로 탐구하고자 할 때, A~C에 들어갈 적절한 질문만을 〈보기〉에서 있는 대로 고른 것은?

(가)	갑: 소비와 관련해 지구 온난화와 환경 문제, 인체에 유해한 식품 문제, 노동자 인권 억압과 아동 노동 착취 등 다양한 문제가 나타나고 있다. 소비자는 윤리적 가치 판단과 신념에 따라 이러한 사회 문제와 관련해 책임 있는 소비 행위를 해야 한다. 을: 소비와 관련해 현명한 소비자라면 자신의 한정된 소득 범위 내에서 좋은 물건을 구매하는 습관을 들여야 한다. 이를 위해 상품의 가격과 품질, 그리고 소비에 따른 만족의 크기는 소비 행위에서 가장 먼저 고려해야 할 중요한 요소이다.
(나)	

〈범례〉
□ : 출발 조건
◇ : 판단 내용
→ : 판단 방향
⊏⊐ : 갑, 을의 입장

┌ 보기
ㄱ. A: 소비 주체의 소비 행위에는 자신의 신념과 가치관이 반영되는가?
ㄴ. A: 소비 주체의 소비 행위는 기업의 경영 활동에 영향을 줄 수 있는가?
ㄷ. B: 소비 주체는 소비 행위를 통해 인류의 보편적 가치를 추구할 수 있는가?
ㄹ. C: 소비 주체는 소비 행위에서 재화의 가격과 효용을 중시해야 하는가?

① ㄱ, ㄴ ② ㄱ, ㄹ ③ ㄷ, ㄹ
④ ㄱ, ㄴ, ㄷ ⑤ ㄴ, ㄷ, ㄹ

08

▶ 24058-0132

다음 사상의 입장으로 적절하지 않은 것은?

• 대혜여, 일체의 모든 고기는 헤아릴 수 없을 만큼의 인연(因緣)이 있다. 보살은 그 가운데서 마땅히 슬퍼하고 불쌍히 여기는 마음을 내어 마땅히 먹어서는 안 된다. 대혜여, 일체중생은 시작이 없는 때부터 생사 중에 윤회(輪廻)해 쉼이 없어서 일찍이 부모, 형제, 남녀, 식구 내지 친구와 친애하는 사람, 모시는 사람, 부리는 사람이 되지 않음이 없었고, 생을 바꾸어 새나 짐승 등의 몸을 받았는데, 어찌하여 그 가운데서 그것을 취해 먹겠는가?
• 대혜여, 보살마하살은 모든 중생을 관찰해 자기 몸과 같이 여기고, 고기는 모두 생명이 있는 가운데서 나온 것이라 생각하는데 어찌 먹겠는가? 보살마하살은 머무는 곳이나 태어나는 곳에서 모든 중생을 모두 다 가까운 일가라 보고, 나아가 외아들을 생각하는 것과 같이 자비(慈悲)롭게 생각한다. 그러므로 고기를 먹어서는 안 된다.

① 불살생(不殺生)의 계율을 닦아 윤회의 삶을 실천해야 한다.
② 고기를 먹는 것은 자기 자신과 동류(同類)를 먹는 것과 같다.
③ 일체중생을 자기 몸과 같이 보살피며 자비를 실천해야 한다.
④ 청정범행(淸淨梵行)을 닦는 수행자는 육식을 해서는 안 된다.
⑤ 중생의 고통에 함께 참여해 그들의 고통을 없애 주어야 한다.

14 갈등 해결과 소통, 민족 통합의 윤리

① 갈등 해결과 소통의 윤리

1. 사회 갈등과 사회 통합

(1) 갈등의 의미와 기능

① 의미: 개인이나 집단 사이에 목표나 이해관계가 달라 서로 충돌하거나 화합하지 못하는 것

② 사회 갈등의 다양한 원인

가치의 희소성	인간의 욕망은 무한한 데 비해 사회적 가치는 유한함 → 분배 과정에서 불공정하거나 누군가 소외되면 갈등 발생
가치관과 이해관계의 차이	자신의 가치관·이해관계의 차이에 따라 사회 문제를 다르게 해석함 → 각자의 주장, 가치관 등이 충돌할 때 타인의 생각을 무시하면 갈등 발생
소통의 부재	첨예하게 대립하는 주제를 두고 소통이 원활하게 이루어지지 않음 → 한쪽에만 유리한 결론이 나면 갈등 발생
정치적 상황의 변화	권위주의 체제가 종식되고 시민 사회의 자율성이 확대됨 → 집단적으로 다양한 자율성이 표출되기 때문에 갈등 발생
경제적 상황의 변화	자본주의적 생산 양식과 생활 방식이 일반화됨 → 빈부 격차와 경쟁의 심화로 갈등 발생

③ 갈등의 기능

순기능	갈등을 예방·조정하는 사회는 갈등을 통해 사회에 내재된 문제를 명확히 인식함으로써 사회 발전의 계기로 삼을 수 있음
역기능	자신의 가치관을 고집하고 상대방의 문제점만을 지적하며 양보하지 않는 사회는 갈등이 심화되어 사회가 해체될 수 있음

(2) 한국 사회의 갈등 양상

① 이념 갈등

발생 원인	구성원들이 서로 추구하는 이념이 달라 충돌이 발생함
갈등 양상	• 상대적으로 안정과 질서를 중시하는 보수적 입장과 변화를 통해 사회의 문제점을 해결하려는 진보적 입장 간 갈등이 심화됨 • 정책 대결이 아닌 소모적 논쟁으로 이어지기도 함
해결 방안	• 서로의 가치관을 이분법으로 구분하여 적대시하지 말아야 함 • 자유와 평등, 질서와 변화, 성장과 분배, 산업화와 민주화 등의 균형을 추구함

② 세대 갈등

발생 원인	• 빠른 경제 성장과 급속한 사회 변화로 세대 간 의식과 가치관 차이가 커짐 • 전통 사회에서 기성세대가 가졌던 권위가 상대적으로 약화되면서 젊은 세대에게 존경심을 잃고 있음
갈등 양상	• 기성세대와 젊은 세대가 서로 차이를 인정하지 않고 부정적으로 바라봄으로써 갈등이 심화됨 • 실업난, 국민연금법 개정, 노인 부양 문제 등 경제적 요인으로 세대 간에 의견이 충돌하기도 함
해결 방안	• 세대 간의 차이를 수용하고, 적극적인 소통을 통해 공감대를 형성함 • 젊은 세대는 미래 사회를 이끌어 갈 주역, 기성세대는 우리 사회를 일구어 낸 장본인이므로 상호 존중의 자세가 필요함

③ 지역 갈등

발생 원인	• 사회적 자원의 배분, 공공시설의 입지 선정 등과 같은 경제적 요인으로 발생함 • 특정 지역에 대한 차별 의식·특권 의식이 지역 갈등을 유발함
갈등 양상	• 지역 이기주의로 나타나기도 하고 지역의 역사적·지리적 상황과 결부하여 지역감정으로 드러나기도 함 • 연고주의에 기반을 둔 지역 갈등은 불공정한 인사나 혜택으로 연결되어 집단 간 갈등을 심화시킴
해결 방안	• 지역마다 특색 있게 발전할 수 있도록 균형 있는 지원이 필요함 • 정치적으로는 지역주의에서 벗어나 화합하려는 노력이 필요함

(3) 사회 통합을 위한 노력

① 사회 통합의 필요성: 개인의 행복한 삶을 위해, 사회 발전을 위해, 국가 경쟁력 강화를 위해 필요함

② 사회 통합을 위한 방안

• 상호 존중과 신뢰를 토대로 소통하려고 노력해야 함
• 연대 의식을 갖추고 사익뿐만 아니라 공익을 존중해야 함
• 공청회, 설명회 등 사회 통합을 위한 제도와 정책을 마련해야 함
• 가치관·신념의 차이를 인정하고 양보와 관용을 발휘해야 함

자료와 친해지기 의사소통의 합리성과 행위 규범의 타당성에 대한 하버마스의 입장

• 의사소통 행위의 맥락에서는 어떤 사람이 의사소통 공동체의 성원으로서 그의 행위를 상호 주관적으로 인정된 타당성 주장에 맞출 수 있을 때에만 책임 능력이 있는 것으로 여겨질 수 있다. 의사소통의 합리성이 높을수록 의사소통 공동체 안에서 행위의 비강압적 조정과 합의를 통한 행위 갈등 해소의 여지가 커진다.
• 명제적 진리와 효율성에 대한 타당성 주장과 결합된 다른 행위와 마찬가지로, 규범의 올바름과 주관적 진실성에 대한 타당성 주장과 결합된 발언도 합리성의 중심 전제, 즉 근거가 제시되고 비판될 수 있는 조건을 충족한다.

– 하버마스, 『의사소통 행위 이론』 –

하버마스는 논증적 토론으로서의 담론에서 담론 참여자들이 명제적 진리와 규범의 올바름 그리고 주관적 진실성을 갖춘 주장을 하고, 이러한 주장에 대한 토론을 통해 상호 주관적 합의에 도달하게 되면, 사람들 간의 갈등이 해결될 수 있다고 보았다.

2. 소통과 담론의 윤리

(1) 소통과 담론의 필요성과 윤리적 자세

① 소통과 담론의 필요성: 갈등을 합리적으로 해결할 수 있으며, 도덕적 권위를 갖춘 합의를 도출할 수 있음

② 소통과 담론 과정에서 필요한 윤리적 자세
- 사회적·경제적 지위 등을 이유로 담론에 참여할 수 있는 권리가 침해되지 않도록 해야 함
- 자신의 오류 가능성을 인정하는 겸허한 태도를 갖춰야 함
- 공적 의사 결정에 적극적으로 참여하려는 태도가 요구됨

(2) 동서양의 소통과 담론의 윤리

원효의 화쟁(和諍) 사상	모든 종파와 사상을 분리시켜 고집하지 말고 더 높은 차원에서 하나로 종합해야 함 → 포용과 존중의 중요성 강조
공자의 화이부동(和而不同)	군자는 소인과 달리 도덕 원칙을 지키면서 주변과 조화를 이룸 → 조화의 중요성 강조
하버마스의 담론(談論) 윤리	• 의사소통의 합리성: 상호 간의 논증적인 토론 과정을 거쳐 보편적인 합의에 도달하는 이성의 능력 • 이상적 담화 조건: 의사소통의 합리성을 실현하기 위한 담화 조건으로 진리성, 정당성, 진실성, 이해 가능성이 있음

② 민족 통합의 윤리

1. 통일 문제를 둘러싼 쟁점

(1) 통일에 대한 찬반 논쟁

통일 찬성 논거	통일 반대 논거
• 이산가족의 고통 해소 • 민족 동질성의 회복과 민족 공동체 실현 • 전쟁 공포의 해소로 한반도 평화 정착 및 아시아와 세계 평화에 기여 • 군사비 감소로 복지 혜택 증가 • 북한 주민의 인권 문제 해결 • 민족의 경제적 번영과 국제적 위상 제고	• 사회·문화적 차이로 갈등 발생 • 군사 도발 등으로 생긴 북한에 대한 거부감 • 막대한 통일 비용으로 경제적 부담과 경제적 위기 초래 • 북한 주민의 남한 이주로 실업과 범죄 증가 등 사회적 혼란 야기 • 통합 과정에서 정치적·군사적 혼란 발생

(2) 통일과 관련된 비용 및 통일 편익

분단 비용	• 분단 결과인 대결과 갈등 때문에 지출되는 유·무형의 소모성 지출 비용 • 군사·외교적 경쟁, 이산가족의 슬픔 등 통일하면 소멸될 비용
통일 비용	• 통일 이후 남북한 간 격차를 해소하고 이질적인 요소를 통합하는 데 부담해야 할 비용 • 통일 한국의 번영을 위한 투자적인 성격의 생산적 비용
통일 편익	• 통일로 얻게 되는 경제적·비경제적 보상과 혜택 • 통일 이후 지속적으로 발생함

(3) 북한 인권 문제

① 문제점: 인권 보장의 의무를 제대로 이행하지 못한다는 비판을 받음

② 북한 인권 문제 개입에 대한 찬반 입장

찬성 입장	자국민의 인권을 유린하거나 인권 보장의 역량과 의지가 부족할 경우 국제 사회가 인도적 차원에서 개입할 수 있음
반대 입장	국가는 외교 관계와 내정에서 최고 권위를 가지므로 다른 나라로부터 간섭을 받지 않을 권리가 있음

2. 통일이 지향해야 할 가치

(1) 통일 한국이 지향해야 할 가치

① 평화: 전쟁의 공포가 사라진 평화로운 국가

② 자유: 자신의 신념과 선택에 따른 자유가 보장되는 국가

③ 인권: 모든 사람의 존엄과 가치가 존중되는 인권 국가

④ 정의: 모두가 합당한 대우를 받는 정의로운 국가

(2) 남북통일을 위한 노력

① 개인적 차원: 열린 마음으로 소통과 배려 실천, 북한에 대한 균형 있는 시각, 통일에 대한 관심

② 국가적 차원: 안보 기반 구축과 신뢰 형성을 위한 교류·협력 병행, 통일의 필요성·방법 및 통일 한국의 미래상에 대한 국민적 합의 도출, 국제 사회와 협력 강화

(3) 통일 한국의 미래상

① 수준 높은 문화 국가: 전통문화 계승, 창조적 문화 발전

② 자주적인 민족 국가: 우리의 힘으로 통일 국가 건설

③ 정의로운 복지 국가: 삶의 질을 보장하는 복지 국가 건설

④ 자유로운 민주 국가: 자유, 평등, 인권 등 권리 보장

⑤ 평화롭고 풍요로운 국가: 세계 평화와 인류 공영에 기여

자료와 친해지기 **관용의 한계**

> 만약 우리가 심지어 관용적이지 않은 사람들에게까지 무제한적 관용을 베푼다면, 만약 우리가 편협한 자들의 맹공격에 대항해 관용적 사회를 지켜 낼 각오가 되어 있지 않다면, 관용적인 사람들은 파멸할 것이고, 관용도 그들처럼 소멸할 것이다. …(중략)… 그래서 우리는 관용이라는 이름으로 관용적이지 않은 사람에게는 관용을 베풀지 않을 권리를 주장해야 한다. 우리는 편협함을 가르치는 어떤 운동이 법의 테두리를 넘어선다는 것을 주장해야만 하고, 우리가 살인 혹은 유괴의 선동 혹은 노예 무역의 부흥을 범죄로 간주하듯 편협함과 박해를 선동하는 것도 범죄로 간주해야 할 것이다.
>
> – 포퍼, 『열린 사회와 그 적들』 –

포퍼는 무제한적인 관용이 관용의 소멸을 불러온다고 주장하였다. 즉 관용을 위협하는 세력들에게도 무제한의 관용을 베푼다면, 그리고 불관용의 공격으로부터 관용적인 사회를 방어할 준비가 되어 있지 않다면, 관용적인 사회와 관용 정신이 함께 파괴당할 것이라고 보았다. 따라서 관용적인 사회, 즉 열린 사회를 유지하기 위해서는 관용이 허용되는 한계를 정해야 하며, 불관용을 관용하지 않을 권리가 있어야 한다고 주장하였다.

정답과 해설 31쪽

01
▶ 24058-0133

다음을 주장한 사상가의 입장에서 〈문제 상황〉 속 A에게 제시할 적절한 조언만을 〈보기〉에서 고른 것은?

팔의 힘이 강해야만 대장장이가 될 수 있게 하는 법을 제정해야 할 필요는 없다. 자유와 경쟁이 보장되면 대장장이는 팔 힘이 강한 사람 중에서 나오게 되어 있다. 팔 힘이 약한 사람은 자신에게 더 잘 맞는 다른 일을 하는 것이 낫기 때문이다. 권력을 가진 사람들이 편견을 갖고 어떤 사람은 이런저런 일을 하는 것이 좋지 않다고 미리 선을 긋는 것은 정당한 권력 행사의 범주를 벗어나는 것이다. 자신의 이익과 다른 사람의 이익을 위해 자신의 능력을 발휘하려는 사람을 방해하는 것은 당사자에게는 불의를 저지르는 것이고, 정상적이고 교양을 갖춘 사람이라면 최대 다수의 행복을 추구해야 할 사회에 대해서는 불행한 결과를 가져오게 된다.

〈문제 상황〉
A는 수행 평가 주제인 '우리 사회의 젠더 갈등과 발전적 해결 방안에 관한 글쓰기'에 대해 과제를 수행하고 있다. 젠더 갈등의 실태와 원인을 분석한 A는 해결 방안을 찾고자 고민하고 있다.

┌ 보기 ┐
ㄱ. 남성과 여성은 생물학적 차이가 없는 평등한 존재임을 고려해 작성하세요.
ㄴ. 인간 사회가 공정한 기회의 평등 실현을 지향해야 함을 고려해 작성하세요.
ㄷ. 개인의 능력 발휘가 자신과 사회에 이익이 될 수 있음을 고려해 작성하세요.
ㄹ. 모든 전통적인 관습에 저항보다 순응하는 것이 가치 있음을 고려해 작성하세요.

① ㄱ, ㄴ ② ㄱ, ㄷ ③ ㄴ, ㄷ ④ ㄴ, ㄹ ⑤ ㄷ, ㄹ

02
▶ 24058-0134

다음을 주장한 사상가의 입장으로 가장 적절한 것은?

• 모든 타당한 규범은 다음 조건을 충족해야 한다. 모든 개인의 이해를 만족하기 위해서 그 규범을 일반적으로 따를 때 발생할 수 있는 결과와 부작용을 모든 당사자가 수락할 수 있어야 한다. 그리고 이미 알고 있는 대안적 조절 가능성의 효과보다 결과와 부작용을 고려해야 한다.
• 어떤 준칙이 일반 법칙이 되기를 바란다면, 다른 사람들에게 이 준칙의 타당성을 규정적으로 명령하거나 강제하지 말아야 한다. 대신 나의 준칙이 보편화 가능한지 논의하여 검토할 수 있도록 다른 사람에게 제시해야 한다. 개인이 모순 없이 일반 법칙으로 원할 수 있는 것부터 모든 사람이 일치하여 보편적 규범으로 승인하기를 원하는 것으로 무게 중심을 이행한다.

① 담론의 참여자는 진실성 있는 주장을 하므로 논리에서 오류를 범할 수 없다.
② 담론의 참여자는 타인의 의견이나 주장에 반박 또는 이의를 제기할 수 없다.
③ 담론의 참여자는 자기주장이 보편적 원리가 되도록 타인에게 강제할 수 없다.
④ 담론의 참여자는 무지의 베일의 공정한 조건에서 합리적 선택에 참여해야 한다.
⑤ 담론의 참여자는 모두 일반 시민이므로 전문가의 조언을 조건 없이 따라야 한다.

03

▶ 24058-0135

다음을 주장한 사상가의 입장에서 〈문제 상황〉 속 A에게 제시할 조언으로 가장 적절한 것은?

행위의 모든 도덕성이 그 행위가 만들어 낼 것에 대한 애호와 애착으로부터가 아니라 의무로부터, 그리고 법칙에 대한 존경으로부터 나온 그 행위가 필연성에 두도록 하기 위해서는, 모든 준칙의 주관적 원리를 명확하게 주목하는 일이 모든 도덕적 판정에서 매우 중요하다. 도덕 법칙은 모든 유한한 이성적 존재자의 의지에 대해서 의무의 법칙이자, 도덕적 강요의 법칙이다.

〈문제 상황〉

한 학급에 외모를 빗대어 친구들의 감정을 상하게 하는 A가 있다. 최근 A의 행동이 점점 그 정도를 지나쳐 학급 친구들의 눈살을 찌푸리게 하는 경우가 늘고 있다.

① 인간은 목적 그 자체이므로 한낱 수단이 될 수 없음을 명심하세요.
② 행위의 도덕성이 행위자 자신의 성품에 의해 결정됨을 명심하세요.
③ 자기 사랑과 행복의 원리가 행위의 법칙이 되어야 함을 명심하세요.
④ 자기 행위가 최대 다수의 최대 행복에 기여할 수 있는 행위를 하세요.
⑤ 자기 의지의 준칙이 항상 동시에 결과의 효용에 부합할 행위를 하세요.

04

▶ 24058-0136

다음을 주장한 사상가의 입장에서 〈문제 상황〉 속 A, B 시민 단체에 제시할 조언으로 가장 적절한 것은?

보살은 이치대로 '어긋나 보이는 주장이나 해석을 조화롭게 하고[會通]', 사실대로 '갈등과 다툼을 풀게 하여 [和會]' 중생을 포섭한다. 중생을 위해 보살은 "이 경전은 모든 것이 전혀 없다고 설하는 것이 아니라 단지 모든 것에는 실체라는 것이 전혀 없다고 설하는 것이다."라고 말한다. 비유하자면, 허공 가운데 온갖 종류의 많은 존재와 행위가 있어도, 허공이 그것들을 모두 수용하는 것과 같다. 갖가지 언설로 지어낸 삿된 망상과 분별이 있으면, 희론(戲論)을 따라 집착하여 중생의 업(業)을 펼쳐 간다. 또 이와 같은 갖가지 언설로 지어낸 삿된 망상과 분별로 희론을 따라 집착하여 갖가지 업을 짓지만, 그것들은 모두 허공과 같은 '언설을 여읜 것'에 수용된다. 만약 이때 보살이 망상과 분별을 없애고 희론에 대한 집착을 버리면 보살은 성자(聖者)로서 증득을 하게 된다.

〈문제 상황〉

A 시민 단체는 출근 시간대를 이용해 자신들의 권익을 주장하며 시위를 벌이고 있다. 반면 B 시민 단체는 그런 주장과 행동이 부당하다며 같은 장소에서 맞불 시위를 벌이고 있다. 시민들은 두 시민 단체의 주장에 일부 수긍할 수 있는 면이 있다는 점을 인정하면서도 아침 출근 때마다 큰 불편이 있다고 호소하고 있다.

① 두 단체의 주장에 담긴 공익적 가치는 사법부만이 판단해야 함을 명심하세요.
② 자신의 종교적 교리에 기초한 시위만이 정당한 명분을 갖게 됨을 명심하세요.
③ 모든 주장에는 옳고 그름이 있으므로 이분법적으로 접근해 문제를 해결하세요.
④ 집회의 자유가 보장되는 사회에서 시민 불편은 불가피한 것임을 널리 알리세요.
⑤ 두 단체 모두 자기 단체의 주장만이 옳다는 생각에서 벗어나 상대를 포용하세요.

05

▶ 24058-0137

다음 신문 칼럼의 입장으로 적절하지 않은 것은?

○○ 신문	○○○○년 ○○월 ○○일
칼럼	

집단 또는 지역 간 갈등 해결을 위해서 정부는 물론 이해관계 당사자들인 시민 사회와 지역 사회의 노력도 중요하다. 정부나 지자체는 '갈등 관리 심의 위원회'와 같은 제도적 장치의 상설화를 지원함으로써 행정 편의와 효율성보다 행정의 민주성을 중시하는 방향으로 바뀌어야 하고, 이해 당사자들은 이와 같은 공적 기구를 활용하여 문제를 대승적이고 합리적으로 해결하려는 일관성 있는 태도를 보여야 한다. 갈등과 관련해 무조건 반대나 무조건 찬성 같은 집단적 충동이나 비합리적 태도는 갈등의 순기능을 차단하고 역기능만을 부추기는 것은 물론, 갈등 해결을 위한 기초 자산인 사회적 자본까지 갉아먹게 된다.

① 갈등은 당사자 간의 합리적 소통보다 행정 효율성의 관점에서 해결해야 한다.
② 갈등은 당사자 간의 상생을 위한 양보와 타협의 정신에 기초해 해결해야 한다.
③ 갈등은 사회 구성원들이 공유하고 있는 가치와 신뢰를 바탕으로 해결해야 한다.
④ 갈등이 사회의 분열과 불신이 아닌 통합과 발전의 계기가 되도록 활용해야 한다.
⑤ 갈등이 시민 사회의 민주적 합의로 해결되도록 정부는 제도적 지원을 해야 한다.

06

▶ 24058-0138

다음을 주장한 사상가의 입장만을 〈보기〉에서 있는 대로 고른 것은?

우리는 모두 불완전하기 때문에 우리는 모두 틀릴 수 있다. 그렇기 때문에 우리는 무엇이 옳은지를 계속해서 탐구해야만 하고, 그래야만 상대주의에서 벗어날 수 있다. 아무런 제약이 없는 관용은 반드시 관용의 소멸을 초래한다. 우리가 관용을 위협하는 자들에게까지 무제한적인 관용을 베푼다면, 그리고 우리가 불관용의 습격으로부터 관용적인 사회를 방어할 준비가 되어 있지 않다면, 관용적인 사회와 관용의 정신 그 자체가 함께 파괴당하고 말 것이다. 그러므로 우리는 관용의 이름으로 불관용을 관용하지 않을 권리를 천명해야 한다. 우리는 관용이라는 이름으로 관용적이지 않은 사람에 대해 관용을 베풀지 않을 권리를 주장해야 한다. 우리는 편협함을 가르치는 어떤 운동이 법의 테두리를 넘어선다는 것을 주장해야만 하고, 우리가 살인이나 유괴의 선동, 노예 무역의 부흥을 범죄로 간주하듯이 편협함과 박해를 선동하는 것도 범죄로 간주해야 한다.

보기

ㄱ. 관용이 있는 사회라면 편협함과 박해를 선동하는 행위까지도 용서해야 한다.
ㄴ. 관용을 위해서는 내가 틀릴 수 있고 당신이 옳을 수 있다는 인식이 필요하다.
ㄷ. 관용이 있는 사회는 어떤 상황에서는 관용의 적을 제압할 준비도 갖추어야 한다.
ㄹ. 관용의 역설을 막기 위해서는 불관용을 관용하지 않을 권리를 주장해서는 안 된다.

① ㄱ, ㄴ   ② ㄱ, ㄹ   ③ ㄴ, ㄷ
④ ㄱ, ㄷ, ㄹ   ⑤ ㄴ, ㄷ, ㄹ

07

▶ 24058-0139

갑의 입장에 비해 을의 입장이 갖는 상대적 특징을 ㉠~㉤ 중에서 고른 것은?

> 갑: 통일의 일차적 의미는 하나의 정치 공동체 수립이나 민족 공동체 의식의 형성에 있다기보다 국토의 확장
> 과 통일에 있다. 국토의 통일은 통일 국가 건설을 위한 물리적 기반을 제공하며, 이로써 한반도 내의 모든
> 구성원은 한반도 어느 곳에서든지 자유롭게 왕래하고 거주할 수 있는 공간에 속하게 된다. 또한 통일은
> 경제 영역을 한반도 전역은 물론, 북방 경제권, 동북아 경제권, 환태평양 경제권 등으로 범위를 확대하는
> 것에도 기여한다.
>
> 을: 통일의 일차적 의미는 단일한 영토에 기초한 경제권의 확장보다 하나의 공동체 실현에 있다. 통일은 남북
> 한의 정치 체제를 통합하여 통일 헌법, 단일 정부, 단일 국가의 수립을 가져와 분단에 따른 이념 갈등과
> 전쟁의 위협을 극복하게 해 준다. 나아가 통일은 하나의 국가 안에서 마음의 분단을 극복하고 '우리 의식'
> 을 강화해 사회·문화적 공동체 형성이라는 진정한 의미의 통일이어야 한다.

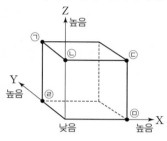

> • X: 통일이 경제·지리적 공간의 확장
> 에 유익함을 강조하는 정도
> • Y: 통일이 단일한 정치 공동체의 형
> 성에 유익함을 강조하는 정도
> • Z: 통일이 정서적 유대에 기초한 공
> 동체 실현에 유익함을 강조하는
> 정도

① ㉠   ② ㉡   ③ ㉢   ④ ㉣   ⑤ ㉤

08

▶ 24058-0140

그림의 강연자가 지지할 입장으로 적절하지 <u>않은</u> 것은?

> 우리는 통일 과정에서 다음과 같은 요소를 고려해야 합니다. 첫째, 평화는 한반도 통일에서
> 가장 우선해야 할 가치라는 점입니다. 한반도의 진정한 평화와 민족 공동 번영이 보장되는
> 통일이어야 하므로 통일 지상주의를 추구해서는 안 됩니다. 둘째, 통일은 민족 문제이자 국
> 제 문제라는 점입니다. 한반도 분할과 6·25 전쟁 등 주변국의 이해관계는 한반도 분단과
> 관련해 현재까지 깊이 개입되어 있다는 점을 간과해서는 안 됩니다. 셋째, 통일은 안보에 기
> 초해 평화와 번영을 구현하는 방향으로 추진해야 합니다. 이를 위해 북한을 대화의 상대로
> 받아들이고 상호 교류를 확대하는 한편, 굳건한 안보 체제를 유지해야 합니다. 항구적 평화
> 가 정착되기까지 굳건한 안보는 평화의 토대가 됩니다. 마지막으로 통일은 특정 계층의 문
> 제가 아니므로 국민적 합의에 기초해 평화적이고 민주적으로 추진해야 합니다.

① 통일을 위해 남북한의 노력과 주변국의 지지에 의한 평화 구축이 필요하다.
② 통일은 남북한의 주요 정치인과 고위 관료의 결단과 합의에 기초해야 한다.
③ 통일을 위해서는 남북한이 서로의 존재를 인정하고 호혜적 협력을 해야 한다.
④ 통일을 위해서는 대립과 갈등의 상호 불신과 적대적 의식의 극복이 필요하다.
⑤ 통일의 참된 의미를 정전(停戰)에 의한 전쟁의 부재 상태로 보아서는 안 된다.

① 국제 분쟁의 해결과 평화

1. 국제 관계의 이해

(1) 국제 관계를 바라보는 관점

① 현실주의

- 국가는 이기적 인간들로 구성되어 있고, 세계도 자국의 이익을 추구하는 국가로 구성되어 있음
- 국제 관계는 국가를 통제할 세계 정부가 없는 무정부적 상태임
- 국가의 목표는 자국의 이익과 생존이며, 다른 국가는 자국의 생존을 위협하는 잠재적 위협 요소임
- 평화는 국제 사회에 불신과 경계가 잔존해도 세력 균형으로 전쟁이 없는 상태임

② 이상주의

- 인간이 이성적 존재이듯 국가도 이성적이고 합리적임
- 분쟁은 인간 본성이 아니라 상대방에 대한 무지나 오해, 잘못된 제도에서 유래함
- 분쟁 해결을 위해 국가뿐만 아니라 개인, 국제기구, 비정부 기구 등 다양한 주체들의 노력을 강조함
- 평화는 신뢰와 존중 및 협력이 정착된 상태로 국가 간의 이성적 대화와 협력을 바탕으로 도덕, 여론, 법률, 제도를 통해 만들어 갈 수 있음

③ 현실주의와 이상주의의 한계점

현실주의	• 세력 균형의 평화 상태를 유지하려 하기보다는 자국의 우위를 확보하기 위한 군비 경쟁을 유발함 • 전쟁과 무력행사를 정당화할 위험이 있음 • 국제기구와 비정부 기구 등 다양한 행위 주체와 이들이 미치는 영향력을 간과하여 국제 관계의 협력을 잘 설명하지 못함

이상주의	• 현실에서 나타나는 국가 간 경쟁이나 갈등을 설명하기 어려움 • 국제 관계를 통제할 실효성 있는 제재를 가하기 어려움

(2) 국제 분쟁의 원인과 해결 방안

① 다양한 국제 분쟁의 원인

- 영역과 자원: 국가 간 영역과 자원을 선점하기 위한 과정에서 분쟁이 발생함
- 종교적·문화적 차이: 종교적·문화적 차이에 따른 갈등은 타협이나 중재가 어려워 쉽게 분쟁이 발생함
- 인종·민족 차이: 인종이나 민족 간 이해관계가 상충하거나 차별적 대우로 분쟁이 발생함

② 국제 분쟁의 윤리적 문제

- 지구촌의 평화 위협: 군사적 우위를 확보하기 위한 핵무기, 생화학 무기 등을 개발해 지구촌 전체의 평화를 위협함
- 인류가 지향하는 보편적 가치의 훼손: 국제 분쟁으로 인간의 존엄성, 정의, 평화, 인권 등의 가치를 훼손하는 인종 청소, 집단 살해와 같은 범죄가 자행되기도 함

③ 국제 분쟁의 해결 방안

- 문명의 다양성과 차이를 존중하고 동질성을 모색하는 자세가 필요함
- 약소국을 배려하는 국제적 차원의 제도 마련과 국제 원조 기구를 통한 기부의 활성화로 국제적 분배 정의를 실현함

자료와 친해지기 **칸트의 영구 평화를 위한 세 가지 확정 조항**

> ⊙ **영구 평화를 위한 확정 조항**
> 제1 확정 조항. 각 국가에서 시민적 (헌정) 체제는 공화적이어야 한다.
> 제2 확정 조항. 국제법은 자유로운 국가들의 연방제에 기초해 있어야 한다.
> 제3 확정 조항. 세계 시민법은 보편적 우호의 조건들에 국한되어야 한다.
>
> — 칸트, 『영원한 평화』 —

영구 평화를 위한 확정 조항이란 영구 평화를 위해 즉시 시행되어야 하는 적극적인 조항이다. '제1 확정 조항'은 영구 평화를 위해 모든 국가의 정치 체제가 공화 정체여야 한다는 것이다. 칸트는 전쟁에 대한 결정이 군주와 같은 한 사람이 아니라 국민 전체의 동의 여부에 달려 있을 때 전쟁이 억지된다고 보았다. 칸트는 국민의 의사가 존중되는 체제가 바로 공화 정체라고 보았다. '제2 확정 조항'에서 핵심 개념은 국제법과 국제 연맹이다. 이는 평화를 법적 근거와 운영 주체를 명시해 평화의 항구성을 모색하는 과정에서 나온 것이다. 칸트는 하나의 주권을 가진 세계 국가가 아니라 독립된 주권을 가진 국가들의 연맹을 통해 평화를 실현할 수 있다고 보았다. '제3 확정 조항'에서 칸트는 세계 시민법이 보편적 우호 조건에 의해 제한되어야 한다고 주장하였다. 여기서 우호는 한 외국인이 타국의 영토를 밟았다는 이유만으로 그 국민으로부터 적으로 간주되지 않을 권리이다. 이는 사람들이 지구를 공동으로 소유함으로써 그런 권리를 갖는다는 것과 지구 위에서 영원토록 흩어져 살 수 없는 까닭에 결국 서로의 존재를 인정해야만 한다는 생각에서 나온 것이다. 그것을 가능하게 하는 실체가 세계 시민법이다.

2. 평화의 가치와 국제 평화를 위한 노력

(1) 평화의 가치

① 평화는 인류가 갈등, 분열, 전쟁이 지속되는 역사 속에서도 끊임없이 추구해 온 윤리적 가치임

② 평화는 안전을 넘어 인간다운 삶을 실현하기 위한 필수 조건으로 우리가 추구해야 할 윤리적 가치임

(2) 국제 평화를 위한 노력

① 갈퉁: 인간 존엄성, 삶의 질을 중시하는 적극적 평화의 실현을 강조함으로써 평화 개념을 국가 안보 차원에서 인간 안보 차원으로 확장함

소극적 평화	범죄, 테러, 전쟁 등과 같은 직접적 폭력이 사라진 상태
적극적 평화	직접적 폭력은 물론 구조적 폭력과 문화적 폭력 같은 간접적 폭력이 사라져 인간다운 삶을 누릴 수 있는 상태

② 칸트: 전쟁의 폭력성과 적대성이라는 악순환에서 벗어나 평화를 유지할 수 있는 대책을 제시함

• 모든 국가가 평화를 유지하기 위해 자유로운 국가들 간의 연맹에 참여할 것을 주장함

• 연맹에 참여한 국가의 국민들은 자유와 평화를 보장받을 수 있고, 평화를 요구하는 시민들에 의해 국가 지도자가 쉽게 전쟁을 일으킬 수 없게 됨

• 평화를 실현하는 방법으로 환대권을 강조함

③ 국제 연합: 억압과 차별, 민족 간 분쟁, 종교 간 갈등과 같은 집단 간 분쟁을 해소하기 위해 평화 유지, 군비 축소, 국제 협력 등의 활동을 전개함

④ 국경 없는 의사회, 유니세프: 평화를 위한 구호 활동을 전개함

(3) 평화를 위한 우리의 자세

① 분쟁의 원인을 이해하고 세계 시민으로서 국제 평화에 관심을 가져야 함

② 다른 민족, 다른 나라 사람들에 대한 편견과 무관심을 극복하고 상호 이해를 위한 교류와 관용을 실천함

② 국제 사회에 대한 책임과 기여

1. 세계화에 대한 관점

(1) 세계화(globalization)

① 의미: 국제 사회의 상호 의존성 증가로 세계가 긴밀하게 연결된 사회 체계로 통합되어 가는 현상

② 세계화의 긍정적 · 부정적 측면

긍정적 측면	• 기업들이 국제적 경쟁력을 갖추고 생산성을 높이기 위해 노력함으로써 경제 발전에 기여함 • 소비자는 다양한 상품의 선택 기회를 갖게 되고, 생산자는 더 넓은 시장에서 제품을 팔 수 있게 됨 • 환경, 난민, 인권 문제 등 전 지구적 문제를 해결하고 보편적 가치를 보장하기 위한 국제 협력이 이루어짐 • 세계 여러 나라의 문화가 교류됨에 따라 다양한 문화의 공존과 질적 향상이 이루어짐
부정적 측면	• 자본과 기술을 보유하고 있는 선진국이 경쟁에서 유리해져 국가 간 빈부 격차가 심화됨 • 국가 간 상호 의존도가 심화되어 다른 나라의 경제 위기로 국내 경제가 위험에 노출될 수 있음 • 세계적 문화 교류는 각 지역이나 나라의 고유한 정체성을 약화시키고 문화를 획일화함 • 특정 국가의 권리와 보편 윤리로서의 인권이 충돌할 가능성이 커짐 • 영역과 자원 확보를 위한 국가 간 분쟁이 빈번해짐

③ 세계화는 양면성을 지니므로 세계화로 나타나는 문제점을 해소하면서 세계화의 긍정적 측면이 확장될 수 있도록 노력해야 함

(2) 지역화(localization)

① 의미: 지역의 전통이나 특성을 살려 다른 지역과 차별화된 경쟁력을 갖추려는 현상이나 전략

② 장점: 지역의 이익과 발전을 추구할 수 있음

③ 문제점: 지역 공동체의 폐쇄성과 배타성으로 갈등이 발생할 우려가 있음

자료와 친해지기 평화에 대한 갈퉁의 입장

• 폭력은 인간에게 기본적 필요, 더 일반적으로는 생명에 대해서 가해지는 피할 수 없는 상해 행위이다. 즉 잠재적으로는 가능한 어떤 수준 이하로 그 필요에 대한 만족의 실제 수준을 저하시키는 것이다.

• 평화를 창조하는 것은 폭력을 줄이는 것, 폭력을 피하는 것과 관련이 있다. 폭력은 해치거나 다치게 하는 것을 뜻한다. 이러한 폭력에는 직접적 폭력과 간접적 폭력이 있으며, 이러한 폭력의 이면에 문화적 폭력이 있다. 폭력은 주로 문화적 폭력으로부터 구조적 폭력을 경유하여 직접적 폭력으로 번진다.

• 문화적 폭력은 직접적이고 구조적인 폭력을 합법화시킨다. 그러한 폭력은 행위자로 하여금 직접적 폭력을 수행하도록 하거나, 구조적 폭력에 대응하지 않는 것이다. 이러한 폭력은 의도적일 수도 있고 비의도적일 수도 있다.

– 갈퉁, 『평화적 수단에 의한 평화』 –

갈퉁은 폭력을 인간의 기본적 필요 충족을 침해하는 행위로 규정하였다. 그는 평화 실현을 위해서는 이러한 폭력을 피하고 줄여야 한다고 보았다. 그는 폭력에는 직접적 폭력과 구조적 폭력 그리고 문화적 폭력이 있다고 보고, 이러한 모든 폭력을 제거하는 것이 진정한 평화를 실현하는 길이라고 보았다.

(3) 글로컬리즘(glocalism)
① 의미: 지역의 전통과 특색을 유지하면서도 세계화하는 것
② 장점: 세계화와 지역화의 조화를 추구할 수 있음
③ 실현 방안
  • 특정 문화의 기준이나 가치를 다른 문화에 획일적으로 적용하지 않고 현지화하는 방법
  • 지역의 고유한 특성을 인류의 보편적 기준이나 가치에 맞게 변형하여 세계로 확산하는 방법

2. 국제 정의와 해외 원조에 대한 다양한 관점

(1) 국제 정의
① 필요성: 세계화로 국가 간의 상호 의존도가 높아져 국제 정의의 실현이 요구됨
② 국제 정의의 종류: 형사적 정의와 분배적 정의로 구분할 수 있음
③ 형사적 정의와 분배적 정의 비교

구분	형사적 정의	분배적 정의
의미	범죄에 대한 정당한 처벌을 통해 실현되는 정의	재화의 공정한 분배를 통해 실현되는 정의
침해 사례	전쟁, 집단 학살, 테러, 납치 등 무고한 생명과 인간 존엄성을 훼손하는 반인도주의적 범죄	특정 국가나 계층의 부의 편중으로 말미암은 빈곤과 기아
실현 방안	• 국제 형사 재판소를 통해 반인도적 범죄를 처벌함 • 국제 형사 경찰 기구를 통해 국제 범죄 수사에 공조함	공적 개발 원조를 통해 선진국이 빈곤 국가에 경제적 지원과 기술 이전을 함으로써 부의 격차를 줄임

(2) 해외 원조에 대한 다양한 입장
① 해외 원조에 관한 윤리적 근거

자선의 관점	노직	• 자유 지상주의: 정당한 절차를 통해 취득한 재산에 대해 개인은 배타적 소유권을 지니고 있으며, 처분권 또한 개인의 자유로운 선택에 달려 있음
		• 개인이 자발적으로 자신의 부를 빈곤으로 고통받는 사람을 위해 사용할 수는 있지만 해외 원조나 기부를 실천해야 할 윤리적 의무는 없음 • 원조를 자율적 선택의 문제로 보기 때문에 빈곤 문제 해결에 한계가 있다는 비판을 받음
의무의 관점	의무론	• 어려운 처지의 사람들을 돕는 행위는 사람을 목적으로 대우하는 것이며, 보편적인 도덕 법칙이기 때문에 마땅히 해야 하는 윤리적 의무임 • 타인의 고통에 대한 무관심은 보편적 윤리 기준에 어긋남 • 선(善)의 실천은 곧 도덕적 의무임
	싱어	• 공리주의: 고통을 감소시키고 쾌락을 증진하는 것은 인류의 의무임 • 원조를 통해 얻는 이익이 비용보다 클 경우 어떤 공동체의 구성원인지에 관계없이 도움을 주어야 함 • 굶주림과 죽음을 방치하는 것은 인류 전체의 고통을 증가시키는 것임 • 세계 시민주의 관점: 지구적 차원의 원조를 강조함
	롤스	• 원조의 목적: 불리한 여건으로 '고통받는 사회'를 '질서 정연한 사회'가 되도록 돕는 것임 • 고통받는 사회가 질서 정연한 사회로 진입한 이후에는 그 사회가 여전히 상대적으로 빈곤하다 할지라도 원조는 중단됨 • 원조의 목적을 모든 인류의 복지 수준을 향상시키는 것에 두지 않음 • 『정의론』의 '차등의 원칙'을 국제적 분배 정의에는 적용하지 않는다는 비판을 받음

② 약소국 지원의 윤리적 자세
  • 개인적 차원: 지구촌 이웃이 겪는 고통에 관심을 갖고 후원과 기부를 실천해야 함
  • 국가적·국제적 차원: 각 국가는 자국의 경제적 수준에 부합하는 해외 원조를 실천해야 함

자료와 친해지기 **롤스의 원조의 의무와 차단점에 대한 입장**

• 원조 의무의 역할은 고통받는 사회를 만민의 사회의 완전한 성원이 되도록, 그리고 그들 스스로 그들 자신의 미래의 경로를 결정할 수 있도록 원조하는 것이다.
• 만민의 사회의 기본 구조에서 일단 원조의 의무가 충족되고 모든 만민이 자유적 또는 적정 수준의 정부가 작동하는 상황을 가지게 된다면 상이한 만민 간의 평균적 부의 차이를 다시금 좁혀야 할 이유는 없다. 정의롭고 안정된 사회가 된다면 만민법은 그러한 사회를 유지하기 위해 필요한 것을 넘어서 그 이상의 어떤 목표, 즉 생활 수준 향상과 같은 목표를 규정하지 않는다. 그리고 사회 간의 물질적인 불평등을 더 축소시키려는 어떠한 요청도 정당화될 수 없다.
　　 – 롤스, 『만민법』 –

롤스는 원조의 목적이 고통받는 사회가 질서 정연한 사회가 되도록 돕는 데 있다고 하면서, 이러한 원조의 목적이 충족되면 더 이상의 원조는 필요하지 않게 된다고 보았다. 그는 원조의 목적을 사회 간의 경제적 불평등을 좁히는 데 두는 것은 옳지 않다고 보았다. 그의 이런 주장은 한 사회에서 적용되는 차등의 원칙과 유사한 원칙이 사회적 협력 체계인 국제 사회에서 지구적 차원에서의 분배 정의의 원칙을 필요로 한다는 베이츠의 입장과 대조를 이룬다.

01

▶ 24058-0141

다음을 주장한 사상가의 입장으로 가장 적절한 것은?

> 자기와 관련하여 도덕적으로 중요한 어떤 일들을 희생하지 않고도 다소 극단적 빈곤을 방지하거나 누군가의 생명을 구할 수 있다면, 그렇게 해야 한다. 그럼에도 원조 단체에 대한 자신의 기부가 한 목숨을 구하는지, 사람들을 극단적 빈곤에서 벗어나게 해 주는지에 대해 확신할 수 없다는 주장이 있다. 이런 논변은 원조 단체들이 기부된 대부분의 돈을 행정 비용으로 사용하고, 아주 적은 액수만을 원조에 사용한다는 믿음에 기초하고 있다. 하지만 원조 단체들의 효율성을 행정 비용만으로 측정하는 것은 일반적인 실수이다. 거기에는 원조와 관련한 경험 많은 사람들의 봉급이 들어 있기 때문이다. 그런 사람들을 고용하지 않는 단체는 고용하는 단체보다 낮은 행정 비용을 가질 수 있다. 하지만 그렇게 되면 기부금으로 성취할 수 있는 것은 더 적게 될 것이다.

① 빈곤국의 모든 국민을 위한 선진국 국민의 자발적 기부는 정언 명령이다.
② 극단적인 빈곤 감소를 위한 기부는 보편화 가능성의 원칙을 충족할 수 있다.
③ 원조 단체의 행정 비용을 측정해 비용이 높은 단체에 대한 기부를 끊어야 한다.
④ 가장 큰 효과를 가져올 곳에 우선 원조하는 것은 원조의 의무 원칙을 위반한다.
⑤ 원조는 자신과 가까운 이웃으로부터 점차 이방인에 대한 원조로 확대해야 한다.

02

▶ 24058-0142

다음을 주장한 사상가의 입장으로 적절한 것만을 〈보기〉에서 있는 대로 고른 것은?

> 국제적 차원에서 무지의 베일이 존재한다고 가정하면, 전 세계적으로 자연 자원이 불균등하게 분포되어 있음을 문제 삼아야 한다. 자연 자원 분포의 불균형으로 일부 국가들은 큰 혜택을 누리는 데 반해, 다른 국가들은 그렇지 못한 현재의 상황 역시 공정하다고 보기 어렵다. 국제적으로 인간의 기본적 필요를 충족하는 것 이상의 부의 재분배가 이루어져야 한다. 사실상 국가는 개인들보다도 차등의 원칙 실행을 위한 정책을 추진하는 데 더 적절한 위치에 있다. 국제적 차등의 원칙을 충족시킬 수 있는 최선의 전략이 없기 때문에 국가 간 재분배는 차선의 해결책이 될 수 있다.

┌─ 보기 ┌
ㄱ. 부국에서 빈국으로 부의 이전을 위한 지구적 차등의 원칙이 필요하다.
ㄴ. 국제 사회는 빈국의 국내 사회의 제도가 정의롭게 되도록 도와야 한다.
ㄷ. 부정의한 제도를 가진 국가에 대한 국제 사회의 간섭은 항상 부당하다.
ㄹ. 국제적 차원의 경제적 상호 의존은 지구적 차원의 분배 정의를 요구한다.

① ㄱ, ㄴ   ② ㄱ, ㄷ   ③ ㄷ, ㄹ
④ ㄱ, ㄴ, ㄹ   ⑤ ㄴ, ㄷ, ㄹ

03

▶ 24058-0143

다음을 주장한 사상가의 입장으로 가장 적절한 것은?

> • 만민은 정의롭거나 적정 수준의 정치 체제와 사회 체제의 유지를 저해하는 불리한 여건에 있는 다른 만민을 원조할 의무가 있다.
> • 만민법은 국내적 정치 체제에 해당하는 자유적 정의관을 만민의 사회로 확장하려는 것이다. 자유적 정의관을 만민법으로 발전시키기 위해 우리는 합당하게 정의로운 자유적 만민의 외교 정책과 관련하여 이상과 원칙을 세울 필요가 있다.

① 지구적 평등의 실현을 위해 각 사회는 국제 공동 기금을 조성해야 한다.
② 원조의 목적인 개인들의 복지 실현이 달성되면 원조는 중단되어야 한다.
③ 부존자원의 우연적 배분은 한 사회의 정의 실현을 위한 결정적 변수이다.
④ 여성의 인권 보장은 고통받는 사회의 정치 문화를 바꾸는 데 필수적이다.
⑤ 부존자원에 대한 이익 독점은 부당하므로 지구적 재분배 원칙이 필요하다.

04

▶ 24058-0144

(가)의 갑, 을 사상가들의 입장을 (나) 그림으로 탐구하고자 할 때, A~C에 들어갈 질문으로 가장 적절한 것은?

(가)	갑: 원조 의무 실행과 관련해 고통을 겪는 사회의 정치 문화가 극히 중요하다는 것을 깨달아야 한다. 또한 고통받는 사회가 정치적·사회적 문화를 바꾸도록 질서 정연한 만민이 도와주는 데에는 특별히 쉬운 비법이란 없음도 깨달아야 한다.
	을: 원조와 관련해 자원은 한정되어 있으므로 가장 혜택을 크게 낼 수 있는 곳에 그것을 사용하는 것은 타당하다. 운 좋게 우리 사회의 시민이 된 사람들만이 우리의 풍요로운 자원을 나누어 갖도록 결정하는 것은 잘못이 될 것이다.
(나)	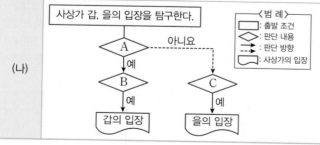

① A: 한 사회의 정치적·사회적 부정의의 교정은 분배 재원의 마련만으로 충분한가?
② A: 정치 문화를 결여하지만 천연자원이 풍부한 사회는 원조 대상에서 배제되는가?
③ B: 고통받는 사회가 정치 문화를 변경하도록 원조와 강제를 병행해야 하는가?
④ B: 한 사회의 기근과 식량 위기는 정치·사회 제도 내에 있는 정책 실패 때문인가?
⑤ C: 원조를 위한 자원 사용은 공리가 아닌 이익 평등 고려의 원칙에 따라야 하는가?

05

▶ 24058-0145

다음을 주장한 사상가의 입장으로 적절한 것만을 〈보기〉에서 고른 것은?

> • 영원한 평화는 공허한 이념이 아니라 오히려 차츰 해결되면서 꾸준히 목표를 향해 접근해 가야 하는 하나의 과제이다.
> • 영원한 평화에 관한 자연의 예비적 설계는 다음과 같다.
>   (1) 자연은 세계의 모든 지역에서 인간이 살 수 있도록 배려하였다.
>   (2) 자연은 전쟁을 통해 모든 지역에, 극히 불모의 지역까지 인간을 쫓아 보내 그곳에 살도록 배려하였다.
>   (3) 자연은 역시 마찬가지로 전쟁에 의해 인류가 크든 작든 상호 간 법적 관계에 들어가게 하였다.

┌ 보기 ┌
ㄱ. 전쟁의 영원한 종식은 평화 연맹보다 평화 조약을 통해 추구해야 한다.
ㄴ. 사람에게는 인간애가 아니라 권리로서 타국에 대한 방문권이 존재한다.
ㄷ. 이방인의 교제권과 방문권은 일시적인 것이지 영속적인 체류권이 아니다.
ㄹ. 모든 국가는 영원한 평화 실현을 위해 단일한 국제 국가 형성에 동의해야 한다.

① ㄱ, ㄴ   ② ㄱ, ㄷ   ③ ㄴ, ㄷ   ④ ㄴ, ㄹ   ⑤ ㄷ, ㄹ

06

▶ 24058-0146

(가)의 갑, 을 사상가들의 입장에서 서로에게 제기할 수 있는 비판을 (나) 그림으로 표현할 때, A, B에 해당하는 내용으로 가장 적절한 것은?

(가)	갑: 국가 간 영원한 평화를 위해서는 전쟁의 화근이 될 수 있는 내용을 암암리에 유보한 채로 맺은 어떠한 조약도 결코 평화 조약으로 간주해서는 안 된다. 그렇지 않다면 조약이란 모든 적대적 행위의 종식을 의미하는 평화가 아닌 적대 행위의 한낱 일시적 중지인 휴전에 불과한 것이 되기 때문이다. 을: 정치적 현실주의는 정치적 행위의 도덕적 중요성을 인식하고 있으며, 도덕적 명령과 성공적인 정치 행위의 요구 사이에 긴장이 불가피하다는 점도 인식하고 있다. 도덕적 과잉이나 정치적 우매함을 피할 수 있게 해 주는 것은 바로 권력으로 정의되는 이해관계 개념이다.
(나)	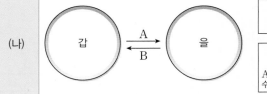 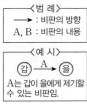

① A: 국제법에 기초한 세계 공화국 건설이 평화에 필수적임을 간과한다.
② A: 참된 정치는 도덕에 충실하고 도덕에 경의를 표해야 함을 간과한다.
③ B: 국제 권력 정치에서 국제법 규범과 국제기구가 불필요함을 간과한다.
④ B: 국내 정치와 달리 국제 정치는 권력 투쟁을 그 본질로 함을 간과한다.
⑤ B: 어떠한 독립 국가도 다른 국가의 소유물이 되어서는 안 됨을 간과한다.

07

▶ 24058-0147

그림의 강연자가 지지할 입장으로 적절한 것만을 〈보기〉에서 고른 것은?

폭력은 필요로 하는 것을 박탈하는 행위이며, 폭력은 폭력을 낳습니다. 일반적으로 문화적 폭력으로부터 구조적 폭력을 거쳐 직접적 폭력으로 향하는 인과적 흐름에 대해서는 그 확인이 가능합니다. 문화는 우리를 착취나 억압을 정상적이고 자연스러운 것으로 보도록, 또는 그러한 착취를 전혀 보지 못하도록 전도하고 가르치고 훈계하며 충동질하고 감각을 무디게 만듭니다. 한편, 폭력은 직접적-구조적-문화적 폭력이라는 삼각형 구도를 형성하고 있으며, 폭력은 삼각형의 어떤 꼭짓점에서도 시작될 수 있고, 다른 꼭짓점으로 쉽게 전해집니다.

┌─ 보기 ┐
ㄱ. 문화적 폭력은 과학이나 법이 아니라 종교나 예술 등에 존재한다.
ㄴ. 문화적 폭력과 달리 직접적이고 구조적 폭력은 반복되면서 완성된다.
ㄷ. 문화적 폭력은 직접적 폭력과 구조적 폭력을 정당화하는 기능을 한다.
ㄹ. 문화적 평화는 폭력의 합법화를 평화의 합법화로 전환하는 기능을 한다.

① ㄱ, ㄴ   ② ㄱ, ㄷ   ③ ㄴ, ㄷ   ④ ㄴ, ㄹ   ⑤ ㄷ, ㄹ

08

▶ 24058-0148

(가)의 갑, 을 사상가들의 입장을 (나) 그림으로 표현할 때, A~C에 해당하는 적절한 진술만을 〈보기〉에서 고른 것은?

(가)	갑: 시민적 체제는 인간으로서 한 사회 구성원의 자유의 원리에 의해, 신민으로서 만인의 유일한 공동의 법칙 수립에 대한 의존성의 원리에 의해, 그리고 국민으로서 평등의 원칙에 의해 확립된다. 이 유일한 체제는 공화적 체제이며, 이것은 근원적 계약의 이념으로부터 도출될 수 있다. 을: 폭력은 인간의 생명에 대해서 가해지는 피할 수 없는 상해 행위로 간주된다. 평화는 직접적 평화와 구조적 평화, 그리고 문화적 평화가 합쳐진 것이다. 평화는 갈등을 처리하는 능력으로 시험할 수 있으며, 갈등은 이를 창조적으로 처리하는 사람들과 갈등 속에서 폭력을 행사하지 않고 행동하는 사람들에 의해서 바뀔 수 있다.
(나)	갑 ⬤ 을 (A B C) 〈 범 례 〉 A: 갑만의 입장 B: 갑, 을의 공통 입장 C: 을만의 입장

┌─ 보기 ┐
ㄱ. A: 영원한 평화를 위해 정치 체제와 상관없이 국제법 승인을 강제해야 한다.
ㄴ. B: 평화에 위협이 되는 물리적 폭력과 전쟁을 영원히 종식해야 한다.
ㄷ. B: 평화를 국가 간 권력 투쟁이나 팽창 정책으로 실현하려 해서는 안 된다.
ㄹ. C: 영원한 평화 실현을 위해 세계의 모든 국가는 상비군을 폐지해야 한다.

① ㄱ, ㄴ   ② ㄱ, ㄷ   ③ ㄴ, ㄷ   ④ ㄴ, ㄹ   ⑤ ㄷ, ㄹ

09

▶ 24058-0149

(가), (나)의 공통된 입장으로 가장 적절한 것은?

> (가) 인간이 이성적 존재이듯이 국가도 이성적이고 합리적이다. 분쟁은 인간 본성에서 비롯되는 것이 아니라 상대방에 대한 무지나 오해 또는 잘못된 제도 때문에 발생한다. 분쟁 해결을 위해서는 국가·개인·국제 기구·비정부 기구 등 다양한 주체의 노력이 중요하다. 또한 평화는 국가 간 이성적 대화와 협력을 바탕으로 도덕·여론·법률·제도 등을 통해 만들어 가는 것이 바람직하다.
>
> (나) 인간성은 본질적으로 변하지 않거나, 혹은 쉽게 변하지 않는다. 인간은 선천적으로 선하거나 완전하지 않으며, 교육이나 정치 개혁을 통해 인간을 변화시키는 데에는 한계가 있다. 오히려 인간을 악하고 범죄적이고, 권력 지향적인 존재로 보아야 한다. 국가 간 관계에서 본질적 이익의 조화란 불가능하고, 국가들의 목표를 서로 갈등하는 것으로 보아야 한다.

① 국가 간 힘의 대등한 균형만이 영원한 평화를 실현할 수 있다.
② 국가 간 평화를 위해서는 국제법 규범과 외교 정책이 필요하다.
③ 국가 간 분쟁은 국제적 비정부 기구가 주도적으로 해결해야 한다.
④ 국가 간 분쟁은 상대방 국가에 대한 완전한 무지와 오해가 원인이다.
⑤ 국가 간 분쟁은 국제기구의 중재가 아닌 무력을 통해 해결해야 한다.

10

▶ 24058-0150

(가), (나)의 입장에 대한 적절한 설명만을 〈보기〉에서 있는 대로 고른 것은?

> (가) 세계화는 국가 간 상호 의존성을 높이고, 국제 사회를 긴밀한 하나의 체계로 통합하고 있다. 생활 공간의 세계화는 기업들이 국제적 경쟁력을 갖추고 생산성을 높이기 위한 노력을 하게 함으로써 지구적 차원의 경제 발전을 가져오고 있으며, 지구적 문제에 대해서는 국제적 협력이 이루어지도록 하고, 다양한 문화의 교류를 통해 삶을 더욱 풍요롭게 해 주고 있다.
>
> (나) 세계화는 앞선 기술과 자본을 보유하고 있는 선진국에 유리한 기회를 제공해 국가 간 빈부 격차를 심화시키고 있으며, 국가 간 상호 의존성의 증대로 한 나라의 경제 위기가 다른 나라의 경제에 쉽게 영향을 미치게 하는 문제를 초래하고 있다. 또한 세계적인 문화 교류는 각 지역이나 국가의 고유성을 약화시키고 문화를 획일화하고 있다.

┌ 보기 ┐
ㄱ. (가)는 세계화로 지구적 문제의 해결을 위한 국제적 여건이 개선되고 있다고 본다.
ㄴ. (나)는 세계화로 지역 또는 개별 국가의 문화적 정체성이 위협받고 있다고 본다.
ㄷ. (나)는 세계화로 지구상의 모든 국가가 동등한 발전 기회를 갖게 되었다고 본다.
ㄹ. (가)와 (나)는 세계화로 국가 간 상호 긴밀성과 영향력이 증대하고 있다고 본다.

① ㄱ, ㄴ   ② ㄱ, ㄷ   ③ ㄷ, ㄹ
④ ㄱ, ㄴ, ㄹ   ⑤ ㄴ, ㄷ, ㄹ

문항에 따라 배점이 다르니, 각 물음의 끝에 표시된 배점을 참고하시오. 3점 문항에만 점수가 표시되어 있습니다. 점수 표시가 없는 문항은 모두 2점입니다.

▶ 24058-0151

1 ㉠에 들어갈 진술로 가장 적절한 것은?

> 나는 윤리학이 도덕적 행위와 판단의 근거가 되는 보편적인 도덕 원리에 대해 이론적으로 탐구하는 학문이라고 생각한다. 그런데 어떤 사람들은 보편적인 도덕 이론을 제시하는 것보다 도덕적 언어의 의미 분석과 도덕적 추론의 논리적 정당성을 비판적으로 검증하는 것이 중요하다고 주장한다. 나는 이러한 주장이 ⎡   ㉠   ⎤고 생각한다.

① 도덕적 딜레마 해결을 위해 학제적 연구가 필요함을 강조한다
② 도덕적 주장에 사용되는 용어의 의미를 분석해야 함을 간과한다
③ 사회에 존재하는 도덕적 관습에 대한 가치 중립적 서술을 강조한다
④ 윤리적 판단을 위한 보편적 도덕 원리의 정립이 중요함을 간과한다
⑤ 윤리학의 학문적 성립 가능성에 대한 비판적 검토가 필요함을 간과한다

▶ 24058-0152

2 갑, 을 사상가들의 입장에 대한 설명으로 가장 적절한 것은?

> 갑: 어진 사람은 반드시 천하의 이익을 일으키고 천하의 해를 없애는 것에 힘쓰는 것을 천하의 법도로 삼는다. 어진 사람은 자신의 눈에 아름다운 것이나 귀에 즐거운 것이나 입에 단 것이나 몸에 편안한 것을 위해 일하지 않는다. 음악에 반대하는 이유는 악기 소리가 즐겁지 않기 때문이 아니라 만민의 이익에 부합하지 않기 때문이다.
> 을: 임금과 신하와 윗사람과 아랫사람들이 함께 음악을 들으면 곧 화합하고 공경하지 않는 이가 없게 된다. 집안에서 부자와 형제들이 함께 들으면 곧 화합하고 친하지 않는 이가 없게 된다. 음악이란 한 가지 표준을 잘 살펴 화합하도록 정한 것이며 만물의 변화를 다스릴 수 있다. 이것이 옛 임금이 음악을 제정한 근거이다.

① 갑은 백성의 이익 증진을 위해 음악이 필요하다고 본다.
② 을은 음악이 이상적인 공동체 실현에 도움이 될 수 있다고 본다.
③ 갑은 을과 달리 음악이 개인의 삶에 영향을 미칠 수 있다고 본다.
④ 을은 갑과 달리 음악이 감정적 즐거움을 제공할 수 있다고 본다.
⑤ 갑과 을은 음악이 사회 질서 유지에 도움이 될 수 없다고 본다.

▶ 24058-0153

3 다음을 주장한 사상가의 입장으로 적절한 것만을 〈보기〉에서 고른 것은? [3점]

> 배려야말로 궁극적인 삶의 실재이다. 배려를 받고자 하는 욕구는 거의 모든 인간에게서 찾아볼 수 있는 현상이다. 배려 윤리는 우리가 누구와 어떤 관계를 맺고 있는지, 어떤 상황에 놓여 있는지 무관해야 한다고 보는 보편화 가능성을 거부한다. 배려 윤리는 관계의 윤리이다. 가장 기본적 형태인 배려 관계는 배려자와 피배려자라는 두 사람의 만남이다. 어떤 관계가 배려라고 불리기 위해서는 양자 모두 특정한 방식에서 배려에 기여해야만 한다.

┌ 보기 ┐
ㄱ. 배려의 관계를 완성하기 위한 피배려자의 역할이 존재한다.
ㄴ. 도덕적 행위를 위해서는 구체적인 맥락과 상황을 고려해야 한다.
ㄷ. 자연적 감정을 배제하고 이성적 사고에 근거하여 행위 해야 한다.
ㄹ. 초월적 존재에 근거한 보편적 도덕 원리를 통해 도덕 판단을 내려야 한다.

① ㄱ, ㄴ   ② ㄱ, ㄷ   ③ ㄴ, ㄷ
④ ㄴ, ㄹ   ⑤ ㄷ, ㄹ

▶ 24058-0154

4 갑, 을 사상가들의 입장으로 가장 적절한 것은? [3점]

> 갑: 좋고 나쁨은 감각에 있는데, 죽으면 감각을 잃게 된다. 우리가 존재하는 한 죽음은 우리와 함께 있지 않으며 죽음이 오면 우리는 존재하지 않는다. 그렇기 때문에 죽음은 산 사람이나 죽은 사람 모두와 아무런 상관이 없다.
> 을: 죽음이란 어느 현존재이든 결국 스스로 떠맡을 수밖에 없는 과제이며, 죽음이라는 것은 그것이 존재하는 한 본질적으로 자신의 죽음이다. 죽음은 결코 하나의 사건이 아니라 실존적으로 이해되어야 할 현상이다.

① 갑: 이상적인 인간은 죽음 이후에 정신적 쾌락을 경험한다.
② 갑: 인간이 죽으면 영혼은 육체와 달리 개별 원자로 분해된다.
③ 을: 죽음을 직시하면 본래적 실존 회복의 가능성이 사라진다.
④ 을: 인간은 다른 동물과 마찬가지로 죽음에 대해 자각할 수 있다.
⑤ 갑과 을: 죽음에 대한 인식이 현재 삶의 방식에 영향을 미칠 수 있다.

5 ▶ 24058-0155

5 다음을 주장한 사상가의 입장에서 〈사례〉 속 A에게 제시할 조언으로 가장 적절한 것은?

현대 과학 기술의 발전에 따라 인간 행위의 본질이 변화되었다. 이에 따라 윤리학에서도 변화가 요청된다. 전통 윤리는 인간이 아닌 대상에 대한 윤리학을 형성하지 않는다. 현대 과학 기술의 결과는 너무나 크고 새롭기 때문에 이전의 인간 행위를 작아 보이게 만든다. 따라서 전통 윤리의 틀로써는 해결이 불가능하기 때문에 새로운 차원의 책임이 요구된다. 새로운 윤리학은 인간의 선(善)뿐만 아니라 인간 외적인 것의 선을 탐구해야 한다.

〈사례〉
과학자 A는 새로운 과학 기술을 개발하고 적용하는 연구 프로젝트에 대한 참여를 제안받았다. 프로젝트를 통해 개발하고자 하는 과학 기술이 생태계에 부정적인 영향을 미칠 수 있음을 알게 된 A는 이 프로젝트에 참여해야 할지 고민하게 되었다.

① 과학 기술 연구에 대한 자유는 절대적인 것임을 명심하세요.
② 과학 기술의 활용과 자연 보전은 양립할 수 없음을 명심하세요.
③ 과학 기술이 초래할 긍정적 영향만을 고려해야 함을 명심하세요.
④ 책임질 수 있는 존재가 지켜야 할 무조건적 의무가 있음을 명심하세요.
⑤ 인간은 다른 생명체와 달리 고유한 권리를 지니고 있음을 명심하세요.

6 ▶ 24058-0156

6 다음을 주장한 사상가의 입장으로 적절한 것만을 〈보기〉에서 있는 대로 고른 것은? [3점]

공산주의 사회에서는 개인이 분업에 복종하는 예속적 상태가 사라지고 이와 함께 정신노동과 육체노동 사이의 대립도 사라진다. 그때 비로소 노동 그 자체가 생활을 위한 수단일 뿐만 아니라 그 자체가 일차적인 삶의 욕구가 된다. 부르주아적 권리의 편협한 한계가 완전히 극복되고 난 후에 사회는 자신의 깃발에 '각자는 능력에 따라, 각자에게는 필요에 따라!'라고 쓸 수 있다.

┌ 보기 ┐
ㄱ. 분업에 따른 업무의 세분화는 노동 생산성을 증가시킬 수 있다.
ㄴ. 노동자와 자본가 간 역할 분담을 통해 노동 소외를 극복해야 한다.
ㄷ. 국가가 개인의 필요에 따라 재화를 분배해야 분배 정의가 실현된다.

① ㄱ　　② ㄷ　　③ ㄱ, ㄴ　　④ ㄴ, ㄷ　　⑤ ㄱ, ㄴ, ㄷ

7 ▶ 24058-0157

7 다음을 주장한 사상가의 입장으로 옳지 <u>않은</u> 것은?

평화를 창조하는 것은 폭력을 줄이는 것과 폭력을 피하는 것 모두와 관련이 있다. 폭력에는 직접적 폭력뿐만 아니라 구조적 폭력과 문화적 폭력이 존재하는데 구조적 폭력의 두 가지 주요한 형태는 정치와 경제에서 잘 알려진 억압과 착취이다. 이러한 모든 것의 이면에는 문화적 폭력이 존재한다. 문화적 폭력은 직접적 폭력 또는 구조적 폭력을 정당화하는 데 이용된다.

① 평화적인 수단을 통해 적극적 평화를 성취해야 한다.
② 직접적 폭력 발생 이후에 구조적 폭력이 발생할 수 있다.
③ 의도적인 폭력의 제거는 적극적 평화의 실현을 보장한다.
④ 문화적 폭력은 직접적 폭력과 구조적 폭력을 정당화할 수 있다.
⑤ 구조적 폭력은 정신뿐 아니라 신체에도 악영향을 미칠 수 있다.

8 ▶ 24058-0158

8 (가)의 갑, 을의 입장에서 서로에게 제기할 수 있는 비판을 (나) 그림으로 표현할 때, A, B에 해당하는 내용으로 가장 적절한 것은? [3점]

(가)	갑: 동물은 부당하게 고통받지 않을 권리를 가진다. 동물의 고통을 초과하는 인간의 이익을 가져올 때만 동물 실험이 정당화된다. 동물 실험에서 유의미한 결과를 얻기 위해서는 실험 대상에 대한 장기적인 관찰이 이루어지는데, 이 과정에서 실험 대상은 지속적으로 고통받는다. 인간의 이익을 위해 동물 실험은 필요하지만 동물의 고통은 줄여야 한다. 인공 지능 기술을 활용하면 실험 대상이 되는 동물의 움직임을 단기간에 정확하게 분석할 수 있다. 이를 통해 실험 과정에서 발생하는 동물의 고통을 줄일 수 있다.
	을: 인간뿐만 아니라 동물도 도덕적 권리를 가진다. 도덕적 권리를 가진 동물을 실험 대상으로 삼는 것은 부당하다. 동물 실험이 인간에게 이익이 되는 것은 사실이다. 그러나 인간에게 이익이 된다는 이유로 도덕적 권리를 가진 동물에게 고통을 주어서는 안 된다. 전자 회로가 놓인 칩 위에 인간 장기의 세포를 배양하는 장기칩(Organ-on-a-chip) 기술로 동물 실험을 대체해야 한다. 이러한 방법을 통해 동물의 권리를 보호할 수 있다.
(나)	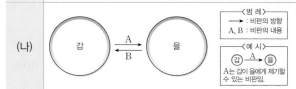

① A: 인간뿐만 아니라 동물도 권리를 가질 수 있음을 간과한다.
② A: 동물 실험을 통해 인간의 이익이 증진되는 경우가 있음을 간과한다.
③ B: 인간과 마찬가지로 고통을 느낄 수 있는 동물이 있음을 간과한다.
④ B: 동물의 고통을 감소시킬 수 있는 방법이 존재한다는 것을 간과한다.
⑤ B: 동물을 대상으로 한 실험이 도덕적으로 허용될 수 없음을 간과한다.

▶ 24058-0159

9 (가)의 갑, 을 사상가들의 입장을 (나) 그림으로 탐구하고자 할 때, A~C에 들어갈 적절한 질문만을 〈보기〉에서 있는 대로 고른 것은? [3점]

(가)	갑: 최대 다수에게 유익한 계약을 준수하는 것은 모든 사람에게 이롭기 때문이다. 범죄에 대한 가장 강력한 억제력은 사형을 목격하는 데서 생겨나지 않는다. 종신 노역형은 사형 이상의 확실한 효과를 가져온다. 을: 법의 일반적 목적은 공동체의 전체 행복을 증가시키는 것이다. 모든 형벌은 그 자체로 악이다. 공리의 원리에 의할 때, 만일 형벌이 허용되어야 한다면, 오직 그것이 더 큰 악을 제거하리라고 보장하는 한에서만 허용되어야 한다.
(나)	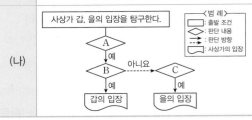

〈범례〉
☐ 출발 조건
◇ 판단 내용
→ 판단 방향
▱ 사상가의 입장

【 보기 】
ㄱ. A: 인간의 자연적 경향성을 고려하여 형벌을 부과해야 하는가?
ㄴ. A: 사회적 해악의 제거를 위해 살인범에게 반드시 사형을 부과해야 하는가?
ㄷ. B: 종신 노역형은 시민이 아닌 범죄자에게만 공포감을 주는 정당한 형벌인가?
ㄹ. C: 범죄자에게 부과되는 형벌은 사회적 선을 증진하기 위해 필요한 악인가?

① ㄱ, ㄹ   ② ㄴ, ㄷ   ③ ㄴ, ㄹ
④ ㄱ, ㄴ, ㄷ   ⑤ ㄱ, ㄷ, ㄹ

▶ 24058-0160

10 갑, 을 사상가들 모두가 긍정의 대답을 할 질문으로 가장 적절한 것은?

갑: 도(道)에 뜻을 두고 덕(德)을 굳게 지키며 인(仁)에 의거해야 한다. 군자는 모든 일에서 근본에 힘쓰니 근본이 서게 되면 곧 도가 스스로 생긴다. 효제(孝弟)는 인을 행하는 근본이다.
을: 도(道)는 그릇처럼 비어 그 쓰임에 차고 넘치는 일이 없다. 도는 모든 것의 근원이다. 성인(聖人)은 무위(無爲)로써 일을 처리하고, 말로 하지 않는 가르침을 수행한다.

① 이상 사회 실현을 위해 통치자는 덕을 갖추어야 하는가?
② 하늘은 인간에게 도덕적 본성을 부여하는 인격적 존재인가?
③ 이상적 인간이 되기 위해 시비선악의 분별을 지양해야 하는가?
④ 지식을 쌓기 위해 노력해야 하며 예(禮)로써 실천해야 하는가?
⑤ 친소의 구분이 없는 사랑을 실천하여 사회 혼란을 극복해야 하는가?

▶ 24058-0161

11 다음 신문 칼럼에서 지지할 내용만을 〈보기〉에서 있는 대로 고른 것은?

○○ 신문	○○○○년 ○○월 ○○일
칼럼	

종교 간 갈등을 해소하기 위해서는 무엇보다 종교 간 대화가 필요하다. 대화를 통해 자신과 상대가 가지고 있는 종교적 신념의 차이를 이해하고, 이러한 차이를 받아들일 수 있게 된다. 종교 간 공존과 상생은 무비판적인 타협이나 무차별적인 인정으로 이루어지지 않으며, 상호 존중과 관용의 자세를 토대로 한 건설적인 충고와 비판을 통해 이루어질 수 있다. 상호 비판적인 대화의 과정에서 대화 참여자는 상대의 발언에 대한 경청을 통해 자기 종교에 대해서도 비판적으로 성찰해야 한다. 이를 통해 자신이 믿고 있는 종교에 대한 신념이 더욱 성숙하고 깊어질 수 있다.

【 보기 】
ㄱ. 다른 종교와의 대화가 자기 종교에 대한 믿음에 영향을 미칠 수 있다.
ㄴ. 종교 간 대화에 참여한 사람들은 자기 종교의 정당화에만 힘써야 한다.
ㄷ. 종교 간 갈등 예방을 위해 타 종교에 대한 비판적 발언을 삼가야 한다.
ㄹ. 종교 간 대화는 서로 신념 차이를 이해하고 수용하는 과정을 포함할 수 있다.

① ㄱ, ㄷ   ② ㄱ, ㄹ   ③ ㄴ, ㄷ
④ ㄱ, ㄴ, ㄹ   ⑤ ㄴ, ㄷ, ㄹ

▶ 24058-0162

12 갑, 을 사상가들의 입장으로 가장 적절한 것은? [3점]

갑: 어떤 사람이 절대 빈곤에 처해 있고 다른 사람이 그것에 상당하는 도덕적 의미를 가진 것을 희생함이 없이 도울 수 있을 때 원조 이행의 의무가 적용된다.
을: 질서 정연한 만민은 고통받는 사회를 원조해야 할 의무를 가진다. 사회 간의 부와 복지 수준을 조정하는 것은 원조 의무의 목표가 아니다. 정의로운 제도를 확립하기 위해 막대한 부가 필요하지 않다.

① 갑: 이익 평등 고려의 원리에 따라 모든 개인은 원조 이행의 의무를 가진다.
② 갑: 부유한 개인은 절대 빈곤한 모든 국가에 대해 조건 없이 원조해야 한다.
③ 을: 빈곤한 국가에 대한 원조를 중단하는 것이 정당한 경우가 있다.
④ 을: 정의의 원칙에 따라 운영되지 않는 모든 국가는 원조의 대상이다.
⑤ 갑과 을: 원조를 통해 국가 간 자원과 부의 불평등 문제를 해결해야 한다.

▶ 24058-0163

13 다음 토론의 핵심 쟁점으로 가장 적절한 것은?

> 갑: 인공 지능 기술은 우리에게 많은 이익을 제공하고 있습니다. 인공 지능 기술 관련 기업의 자유로운 활동을 보장하여 인공 지능 기술의 발전을 도모해야 합니다.
> 을: 인공 지능 기술이 우리에게 이익을 준다는 점에 동의합니다. 그러나 인간이 인공 지능 기술과 관련하여 피해를 입는 사례도 늘어나고 있습니다. 인공 지능 기술을 개발하는 기업의 책임을 강화하는 법을 제정하여 사용자의 안전을 도모해야 합니다.
> 갑: 인공 지능 기술의 위험은 기업의 자율적 노력에 따른 기술의 발전으로 예방해야 합니다. 기업의 책임을 강화하는 법을 만드는 것은 자유로운 기업 활동을 제한할 것이며, 이는 인공 지능 기술의 발전 저해로 이어질 것입니다.
> 을: 기업의 자율적 노력으로 위험을 어느 정도 예방할 수 있지만 모든 위험을 예방할 수는 없습니다. 더 높은 수준의 법적 장치 설정을 통해 기업은 더욱 책임 있는 태도로 기술을 개발할 수 있습니다.

① 인공 지능 기술이 인간에게 이익을 주는 경우가 있는가?

② 인공 지능 기술의 위험성을 감소시키기 위해 노력해야 하는가?

③ 인간의 피해를 막기 위해 인공 지능 기술의 개발을 금지해야 하는가?

④ 인공 지능 기술 관련 기업의 활동에 대한 법적 규제를 강화해야 하는가?

⑤ 기업의 자율적 노력으로는 인공 지능과 관련한 어떠한 위험도 예방할 수 없는가?

▶ 24058-0164

14 다음을 주장한 사상가의 입장으로 가장 적절한 것은?

> 장래의 전쟁 소재를 유보한 채로 체결한 어떠한 조약도 평화 조약으로 간주해서는 안 된다. 어떠한 독립 국가도 다른 국가에 의해 상속, 교환, 매매, 증여를 통해 취득될 수 있어서는 안 된다. 국가는 소유물이 아니며 하나의 도덕적 인격으로 대우해야 하기 때문이다. 상비군은 다른 국가를 끊임없이 전쟁으로 위협하는 침략 전쟁의 원인이며, 인간을 죽이기 위해 고용되어 있다는 점에서 인간을 도구로 사용하는 것으로 점차 완전히 폐지되어야 한다. 어떠한 국가도 다른 국가의 체제와 통치에 대해 폭력으로 간섭해서는 안 된다.

① 영구적 평화 실현을 위해 어떠한 무장 훈련도 허용해서는 안 된다.

② 평화 실현을 위해 개별 국가들이 주권적 권력을 양도해야 한다.

③ 국제법은 개별 국가의 자율성을 침해하기 때문에 폐지되어야 한다.

④ 외국인이 평화적으로 처신하는 한 영구적인 체류권을 보장해야 한다.

⑤ 개별 국가의 시민적 체제는 국가 간 평화 실현에 영향을 미칠 수 있다.

▶ 24058-0165

15 (가)의 갑, 을, 병 사상가들의 입장을 (나) 그림으로 표현할 때, A~D에 해당하는 적절한 진술만을 〈보기〉에서 있는 대로 고른 것은? [3점]

> (가)
>
> 갑: 식물은 동물을 위해 존재하고, 다른 동물은 인간을 위해 존재한다. 자연은 어떤 것도 불완전하거나 쓸데없이 만들지 않는다. 자연의 이 모든 것은 인간을 위해서 존재한다.
>
> 을: 인간은 인간에 대해 의무를 지님과 마찬가지로 동물, 식물에 대해서도 의무를 지닌다. 모든 생명체는 자신만의 방식으로 고유의 선을 실현하려 애쓰는 목적론적 삶의 중심이다.
>
> 병: 대지 윤리는 인류의 역할을 대지 공동체의 정복자에서 평범한 구성원으로 변화시킨다. 대지 윤리는 동료 구성원에 대한 존중, 그리고 공동체 자체에 대한 존중을 수반한다.

> (나)
>
>
>
> 〈범 례〉
> A: 갑만의 입장
> B: 을만의 입장
> C: 갑과 을만의 공통 입장
> D: 갑, 을, 병의 공통 입장

┌─── 보기 ───
ㄱ. A: 인간은 다른 생명체와 달리 자신의 목적을 추구한다.

ㄴ. B: 쾌락을 추구하는 인간의 태도는 자연 존중과 양립할 수 없다.

ㄷ. C: 생태계 자체가 도덕적 지위를 갖는 것은 아니다.

ㄹ. D: 이성적 능력이 있는 모든 개체를 도덕적으로 고려해야 한다.

① ㄱ, ㄴ ② ㄱ, ㄷ ③ ㄷ, ㄹ ④ ㄱ, ㄴ, ㄹ ⑤ ㄴ, ㄷ, ㄹ

▶ 24058-0166

16 갑, 을 사상가들의 입장으로 적절한 것만을 〈보기〉에서 있는 대로 고른 것은? [3점]

> 갑: 공정으로서의 정의에서 원초적 입장은 사회 계약론의 자연 상태에 해당한다. 정의의 원칙이 정당화되는 근거는 평등한 최초의 상황에서 합의된 것이라는 사실 때문이다.
>
> 을: 과거의 상황이나 사람들의 과거 행위는 사물에 대한 차별적인 소유 권리나 응분의 자격을 창조한다. 분배적 정의에 관한 정형적 원리는 재분배 행위를 필연적으로 초래한다.

┌─── 보기 ───
ㄱ. 갑: 정의의 원칙은 문화적 원시 상태에서 모두가 합의한 것이다.

ㄴ. 을: 최소 국가에서 이루어지는 과세가 도덕적으로 정당할 수 있다.

ㄷ. 을: 도덕적 공과에 따른 분배 원리는 정형적이며 역사적인 원리이다.

ㄹ. 갑과 을: 정의로운 사회에서 개인의 기본적 자유가 제한되는 경우는 없다.

① ㄱ, ㄷ ② ㄱ, ㄹ ③ ㄴ, ㄷ ④ ㄱ, ㄴ, ㄹ ⑤ ㄴ, ㄷ, ㄹ

▶ 24058-0167

17 갑, 을 사상가들의 입장으로 가장 적절한 것은? [3점]

> 갑: 자연 상태는 전쟁 상태이다. 태어날 때부터 자유를 사랑하고 타인을 지배하기를 좋아하는 인간은 자기 보존을 위해 비참한 전쟁 상태로부터 벗어나 국가 속에서 스스로를 구속하고 억압하며 살아간다.
> 을: 자연 상태는 자유의 상태이지 방종의 상태는 아니다. 자연 상태를 지배하는 자연법은 모든 사람에게 적용된다. 이성은 모든 인간이 평등하고 독립적이므로 타인의 소유물을 해칠 수 있는 사람은 아무도 없다고 가르친다.

① 갑: 사회 계약의 주체는 공동의 평화를 위해 절대적 권력을 행사해야 한다.
② 갑: 사회 계약을 맺을 때 개인은 자기 보존의 권리를 포함한 모든 권리를 전면적으로 양도한다.
③ 을: 국가의 최고 권력인 입법권은 국민의 행복을 위해 행사되어야 한다.
④ 을: 자연 상태에서는 도덕적 규범이 존재하지 않기 때문에 분쟁이 발생한다.
⑤ 갑과 을: 국가가 개인의 생명권을 침해할 때에만 국가 권력에 저항할 수 있다.

▶ 24058-0168

18 (가), (나), (다)의 입장으로 가장 적절한 것은?

> (가) 다문화 사회에서 발생할 수 있는 혼란을 예방하기 위해 이주민들은 자신의 문화를 모두 포기하고 주류 문화로 완전히 편입해야 한다.
> (나) 다문화 사회에서 발생할 수 있는 혼란을 예방하기 위해 주류 문화의 우위를 인정하는 토대 위에서 이주민의 문화를 존중해야 한다.
> (다) 다문화 사회에서 발생할 수 있는 혼란을 예방하기 위해 이주민의 문화와 기존의 문화를 모두 평등하게 존중하여 조화를 이루어야 한다.

① (가): 이주민에게 문화적 자율성을 부여하면 사회적 결속력이 강화된다.
② (나): 사회 통합을 위해 주류 문화와 비주류 문화 간의 위계를 부정해야 한다.
③ (다): 소수자 집단이 주류 문화로 동화되어야 사회 통합을 이룰 수 있다.
④ (가)와 (나): 단일한 문화를 형성함으로써 사회적 갈등을 예방해야 한다.
⑤ (나)와 (다): 사회 통합을 위해서는 다양한 문화의 공존을 허용해야 한다.

▶ 24058-0169

19 (가)의 갑, 을, 병 사상가들의 입장에서 서로에게 제기할 수 있는 비판을 (나) 그림으로 표현할 때, A~F에 해당하는 내용으로 가장 적절한 것은? [3점]

> (가)
> 갑: 시민 불복종은 어느 정도 정의로운 국가 내에서 체제의 합법성을 인정하는 시민들에 의해서만 생겨난다. 시민 불복종은 헌법과 사회 제도 일반을 규제하는 정의의 원칙들에 의해 정당화된다.
> 을: 시민 불복종은 비록 불법적이기는 하지만 다수를 위협하거나 다수를 강제하지 않는다. 우리는 중단시키려는 악의 크기와 우리의 행위가 가져올 법과 민주주의에 대한 존중심의 감소 정도를 저울질해야 한다.
> 병: 우리는 먼저 인간이어야 하고, 그다음에 국민이어야 한다. 법에 대한 존경심보다는 먼저 정의에 대한 존경심을 기르는 것이 바람직하다. 불의를 행하는 하수인이 되라고 요구한다면 그 법을 어겨라.

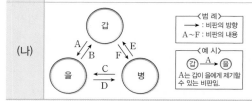

(나)

① A: 시민 불복종을 계획할 때 행위의 결과를 고려하지 않아야 함을 간과한다.
② B: 공유된 정의관을 대상으로 한 시민 불복종이 정당화될 수 있음을 간과한다.
③ C: 사회 구성원 다수에 의한 의사 결정이 언제나 옳은 것은 아님을 간과한다.
④ D와 F: 불법적인 행위가 정의 실현에 도움이 될 수 있음을 간과한다.
⑤ E: 시민 불복종은 양심적이고 깊이 간직된 신념을 표현하는 행위임을 간과한다.

▶ 24058-0170

20 (가)의 입장에 비해 (나)의 입장이 갖는 상대적 특징을 그림의 ㉠~㉤ 중에서 고른 것은?

> (가) 성의 본질적 가치는 쾌락적 가치이다. 자발적 합의를 전제로 타인에게 피해를 주지 않는 범위에서 이루어지는 성인 간의 성적 행위는 항상 정당하다.
> (나) 성의 본질적 가치는 생식적 가치이다. 자녀의 출산을 목적으로 이루어지는 사랑하는 부부간의 성적 행위만이 정당하며 그 외의 성적 행위는 부당하다.

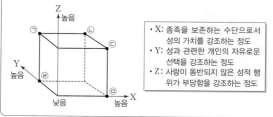

- X: 종족을 보존하는 수단으로서 성의 가치를 강조하는 정도
- Y: 성과 관련한 개인의 자유로운 선택을 강조하는 정도
- Z: 사랑이 동반되지 않은 성적 행위가 부당함을 강조하는 정도

① ㉠ ② ㉡ ③ ㉢ ④ ㉣ ⑤ ㉤

2회

제한시간 30분　배점 50점　정답과 해설 40쪽

문항에 따라 배점이 다르니, 각 물음의 끝에 표시된 배점을 참고하시오. 3점 문항에만 점수가 표시되어 있습니다. 점수 표시가 없는 문항은 모두 2점입니다.

▶ 24058-0171

1 (가), (나)의 입장으로 가장 적절한 것은?

(가) 윤리학은 행위 일반의 옳고 그름, 동기나 의도의 도덕성에 관한 조건을 그 연구 대상으로 해야 한다. 또한 어떻게 사는 것이 더 도덕적인 삶인가와 관련하여 올바른 기준을 세울 수 있도록 이론적 탐구를 다해야 한다.

(나) 윤리학은 도덕적 논의의 의미론적, 논리적, 인식론적 구조를 밝히는 데 주안점을 두어야 하며, 이를 위해 도덕적 언어의 의미를 분석하고 도덕 추론의 타당성을 입증하는 데 주력해야 한다.

① (가): 윤리학은 각 사회의 도덕 현상을 인과적으로 서술해야 한다.
② (가): 윤리학은 윤리학의 학문적 성립 가능성 검증에 주력해야 한다.
③ (나): 윤리학은 도덕적 담론의 논증 구조를 논리적으로 분석해야 한다.
④ (나): 윤리학은 현실의 윤리 문제에 대한 실천적 해결 방안을 모색해야 한다.
⑤ (가)와 (나): 윤리학은 바람직한 삶에 대한 방향 제시를 핵심 과제로 삼아야 한다.

▶ 24058-0172

2 다음을 주장한 사상가의 입장으로 적절한 것만을 〈보기〉에서 있는 대로 고른 것은? [3점]

종교적 인간에게 자연은 결코 단순한 자연이 아니다. 왜냐하면 우주는 신의 창조물이고 세계는 신들의 손으로 완성된 것이어서 성스러움으로 가득 차 있기 때문이다. 그들은 세계와 우주적 현상의 구조 그 자체 안에서 다양한 성(聖)의 양태를 현현(顯現)한다. 또한 종교적 인간에게 초자연적인 것은 자연적인 것과 밀접하게 연관되어 있다. 자연은 항상 특히 그것을 초월하는 무엇인가를 표현하고 있다는 점을 잊어서는 안 된다. 예를 들어 돌의 진정한 본질을 계시하는 것은 돌의 존재 양식 안에 나타난 신성성이다.

┌ 보기 ┐
ㄱ. 종교란 자연물에 드러나는 초월적 존재를 숭배하는 것이다.
ㄴ. 종교의 역사는 성스러운 존재의 다양한 현현으로 이루어져 있다.
ㄷ. 종교적 인간은 이 세계의 역사를 성현(聖顯)의 역사로 해석하고자 한다.

① ㄱ　② ㄷ　③ ㄱ, ㄴ　④ ㄴ, ㄷ　⑤ ㄱ, ㄴ, ㄷ

▶ 24058-0173

3 갑 사상가의 입장에 비해 을 사상가의 입장이 갖는 상대적 특징을 그림의 ㉠~㉤ 중에서 고른 것은? [3점]

갑: 과학은 자연을 인간의 의도에 맞도록 변형함으로써 인간의 활동 영역을 넓히는 것을 그 목적으로 삼는다. 인간은 자연의 사용자이자 해석자로서 자연을 경험적으로 연구해야 한다.

을: 기술은 자연뿐 아니라 인간을 대상으로 전락시켜 스스로 권력이 되었다. 이러한 상황은 미래의 위협에 대해 숙고해야 하는 새로운 윤리적 사유를 요청하므로 새로운 윤리는 희망보다 공포를 발견하는 것에서 논의를 시작해야 한다.

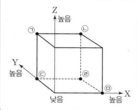

• X: 인간의 책임 범위가 자연에까지 확대되어야 함을 강조하는 정도
• Y: 기술의 진보가 초래할 공포로부터 인간의 책임이 도출되어야 함을 강조하는 정도
• Z: 자연은 인류의 풍요로운 삶을 위한 수단으로 관찰과 실험의 대상임을 중시하는 정도

① ㉠　② ㉡　③ ㉢　④ ㉣　⑤ ㉤

▶ 24058-0174

4 다음을 주장한 사상가의 입장에서 〈문제 상황〉 속 A에게 제시할 조언으로 적절한 것만을 〈보기〉에서 있는 대로 고른 것은? [3점]

덕에는 지성적 덕과 품성적 덕이 있다. 지성적 덕은 대체로 교육에 의해 생긴다. 그리고 품성적 덕은 중용을 선택하여 행위하는 성품으로 중용의 반복적 실천을 통해 형성된다.

〈문제 상황〉
건강 검진을 받은 A는 의사로부터 건강 검진 결과 당뇨병, 고혈압과 같은 성인병에 걸릴 위험이 높으니 행복한 삶을 위해 건강 관리를 해야 한다는 조언을 들었다. 이후 A는 바쁜 직장 생활 중에 어떻게 건강을 지켜야 할지 고민하고 있다.

┌ 보기 ┐
ㄱ. 건강 관리를 위해 실천할 것들을 정해 꾸준히 해 나가야 합니다.
ㄴ. 건강을 지키기 위해 육체적 쾌락을 삼가고 타고난 절제의 덕을 발휘해 생활해야 합니다.
ㄷ. 건강 증진을 위해 운동을 할 때 지나친 운동은 체력을 파괴할 수 있음을 명심해야 합니다.
ㄹ. 건강한 삶을 위해 먹고 마시는 것은 적당하게 마땅한 양을 취하기보다 부족함을 추구해야 합니다.

① ㄱ, ㄷ　② ㄱ, ㄹ　③ ㄴ, ㄹ
④ ㄱ, ㄴ, ㄷ　⑤ ㄴ, ㄷ, ㄹ

▶ 24058-0175

5 갑은 부정, 을은 긍정의 대답을 할 질문으로 가장 적절한 것은?

> 갑: 다문화 사회에서는 이민자들의 문화를 존중하여 그들의 정
> 체성을 보호함으로써 기존 사회 구성원들과 이민자들 간의
> 조화를 모색하는 정책을 시행해야 합니다.
> 을: 그렇습니다. 각기 다른 재료들이 섞여 고유의 맛을 지키면서
> 하나의 샐러드가 되듯이, 한 사회 내에서 다양한 문화가 대
> 등하게 공존할 수 있음을 인정하는 제도 마련이 필요합니다.
> 갑: 아닙니다. 각각의 문화가 지닌 고유성은 존중받아야 하지
> 만, 기존 사회에 대한 지배력을 지닌 주류 문화의 위상은 훼
> 손하지 않으면서 이민자들의 문화가 비주류 문화로 존재할
> 때 공존과 조화를 이룰 수 있습니다.
> 을: 그렇지 않습니다. 다문화 사회에서 사회적 갈등을 예방하고
> 통합을 이루기 위해서는 기존 문화와 이민자들의 문화를 차
> 별 없이 평등하게 대함으로써 조화를 이룰 수 있어야 합니다.

① 다문화 사회는 이질적 문화 간의 공존을 모색해야 하는가?
② 이민자들의 문화를 주류 문화에 편입하여 동화시켜야 하는가?
③ 사회 통합의 과정에서 이민자들의 정체성을 존중해야 하는가?
④ 주류 문화와 비주류 문화의 구별이 사회적 갈등의 원인이 될
수 있는가?
⑤ 주류 문화의 존재를 전제로 이민자 문화의 특수성을 보장해
야 하는가?

▶ 24058-0176

6 그림의 강연자가 긍정의 대답을 할 질문만을 〈보기〉에서 있
는 대로 고른 것은?

> 음악이란 천하를 바로잡는 것이고 알맞게 조화시
> 키는 규범이며, 사람의 정(情)으로서는 없을 수가
> 없는 것입니다. 음악이 바르고 반듯하며 화평하면
> 곧 백성들은 화합하며 빗나가지 않게 되고, 음악
> 이 엄숙하고 장중하면 곧 백성들은 질서가 있어
> 어지럽지 않게 됩니다. 백성들이 화합하고 질서가
> 있으면 곧 나라의 군대는 강하고 성이 견고해져
> 적국이 감히 침략하지 못하게 됩니다.

┌ 보기 ┐
ㄱ. 음악의 즐거움이 백성에게 해가 될 수 있는가?
ㄴ. 음악이 바르면 백성이 올바른 길로 향하게 되는가?
ㄷ. 음악은 백성을 감동시킬 뿐 아니라 풍속까지 순화할 수 있
는가?
ㄹ. 음악이 예법에 어긋나더라도 백성의 절제를 이끌어 낼 수
있는가?

① ㄱ, ㄷ   ② ㄱ, ㄹ   ③ ㄴ, ㄹ
④ ㄱ, ㄴ, ㄷ   ⑤ ㄴ, ㄷ, ㄹ

▶ 24058-0177

7 다음 가상 편지의 입장으로 옳지 <u>않은</u> 것은?

> ○○에게
> 오늘날 생명 공학 기술의 비약적 발전에 힘입어 인간 배아를 복
> 제하여 줄기세포를 추출하고 배양하는 것이 가능하다고 들었네.
> 이로부터 생명 과학자들은 장기를 생산하고 불치병을 치료하는
> 것은 물론이고, 더 나아가 인간 개체 복제의 가능성까지 염두에
> 두고 있다고 하네. 그러나 인간의 발생 과정을 돌아본다면 인간이
> 아닌 생명과 인간 생명 사이에 어떤 경계를 설정할 수 있는 객관
> 적인 기준은 없다네. 따라서 수정란부터 비롯된 인간의 발생에서
> 는 도덕적 지위의 질적 변화란 일어나지 않으며, 인간 생명의 연
> 속적 진행만이 있을 뿐이라네. 그러므로 인간 배아 복제는 인간
> 생명이 지닌 존엄성을 훼손할 수 있으므로 허용되어서는 안 된다
> 네. …(후략).

① 인간 배아와 성인은 동등한 도덕적 지위를 지닌다.
② 인간 배아는 수정된 순간부터 인간 생명으로 보아야 한다.
③ 인간 배아가 지닌 생명의 존엄성을 훼손하려 해서는 안 된다.
④ 수정란은 세포 덩어리에 불과하므로 발생이 진행될수록 도덕
적 지위가 향상된다.
⑤ 수정 이후 그 어떤 시점에서도 인간의 발생은 인간 생명으로
서의 연속성을 지닌다.

▶ 24058-0178

8 갑, 을 사상가들의 입장에 대한 설명으로 가장 적절한 것은?
[3점]

> 갑: 개인을 존중한다는 것은 그의 권리를 존중한다는 것과 같
> 다. 그리고 각 개인은 자신이 정당하게 얻은 것에 대한 완전
> 한 소유권을 지니며, 재화 분배는 전적으로 개인의 자유에
> 위임해야 한다.
> 을: 사회의 기본적 가치, 즉 권리와 자유, 소득과 부, 자기 존중
> 의 토대 등은 모든 사람이 평등하게 누릴 수 있어야 하며,
> 사회·경제적 불평등은 최소 수혜자들에게 최대의 이익을
> 가져오도록 조정되어야 한다.

① 갑은 을과 달리 정의의 원칙을 수립할 때 당사자 간 합의는
비역사적이라고 본다.
② 을은 갑과 달리 자연적 우연성을 활용하여 재화를 늘리는 것
을 허용해서는 안 된다고 본다.
③ 을은 갑과 달리 정당한 절차를 거쳐 소유했다면 결과적 불평
등 그 자체는 부정의한 것이 아니라고 본다.
④ 갑과 을은 복지 국가에서 분배 정의가 완전하게 실현될 수 없
다고 본다.
⑤ 갑과 을은 공정한 분배를 위해 올바른 결과에 대한 독립적 기
준이 필수적으로 요구된다고 본다.

▶ 24058-0179

9 갑, 을 사상가들의 입장에 대한 설명으로 가장 적절한 것은?

> 갑: 우리가 죽으면 영혼이 육체로부터 분리되어 자유를 얻는다. 죽음이 다가올 때 죽기를 주저하는 사람은 분명 지혜를 사랑하는 자가 아니며, 육신을 사랑하는 자인 동시에 부나 명예를 사랑하는 자임에 틀림이 없다.
> 을: 우리가 존재하는 한 죽음은 우리와 함께 있지 않으며, 죽음이 오면 이미 우리는 존재하지 않는다. 죽음은 산 사람이나 죽은 사람 모두와 상관이 없다. 산 사람에게 아직 죽음은 오지 않았고, 죽은 사람은 이미 존재하지 않기 때문이다.

① 갑은 현실 세계와 죽음 이후의 세계를 구분해서는 안 된다고 본다.
② 을은 지혜로운 사람에게 죽음이란 피해 갈 수 없는 악이라고 본다.
③ 갑은 을과 달리 죽음은 영혼이 참된 진리를 인식할 수 있는 계기가 된다고 본다.
④ 을은 갑과 달리 죽음을 두려워하지 말고 죽음에 대해 바르게 이해해야 한다고 본다.
⑤ 갑과 을은 누구나 예외 없이 자신의 죽음을 경험할 수 있다고 본다.

▶ 24058-0180

10 다음을 주장한 사상가의 입장에서 부정의 대답을 할 질문으로 가장 적절한 것은? [3점]

> 시민 불복종은 그것이 정치권력을 쥐고 있는 다수자에게 제시된다는 의미에서 그리고 그것이 정치적 원칙, 즉 헌법과 사회 제도 일반을 규제하는 정의의 원칙들에 의해 지도되고 정당화되는 행위라는 의미에서 정치적 행위이다. 정치적 행위로서 시민 불복종의 문제는 거의 정의로운 사회에서만 생겨나는데, 거의 정의로운 사회란 입헌 체제가 존재하며 공유된 정의관이 존재하는 사회를 뜻한다.

① 체제의 합법성을 인정하는 시민들에 의해 시민 불복종이 이루어지는가?
② 법의 부정의한 정도에 따라 시민 불복종의 정당화 여부가 달라질 수 있는가?
③ 시민 불복종이 효과적인 호소가 되려면 적절하게 계획되는 것이 중요한가?
④ 공통된 정의감에 근거하더라도 소수가 일으킨 시민 불복종은 정당화될 수 없는가?
⑤ 시민 불복종은 법의 바깥 경계선에서 행해지더라도 법에 대한 충실성의 한계 내에서 이루어져야 하는가?

▶ 24058-0181

11 (가)의 갑, 을 사상가들의 입장을 (나) 그림으로 표현할 때, A~C에 해당하는 진술로 가장 적절한 것은? [3점]

(가)	갑: 자연 상태에서 가졌던 자연권의 일부를 입법부가 처리할 수 있도록 양도함으로써 국가가 수립되며, 국가는 구성원들의 재산을 지키고 공동선의 실현을 추구한다. 을: 자연 상태에서는 적에 맞서 자신의 생명을 보존하는 데 도움이 되는 것이라면 무엇이든 할 수 있다. 그 결과 자연 상태에서는 모든 사람이 모든 것에 대한 권리를 지닌다.
(나)	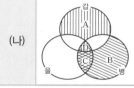 〈범례〉 A: 갑만의 입장 B: 갑, 을의 공통 입장 C: 을만의 입장

① A: 사회 계약을 맺을 때 개인의 이성적 판단 능력이 필요하다.
② A: 자연 상태의 평화 유지를 위해 자연권 모두를 양도해야 한다.
③ B: 국가 권위에 복종할 의무는 구성원의 동의에 의해 발생한다.
④ B: 자연 상태에서의 불의를 피하기 위해 사회 계약을 맺게 된다.
⑤ C: 국가에서는 권력 집중보다 권력 분립이 필요하다.

▶ 24058-0182

12 (가)의 갑, 을, 병 사상가들의 입장을 (나) 그림으로 표현할 때, A~D에 해당하는 적절한 진술만을 〈보기〉에서 있는 대로 고른 것은? [3점]

(가)	갑: 아무리 미물(微物)이라 할지라도 생명체는 자기의 생존을 유지하고 성장하고 종(種)을 재생산하려는 목적을 추구하며, 이를 위해 끊임없이 변화하는 환경에 적응하려 애쓰는 목적론적 삶의 중심이다. 을: 고통과 즐거움을 느낄 수 있는 존재에 대해 우리는 이익 평등 고려의 원칙을 적용해야 한다. 평등의 원리를 인간에게만 적용하고 종(種)들 간의 관계에 적용하지 않는 것은 임의적이다. 병: 동물의 본성은 인간의 본성과 유사하므로 인간 본성의 표현에 상응하는 표현이라는 점에서 동물과 관련된 우리의 의무를 이행함으로써 우리는 인간성에 대한 우리의 의무를 간접적으로 이행하는 것이다.
(나)	〈범례〉 A: 갑만의 입장 B: 병만의 입장 C: 을과 병만의 공통 입장 D: 갑, 을, 병의 공통 입장

〈보기〉
ㄱ. A: 인간은 살아 있는 모든 존재를 도덕적으로 존중해야 한다.
ㄴ. B: 모든 생명체 가운데 오직 인간만이 가치를 지닌 유일한 존재이다.
ㄷ. C: 인간이 불가피하게 동식물을 이용하는 것이 허용될 수 있는 경우가 있다.
ㄹ. D: 쾌고 감수 능력을 지닌 동물을 잔인하게 학대해서는 안 된다.

① ㄱ, ㄷ
② ㄱ, ㄹ
③ ㄴ, ㄹ
④ ㄱ, ㄴ, ㄷ
⑤ ㄴ, ㄷ, ㄹ

▶ 24058-0183

13 (가)의 갑, 을 사상가들의 입장에서 서로에게 제기할 수 있는 비판을 (나) 그림으로 표현할 때, A, B에 해당하는 내용으로 가장 적절한 것은? [3점]

(가)	갑: 자유롭거나 적정한 정치 체제를 설립하여 인권을 보호하고 기본적 필요를 충족시키려는 목표가 원조의 의무에 포함되어야 한다. 즉 시민들의 기본적인 정치적 권리가 보장되는 '질서 정연한 사회'에 살고 있는 사람들은 정치적 전통과 물질적 자원의 결핍으로 고통받는 사회를 원조해야 한다. 을: 내가 돕는 사람이 나에게서 100야드 떨어진 곳에 사는 이웃의 어린아이인지, 아니면 이름도 알지 못하는 1만 마일 떨어져 있는 지역에 사는 사람인지는 도덕적으로 아무런 차이도 없다. 원조를 함으로써 얻을 수 있는 이익이 비용보다 클 경우 원조를 하는 사람은 원조를 받는 사람이 어느 공동체에 속해 있든 상관없이 원조해야 한다.
(나)	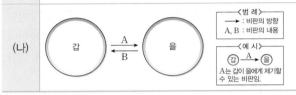

① A: 원조를 통해 만인의 경제 수준을 일치시킬 필요가 없음을 간과한다.
② A: 원조를 할 때 원조 대상국이 시행하는 정책에 대한 고려가 필요함을 간과한다.
③ A: 원조를 할 때 경제 상황 개선을 위해 차등의 원칙이 적용되어야 함을 간과한다.
④ B: 원조의 목표가 빈곤의 방지가 아닌 빈곤의 해결에 있음을 간과한다.
⑤ B: 원조는 공리의 원리에 따라 마땅히 실천해야 할 윤리적 의무임을 간과한다.

▶ 24058-0184

14 ㉠에 들어갈 내용으로 가장 적절한 것은?

> 정치와 도덕은 합치되어야 하며 이는 모든 전쟁을 영구히 종식할 의도를 지닌 평화 연맹을 통해서 가능하다. 영구 평화를 위해 모든 국가의 시민적 정치 체제는 공화 정체이어야 하며, 국제법은 자유로운 국가들의 연방 체제에 기초해야 한다. 그런데 어떤 사상가는 국제 정치란 언제나 권력 획득을 일차적 목표로 하며, 모든 정치가들은 국가 이익이라고 정의될 수 있는 권력을 극대화하기 위해서 정책을 추진한다고 주장한다. 나는 이 주장이 ㉠ 는 것을 간과한다고 본다.

① 외교 정책을 통해 국가 간 갈등을 해결할 수 있다
② 세력 균형은 효율적인 평화 전략으로 기능할 수 없다
③ 정치와 도덕의 합치를 위해 세계 정부를 수립해야 한다
④ 국가 간 평화 유지를 위해 때로는 군비 경쟁이 필요하다
⑤ 인간의 본성에 근거해 국가의 행동의 경향성을 예측할 수 있다

▶ 24058-0185

15 (가)를 주장한 사상가의 입장에서 볼 때, (나)의 ㉠에 들어갈 적절한 내용만을 〈보기〉에서 있는 대로 고른 것은?

(가)	일심(一心)과 두 개의 문[二門] 안에 일체의 불법(佛法)이 포함되어 있다. 진(眞)과 속(俗)은 둘이 아니지만 하나를 고수하지도 않는다. 둘이 아니므로 곧 일심이다.
(나)	 올바른 의사소통을 위해서는 어떠한 자세가 필요한가요? / ㉠

보기
ㄱ. 입장 차이로 인한 다툼도 궁극적으로 조화를 이룰 수 있음을 자각해야 합니다.
ㄴ. 서로 다르게 보이는 주장도 같은 근원에서 비롯될 수 있음을 이해해야 합니다.
ㄷ. 모든 상대적 모습을 떠난 차별 없는 마음에 비추어 집착과 아집을 경계해야 합니다.
ㄹ. 상호 의견이 대립할 때 결론 도출을 위해 상대방이 자신의 견해를 포기하도록 강제해야 합니다.

① ㄱ, ㄹ   ② ㄴ, ㄷ   ③ ㄴ, ㄹ
④ ㄱ, ㄴ, ㄷ   ⑤ ㄱ, ㄷ, ㄹ

▶ 24058-0186

16 갑 사상가는 긍정, 을 사상가는 부정의 대답을 할 질문으로 가장 적절한 것은? [3점]

 천하에 도(道)가 있으면 예악(禮樂)이 천자로부터 나오고, 도가 없으면 예악이 제후로부터 나옵니다. 현명한 임금은 덕(德)으로 정치를 행합니다. 사람이 도를 넓힐 수 있는 것이지 도가 사람을 넓힐 수 있는 것이 아닙니다.

 천하에 도가 행해지면 모두 순수하고 소박하게 살아가게 됩니다. 인위적인 덕 따위는 쓸 곳이 없습니다. 인(仁)과 의(義)는 자연의 도가 버려지면서 생겨났습니다.

갑 / 을

① 백성들의 교화를 위해 군주는 선악의 분별에서 벗어나야 하는가?
② 백성들이 현자(賢者)를 숭상하지 않는 사회를 지향해야 하는가?
③ 백성들이 악행을 부끄러워하도록 도덕과 예의로 다스려야 하는가?
④ 백성들이 무지(無知)의 덕을 회복하도록 하는 정치가 올바른 정치인가?
⑤ 백성들이 외물(外物)에 의지해 자신의 욕망만을 충족하는 것을 경계해야 하는가?

▶ 24058-0187

17
(가)의 갑, 을, 병 사상가들의 입장을 (나) 그림으로 탐구하고자 할 때, A~D에 들어갈 적절한 질문만을 〈보기〉에서 있는 대로 고른 것은? [3점]

(가)	갑: 형벌은 어느 한쪽이 다른 한쪽보다 기울지 않는 동등성의 원리에 따른 것이다. 그러므로 살인에 대한 정당한 형벌은 사형 이외에는 없다. 을: 형벌은 일반 의지에 복종하기를 거부하는 자에게 내리는 국가의 강제이다. 국가는 모든 구성원의 생명 보존을 위해 존재하며, 사형도 같은 관점에서 다뤄진다. 병: 형벌은 고통을 수반하는 악이므로 더 큰 악을 배제할 가능성이 있는 한에서 허용되어야 한다. 범죄자에게 가해진 형벌은 모든 사람의 안전의 원천이어야 한다.
(나)	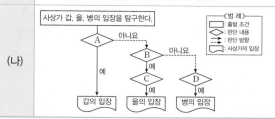

사상가 갑, 을, 병의 입장을 탐구한다.

〈범 례〉
◇ 출발 조건
◇ 판단 내용
⤑ 판단 방향
☐ 사상가의 입장

갑의 입장 · 을의 입장 · 병의 입장

┌ 보기 ┐
ㄱ. A: 형벌은 시민 사회의 선을 실현하기 위한 수단으로서 가해져서는 안 되는가?
ㄴ. B: 형벌은 범죄자에게 고통을 유발할지라도 정당화 가능한가?
ㄷ. C: 사형은 사회 계약에 참여한 당사자들의 자기 보존에 기여하는가?
ㄹ. D: 공동체 전체의 행복에 기여한다면 형벌은 그 자체로 선이 될 수 있는가?

① ㄱ, ㄷ ② ㄱ, ㄹ ③ ㄴ, ㄹ ④ ㄱ, ㄴ, ㄷ ⑤ ㄴ, ㄷ, ㄹ

▶ 24058-0188

18
갑, 을 사상가들의 입장으로 옳지 <u>않은</u> 것은?

갑: 혼례는 두 성(姓)을 합하여 위로는 종묘(宗廟)를 받들고 아래로는 후대를 이어가고자 하는 것이다. 천지가 화합하지 않으면 만물이 생성되지 않으며, 부부가 화합하지 못하면 만세에 이어질 후사가 없게 된다.
을: 결혼은 상대방의 성의 속성을 교호(交互)적으로 사용하기 위한 것이라 하더라도 임의적인 것이 아니라 인간성의 법칙에 의한 필연적 계약이다. 다시 말해 만약 남자와 여자가 서로 그들의 성의 속성을 상호 간에 향유하고자 한다면 그들은 반드시 혼인해야만 한다.

① 갑: 부부는 인륜(人倫)의 시작으로 서로를 공경해야 한다.
② 갑: 남녀가 결혼해야 자손이 태어나 후대가 이어질 수 있다.
③ 을: 결혼 후의 성관계에서는 쾌락의 추구가 허용될 수 있다.
④ 을: 남녀 간 성의 향유가 정당화되려면 결혼이라는 조건이 충족되어야 한다.
⑤ 갑과 을: 부부간 성관계는 출산을 의도할 때만 도덕적으로 정당하다.

▶ 24058-0189

19
갑, 을 사상가들의 입장으로 적절한 것만을 〈보기〉에서 있는 대로 고른 것은?

갑: 인간은 자신의 직무가 비속하거나 신과 무관한 것이 아니라 신의 부르심[召命]에 따라 봉사하고 있는 신성한 것이라는 사실을 깊이 생각해야 한다.
을: 인간은 노동을 통해 자신의 본질을 실현하고자 한다. 그러나 자본주의 체제하에서 노동자는 생계유지를 위해 자신의 노동력을 자본가에게 팔아야 하므로 생산을 위한 도구로 전락하게 되어 소외가 발생한다.

┌ 보기 ┐
ㄱ. 갑: 인간은 노동을 통해서 신의 영광을 드러낼 수 있다.
ㄴ. 갑: 구원을 받으려면 노동을 통해 부(富)를 축적해야 한다.
ㄷ. 을: 자본주의 사회에서 노동자는 자본가에게 예속될 수밖에 없다.
ㄹ. 갑과 을: 노동의 본질을 실현하는 것과 도덕적 삶을 사는 것은 양립할 수 없다.

① ㄱ, ㄷ ② ㄱ, ㄹ ③ ㄴ, ㄷ
④ ㄱ, ㄴ, ㄹ ⑤ ㄴ, ㄷ, ㄹ

▶ 24058-0190

20
다음 신문 칼럼의 ㉠에 들어갈 내용으로 가장 적절한 것은?

┌─────────────────────────────┐
│ ○○ 신문   ○○○○년 ○○월 ○○일 │
├─────────────────────────────┤
│   칼럼   │
├─────────────────────────────┤
│ 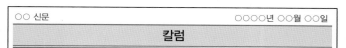   │
│   │
│ 우리는 디지털 기술의 발달로 생산성의 증대와 삶의 질 향상이라는 │
│ 긍정적 측면뿐만 아니라 정보 격차와 이로 인한 사회 통합 저해라 │
│ 는 부정적 측면을 모두 경험하고 있다. 즉 누가 어떤 목적으로 디지 │
│ 털 기술을 활용하느냐에 따라 그 결과가 달라질 수 있다. 따라서 부 │
│ 정적 측면을 최소화하고 긍정적 측면을 확산하기 위해 디지털 기술 │
│ 을 이용하는 주체로서 우리 스스로가 디지털 시민성을 갖추기 위해 │
│ 노력해야 한다. 우리는 지식 정보 사회의 구성원으로서 디지털 환 │
│ 경에서 올바른 삶을 영위하기 위해 필요한 지식과 가치 및 태도, 행 │
│ 동 역량 등을 갖추어 나가야 한다. 또한 앞으로 인공 지능 기술이 │
│ 우리 삶에 더욱 밀접하게 다가올 것을 고려하여 이에 대한 올바른 │
│ 지식을 충분히 쌓고, 인공 지능 기술과 관련된 문제가 발생했을 때 │
│ 윤리적 관점과 태도로 이를 적극적으로 해결하려는 의지도 발휘해 │
│ 야 한다. …(후략). │
└─────────────────────────────┘

① 디지털 사회의 시민에게 필요한 윤리적 자세를 갖추어야
② 디지털 기술이 우리 삶에 긍정적 영향만을 주게 됨을 자각해야
③ 디지털 사회의 문제가 인간이 아닌 기술 때문에 발생함을 깨달아야
④ 디지털 사회의 부정적 측면은 디지털 기술로만 해결할 수 있음을 명심해야
⑤ 디지털 사회에서 새로운 문제를 일으킬 수 있는 인공 지능 기술의 개발을 막아야

문항에 따라 배점이 다르니, 각 물음의 끝에 표시된 배점을 참고하시오. 3점 문항에만 점수가 표시되어 있습니다. 점수 표시가 없는 문항은 모두 2점입니다.

▶ 24058-0191

1 ㉠에 들어갈 진술로 가장 적절한 것은?

> 나는 윤리학이 인간의 도덕적인 삶을 위하여 모든 행위자들에게 적용되는 도덕적 표준이나 규칙을 제시하고 정당화하는 것을 목표로 삼아야 한다고 생각한다. 그런데 어떤 사람은 윤리학이 사회의 도덕적 현상을 객관적으로 기술하는 학문이라고 주장한다. 나는 이러한 주장이 [㉠] 고 생각한다.

① 도덕적 진술을 구성하는 도덕 언어의 논리적 명료화를 강조한다
② 올바른 행위 지침을 제공하는 규범의 정립이 중요함을 간과한다
③ 사회 구조 속에 존재해 온 도덕적 관행을 서술해야 함을 간과한다
④ 도덕적 담론에서 논리적 추론의 타당성을 검증해야 함을 강조한다
⑤ 윤리학의 학문적 성립 가능성에 대해 비판적으로 검토해야 함을 강조한다

▶ 24058-0192

2 갑, 을 사상가들의 입장으로 가장 적절한 것은? [3점]

> 갑: 죽음을 향한 존재는 하나의 가능한 것으로서의 실현을 추구하는 것이 아니며, 죽음의 가능성이 언제 그리고 어떻게 실현될 것인가에 대해서 고민하는 것도 아니다. 우리는 죽음을 항상 가능한 것으로서, 즉 항상 목전에 임박해 있는 것으로 생각하면서 삶을 기획해야 한다.
> 을: 죽음이 우리에게 아무것도 아니라는 사실을 제대로 알게 되면, 가사성(可死性)도 즐겁게 된다. 죽음이 닥쳐왔을 때 죽을 것을 예상해서 미리 고통스러워하는 일은 헛된 것이다. 현자(賢者)는 삶을 도피하려고 하지도 않으며, 삶의 중단을 두려워하지도 않는다.

① 갑: 죽음에 대한 불안은 진정한 실존을 발견할 수 없게 만든다.
② 갑: 죽음을 실제로 경험한 사람만이 죽음을 주체적으로 수용할 수 있다.
③ 을: 죽음에 관한 진정한 앎을 지닌 사람만이 불멸의 갈망을 실현할 수 있다.
④ 을: 죽음은 산 사람이나 죽은 사람 모두와 아무런 상관이 없으므로 두려워할 대상이 아니다.
⑤ 갑과 을: 죽음에 대한 성찰은 사후 세계의 존재에 대한 믿음을 바탕으로 이루어져야 한다.

▶ 24058-0193

3 갑, 을 사상가들의 입장으로 가장 적절한 것은? [3점]

> 갑: 군자(君子)는 의로움을 바탕으로 삼고, 예(禮)를 따라 행동하고, 공손하게 나아가며, 믿음을 이루게 한다. 그는 천하를 대함에 이것이라야만 한다는 것도 없고, 이것은 절대로 안 된다는 것도 없이 오직 의(義)로운 사람을 편들고 따른다.
> 을: 지인(至人)은 자신을 고집하지 않고, 성인(聖人)은 명성에 관심이 없다. 그는 천지자연에 몸을 맡기고 만물의 육기(六氣)에 따라 무궁한 세계에서 소요(逍遙)하며, 어떤 것에도 사로잡히지 않는 참다운 자유를 누린다.

① 갑: 옳고 그름을 분별하는 지혜에서 벗어나야 한다.
② 갑: 연기(緣起)의 법칙을 깨달아 자비를 실천해야 한다.
③ 을: 만물을 평등하게 바라보는 제물(齊物)을 실천해야 한다.
④ 을: 사욕(私欲)을 극복하고 예로 돌아가는 삶을 지향해야 한다.
⑤ 갑과 을: 타고난 선한 본성을 보존하고 자연과 하나가 되는 삶을 살아야 한다.

▶ 24058-0194

4 다음 신문 칼럼에서 강조하는 내용으로 가장 적절한 것은?

> ○○ 신문   ○○○○년 ○○월 ○○일
>
> **칼럼**
>
> 메타버스(Metaverse)는 현실 세계와 같은 사회·경제·문화 활동이 아바타를 통해 이루어지는 3차원의 가상 세계를 의미한다. 그러나 현실과 가상을 접목하다 보니 현실 생활에서 겪는 스토킹, 성희롱, 폭력과 같은 문제들이 고스란히 가상 세계에도 나타날 수 있다. 건전한 메타버스 환경을 조성하기 위해서는 발생 가능한 부작용을 규제할 제도 마련도 필요하지만 지나친 규제는 성장하는 메타버스 산업의 발전을 저해할 수 있으므로, 메타버스 참여자들이 스스로 윤리 원칙을 수립하여 그것을 지키는 자율적 규제가 더 중요하다. 메타버스가 사회적 상호 작용의 공간이 되기 위해서는 메타버스 참여자들의 자율적 규제 역량이 중요하다.

① 메타버스의 아바타에 대한 비도덕적 행동은 문제가 되지 않는다.
② 메타버스에서 발생할 부작용은 제도적 규제만으로 충분히 해결된다.
③ 메타버스는 현실 세계와 달리 수익이 창출되는 경제 활동이 불가하다.
④ 메타버스에서는 현실 세계에서 겪는 윤리적 문제들이 발생하지 않는다.
⑤ 메타버스에 대한 자율적 규제는 메타버스가 사회적 상호 작용의 공간이 되기 위해 필요하다.

5 갑은 부정, 을은 긍정의 대답을 할 질문으로 가장 적절한 것은?
▶ 24058-0195

갑: 어떤 치료도 단지 죽음을 지연시킬 뿐 참다운 인간의 삶을 연장시키는 것이 아니라면, 환자의 생명을 연장하기 위한 치료 행위 중단을 통해 환자를 죽음에 이르게 하는 것은 정당화될 수 있다. 그러나 환자를 죽음에 이르게 하는 약물 투여와 같이 적극적 행위를 포함한 안락사가 허용되어서는 안 된다.

을: 어떤 치료도 감당할 수 없을 정도로 심한 고통으로 삶을 단축하기를 원하는 환자가 있다면, 연명 치료 중단뿐만 아니라 약물 투여와 같은 적극적 행위를 통해 환자의 죽음을 의도하는 것도 정당화될 수 있다. 그러나 환자의 의사와는 무관하게 시행되는 안락사는 허용되어서는 안 된다.

① 환자의 자발적 동의 없이 시행되는 안락사는 정당한가?
② 환자를 죽음에 이르게 하기 위한 직접적 수단이 허용되는가?
③ 환자의 죽음을 인위적으로 앞당기는 의료 행위는 거부되어야 하는가?
④ 환자를 연명시킬 수 있는 행위를 하지 않는 것이 정당화되는 경우가 있는가?
⑤ 환자의 생명은 절대적 가치를 지니므로 연명 치료를 중단하는 것은 불가한가?

6 다음을 주장한 사상가가 긍정의 대답을 할 질문으로 가장 적절한 것은? [3점]
▶ 24058-0196

예술이 쾌락을 가져오기만 하면 어떤 예술이나 다 좋다고 하는 견해는 옳지 않다. 모든 예술 작품은 그것을 만든 사람과 그것을 감상하는 사람 사이에 일종의 교류를 갖게 한다. 언어가 서로의 사상과 경험을 전달하는 것처럼, 예술은 서로의 마음을 전달하는 교류 수단이 될 수 있다. 예술 활동은 인간이 타인의 마음에 감염될 수 있는 능력을 지니고 있다는 사실에 기초한다. 예술을 개개 인간 및 인류 생활과 행복의 발걸음에 없어서는 안 될 인간 상호 간의 교류 수단이자 모든 사람을 동일한 감정으로 통일하는 수단으로 인식해야 한다.

① 예술이 주는 쾌락적 가치를 최고의 선으로 여겨야 하는가?
② 예술이 담고 있는 내용보다 예술이 표현하는 형식이 중요한가?
③ 예술의 감염성은 인간을 타락시키므로 모든 예술을 배척해야 하는가?
④ 예술은 자신의 감정을 다른 사람에게 전달하는 수단이 되는 인간의 작업인가?
⑤ 예술이 주는 쾌락이 좋은 예술과 나쁜 예술을 구분하는 기준이 되어야 하는가?

7 갑, 을 사상가들의 입장만을 〈보기〉에서 있는 대로 고른 것은? [3점]
▶ 24058-0197

갑: 어떤 사회에 자신의 기본적인 욕구를 충족하고도 남는 소득이 있는 사람이 있다면, 기본적인 필요를 충족하지 못하는 세계의 극빈자들을 도와야 한다. 절대적인 빈곤을 줄이는 것은 상대적인 빈곤을 줄이는 것보다 더 절박하고 우선적인 일이다.

을: 어떤 사회가 합당하고 합리적으로 통치된다면, 자원이 너무 부족하다고 해서 그 사회가 질서 정연한 사회가 될 수 없는 경우는 거의 없다. 만민은 정의롭거나 적정 수준의 정치 및 사회 체제의 유지를 저해하는 불리한 여건하에 살고 있는 다른 만민을 원조할 의무가 있다.

┌─ 보기 ┐
ㄱ. 갑: 빈곤의 방치는 인류 전체의 고통을 증가시키는 옳지 않은 일이다.
ㄴ. 을: 정의로운 제도 확립을 위해 막대한 부(富)가 필수적인 것은 아니다.
ㄷ. 을: 만민법에 순응하기를 거부하는 사회라면 원조의 대상에서 제외될 수 있다.
ㄹ. 갑과 을: 원조의 의무는 불평등한 자원 분배에서 발생하는 부정의를 교정하기 위한 분배 정의의 의무이다.

① ㄱ, ㄴ   ② ㄱ, ㄹ   ③ ㄷ, ㄹ
④ ㄱ, ㄴ, ㄷ   ⑤ ㄴ, ㄷ, ㄹ

8 갑, 을 사상가들의 입장만을 〈보기〉에서 있는 대로 고른 것은?
▶ 24058-0198

갑: 인간은 본성상 국가에 살도록 되어 있는 정치적 동물이다. 국가는 상호 간의 범죄를 방지하고 교역을 위해 설립된 단순한 사회가 아니라 선한 생활을 위하여 존재한다.

을: 인간이 자연적 자유를 포기하고 국가의 구속을 받게 되는 유일한 길은 공동 사회를 형성함에 동의하는 것이다. 만일 국가가 시민의 재산을 보호하지 못할 경우 시민은 동의를 철회할 수 있다.

┌─ 보기 ┐
ㄱ. 갑: 국가는 인간의 정치적 본성에 따라 자연스럽게 형성된 산물이다.
ㄴ. 을: 국가는 생명, 자유, 재산을 보장받기 위한 목적으로 개인 간 계약을 통해 수립된다.
ㄷ. 을: 국가에 복종해야 할 의무는 명시적 동의뿐만 아니라 묵시적 동의를 통해서도 발생한다.
ㄹ. 갑과 을: 국가가 개인의 자유를 침해하더라도 개인은 국가에 저항할 수 없다.

① ㄱ, ㄴ   ② ㄱ, ㄹ   ③ ㄷ, ㄹ
④ ㄱ, ㄴ, ㄷ   ⑤ ㄴ, ㄷ, ㄹ

▶ 24058-0199

9 다음을 주장한 사상가의 입장으로 적절하지 <u>않은</u> 것은?

> 어떤 국가도 다른 나라와의 전쟁 중 장래의 평화 시기에 상호 신뢰를 불가능하게 할 적대 행위를 해서는 안 된다. 또한 모든 국가는 독자적 권위와 권리를 지닌 자주적 인격체이므로 어떤 국가도 다른 국가의 체제와 통치에 폭력으로 간섭해서는 안 된다. 또한 상비군은 조만간 완전히 폐지되어야 한다. 상비군은 전쟁을 유발하는 요인이며 군비 경쟁을 일으키는 요인이다. 그러나 타국의 침략으로부터 조국을 지키기 위해 국민들이 자발적으로 참여하는 정기적 훈련은 허용될 수 있다.

① 모든 전쟁의 영원한 종식은 평화 조약에 의해 보장된다.

② 연맹 체제에 기초한 국제법을 통해 평화 상태에 이를 수 있다.

③ 전쟁 중이라 할지라도 최소한 신뢰를 유지하는 수단을 사용해야 한다.

④ 전쟁을 유발하고 평화를 교란하는 모든 원인을 가능한 한 제거해야 한다.

⑤ 타국을 자율적 인격체로 존중하지 않고 폭력적으로 개입하는 것은 부당하다.

▶ 24058-0200

10 (가)의 갑, 을, 병 사상가들의 입장을 (나) 그림으로 표현할 때, A~D에 해당하는 적절한 진술만을 〈보기〉에서 있는 대로 고른 것은? [3점]

(가)	갑: 살인을 했거나 그것을 명했다면 누구든 사형에 처해지지 않으면 안 된다. 오직 보복법만이 형벌의 질과 양을 명확하게 제시할 수 있다. 을: 사회 계약은 계약자의 생명 보존을 그 목적으로 한다. 타인의 희생으로 자기 생명을 보존하려는 사람은 타인을 위해 필요하다면 자신도 생명을 희생해야 한다. 병: 형벌의 목적은 범죄를 예방하는 것에 있다. 필요 이상의 형벌은 사회 계약의 본질에 반한다. 사형은 한 시민에 대한 국가의 전쟁일 뿐이다.
(나)	 〈범례〉 A: 갑만의 입장 B: 병만의 입장 C: 을과 병만의 공통 입장 D: 갑, 을, 병의 공통 입장

┌─ 보기 ┌
ㄱ. A: 범죄자에 대한 형벌은 오직 보복법에 따라 양과 질이 정해져야 한다.
ㄴ. B: 살인을 저지른 살인범에게 사형 이외의 다른 형벌도 부과될 수 있다.
ㄷ. C: 사형은 잔혹함의 본보기를 제공하기 때문에 유해하므로 폐지되어야 한다.
ㄹ. D: 살인범에 대한 형벌은 처벌의 근거가 되는 공정한 법률에 근거해 부과되어야 한다.

① ㄱ, ㄴ ② ㄱ, ㄹ ③ ㄴ, ㄷ ④ ㄱ, ㄷ, ㄹ ⑤ ㄴ, ㄷ, ㄹ

▶ 24058-0201

11 다음을 주장한 사상가가 긍정의 대답을 할 질문만을 〈보기〉에서 있는 대로 고른 것은?

> • 기술적 진보가 가져온 혜택은 재앙으로 변질될 위험을 내포하고 있다. 우리가 두려워해야 할 것은 기술적 수단의 영향력이 너무 클 수 있다는 사실, 즉 우리의 권력이다.
> • 도덕 철학은 희망보다는 공포를 논의의 대상으로 삼아야 한다. 행위를 못하게 막는 공포가 아니라 행위를 하도록 북돋우는 공포가 바로 책임의 본질적 속성이다. 공포 속에서 악과 함께 악으로부터 구해 낼 수 있는 선이 가시화된다.

┌─ 보기 ┌
ㄱ. 기술 문명이 초래한 위기를 극복하기 위해 미래 지향적 책임이 필요한가?
ㄴ. 선을 탐구하는 데 악의 인식이 선의 인식보다 더 직접적이며 가시적인가?
ㄷ. 인류의 무한한 생존을 위해 기술 권력의 한계를 설정하지 않도록 해야 하는가?
ㄹ. 미래 지향적인 책임 윤리는 이미 행해진 것에 대한 보상적 책임으로 한정되어야 하는가?

① ㄱ, ㄴ ② ㄴ, ㄹ ③ ㄷ, ㄹ
④ ㄱ, ㄴ, ㄷ ⑤ ㄱ, ㄷ, ㄹ

▶ 24058-0202

12 다음을 주장한 사상가의 입장으로 적절하지 <u>않은</u> 것은? [3점]

> 청렴이란 목민관의 기본 임무이고, 모든 선의 원천이며, 모든 덕의 근본이다. 목민관이 청렴하지 않으면 온갖 비리가 속출하게 되어 백성들은 도탄에 빠지게 된다. 또한 목민관은 백성을 보살피기를 마치 다친 데가 있는 사람 돌보듯이 해야 하며, 말과 행동에 신중해야 한다. 공사(公事)를 돌보다가 여유가 있으면 백성을 편안하게 할 방책을 헤아려야 한다. 목민관이 목민의 소임을 잘 수행하려면 백성을 두려워하는 마음을 가지고 백성들에게 관대해야지 용맹함을 숭상해 사납게 되어서는 안 된다.

① 공직자는 백성을 아끼고 사랑하는 마음을 바탕으로 다스려야 한다.

② 공직자는 사사로운 이익에 이끌리지 않도록 청렴한 마음을 가져야 한다.

③ 공직자는 백성을 대할 때 어떤 상황에서도 두려움을 가지지 않아야 한다.

④ 공직자는 몸가짐을 단정하게 하고 아랫사람을 배려하는 태도를 지녀야 한다.

⑤ 공직자는 곤궁한 처지에 놓인 백성이 있으면 도우려는 어진 마음을 지녀야 한다.

▶ 24058-0203

13 그림의 강연자가 지지할 입장으로 가장 적절한 것은?

문화 산업이라는 용어 뒤에 은폐된 것은 기술이 사회에 대한 통제력을 획득할 수 있는 기반이 경제적 강자의 지배력이라는 사실입니다. 문화 산업은 대중에게 다양한 질의 대량 생산물을 제공하지만, 이 또한 양화(量化)의 법칙을 더욱 완벽하게 실현하기 위한 것일 뿐입니다. 문화 산업은 소비자들이 상상하거나 반성할 여지를 남겨 놓지 않음으로써 문화 산업의 산물을 현실과 직접적으로 동일시하도록 유도합니다. 문화 산업의 최종 생산물과 일상 현실 간의 차이에서 오는 긴장을 완화하는 기술이 완벽해질수록 문화 산업의 영향은 점점 더 절대적인 것이 됩니다. 문화 산업의 위치가 확고해질수록 문화 산업은 소비자의 욕구를 더욱더 능란하게 다룰 수 있으며, 소비자의 욕구를 만들어 내고 조종하고 교육시킵니다.

① 문화 산업은 소비자의 욕구를 사전에 설계하고 기획한다.
② 문화 산업은 대중문화에 대한 소비자의 주체성을 강화한다.
③ 문화 산업은 자본의 힘과 무관하게 작동하는 독립된 영역이다.
④ 문화 산업은 소비자들의 자발성과 예술적 상상력을 확대시킨다.
⑤ 문화 산업은 생산 방식의 표준화를 통해 사람들의 개별성을 진작시킨다.

▶ 24058-0204

14 (가)의 갑, 을 사상가들의 입장을 (나) 그림으로 탐구하고자 할 때, A~C에 들어갈 질문으로 가장 적절한 것은? [3점]

(가)	갑: 정의로운 상황으로부터 정의로운 단계를 거쳐 발생하는 것들은 정의롭다. 취득에서의 정의, 양도에서의 정의의 원리에 따라 소유물에 대한 소유 권리가 있는 자로부터 소유물을 취득한 자는 그 소유물에 대한 소유 권리가 있다. 을: 정의의 원칙에 입각한 재화의 분배는 반드시 균등해야 할 필요는 없으나 모든 사람에게 이익이 되도록 해야 한다. 또한 권한을 갖는 직위와 명령을 내릴 수 있는 직책은 누구에게나 접근 가능한 것이어야 한다.
(나)	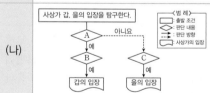

① A: 사회 복지 실현을 위한 국가의 과세 정책은 허용되어야 하는가?
② A: 국가는 개인의 권리를 보호하고 정의를 실현하기 위해 노력해야 하는가?
③ B: 개인의 소유 권리는 소유물의 취득 과정과 무관하게 보장되어야 하는가?
④ C: 차등의 원칙은 공정한 기회균등의 원칙보다 우선적으로 보장되어야 하는가?
⑤ C: 최소 수혜자는 사회적 기본 구조 내에서 허용되는 불평등으로부터 이익을 얻을 수 있어야 하는가?

▶ 24058-0205

15 다음을 주장한 사상가의 입장에만 모두 'V'를 표시한 학생은?

생명 공학의 진보와 발전은 새로운 유형의 간섭을 가능하게 하였다. 이제 우리는 두 개의 서로 다른 염기 서열의 예측 불가능한 결합으로 귀결되었던 우연적 생식 과정의 조작 불가능성을 마음대로 할 수 있게 되었다. 그러나 이 불투명한 우연성은 우리가 자신으로 있을 수 있음의 필연적 전제이자, 윤리적 자유의 신체적 토대이다. 어떤 사람이 자녀의 유전적 소질을 자신의 선호에 따라 디자인하는 순간, 그는 자신이 유전적으로 조작한 결과물에 대해 일종의 지배를 행사하게 된다. 이러한 지배는 사물에 대해 행사될 수 있지만, 결코 사람에게 행사되어서는 안 된다. 자녀의 유전자에 대한 간섭을 허용한다면 자유롭고 평등한 인격체들 간의 상호 대칭적인 관계를 위협할 것이다.

입장 \ 학생	갑	을	병	정	무
적극적 우생학은 인간의 긍정적 미래를 위해 장려되어야 한다.	V	V		V	
부모는 자신의 선호에 따라 자녀의 유전적 소질을 결정할 권리를 지닌다.	V			V	V
자질 강화를 위한 유전적 간섭으로 기획된 존재는 자율성이 침해될 수 있다.			V	V	V
인간 출생에서 우연성의 조건이 충족되어야. 인격체의 자유도 확보될 수 있다.		V	V		V

① 갑 ② 을 ③ 병 ④ 정 ⑤ 무

▶ 24058-0206

16 다음 대화에서 갑, 을의 입장으로 적절하지 않은 것은? [3점]

사랑은 인간의 성이 특별한 가치와 존엄성을 가지도록 만들어 주므로 사랑 있는 성은 도덕적으로 옳고, 사랑 없는 성은 도덕적으로 그릅니다. 따라서 성행위는 결혼과 무관한 성이라고 할지라도 서로를 존중하고 사랑하는 경우에 정당화됩니다.

결혼은 성으로 인한 사회적 혼란을 방지하고 사회적 안정을 유지하기 위한 필수적인 제도이며, 성적 안정성을 확보하기 위한 장치입니다. 따라서 성행위는 사랑하는 부부가 자녀를 안정적으로 양육할 수 있는 책무를 수행할 경우에 정당화됩니다.

 갑   을

① 갑: 사랑 있는 성은 인격을 고양하는 결과를 가져올 수 있다.
② 갑: 타인의 선택권을 침해하지 않는 모든 성행위는 정당하다.
③ 을: 결혼한 부부 사이의 성행위만이 도덕적으로 허용될 수 있다.
④ 을: 결혼은 성에 사회적 책임을 부여하기 위해 필요한 제도이다.
⑤ 갑과 을: 성행위의 도덕성 여부는 성적 쾌락의 유무에 달려 있지 않다.

▶ 24058-0207

17 갑, 을 사상가들의 입장만을 〈보기〉에서 있는 대로 고른 것은?

> 갑: 기업이 적극적으로 사회적 책임을 실천해야 한다고 주장하는 입장은 자유 경제의 성격과 본질을 근본적으로 오해하는 것이다. 기업이 지는 사회적 책임은 오직 게임의 규칙을 준수하는 한 기업 이익 극대화를 위해 자원을 활용하고 활동에 매진하는 것이다.
>
> 을: 기업은 기부, 환경 보호, 사회 복지 공헌과 같은 사회적 책임을 다해야 한다. 이는 기업에 대한 소비자의 신뢰를 높이고 긍정적인 기업 이미지를 갖게 하여 기업의 이윤 추구에 도움을 준다. 생산품의 안전성 맥락에서 회사가 받아들인 윤리 규칙에 의해 경제적 효율성은 훨씬 더 향상된다.

> ┌─ 보기 ┐
> ㄱ. 갑: 기업에 이윤 추구 이외의 사회적 책임을 강요하는 행위는 기업의 본질에 대한 무지에서 비롯된다.
> ㄴ. 을: 기업은 사회적으로 가치 있는 공헌 활동을 할 수 있는 주체이다.
> ㄷ. 을: 기업의 사회적 책임은 합법적 이익 추구로 재무적 성과를 내는 것에 국한되어야 한다.
> ㄹ. 갑과 을: 기업은 이윤을 추구하는 과정에서 합법적인 방법을 사용해야 한다.

① ㄱ, ㄴ   ② ㄱ, ㄷ   ③ ㄷ, ㄹ
④ ㄱ, ㄴ, ㄹ   ⑤ ㄴ, ㄷ, ㄹ

▶ 24058-0208

18 갑, 을 사상가들의 입장으로 적절하지 <u>않은</u> 것은? [3점]

> 갑: 우리는 시민 불복종을 통해 다수의 정의감에 호소하여 자유로운 협동체의 조건이 침해되었다는 것을 정당하게 알릴 수 있다. 정당한 시민 불복종에 참여하려는 일반적 성향은 질서 정연한 사회의 안정을 보장한다.
>
> 을: 우리는 우리가 중단시키려고 하는 악의 크기와 우리의 행위가 가져올 법과 민주주의에 대한 존중심의 감소 정도를 저울질해 봐야 한다. 정당한 시민 불복종은 민주적 의사 결정을 좌절시키기보다 복원하려는 시도이다.

① 갑: 시민 불복종 문제는 어느 정도 정의로운 국가 내에서만 발생한다.
② 갑: 시민 불복종의 행위는 항의의 대상이 되고 있는 그 법을 위반하는 것만으로 국한된다.
③ 을: 시민 불복종의 결과가 가져올 이익과 손해를 계산하여 시민 불복종의 여부를 결정해야 한다.
④ 을: 다수의 결정이 도덕적으로 커다란 문제점을 안고 있다면 그것에 저항하는 시민 불복종은 정당화될 수 있다.
⑤ 갑과 을: 사회적 부정의로 자유를 침해받아 온 소수자의 시민 불복종은 정당화될 수 있다.

▶ 24058-0209

19 (가)의 갑, 을, 병 사상가들의 입장에서 서로에게 제기할 수 있는 비판을 (나) 그림으로 표현할 때, A~F에 해당하는 내용으로 가장 적절한 것은? [3점]

(가)	갑: 목적론적 삶의 중심으로서 유기체는 자신을 보존하고 자신만의 독특한 방식으로 고유의 선을 실현하려 애쓴다. 동식물의 선을 희생하여 인간의 권리를 이행하는 것이 항상 공정한 것은 아니다. 을: 인간은 인간에 대한 의무 외에는 어떤 존재자에 대한 의무도 가질 수 없다. 동물을 폭력적으로 그리고 동시에 잔학하게 다루는 것은 인간의 자기 자신에 대한 의무와 배치되는 것이다. 병: 어떤 것이 생명 공동체의 온전함, 안정성, 아름다움을 보전하는 경향이 있으면 옳고, 그렇지 않다면 그르다. 대지 피라미드는 유기적 구조를 이루는 집합이며, 인간은 대지 공동체에 속한 평범한 구성원이다.
(나)	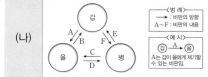

① A: 존엄성을 지닌 모든 존재는 도덕적 고려의 대상이 됨을 모르고 있다.
② B와 D: 동물 학대는 인간의 도덕성에 기여하는 자연적 소질을 약화시키므로 옳지 않음을 모르고 있다.
③ C: 대지 이용 문제를 고려할 때 경제적 관점은 배제되어야 함을 모르고 있다.
④ E: 대지는 인간의 번영에 기여한 정도에 비례하여 가치를 지님을 모르고 있다.
⑤ F: 자연의 모든 존재의 도덕적 지위를 인정해야 함을 모르고 있다.

▶ 24058-0210

20 (가)의 입장에 비해 (나)의 입장이 갖는 상대적 특징을 그림의 ㉠~㉤ 중에서 고른 것은?

> (가) 분단은 소모적인 경쟁과 대결을 초래하여 막대한 유·무형의 비용을 발생시킨다. 평화와 인권과 같은 인류의 보편적 가치의 실현보다 분단 비용의 절감, 국토의 효율적 이용과 같은 경제적 편익을 얻기 위해 통일이 이루어져야 한다.
>
> (나) 분단은 남북한 구성원들의 인간다운 삶을 저해하는 윤리적 문제를 야기한다. 실용주의적 측면이 아니라 한반도의 평화 정착, 세계 평화에 기여 등과 같이 인류의 보편적 가치를 수호하기 위해 통일이 이루어져야 한다.

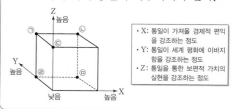

① ㉠   ② ㉡   ③ ㉢   ④ ㉣   ⑤ ㉤

문항에 따라 배점이 다르니, 각 물음의 끝에 표시된 배점을 참고하시오. 3점 문항에만 점수가 표시되어 있습니다. 점수 표시가 없는 문항은 모두 2점입니다.

▶ 24058-0211

1 ㉠에 들어갈 내용으로 가장 적절한 것은?

나는 윤리학이 삶의 여러 영역에서 발생하는 윤리 문제에 대해 적절한 윤리 이론을 적용하여 현실의 도덕 문제 해결을 주된 목표로 삼아야 한다고 본다. 그런데 어떤 학자는 윤리학이 '선', '옳음' 등과 같은 도덕적 언어의 의미를 분석하고 학문적 성립 가능성을 검토하는 데 주된 목표를 두어야 한다고 말한다. 나는 이러한 주장이 윤리학은 ___㉠___고 생각한다.

① 도덕 명제의 타당성 분석에 주된 목표를 두어야 함을 간과한다
② 도덕 언어의 의미를 분석하는 데 주된 목표를 두어야 함을 간과한다
③ 도덕규범이 존재하는 현실 세계의 경험적 사실 설명에 주력해야 함을 간과한다
④ 도덕적 풍습을 가치 중립적으로 기술하는 데 주된 목표를 두어야 함을 간과한다
⑤ 도덕적 실천을 위한 도덕 윤리 이론의 실제 적용에 주된 관심을 두어야 함을 간과한다

▶ 24058-0212

2 다음을 주장한 사상가의 입장으로 옳지 <u>않은</u> 것은? [3점]

모든 것은 상당히 변화하였다. 현대 기술이 산출한 행위들의 규모는 너무나 새롭고 그 대상의 결과도 너무나 새로운 것이기 때문에 전통 윤리의 틀로써는 이 행위들을 더 이상 파악할 수 없다. 우리의 의무는 더욱 확장되고 모든 전통 윤리의 인간 중심적 제한은 더 이상 타당하지 않다. 결국 윤리의 토대에서 적지 않은 사고의 전환이 요청된다. 그것은 인간 선(善)뿐만 아니라 인간 외적인 사물의 선도 탐구해야 함을 의미한다.

① 현세대의 존립을 위해 미래 세대를 위태롭게 해서는 안 된다.
② 현대 기술의 변화에 따라 인간의 책임 범주도 확장되어야 한다.
③ 현세대와 미래 세대가 인간 외적인 사물에 대해 책임져야 한다.
④ 현대 기술의 힘은 인간의 통제 범위를 넘고 있음을 인식해야 한다.
⑤ 현대 기술이 초래할 수 있는 위험에 대한 윤리적 숙고가 필요하다.

▶ 24058-0213

3 갑, 을 사상가들의 입장으로 적절한 것만을 〈보기〉에서 있는 대로 고른 것은?

갑: 죽음은 두려운 일이 아니라는 사실을 진정으로 깨달은 사람은 살아가면서 두려워할 것이 없다. 우리가 존재하는 한 죽음은 우리와 함께 있지 않으며, 죽은 후에는 감각이 없으므로 죽음은 우리에게 아무것도 아니다.
을: 죽음과 삶을 같은 무리로 본다면 우리에게 무슨 걱정이 있겠는가. 만물은 자연의 변화에 따라 생겨나고, 자연의 변화에 의해 없어지는 것이다. 기(氣)가 모이면 탄생하고 기가 흩어지면 죽는 것이다.

┌─ 보기 ─┐
ㄱ. 갑: 불멸(不滅)에 대한 욕망은 인간에게 고통을 준다.
ㄴ. 갑: 죽음을 두려워해야 하는 이유는 죽음의 고통 때문이다.
ㄷ. 을: 삶과 죽음의 자연스러운 흐름을 끊어 내야 성인이 될 수 있다.
ㄹ. 갑과 을: 우리는 죽음에 대한 실상을 바르게 인식해야 한다.

① ㄱ, ㄷ   ② ㄱ, ㄹ   ③ ㄴ, ㄷ
④ ㄱ, ㄴ, ㄹ   ⑤ ㄴ, ㄷ, ㄹ

▶ 24058-0214

4 다음을 주장한 사상가의 입장으로 옳지 <u>않은</u> 것은? [3점]

종교적 인간의 입장에서 관찰한다면, 세계는 성스러운 방식으로 드러난다. 무엇보다도 세계는 실존하고, 실제로 거기에 있으며, 어떤 구조를 가지고 있다. 세계는 카오스가 아니라 코스모스이다. 또한 종교적 인간에게 초자연적인 것은 자연적인 것과 불가분하게 연결되어 있으며, 자연은 항상 그것을 초월하는 무엇인가를 다양하게 표현하고 있다는 점을 잊어서는 안 된다. 성스러운 돌이 존경받는 이유는 그것이 신성하기 때문이지 돌 그 자체 때문이 아니다.

① 종교적 인간은 자연을 단순한 자연물로만 여기지 않는다.
② 종교적 인간은 이 세계를 초월하는 절대적 실재를 믿는다.
③ 종교적 인간에게 초자연적인 것과 자연적인 것은 공존한다.
④ 종교적 인간에게 성스러움은 다양한 양태로 나타날 수 없다.
⑤ 종교적 인간에게 우주는 신의 창조물과 성스러움으로 채워져 있다.

▶ 24058-0215

5 다음을 주장한 사상가의 입장으로 적절한 것만을 〈보기〉에서 있는 대로 고른 것은? [3점]

> 직접적 폭력은 그 자체로 보복과 공격적인 소요를 일으킨다. 구조적 폭력은 그 자체로 반복되거나 완성된 폭력을 낳고, 문화적 폭력 역시 반복과 완성을 통해 그 자체를 형성한다. 문화적 폭력은 직접적·구조적 폭력을 올바른 것으로 또는 적어도 잘못된 것은 아닌 것으로 보이게 하거나 심지어 느껴지게 만든다. 직접적 폭력은 구조적 폭력을 형성하는데, 문화적 폭력은 이러한 모든 폭력을 합법화할 수 있다.

┌─ 보기 ─┐
ㄱ. 문화적 폭력은 모든 유형의 폭력을 정당화시킬 수 있다.
ㄴ. 구조적 폭력은 인간의 잠재 능력을 충분히 실현할 수 없게 한다.
ㄷ. 폭력을 줄이는 것도 중요하지만 폭력을 예방하는 것이 더 중요하다.
ㄹ. 폭력 없이 평화적 수단만으로 진정한 평화를 실현하는 것은 불가능하다.
└──────┘

① ㄱ, ㄹ   ② ㄴ, ㄷ   ③ ㄴ, ㄹ
④ ㄱ, ㄴ, ㄷ   ⑤ ㄱ, ㄷ, ㄹ

▶ 24058-0216

6 그림의 강연자의 입장에서 부정의 대답을 할 질문으로 가장 적절한 것은?

> 유행의 본질은 언제나 한 집단의 일부가 유행을 선도하고 집단 전체가 그 뒤를 따른다는 점에 있습니다. 유행은 한편으로는 동등한 위치에 있는 사람들과의 결합을 의미하고, 다른 한편으로는 그보다 낮은 신분의 사람들에 대한 집단적 폐쇄성을 의미합니다. 유행은 모방이라는 점에서 사회에 대한 의존 욕구를 충족시키기도 하고, 다른 한편으로 유행은 차별화 욕구를 만족시킵니다. 다시 말해 유행은 구분하고 변화하고 부각하려는 경향을 만족시킵니다.

① 유행은 개인들 간의 상호 작용의 결과인가?
② 유행은 누구나 휩쓸리기 쉬운 인간 삶의 특징인가?
③ 유행은 개인의 의존 욕구를 충족시키는 방식일 수 있는가?
④ 유행은 사회 계층 구분 없이 동일한 방식으로 나타나는가?
⑤ 유행은 개인적인 차별화 경향이 드러나는 방식일 수 있는가?

▶ 24058-0217

7 (가)의 갑, 을 사상가들의 입장을 (나) 그림으로 표현할 때, A~C에 해당하는 적절한 진술만을 〈보기〉에서 있는 대로 고른 것은? [3점]

(가)	갑: 자연 상태에서 인간은 자연권을 지니며, 모든 사람이 모든 것에 대하여 권리를 지닌다. 결국 사람들은 끝없는 전쟁 상태에 놓이게 되며, 인간은 자기 보존과 자기 이익을 위해 자연권을 주권자에게 양도하는 계약을 맺게 된다. 을: 자연 상태에서 인간은 자연법 내에서 자신의 생명과 재산의 보존을 추구하는 자연권을 누린다. 하지만 자연법 집행권을 각자가 가지고 있어 분쟁이 유발되므로 사람들은 공동체에 자연권의 일부를 양도하는 계약을 맺는다.
(나)	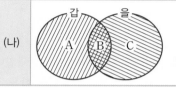 〈범 례〉 A: 갑만의 입장 B: 갑, 을의 공통 입장 C: 을만의 입장

┌─ 보기 ─┐
ㄱ. A: 인간은 자연 상태에서 지속적인 안전을 보장받기 어렵다.
ㄴ. B: 인간은 자기 보존을 추구하는 욕구를 지닌 존재이다.
ㄷ. B: 인간은 이성의 능력을 발휘하여 사회 계약을 맺게 된다.
ㄹ. C: 인간의 소유물에 대한 권리는 국가 성립 이후에 생긴다.
└──────┘

① ㄱ, ㄴ   ② ㄱ, ㄹ   ③ ㄴ, ㄷ
④ ㄱ, ㄷ, ㄹ   ⑤ ㄴ, ㄷ, ㄹ

▶ 24058-0218

8 다음을 주장한 사상가의 입장으로 가장 적절한 것은?

> 기원전 5세기 아테네의 장군에게 좋은 삶이 의미하는 것과 중세의 수녀나 17세기의 농부에게 좋은 삶이 의미하는 것은 서로 동일하지 않다. 그것은 다양한 개인들이 다양한 사회적 상황 속에 산다는 것만을 말하는 것은 아니다. 우리 모두는 우리의 상황을 하나의 특수한 사회적 정체성의 담지자로서 파악하는 것이 중요하다. 나는 누군가의 아들 또는 딸이고, 누군가의 사촌 또는 삼촌이다. 이러한 역할의 담지자로서 나는 나의 가족, 나의 도시, 나의 부족, 나의 민족으로부터 다양한 부채와 유산, 정당한 기대와 책무를 물려받는다. 그것들은 나의 삶의 주어진 사실과 나의 도덕적 출발점을 구성한다.

① 개인의 선과 공동체의 선은 서로 양립할 수 없다.
② 개인은 공동체의 역사를 공유할 수 없는 존재이다.
③ 공동체는 개인의 단순한 집합체로 간주되어야 한다.
④ 덕은 습득된 인간의 성질이 아니라 타고난 본성이다.
⑤ 개인은 공동체를 벗어나 덕을 배우거나 실천할 수 없다.

▶ 24058-0219

9 (가)의 갑, 을 사상가들의 입장을 (나) 그림으로 탐구하고자 할 때, A~C에 들어갈 적절한 질문만을 〈보기〉에서 고른 것은?

(가)	갑: 기아의 원인은 인구 과잉이 아니라 가난한 나라 사람들에 대한 무관심이다. 국적에 상관없이 자신의 기본적 욕구를 충족하고도 남는 소득이 있는 사람들은 기아로 고통받는 사람들을 이익 평등 고려의 원칙에 따라 원조해야 한다. 을: 기아를 예방할 수 있는데도 국민이 굶주리도록 방치하는 것은 인권에 대한 관심의 부족을 반영한다. 질서 정연한 정체들은 이런 일이 일어나지 않도록 해야 할 것이며, 인권을 강조하는 것은 기근 발생을 예방하는 데 도움이 될 것이다.
(나)	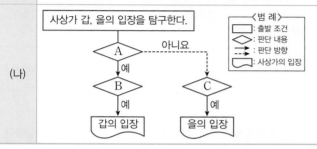

┌ 보기 ┐
ㄱ. A: 원조는 고통받는 사회에 속한 사람들의 인권 향상에 이바지하는가?
ㄴ. B: 원조에서 빈곤으로 고통받는 사람이 제외되는 경우가 있는가?
ㄷ. B: 원조를 실행할 때 원조 주체의 쾌락이나 고통을 고려해야 하는가?
ㄹ. C: 원조는 국가가 아닌 개인이 지녀야 할 윤리적 의무인가?

① ㄱ, ㄴ ② ㄱ, ㄷ ③ ㄴ, ㄷ ④ ㄴ, ㄹ ⑤ ㄷ, ㄹ

▶ 24058-0220

10 다음을 주장한 사상가의 입장으로 적절한 것만을 〈보기〉에서 있는 대로 고른 것은?

자연법에는 세 가지 차원이 있다. 그것은 자기 보존의 욕구, 종족 보존의 욕구, 신과 관련된 진리를 알고 싶어 하고 사회생활을 하고 싶어 하는 욕구가 그것이다. 선은 인간의 자연적 욕구의 대상이요 목적이다. 그러므로 이 세 가지는 모두 자연법의 내용에 해당한다.

┌ 보기 ┐
ㄱ. 인간과 동물은 공통된 자연적 성향을 지닐 수 없다.
ㄴ. 인간의 기본적 성향에는 악을 피하는 것이 포함된다.
ㄷ. 인간은 자신을 완전하게 실현하려면 자연법을 따라야 한다.

① ㄱ ② ㄷ ③ ㄱ, ㄴ ④ ㄴ, ㄷ ⑤ ㄱ, ㄴ, ㄷ

▶ 24058-0221

11 갑, 을 사상가들의 입장으로 옳지 않은 것은? [3점]

갑: 원초적 입장은 일정한 정의관에 이르게 하도록 규정된 순수한 가상적 상황으로 이해된다. 정의의 원칙은 무지의 베일 속에서 선택되며 공정한 합의나 약정의 결과가 된다.
을: 원초적 입장이라는 가상적 상황에서 수립한 정의의 원칙은 분배적 정의에 관한 소유 권리적 또는 역사적 개념을 산출할 수 없다. 소유물에서의 정의는 역사적이다.

① 갑: 원초적 입장의 당사자들은 상호 간의 이해관계에 관심이 없다.
② 갑: 개인의 천부적 재능에 대해 정의롭다거나 부정의하다고 할 수 없다.
③ 을: 불의에 대한 교정의 원리에 의해서도 소유 권리가 부여될 수 있다.
④ 을: 천부적 재능의 차이에 의한 불평등을 교정하는 국가의 개입은 정당하다.
⑤ 갑과 을: 경제적 불평등은 정의의 원칙을 통해 정당화될 수 있다.

▶ 24058-0222

12 다음을 주장한 사상가가 긍정의 대답을 할 질문으로 적절한 것만을 〈보기〉에서 있는 대로 고른 것은? [3점]

우리는 시민 불복종을 통해서 공동 사회의 다수자가 갖는 정의감을 나타내게 되고, 우리의 신중한 견지에서 볼 때 자유롭고 평등한 사람들 사이에서 사회 협동체의 원칙이 존중되지 않고 있음을 선언하게 된다. 이러한 정의에 대한 한 가지 예비적인 설명을 하자면 시민 불복종 행위가 항의의 대상이 되고 있는 바로 그 법을 위반하라고 요구하지는 않는다는 점이다. 또한 시민 불복종을 정의의 제1원칙인 평등한 자유의 원칙에 대한 심한 위반이나 제2원칙의 두 번째 부분인 공정한 기회균등의 원칙에 대한 현저한 위배에 국한시킬 것을 내세우는 데는 나름의 추정 근거가 존재한다.

┌ 보기 ┐
ㄱ. 시민 불복종의 성공 가능성은 고려되어야 하는가?
ㄴ. 공정한 기회균등의 원칙을 위반한 모든 법률에 대해 불복종해야 하는가?
ㄷ. 시민 불복종은 헌법의 근거 원리인 공유된 정의관에 따라 행해져야 하는가?
ㄹ. 항의의 대상이 되는 법을 직접적으로 위반하지 않는 간접적인 시민 불복종도 고려해야 하는가?

① ㄱ, ㄴ ② ㄱ, ㄷ ③ ㄴ, ㄹ
④ ㄱ, ㄷ, ㄹ ⑤ ㄴ, ㄷ, ㄹ

▶ 24058-0223

13 갑, 을 사상가들의 입장으로 적절하지 않은 것은?

> 갑: 프로테스탄트의 금욕주의는 소비적 향락에 반대하고 이윤 추구를 정당화하였다. 프로테스탄트는 직업 노동의 열매로서 획득하는 부(富)를 신의 축복이라고 보았다.
> 을: 프롤레타리아의 노동은 자본주의 체제에서 분업에 의해 노동의 독립성을 상실하게 된다. 결국 자본주의에서는 생산 수단이 노동자를 사용하는 왜곡이 발생한다.

① 갑: 프로테스탄트에게 직업에서의 성공은 구원의 징표이다.
② 갑: 직업 노동에서 게으름과 나태함은 신의 영광을 해치는 행위이다.
③ 을: 자본주의에서는 필연적으로 인간 소외가 일어날 수밖에 없다.
④ 을: 자본주의에서 노동자는 자발적 노동을 통해 자아실현을 이룰 수 있다.
⑤ 갑과 을: 개인의 노동이 생계유지 수단의 의미만을 가지는 것은 아니다.

▶ 24058-0224

14 다음 가상 편지를 쓴 사상가의 입장으로 적절한 것만을 〈보기〉에서 있는 대로 고른 것은?

> ○○께
> 선생님께서는 지난 편지에서 기술이란 수단일 뿐이지 그 자체는 선도 아니고 악도 아니라고 말씀하셨습니다. 하지만 저는 그렇지 않다고 생각합니다. 기술의 본질은 결코 기술적인 어떤 것이 아닙니다. 우리가 기술적인 것만을 생각하고 그것을 이용하는 데에만 급급하여 그것에 매몰되거나 그것을 회피하는 한, 기술의 본질에 대해 우리는 경험할 수 없습니다. 우리는 어디서나 부자유스럽게 기술에 붙들려 있습니다. 최악의 경우는 기술을 중립적인 것으로 고찰할 때이며, 이 경우 우리는 무방비 상태로 기술에 내맡겨지게 될 것입니다. …(후략).

┌ 보기 ┐
ㄱ. 기술은 인간의 삶에 유용한 도구가 될 수 있다.
ㄴ. 기술 활용에는 인간의 반성적 성찰이 반드시 필요하다.
ㄷ. 기술은 인간의 행복과 불행에 어떠한 영향도 미칠 수 없다.
ㄹ. 기술 그 자체는 가치 판단과 무관한 사실의 영역일 뿐이다.

① ㄱ, ㄴ   ② ㄴ, ㄹ   ③ ㄷ, ㄹ
④ ㄱ, ㄴ, ㄷ   ⑤ ㄱ, ㄷ, ㄹ

▶ 24058-0225

15 갑, 을 사상가들의 입장으로 가장 적절한 것은? [3점]

> 갑: 평화는 잠깐의 휴전 상태를 뜻하는 것이 아니다. 영원한 평화를 위해 각 국가의 시민적 체제는 공화정이어야 하며, 국제법은 자유로운 국가들의 연방제에 기초해 있어야 한다. 또한 세계 시민법은 보편적 우호의 조건들에 국한되어 있어야만 한다.
> 을: 국제 평화라는 것은 철학자들에게나 통하는 말이다. 평화는 시간과 공간의 조건에 종속되기 때문에 개개의 구체적 상황에 따라 다르다. 세력 균형을 통해 국가 간의 평화를 유지할 수 있으며, 국제 정치의 궁극 목표가 무엇이든 권력 획득이 일차 목표이다.

① 갑: 국가 간 분쟁 중단이 영구 평화 실현을 보장하지는 못한다.
② 갑: 영구 평화를 위한 방어 전쟁과 정복 전쟁은 허용되어야 한다.
③ 을: 국제 정치에서 영구적인 평화는 세력 균형을 통해 가능하다.
④ 을: 국제 정치에서는 협상과 국제법을 통해 평화를 실현해야 한다.
⑤ 갑과 을: 국제 관계에서 평화 조약으로는 어떤 전쟁도 중단시킬 수 없다.

▶ 24058-0226

16 그림은 서술형 평가 문제와 학생 답안이다. 학생 답안의 ㉠~㉤ 중 옳지 않은 것은? [3점]

> **서술형 평가**
> ◎ 문제: 예술에 대한 갑, 을 사상가들의 입장을 비교하여 서술하시오.
>
> > 갑: 아름다움[美]에 관해 말하는 것이 예술의 고유한 목표이며, 예술가의 의무이다. 예술은 예술 안에서 그 완벽함을 추구할 뿐, 예술 밖에서 완벽함을 찾지 않는다. 예술은 예술적 성향에 호소할 따름이다.
> > 을: 아름다움에 관한 판단은 주관적 판단이지만 이해관계를 초월한 보편적 판단이라는 점에서 미는 도덕적 선(善)의 상징이 된다. 바로 이 점에서 아름다움은 보편적인 만족의 감정을 준다.
>
> ◎ 학생 답안
> 예술에 대한 갑, 을의 입장을 비교해 보면, 갑은 ㉠예술은 예술 그 자체의 아름다움을 추구해야 한다고 보며, ㉡예술가가 예술 작품을 창작할 때 윤리적 동정심을 고려할 필요는 없다고 본다. 을은 ㉢미적 판단과 도덕 판단의 형식은 전혀 유사하지 않지만, ㉣미를 추구하는 행위는 도덕성 함양에 기여할 수 있다고 본다. 한편 갑, 을은 모두 ㉤예술은 도덕과 독립적인 영역을 지닌다고 본다.

① ㉠   ② ㉡   ③ ㉢   ④ ㉣   ⑤ ㉤

17 ▶ 24058-0227

갑은 긍정, 을은 부정의 대답을 할 질문으로 가장 적절한 것은?

> 갑: 공적인 정의가 원리와 표준으로 삼는 것은 어떤 종류의 형벌인가? 그것은 동등성의 원리이다. 사회가 해체될지라도 그 전에 그때까지 감옥에 남아 있던 살인자에 대한 처형은 집행되어야 한다.
>
> 을: 공공의 안전이라는 공탁물의 보호를 위해 필요한 정도를 넘어서는 형벌은 그 자체가 부정의하다. 사형은 어떤 의미에서도 권리가 될 수 없으며, 사형 대신 종신 노역형이 더 효과적이다.

① 사형은 공적 정의 실현에 기여할 수 없는 형벌인가?

② 형벌은 사회적 선을 증진하기 위한 수단이 되어야 하는가?

③ 종신 노역형은 일반인들에게 유익한 본보기가 될 수 있는가?

④ 사형은 범죄자의 인간 존엄성을 존중하는 형벌로 인정해야 하는가?

⑤ 범죄자는 다른 사람의 의도를 위한 수단으로만 취급되어야 하는가?

18 ▶ 24058-0228

다음을 주장한 사상가의 입장으로 적절한 것만을 〈보기〉에서 있는 대로 고른 것은? [3점]

> 인간은 체험을 통해 자신이 위치한 공간을 삶의 중심으로 형성할 수 있다. 체험된 공간은 가치를 지향하는 삶의 관계를 통해서 사람과 관계된다. 체험된 모든 공간은 그것을 체험한 인간과 서로 분리될 수 없다. 인간과 집의 관계는 집을 짓고 그 안에 살면서 자기 집 같고, 마음 편하며, 믿을 만한 친숙함이 있다고 이해될 수 있다. 인간은 이성적 노력을 통해 자신의 집을 지어야 하며, 그 집에서 자기 삶의 질서를 만들어 나가야 하고, 혼란을 일으키는 외부 세계와의 끊임없는 투쟁 속에서 이러한 질서를 지켜 내야 할 책임을 갖는다.

┌ 보기 ┐

ㄱ. 인간의 거주는 타고난 본능이므로 노력 없이도 완성된다.

ㄴ. 인간은 특정 장소에 정착하여 거주할 공간인 집을 필요로 한다.

ㄷ. 인간의 거주 공간 확보는 단순히 소유하는 것만으로는 불충분하다.

ㄹ. 인간은 자기 삶의 중심인 집에서의 체험을 통해 세상으로 나아갈 수 있다.

① ㄱ, ㄴ   ② ㄱ, ㄷ   ③ ㄷ, ㄹ

④ ㄱ, ㄴ, ㄹ   ⑤ ㄴ, ㄷ, ㄹ

19 ▶ 24058-0229

(가)의 갑, 을, 병 사상가들의 입장에서 서로에게 제기할 수 있는 비판을 (나) 그림으로 표현할 때, A~F에 해당하는 내용으로 가장 적절한 것은? [3점]

(가)	갑: 자연 중에 생명이 없음에도 아름다운 것에 대한 한갓된 파괴의 성벽은 인간의 자기 자신에 대한 의무에 반한다. 그러므로 동물을 폭력적으로 다루는 것은 인간의 자기 자신에 대한 의무에 반하는 것이다. 을: 자연을 존중하는 진정한 태도는 야생 생명체의 선에 대한 배려와 관심에서 행동하거나 자제할 때 드러난다. 우리는 모든 생명체가 목적론적 삶의 중심임을 알아야 한다. 병: 자연 상태 그대로 생존할 권리는 토지, 물, 식물, 동물 등에게도 존재한다. 어떤 것이 생명 공동체의 온전함, 안정성, 아름다움의 보전에 이바지한다면 옳고, 그렇지 않다면 그르다.
(나)	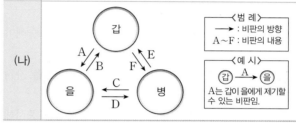

① A와 F: 비이성적 존재에 대한 도덕적 의무는 이성적 존재인 인간만이 지님을 간과한다.

② B: 내재적 가치를 지니는 비이성적인 개체가 존재함을 간과한다.

③ C: 개별 생명체의 존속은 생명 공동체 구성원들의 이해(利害) 관계에 의해 정당화됨을 간과한다.

④ D: 인간은 생태계의 다양한 구성원 중 하나에 불과함을 간과한다.

⑤ E: 인간은 생명이 없는 것일지라도 함부로 파괴해서는 안 됨을 간과한다.

20 ▶ 24058-0230

다음을 주장한 사상가의 입장으로 가장 적절한 것은?

> 도덕의 문제가 개인 차원에서 집단 간의 관계로 옮겨 갈수록 이기적 충동이 득세하게 된다. 사회의 집단 이기심은 불가피하며 이런 이기심이 비정상적으로 확장될 경우, 이에 맞서는 다른 집단들의 이기심에 의해서만 견제될 수 있다. 게다가 도덕적이거나 합리적인 설득 외에 강제력도 병행되어야 견제가 실효성을 지닐 수 있다.

① 집단 간의 관계는 지극히 정치적이면서 항상 윤리적이다.

② 집단의 이기적 충동은 강제력을 통해서도 억제할 수 없다.

③ 집단 간 세력 불균형은 집단 간 갈등의 원인이 될 수 없다.

④ 집단 간의 분쟁은 집단 간의 협력 확대로 소멸시켜야 한다.

⑤ 집단 간 이기심 충돌은 사회 정의 실현에 도움이 될 수 있다.

문항에 따라 배점이 다르니, 각 물음의 끝에 표시된 배점을 참고하시오. 3점 문항에만 점수가 표시되어 있습니다. 점수 표시가 없는 문항은 모두 2점입니다.

▶ 24058-0231

1 (가), (나) 윤리학의 공통된 입장으로 가장 적절한 것은?

(가) 윤리학은 도덕적 행위와 삶에 관한 규칙으로서 도덕 원리를 발견하고, 이를 체계화하는 일을 주요 과업으로 삼아야 한다.
(나) 윤리학은 실생활에서 발생하는 도덕 문제에 대해 도덕 이론을 적용하여 가치론적 측면에서 합당한 구체적인 해결 방안을 찾는 것을 주요 과업으로 삼아야 한다.

① 도덕규범을 실증적으로 탐구하여 가치 중립적으로 기술해야 한다.
② 도덕 문제의 해결을 위한 규범적 근거의 탐구에 관심을 가져야 한다.
③ 도덕 용어와 개념에 대해 과학적이고 분석적 작업을 중시해야 한다.
④ 도덕규범을 당위가 아니라 사실과 현상의 관점에서 바라보아야 한다.
⑤ 도덕 원리에 근거해 윤리학의 학문적 성립 가능성을 주로 탐구해야 한다.

▶ 24058-0232

2 갑, 을 사상가들의 입장으로 적절한 것만을 〈보기〉에서 고른 것은?

갑: 모든 생물은 태어나는 순간부터 이성과 관계없는 자연적 원인으로 인해 쾌락을 즐기고 고통에 저항한다. 죽음이 오면 우리는 이미 존재하지 않으므로 죽음은 우리에게 아무것도 아니다.
을: 순수하게 정신만을 가지고 각각의 탐구 대상에 나아가며, 그 밖의 어떠한 감각을 끌어들이지 않고, 정신 자체의 밝은 빛만으로 진리를 탐구하는 사람만이 가장 순수한 인식에 이를 수 있다.

┌ 보기 ┐
ㄱ. 갑: 번뇌와 고통의 소멸은 삶이 아닌 죽음을 통해 가능하다.
ㄴ. 을: 철학적 영혼을 지닌 사람은 죽음을 두려워하지 않는다.
ㄷ. 을: 영혼은 죽음을 통해 육체의 구속에서 벗어나 자유를 얻는다.
ㄹ. 갑과 을: 죽음과 함께 영혼의 인식 능력은 영원히 소멸한다.

① ㄱ, ㄴ ② ㄱ, ㄷ ③ ㄴ, ㄷ ④ ㄴ, ㄹ ⑤ ㄷ, ㄹ

▶ 24058-0233

3 갑, 을 사상가들이 모두 긍정의 대답을 할 질문으로 가장 적절한 것은?

임금과 신하, 윗사람과 아랫사람이 종묘 가운데에서 음악을 함께 들으면 성정을 바로잡고 서로 화합할 수 있습니다.
갑

백성에게서 재화를 거두어들여 큰 종과 북, 거문고를 만들어 연주하는 것은 천하의 이익에 아무런 도움이 안 됩니다.
을

① 음악은 사람의 마음과 행동을 바로잡기 위해 반드시 필요한가?
② 음악은 사람의 감정을 즐겁게 하여 행동에 영향을 미치는가?
③ 음악은 정치적·도덕적 역할로부터 완전히 자유로워야 하는가?
④ 음악은 사회에 이익을 일으키고 해악을 제거하는 데 이로운가?
⑤ 음악은 서로 다른 신분을 화합하게 하는 기능만을 수행해야 하는가?

▶ 24058-0234

4 갑, 을 사상가들의 입장으로 적절한 것만을 〈보기〉에서 고른 것은? [3점]

갑: 원조를 개인주의적 재산권 이론에 근거해 바라보아서는 안 된다. 또 자신과 가까운 사람을 먼저 도와야 한다는 주장은 원조에 관한 이익 평등 고려의 원칙에 위배된다.
을: 원조의 목적은 고통을 겪는 사회가 자신의 문제들을 합당하게 합리적으로 관리할 수 있도록 도와주어 결과적으로 그 사회가 질서 정연한 만민의 사회의 구성원이 되도록 하는 것이다.

┌ 보기 ┐
ㄱ. 갑: 원조를 헛되게 만들 정책을 집행하는 나라를 원조할 책무는 없다.
ㄴ. 을: 원조를 통해 다양한 사회 간의 부와 복지 수준을 조정해야 한다.
ㄷ. 을: 인권을 침해하는 무법 국가에 대해 경제적 원조를 거부할 수 있다.
ㄹ. 갑과 을: 원조의 목표는 절대 빈곤의 극복에 의한 분배 정의의 실현이다.

① ㄱ, ㄴ ② ㄱ, ㄷ ③ ㄴ, ㄷ ④ ㄴ, ㄹ ⑤ ㄷ, ㄹ

5 ▶ 24058-0235

5 (가)의 갑, 을 사상가들의 입장을 (나) 그림으로 탐구하고자 할 때, A~C에 들어갈 질문으로 가장 적절한 것은? [3점]

(가)	갑: 형벌에서의 정의는 공리이다. 인간의 정신에 무엇보다 큰 영향을 끼치는 것은 형벌의 강도(强度)가 아니라 그 지속도(持續度)이며, 형벌은 범죄에 비례해야 한다. 을: 형벌로서 사형은 계약에 기초하며, 사회적 권리를 침해하는 악인은 모두 조국에 대해 반역자이자 배신자이다. 그 자신의 보존과 국가의 보존은 양립할 수 없다.
(나)	사상가 갑, 을의 입장을 탐구한다. <범 례> □: 출발 조건 ◇: 판단 내용 ➡: 판단 방향 ⬒: 사상가의 입장 A → 아니요 예 B C 예 예 갑의 입장 을의 입장

① A: 살인자에 대한 사형은 범죄와 형벌 간 비례의 원리를 충족하는가?

② A: 사회 계약을 위반한 살인자에게 사형을 대체할 형벌이 존재하는가?

③ B: 형벌은 사회적 신분에 따라 항상 차등적 적용을 해야 하는가?

④ B: 범죄의 척도는 범죄자의 의도가 아니라 사회에 끼친 해악인가?

⑤ C: 살인자는 사형과 종신형 중에서 선택의 자유를 보장받아야 하는가?

6 ▶ 24058-0236

6 다음을 주장한 사상가의 입장만을 <보기>에서 있는 대로 고른 것은? [3점]

> 정치는 진실을 은폐하고 왜곡하고 경시하고 과장해야 하며, 그 정도가 심할수록 인간은 정치 과정에, 특히 국제 정치 분야에 더욱더 깊이 참여하게 된다. 정치의 본질과 정치적 무대에서의 자기 역할에 대해 자신을 속임으로써만 인간은 정치적 동물로서 만족스럽게 살아갈 수 있다. 정치나 국민이 궁극적으로 추구하는 것은 자유, 안전 보장, 번영 혹은 권력 그 자체이다.

> **보기**
> ㄱ. 국내 정치와 국제 정치는 권력 획득을 근본 목표로 삼는다.
> ㄴ. 세력 균형이 작동하는 한 불안하게나마 평화 유지가 가능하다.
> ㄷ. 국제 관계에서 평화는 국제법이 아닌 힘의 균형에 의해서만 달성된다.

① ㄱ   ② ㄷ   ③ ㄱ, ㄴ   ④ ㄴ, ㄷ   ⑤ ㄱ, ㄴ, ㄷ

7 ▶ 24058-0237

7 갑, 을 사상가들의 입장으로 적절한 것만을 <보기>에서 고른 것은?

> 갑: 임금은 신하 부리기를 예(禮)로써 하고, 신하는 임금 섬기기를 충(忠)으로써 해야 한다. 부유하고 귀한 것은 모두가 원하는 것이지만, 정당한 도(道)로써 얻지 않으면 처하지 않아야 한다. 군자가 인(仁)을 버리면 어떻게 이름[名]을 이루겠는가?
> 을: 지혜를 사랑하는 자가 나라를 장악하기 전에는 시민이나 나라에서도 악과 불행이라는 나쁜 일의 종식은 없을 것이며, 정의로운 정체(政體) 또한 그 완성을 볼 수 없다. 국가는 수호자들 중에서도 가장 훌륭한 사람들이 통치자가 되어야 한다.

> **보기**
> ㄱ. 갑: 통치자는 수양을 통해 백성의 안정된 삶을 추구해야 한다.
> ㄴ. 갑: 각자의 신분과 지위에 맞는 덕을 실천해야 이름이 바로 선다.
> ㄷ. 을: 국가를 구성하는 세 계층이 공통적으로 갖추어야 할 덕은 없다.
> ㄹ. 갑과 을: 국가의 정의로움은 각자의 역할 배분과 함께 자연스럽게 실현된다.

① ㄱ, ㄴ   ② ㄱ, ㄷ   ③ ㄴ, ㄷ   ④ ㄴ, ㄹ   ⑤ ㄷ, ㄹ

8 ▶ 24058-0238

8 갑, 을 사상가들의 입장에서 부정의 대답을 할 질문으로 가장 적절한 것은? [3점]

> 갑: 시민 불복종은 합법적인 수단이 실패했을 때 국가적인 관심을 촉구할 목적의 달성을 위해 할 수 있는 적합한 수단이다. 예를 들어 공장식 농장에서 동물이 겪는 고통을 공중에게 알릴 목적의 시민 불복종은 가능하다.
> 을: 시민 불복종이 최후의 대책이기는 하지만, 그것이 거의 정의로운 체제의 효율성을 침해하여 극심한 무질서를 초래하지 않도록 하기 위해서는 그에 가담할 수 있는 범위에 대해 한계가 필요하다.

① 갑: 시민 불복종 행위는 법에 대한 존중심의 감소를 가져올 수 있는가?

② 갑: 시민 불복종은 민주주의적 의사 결정을 강제하려는 물리적 행위인가?

③ 을: 시민 불복종은 공중의 정의감에 의해 규제되는 사회에서 가능한가?

④ 을: 평등한 기본적 자유를 침해할 목적의 세제법은 시민 불복종의 대상이 될 수 있는가?

⑤ 갑과 을: 시민 불복종자는 비폭력적 행위에 따른 법적 처벌을 감수해야 하는가?

▶ 24058-0239

9 갑 사상가의 입장에서 을 사상가에게 제기할 비판으로 가장 적절한 것은?

갑: 인간의 결정은 최고의 선의 획득이 아니라 최고의 악의 회피를 위한 것이어야 한다. 최고의 선 없이 살 수 있지만, 최고의 악으로는 살 수 없기 때문이다. 책임 윤리는 인류의 실존을 내기의 담보로 삼는 것에 반대한다.

을: 인간은 자연의 사용자 및 해석자로서 자연의 질서에 대해 실제로 관찰하고, 고찰한 그만큼만 무엇인가를 할 수 있고 이해할 수 있다. 인간의 지식이 곧 인간의 힘이다. 원인을 밝힘으로써 효과를 낼 수 있다.

① 기술 진보가 불치병의 치료와 환경 문제 해결에 필수적임을 간과한다.

② 기술 진보가 미래 인류의 실존과 자연에 대해 초래할 위험을 간과한다.

③ 기술 진보를 위해 기술에 대한 가치 중립적 태도가 필수적임을 간과한다.

④ 기술 진보가 기술에 의한 이상 사회의 실현을 위해 필수적임을 간과한다.

⑤ 기술 진보에 대한 윤리적 제재가 생명 공학의 발전을 저해함을 간과한다.

▶ 24058-0240

10 갑은 긍정, 을은 부정의 대답을 할 질문으로 가장 적절한 것은?

갑: 남북의 통일을 위해서는 정치적·군사적 결단이 선행되어야 한다. 이 두 분야에서 일괄적 타결이 이루어지게 되면, 나머지 다른 분야의 모든 문제는 자동으로 해결되기 때문이다.

을: 남북의 통일을 위해서는 성사되기 쉬운 전통 예술이나 태권도와 같은 비정치적 분야부터 협력해 나가야 한다. 통일은 이질적인 두 체제를 자유롭고 정의로운 하나의 공동체로 만들어 가는 연속적인 과정이기 때문이다.

① 비정치적 분야의 신뢰에 기초해 통일 국가를 형성해야 하는가?

② 군사적 타결보다 단계적·점진적 접근의 통일을 추구해야 하는가?

③ 남북한 간 정치적 통합을 바탕으로 정서적 통합을 추진해야 하는가?

④ 민족 간 심리적·문화적 통합에 기초해 정치적 통합을 해야 하는가?

⑤ 남북한 간 정치 체제의 통합보다 예술과 학술 교류를 우선해야 하는가?

▶ 24058-0241

11 (가), (나)의 입장으로 적절하지 <u>않은</u> 것은?

(가) 소비 행위에서는 가격을 가장 중요하게 고려해야 한다. 같은 조건이라면 자신의 경제력의 한계 안에서 가장 저렴한 재화를 구매함으로써 소비에 의한 만족감을 극대화하는 것이 현명한 소비자가 갖추어야 할 미덕이다.

(나) 소비 행위에서는 가격만을 기준으로 해서는 안 된다. 소비자의 이익을 넘어 노동자의 인권이나 환경 문제를 고려해야 하며, 원료의 재배 및 제품의 생산과 유통에 이르는 모든 과정에 대해서도 윤리적 고려를 해야 하기 때문이다.

① (가): 소비하려는 제품의 정보와 구매 필요성을 파악해야 한다.

② (가): 소비 행위에 따른 기회비용과 만족감을 고려해 소비해야 한다.

③ (나): 소비 행위에서 소비 주체의 경제력은 고려 대상이 될 수 없다.

④ (나): 소비 행위에서 생산 과정의 생태적 지속 가능성을 고려해야 한다.

⑤ (가)와 (나): 소비 주체의 가치관은 소비 행위의 결정에 영향을 미친다.

▶ 24058-0242

12 갑, 을 사상가들의 입장으로 적절하지 <u>않은</u> 것은? [3점]

갑: 폭력·절도·사기 등의 범죄를 처벌하고, 계약 이행 같은 것을 보호하는 등 제한된 기능만을 수행하는 최소 국가는 정당하다. 반면 이를 넘어서는 포괄적 국가는 개인의 권리를 침해하므로 정당하지 않다.

을: 질서 정연한 사회는 구성원들의 선을 증진하기 위해 세워지고 공공적 정의관에 의해 규제되는 사회이다. 그것은 구성원들이 모두 같은 정의의 원칙을 받아들인다는 것을 인정하고 알고 있는 사회이다.

① 갑: 교환의 합법성은 양도하려는 소유물에 대한 합법적 소유에 기초한다.

② 갑: 비정형적 분배 원리는 정당한 소유에 이르는 역사적 과정을 무시한다.

③ 을: 각자는 천부적 재능의 분포에서의 위치에 대해 도덕적으로 자격이 없다.

④ 을: 개인은 적절한 방식으로 습득한 기술과 능력에 대해 응분의 자격을 가질 수 있다.

⑤ 갑과 을: 공정한 상황에서 공정한 절차를 거쳐 합의된 것에 따른 결과는 정의롭다.

▸ 24058-0243

13 (가)의 갑, 을, 병 사상가들의 입장에서 서로에게 제기할 수 있는 비판을 (나) 그림으로 표현할 때, A~F에 해당하는 내용으로 가장 적절한 것은? [3점]

(가)	갑: 자연 상태에서 인간은 만인의 만인에 대한 전쟁 상태이므로 모든 사람은 오직 자신의 이성의 지배만 받을 뿐이며. 만인은 만물에 대해 권리를 갖는다. 을: 국가는 그 구성원들의 연합 속에서만 생존력을 가질 수 있는 도덕적 인격이며. 국가의 가장 중요한 관심은 자기 보존이므로 일반 의지에 따라 지도되어야 한다. 병: 폴리스가 훌륭한 이유는 정치 체제에 참여한 사람들이 훌륭하기 때문이다. 폴리스에서 모든 시민은 정치 체제에 참여한다.
(나)	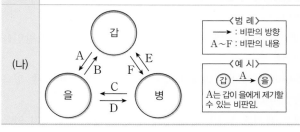

① A: 자연권을 양도받은 주권자가 국가의 모든 권력을 독점함을 간과한다.

② B: 입법권과 집행권은 주권자의 대리인인 정부의 고유 권한임을 간과한다.

③ C와 E: 개인의 행복과 자아실현이 국가 안에서 실현될 수 있음을 간과한다.

④ D: 국가 권력은 구성원의 안전과 재산 보호를 위해 행사해야 함을 간과한다.

⑤ F: 국가의 기원은 구성원의 자발적 동의가 아닌 인간의 본성임을 간과한다.

▸ 24058-0244

14 다음을 주장한 사상가의 입장으로 적절하지 <u>않은</u> 것은? [3점]

> 종교적 인간은 이 세계를 초월하면서도 이 세계 안에 스스로를 현현(顯現)하며, 그럼으로써 이 세계를 성화(聖化)하고, 또 그것을 실재적인 것으로 만드는 거룩한 것이 있다고 믿는다. 근대의 비종교적 인간은 종교적 인간의 후예이므로 종교적 인간의 산물이다. 그렇기 때문에 자신의 과거를 전적으로 폐기한다는 것은 불가능하다. 그의 존재 가장 깊은 곳에는 여전히 종교성이 재연될 준비가 되어 있다.

① 종교적 인간은 생명의 근원인 절대적 존재의 실재를 믿는다.

② 종교적 인간에게 죽음은 끝이 아니라 삶의 또 다른 양식이다.

③ 비종교적 인간은 초월을 거부하며 자신을 역사의 주체로 본다.

④ 종교적 인간에게 자연은 언제나 탈신성화된 대상으로서 자연이다.

⑤ 비종교적 인간은 결혼·축제에서 변질된 제의(祭儀)를 유지하고 있다.

▸ 24058-0245

15 갑, 을 사상가들이 모두 긍정의 대답을 할 질문으로 가장 적절한 것은?

> 갑: 고통으로부터의 자유와 쾌락이야말로 목적으로서 바람직한 유일한 것이며, 바람직한 모든 것은 그 자체에 들어 있는 쾌락 때문에, 또는 고통을 막아 주고 쾌락을 늘려 주는 수단이 되기 때문에 바람직하다. 쾌락을 평가할 때는 양은 물론 질도 고려해야 한다.
> 을: 고통과 쾌락은 우리가 생각하고 말하고 행동하는 모든 것을 지배한다. 우리가 이 두 군주의 지배에서 벗어나려 할 때마다 오히려 우리가 이 두 군주에게 지배되고 있음을 확인시켜 줄 뿐이다. 자연은 인류를 쾌락과 고통이라는 두 군주의 지배 아래 두었다.

① 개인과 사회의 쾌락을 증진하는 행위는 도덕적 행위인가?

② 도덕 법칙에 대한 존경에서 나온 행위만이 도덕적 행위인가?

③ 공리의 원리는 행위의 결과가 아닌 동기에만 적용해야 하는가?

④ 도덕적 행위를 판단하는 단일한 기준은 양적 쾌락의 총합인가?

⑤ 참된 쾌락은 도덕과 법 규범으로부터 자유로울 때 실현되는가?

▸ 24058-0246

16 갑, 을 사상가들의 입장으로 가장 적절한 것은? [3점]

> 갑: 바른 도(道) 닦음이란 무명(無明)이 남김없이 빛이 바래어 소멸하기 때문에 의도적 행위들이 소멸하고, 의도적 행위들이 소멸하기 때문에 알음알이가 소멸하고, …(중략)… 이와 같이 전체 괴로움의 무더기[苦蘊]가 소멸함을 말한다.
> 을: 사지와 몸을 무너뜨리고, 총명함도 버리고, 보이는 것을 초월하여 가진 지식을 버림으로써 대통(大通)에 이르게 됨이 좌망(坐忘)이다. 항상 자연에 따르며, 생명을 연장하려고 인위적으로 애쓰지 않는다.

① 갑: 하늘이 부여한 도덕성의 회복을 위해 자비를 실천해야 한다.

② 갑: 연기에 대한 깨달음에 기초해 윤회(輪廻)의 삶을 습관화해야 한다.

③ 을: 자연의 이치를 깨달아 옳고 그름을 분별할 줄 알아야 한다.

④ 을: 타당한 사회 규범을 실천하며 이상적인 경지를 추구해야 한다.

⑤ 갑과 을: 감각 욕망은 물론 의례에 대한 집착에서 벗어나야 한다.

▶ 24058-0247

17 (가)의 갑, 을 사상가들의 입장에서 서로에게 제기할 수 있는 비판을 (나) 그림으로 표현할 때, A, B에 해당하는 내용으로 가장 적절한 것은? [3점]

(가)	갑: 쥐는 길가에 놓은 돌과 달리 사람의 발길에 차이지 않을 이익 관심을 갖는다. 발길에 차인 쥐의 고통은 인간이 느끼는 정도의 고통과 다르지 않으므로 그들의 고통을 인간의 것과 평등하게 고려해야 한다. 을: 암사자가 새끼 얼룩말을 잡아먹으려는 경우와 사람의 아기를 잡아먹으려는 경우, 인간의 반응은 근본적으로 다르다. 아이에게는 잡아먹히지 않을 권리가 있는데, 그 근거는 그가 인간이기 때문이다.
(나)	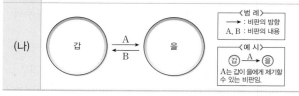 〈범례〉 → : 비판의 방향 / A, B : 비판의 내용 〈예시〉 갑 ―A→ 을 / A는 갑이 을에게 제기할 수 있는 비판임.

① A: 동물 실험이 인간과 동물 상호 간의 호혜적 의무 위반임을 간과한다.
② A: 동물은 욕구 충족이나 고통 회피 등의 이익 관심이 없음을 간과한다.
③ B: 동물 실험은 쾌고 감수 능력의 유무와 상관없이 부당함을 간과한다.
④ B: 인간과 동물의 이익 관심이 본질적으로 동등한 가치를 지님을 간과한다.
⑤ B: 인간과 동물을 종차(種差)에 근거해 차등적으로 대우해야 함을 간과한다.

▶ 24058-0248

18 갑, 을의 입장에서 모두 부정의 대답을 할 질문으로 가장 적절한 것은?

갑: 문화적 다양성에서 나타나는 각 정체성을 인정해야 하지만, 주류 문화는 국수와 국물의 역할을 하고, 이주민의 문화는 고명의 역할을 하며 조화를 이루어야 한다.
을: 문화적 충돌에 의한 사회 혼란과 갈등을 방지하고, 사회적 연대감과 결속의 강화를 위해 이주민의 다양한 문화 정체성을 포기하게 하여 지배적 주류 문화에 편입되도록 해야 한다.

① 이주민의 문화적 다양성을 주류 문화에 동화되게 해야 하는가?
② 다양한 문화적 배경을 지닌 이주민 문화를 존중해야 하는가?
③ 이주민이 자신의 문화적 정체성을 유지할 수 있어야 하는가?
④ 다양한 문화의 대등한 공존으로 사회 발전을 추동해야 하는가?
⑤ 이주민 문화를 주류 문화에 편입하여 사회 갈등을 막아야 하는가?

▶ 24058-0249

19 ㉠에 들어갈 내용으로 가장 적절한 것은?

나는 쾌락이 다른 무엇을 위해서가 아니라 그 자체로 가치 있는 것이므로 성적 쾌락을 추구하는 행위도 그 자체가 목적이 될 수 있다고 본다. 그렇기 때문에 이를 사회 제도나 엄격한 도덕규범에 근거해 방해하는 것은 옳지 않다고 본다. 그런데 어떤 사람은 성적 활동이 사랑하는 남녀가 결혼이라는 사회적 승인과 그 결과에 따르는 출산을 목적으로 하는 경우에만 정당하다고 주장한다. 나는 이러한 주장이 ⑤ 고 생각한다.

① 부부간 성적 행위는 출산과 양육만을 목적으로 해야 함을 간과한다
② 성적 행위에 가치와 존엄성을 부여하는 것은 오직 사랑임을 간과한다
③ 상대방에게 해악을 끼치지 않는 성적 자유가 허용될 수 있음을 간과한다
④ 쾌락을 목적으로 하더라도 사랑이 없는 성은 정당하지 않음을 간과한다
⑤ 성적 행위에서 최소한의 성적 자유와 사회적 책임을 강조해야 함을 간과한다

▶ 24058-0250

20 갑, 을 사상가들의 입장으로 적절한 것만을 〈보기〉에서 있는 대로 고른 것은? [3점]

갑: 인간이 진화의 오디세이에서 다른 생물들의 동료 항해자일 뿐이라는 사실을 우리는 다윈을 통해 알고 있다. 이제 우리는 동료 생물들을 대지 생명 공동체를 구성하는 친족처럼 생각할 줄 알아야 한다.
을: 우리는 유기체가 자신을 보존하고 자신만의 독특한 방식으로 고유의 선을 실현하려고 애쓰는 목적론적 삶의 중심이라고 보아야 한다. 이들은 자신의 생물학적 기능의 성공적 수행과 관련한 지속적 경향성이 있다.

┌ 보기 ┐
ㄱ. 갑: 인간은 생명 공동체의 구성 요소 간의 경쟁과 협동에 어떠한 영향도 주어서는 안 된다.
ㄴ. 을: 동식물은 도덕 행위자로부터 인간과 동등한 배려를 받을 자격이 있다.
ㄷ. 을: 생태계의 모든 생명체는 그 자신을 위해 그 자체로 보존될 가치가 있다.
ㄹ. 갑과 을: 인간과 야생의 동식물은 모두 생명 공동체의 동등한 구성원이다.

① ㄱ, ㄴ ② ㄱ, ㄷ ③ ㄴ, ㄹ
④ ㄱ, ㄷ, ㄹ ⑤ ㄴ, ㄷ, ㄹ

청운대학교
CHUNGWOON UNIVERSITY

내 꿈을 향한
첫 무대
청운대학교

첨단 생활과학의 메카 인천캠퍼스　창의 융합교육의 산실 홍성캠퍼스

| 2024년 대학일자리플러스센터 (거점형) 선정 | 2024년 취업연계중점대학 9년 연속 선정 |

인천캠퍼스·홍성캠퍼스
입학상담 청운대학교 입학처 041-630-3333~9
입학처 홈페이지 http://enter.chungwoon.ac.kr

EBS

한국교육과정평가원
감수
본 교재는 2025학년도 수능 연계교재로서 한국교육과정 평가원이 감수하였습니다.

2025학년도
수능 연계교재
수능완성

한 권에 수능 에너지 가득
YOU MADE IT!

5회분
실전 모의고사
수록

테마편 + 실전편

사회탐구영역

정답과 해설

생활과 윤리

본 교재는 대학수학능력시험을 준비하는 데 도움을 드리고자 도덕과 교육과정을 토대로 제작된 교재입니다.
학교에서 선생님과 함께 교과서의 기본 개념을 충분히 익힌 후 활용하시면 더 큰 학습 효과를 얻을 수 있습니다.

문제를 사진 찍고
해설 강의 보기
Google Play | App Store

EBSi 사이트
무료 강의 제공

시대의 빛

세상을 향해 첫 발을 내디딜 당신

그 앞에 많은 길이 놓여 있지만

세상의 리더가 될 당신이라면

배움의 길도 달라야 합니다

당신에겐 가능성이 있고

우리에겐 방법이 있습니다

당신이 품은 큰 뜻

총신 안에서 마음껏 펼쳐보십시오

한눈에 보는 정답

01 실천 윤리와 윤리 문제에 대한 탐구

본문 6~9쪽

01 ①   02 ⑤   03 ②   04 ①
05 ④   06 ⑤   07 ②   08 ③

02 윤리 문제에 대한 접근

본문 12~17쪽

01 ①   02 ②   03 ②   04 ③
05 ④   06 ①   07 ②   08 ③
09 ②   10 ④   11 ⑤   12 ④

03 삶과 죽음의 윤리

본문 20~24쪽

01 ③   02 ①   03 ④   04 ④
05 ②   06 ④   07 ①   08 ②
09 ⑤   10 ②

04 생명 윤리

본문 27~32쪽

01 ④   02 ③   03 ④   04 ③
05 ⑤   06 ③   07 ⑤   08 ④
09 ④   10 ①   11 ⑤   12 ④

05 사랑과 성 윤리

본문 35~38쪽

01 ①   02 ⑤   03 ③   04 ⑤
05 ④   06 ④   07 ③   08 ⑤

06 직업과 청렴의 윤리

본문 41~45쪽

01 ②   02 ②   03 ④   04 ①
05 ②   06 ③   07 ②   08 ③
09 ①   10 ③

07 사회 정의와 윤리

본문 48~53쪽

01 ③   02 ②   03 ⑤   04 ④
05 ④   06 ①   07 ②   08 ③
09 ②   10 ③   11 ③   12 ③

08 국가와 시민의 윤리

본문 57~61쪽

01 ④   02 ⑤   03 ④   04 ①
05 ④   06 ④   07 ②   08 ⑤
09 ④   10 ③

09 과학 기술과 윤리

본문 64~68쪽

01 ④   02 ⑤   03 ④   04 ③
05 ④   06 ④   07 ②   08 ③
09 ②   10 ⑤

10 정보 사회와 윤리

본문 72~76쪽

01 ⑤   02 ⑤   03 ③   04 ④
05 ③   06 ④   07 ②   08 ④
09 ④   10 ⑤

11 자연과 윤리

본문 79~84쪽

01 ⑤	02 ②	03 ②	04 ⑤
05 ⑤	06 ②	07 ①	08 ③
09 ④	10 ②	11 ②	12 ③

12 예술과 대중문화 윤리

본문 87~91쪽

01 ②	02 ①	03 ④	04 ④
05 ⑤	06 ②	07 ④	08 ③
09 ③	10 ③		

13 의식주 윤리와 다문화 사회 윤리

본문 94~97쪽

01 ④	02 ③	03 ④	04 ③
05 ④	06 ④	07 ③	08 ①

14 갈등 해결과 소통, 민족 통합의 윤리

본문 100~103쪽

01 ③	02 ③	03 ①	04 ⑤
05 ①	06 ③	07 ①	08 ②

15 지구촌 평화의 윤리

본문 107~111쪽

01 ②	02 ④	03 ④	04 ④
05 ③	06 ②	07 ⑤	08 ③
09 ②	10 ④		

실전 모의고사 1회

본문 112~116쪽

1 ④	2 ②	3 ①	4 ⑤	5 ④
6 ①	7 ③	8 ⑤	9 ①	10 ①
11 ②	12 ③	13 ④	14 ⑤	15 ③
16 ③	17 ③	18 ⑤	19 ②	20 ③

실전 모의고사 2회

본문 117~121쪽

1 ③	2 ⑤	3 ④	4 ①	5 ④
6 ④	7 ④	8 ④	9 ③	10 ④
11 ④	12 ②	13 ⑤	14 ②	15 ④
16 ③	17 ①	18 ⑤	19 ①	20 ①

실전 모의고사 3회

본문 122~126쪽

1 ②	2 ④	3 ③	4 ⑤	5 ②
6 ④	7 ④	8 ④	9 ①	10 ②
11 ①	12 ③	13 ①	14 ⑤	15 ③
16 ②	17 ④	18 ②	19 ②	20 ①

실전 모의고사 4회

본문 127~131쪽

1 ⑤	2 ③	3 ②	4 ④	5 ④
6 ④	7 ③	8 ⑤	9 ③	10 ④
11 ④	12 ④	13 ④	14 ①	15 ①
16 ③	17 ④	18 ⑤	19 ②	20 ⑤

실전 모의고사 5회

본문 132~136쪽

1 ②	2 ③	3 ②	4 ②	5 ④
6 ③	7 ①	8 ②	9 ②	10 ③
11 ③	12 ②	13 ①	14 ④	15 ①
16 ⑤	17 ⑤	18 ④	19 ③	20 ⑤

THEME 01 실천 윤리와 윤리 문제에 대한 탐구

수능 실전 문제
본문 6~9쪽

| 01 ① | 02 ⑤ | 03 ② | 04 ① |
| 05 ④ | 06 ⑤ | 07 ② | 08 ③ |

01 이론 윤리학과 메타 윤리학의 입장 비교

문제분석 (가)는 이론 윤리학, (나)는 메타 윤리학이다. 이론 윤리학은 보편적인 윤리 규범으로서의 도덕 이론의 정립을 주요 과제로 삼는다. 메타 윤리학은 도덕적 언어의 의미와 도덕적 명제의 논리적 타당성을 분석하는 것을 주요 과제로 삼는다.

정답찾기 ㄱ. 이론 윤리학은 모든 사람이 준수해야 하는 보편적인 도덕 원리를 정립할 것을 강조한다.

ㄴ. 메타 윤리학은 윤리학이 학문으로서 성립 가능한지에 대해 비판적으로 검증해야 한다고 본다.

오답피하기 ㄷ. 이론 윤리학은 도덕을 당위의 영역으로 보며, 모든 사람들이 마땅히 따라야 할 보편적인 도덕 원리의 정립을 강조한다.

ㄹ. 메타 윤리학은 도덕 원리에 사용되는 언어의 의미를 명확히 밝힘으로써 이론 윤리학이 체계적인 도덕 원리를 정립하는 데 기여할 수 있다.

02 실천 윤리학과 기술 윤리학의 입장 비교

문제분석 (가)는 실천 윤리학, (나)는 기술 윤리학의 입장이다. 실천 윤리학은 도덕 원리를 근거로 도덕 문제에 대한 해결 방안을 제시하는 것을 강조한다. 기술 윤리학은 사회에 존재하는 도덕 현상에 대한 과학적 설명을 강조한다.

정답찾기 ⑤ 실천 윤리학은 도덕 문제에 대한 해결 방안을 제시하는 것을 강조하며, 이를 위해 도덕 이론과 함께 인접 학문을 활용할 것을 강조한다. 반면 기술 윤리학은 사회에 존재하는 도덕 현상에 대한 가치 중립적인 설명을 강조한다. 그러므로 실천 윤리학의 입장에 비해 기술 윤리학의 입장은 '윤리적 탐구 과정에서 연구자의 가치 판단 배제를 강조하는 정도(X)'는 높고, '도덕 현상에 대한 설명보다 도덕적 행위 규범의 제시를 강조하는 정도(Y)'와 '과학 기술의 발전에 따라 발생한 도덕 문제 해결을 위해 학제적 연구를 강조하는 정도(Z)'는 낮다. 따라서 ㅁ이 적절한 위치이다.

03 이론 윤리학, 메타 윤리학, 기술 윤리학의 입장 비교

문제분석 (가)의 갑은 이론 윤리학, 을은 메타 윤리학, 병은 기술 윤리학의 입장이다. 이론 윤리학은 보편적인 도덕 원리를 정립하는 것을 주요 과제로 삼는다. 메타 윤리학은 도덕 언어의 의미 분석과 도덕적 추론의 논리적 타당성을 검증하는 것을 주요 과제로 삼는다. 기술 윤리학은 사회에 존재하는 도덕적 관습을 경험적으로 설명하는 것을 주요 과제로 삼는다.

정답찾기 ㄱ. 이론 윤리학은 행위의 도덕적 정당성을 판단할 수 있는 기준으로서의 도덕 원리의 정립을 강조한다. 반면 메타 윤리학은 도덕 언어의 의미 분석을 강조하고, 기술 윤리학은 도덕적 관습에 대한 객관적인 설명을 강조한다. 따라서 갑은 긍정, 을과 병은 모두 부정의 대답을 할 질문으로 적절하다.

ㄷ. 메타 윤리학은 어떤 도덕적 주장이 논리적으로 타당한지에 대해 분석해야 한다고 본다. 따라서 을이 긍정의 대답을 할 질문으로 적절하다.

오답피하기 ㄴ. 메타 윤리학은 도덕적 추론의 논리적 타당성 검증을 강조하고, 기술 윤리학은 사회에 존재하는 도덕적 관습의 실태 조사를 강조한다.

ㄹ. 기술 윤리학은 개인의 행위를 당위적으로 평가하는 것을 강조하지 않으며 사실적으로 설명하는 것을 강조한다.

04 이황이 강조한 성찰의 자세 이해

문제분석 제시문은 이황의 주장이다. 이황은 마음을 집중하여 도덕적 본성을 유지하는 경(敬)을 강조하였고, 경의 주된 실천 방법으로 주일무적(主一無適), 정제엄숙(整齊嚴肅), 상성성(常惺惺)을 주장하였다. 주일무적은 마음을 한곳으로 집중하는 것, 정제엄숙은 몸가짐을 단정히 하고 엄숙한 태도를 유지하는 것, 상성성은 항상 깨어 있는 정신 상태를 유지하는 것을 의미한다.

정답찾기 ㄱ. 이황은 몸가짐을 단정히 하고 엄숙한 태도를 유지하는 정제엄숙을 통해 마음을 바르게 할 수 있다고 보았다.

ㄴ. 이황은 마음공부를 위해서 자신의 행동을 바르게 하는 것이 필요하다고 보았으며, 자신의 행동에 대해 지속적으로 성찰할 것을 강조하였다.

오답피하기 ㄷ. 이황은 인간의 본성이 선하다고 보았다.

ㄹ. 이황은 외부 세계와의 단절을 주장하지 않았으며, 일상생활에서 도덕적 실천과 성찰을 할 것을 강조하였다.

05 규범 윤리학, 기술 윤리학, 메타 윤리학의 관계에 대한 입장 파악

문제분석 그림의 강연자는 규범 윤리학과 기술 윤리학, 메타 윤리학이 항상 대립하는 관계가 아니며, 기술 윤리학과 메타 윤리학의 연구 결과가 규범 윤리학의 연구에 도움을 줄 수 있다고 본다.

정답찾기 ④ 강연자는 기술 윤리학이 사람들의 도덕적 행위에 대한 인과 관계를 분석함으로써 규범 윤리학이 해당 사회에 필요한 도덕 규범을 제시하는 데 도움을 줄 수 있다고 본다. 또한 메타 윤리학은 도덕규범에 사용되는 용어의 의미를 구체화함으로써 도덕규범 정립에 도움을 줄 수 있다고 본다.

오답피하기 ① 강연자에 따르면 규범 윤리학은 기술 윤리학이 연구한 도덕 현상에 대한 사실적 지식을 활용하여 해당 사회에 필요한 도덕규범을 제시할 수 있다.

② 강연자는 메타 윤리학과 기술 윤리학 모두 규범 윤리학의 연구에 기여할 수 있다고 본다.

③ 강연자는 메타 윤리학이 도덕적 추론에 대한 논리적 구조 분석을 강조한다고 본다.

⑤ 강연자는 기술 윤리학이 도덕 현상의 인과 관계에 대한 과학적 분

석을 강조한다고 본다.

06 이론 윤리학, 실천 윤리학, 기술 윤리학의 입장 비교

문제분석 (가)의 갑은 이론 윤리학, 을은 실천 윤리학, 병은 기술 윤리학의 입장이다. 이론 윤리학은 행위의 도덕적 평가 기준이 되는 보편적인 도덕 원리의 정립을 강조한다. 실천 윤리학은 도덕 문제에 도덕 원리를 적용하여 해결 방안을 제시하는 것을 강조한다. 기술 윤리학은 사회에 존재하는 도덕 관행을 경험 과학적으로 설명할 것을 강조한다.

정답찾기 ⑤ 기술 윤리학은 도덕 관행을 가치 중립적으로 서술할 것을 강조하고, 이론 윤리학은 모든 사람이 따라야 할 보편적인 도덕 원리를 정립할 것을 강조한다. 따라서 기술 윤리학의 입장에서 이론 윤리학의 입장에 제기할 수 있는 비판으로 적절하다.

오답피하기 ① 실천 윤리학은 도덕 문제에 윤리 이론을 적용하여 해결책을 제시하는 것을 강조한다. 따라서 윤리 이론의 연구가 도덕적 딜레마 해결에 도움이 될 수 있음을 간과하지 않는다.

② 이론 윤리학은 보편적인 도덕 원리를 정립함으로써 사람들에게 바람직한 삶의 방향을 제시한다. 따라서 이론 윤리학에 대한 비판으로 적절하지 않다.

③ 실천 윤리학은 과학 기술의 발전에 따라 새롭게 나타난 도덕 문제 해결을 위해 도덕 탐구 과정에서 여러 학문을 함께 활용할 것을 강조한다. 따라서 실천 윤리학에 대한 비판으로 적절하지 않다.

④ 기술 윤리학은 사회에 존재하는 도덕규범을 문화적 사실로 간주하고 이에 대한 객관적인 설명을 강조한다. 따라서 기술 윤리학에 대한 비판으로 적절하지 않다.

07 아리스토텔레스의 중용 이해

문제분석 제시문은 아리스토텔레스의 주장이다. 아리스토텔레스는 주어진 상황에서 지나침과 모자람을 배제하고 합리적인 중간을 선택하는 중용을 강조하였다.

정답찾기 ② 아리스토텔레스에 따르면 유덕한 사람은 도덕적 선택이 요구되는 상황에서 이성적으로 숙고한 적절한 행위를 실천한다.

오답피하기 ① 아리스토텔레스는 그 자체로 나쁜 행동(살인, 절도 등)에는 중용이 없다고 보았다.

③ 아리스토텔레스는 상황적 맥락을 고려하여 적절한 행위를 선택하는 중용을 강조하였다.

④ 아리스토텔레스에 따르면 용기 있는 사람은 어떠한 두려움도 느끼지 않는 사람이 아니라 마땅히 두려워해야 할 대상에 대해, 마땅한 이유에서, 마땅한 방법으로, 마땅한 때에 참고 견디며 두려워하는 사람이다.

⑤ 아리스토텔레스는 모든 감정을 제거해야 한다고 보지 않았으며, 발생한 감정에 대해 올바른 태도를 취할 것을 강조하였다.

08 소크라테스가 강조한 성찰의 자세 이해

문제분석 가상 편지를 쓴 사상가는 소크라테스이다. 소크라테스는 훌륭한 삶을 살기 위해서는 지속적인 성찰이 필요하다고 보았다. 또한 진리를 파악하기 위한 방법으로 이성 능력을 활용한 대화법을 강조하였다.

정답찾기 ㄱ. 소크라테스는 이성을 활용한 공동의 탐구인 대화법을 통해 진리를 파악할 수 있다고 보았다.

ㄴ. 소크라테스에 따르면 진리를 파악하기 위해서는 자신의 삶에 대해 지속적으로 성찰해야 하며, 검토되지 않은 삶은 살 가치가 없다.

오답피하기 ㄷ. 소크라테스에 따르면 진리를 파악하기 위해서는 이성 능력의 발휘가 필요하다.

THEME 02 윤리 문제에 대한 접근

수능 실전 문제

본문 12~17쪽

01 ①	02 ②	03 ②	04 ③
05 ④	06 ①	07 ②	08 ③
09 ②	10 ④	11 ⑤	12 ④

01 맹자와 장자의 사상 비교

문제분석 (가)의 갑은 맹자, 을은 장자이다. 유교 사상가인 맹자는 인간이 하늘이 부여한 도덕적 본성을 선천적으로 갖는다고 보았으며, 선한 본성을 보존하고 실현하기 위해서 지속적인 수양이 필요하다고 보았다. 도가 사상가인 장자는 자연성을 인간의 본성으로 보았으며, 인의와 같은 덕목은 인위적인 것으로 사회 혼란의 원인이 된다고 보았다.

정답찾기 ㄱ. 맹자는 하늘이 인간에게 도덕적 본성을 부여했다고 보았으며 이를 실현할 것을 강조하였다. 반면 장자는 하늘이 인간에게 도덕적 본성을 부여했다고 보지 않았다.

ㄴ. 맹자는 이상적 인간인 대장부(大丈夫)가 되기 위해서 의로운 행위를 지속적으로 실천해야 한다고 보았다. 장자는 이상적 인간인 진인(眞人)이 되기 위해서 좌망(坐忘), 심재(心齋)와 같은 수양이 필요하다고 보았다.

오답피하기 ㄷ. 장자는 인간의 본성을 자연성으로 보았지 인의로 보지 않았다. 따라서 장자가 부정할 진술이다.

ㄹ. 장자는 만물을 차별하는 태도에서 벗어나 도(道)와 일치하는 삶을 살아야 한다고 강조하였다. 장자는 유교에서 강조하는 예(禮)를 인간의 자연적 본성을 해치는 인위적인 덕목으로 보았다.

02 석가모니의 사상 이해

문제분석 제시문은 석가모니의 주장이다. 석가모니는 세상에 존재하는 모든 것이 서로가 원인과 조건이 되어 생겨난다는 연기설(緣起說)을 강조하면서, 인간이 연기를 자각하지 못하기 때문에 집착하게 된다고 보았다. 석가모니는 연기를 깨달을 것을 강조하며 연기에 대한 자각을 바탕으로 만물에 대해 자비를 실천할 것을 강조하였다.

정답찾기 ② 석가모니는 고통의 원인이 집착임을 깨달아야 한다고 보았으며, 연기에 대한 자각을 통해 타인에게 자비를 실천할 것을 강조하였다.

오답피하기 ① 석가모니는 계율, 선정, 지혜의 삼학(三學)을 행함으로써 연기설을 모르는 상태인 무명(無明)에서 벗어날 수 있다고 보았다.

③ 석가모니는 만물에 고정불변의 실체가 없다고 주장하였다.

④ 석가모니는 탐욕, 성냄, 어리석음의 삼독(三毒)을 제거하고 번뇌를 끊어야 열반에 도달할 수 있다고 보았다.

⑤ 석가모니는 연기에 대한 자각을 통해 만물이 독립적으로 존재하는 것이 아님을 깨달아야 한다고 보았다.

03 공자와 석가모니의 사상 적용

문제분석 갑은 공자, 을은 석가모니이다. 공자는 보편적 사랑의 정신인 인(仁)을 강조하였으며, 인을 실천하는 구체적 방안으로 극기복례(克己復禮)와 충서(忠恕)를 강조하였다. 석가모니는 서로가 원인과 조건이 되어 생겨난다는 연기설(緣起說)을 강조하였다.

정답찾기 ㄱ. 공자는 타인의 마음을 헤아려 행위 할 것을 주장하며 충서를 강조하였다.

ㄷ. 석가모니는 세상에 존재하는 모든 것이 서로가 원인과 조건이 되어 생겨난다는 연기설을 강조하였다. 또한 연기설에 대한 자각을 바탕으로 다른 존재에게 자비를 실천할 것을 강조하였다.

오답피하기 ㄴ. 공자는 자기 가족만을 사랑하는 태도를 통해 인을 온전히 실현할 수 있다고 보지 않았다. 공자는 가까운 사람에서 시작하여 먼 타인으로 확대해 나가는 사랑인 인을 강조하였다.

ㄹ. 공자와 석가모니 모두 타인을 돕는 행위를 통해 악한 본성을 변화시켜야 한다고 보지 않았다.

04 장자의 사상 이해

문제분석 제시문은 장자의 주장이다. 장자는 인간의 자연스러운 본성을 보존할 것을 강조하였으며, 인위적인 제도와 규범에 대해 반대하였다. 또한 도의 관점에서 만물이 평등함을 강조하였으며, 이러한 경지에 도달하기 위한 수양법으로 좌망(坐忘)과 심재(心齋)를 강조하였다.

정답찾기 ㄴ. 장자는 자신을 구속하는 인위적인 제도와 규범, 편협하고 상대적인 지식을 제거하는 수양법으로 좌망을 강조하였다.

ㄷ. 장자는 수양을 통해 외물의 속박에서 해방된 자유의 경지에 도달할 수 있다고 보았다. 장자는 도와 합일된 절대적인 정신적 자유의 경지로서 소요유(逍遙遊)를 강조하였다.

오답피하기 ㄱ. 장자는 인간의 자연적이고 소박한 본성을 보존해야 한다고 보았지 변화시켜야 한다고 보지 않았다.

ㄹ. 장자는 도의 관점에서 만물을 평등하게 바라보며 차별하지 않는 제물의 경지에 도달할 것을 강조하였다.

05 노자의 사상 이해

문제분석 가상 대화의 스승은 노자이다. 노자는 인위적인 규범과 문명에 반대하며 통치자가 무위의 정치를 행해야 한다고 보았으며, 소국과민(小國寡民)을 이상 사회로 제시하였다.

정답찾기 ④ 노자는 통치자가 인위적인 문명을 만들기 위해 노력하는 것이 혼란의 원인이 될 수 있다고 보았으며, 백성들이 소박한 삶을 지향할 수 있도록 무위의 정치를 해야 한다고 보았다.

오답피하기 ① 노자는 인위적인 지식을 쌓는 것이 소박하고 자연스러운 덕을 유지하기 어렵게 만들 수 있다고 보아 무지(無知)를 강조하였다.

② 노자는 인과 예를 인위적인 덕목으로 보고 이러한 덕목의 내면화에 대해 반대하였다.

③ 노자는 무위의 정치를 강조했으므로 통치자의 이름이 널리 알려져야 한다고 보지 않았다.

⑤ 노자는 각종 규범과 제도를 인위적으로 만드는 것을 사회 혼란의 원인으로 보았다.

06 칸트의 사상 이해

문제분석 제시문은 칸트의 주장이다. 칸트는 행위의 도덕적 가치를 판단할 때 행위의 결과가 아니라 행위의 동기가 기준이 되어야 한다고 보았다. 칸트는 의무에 맞는 행위라 하더라도 행위의 동기에 따라 도덕적인 행위가 될 수도 있고, 그렇지 않을 수도 있다고 보았다.

정답찾기 ㄱ. 칸트는 의무에 맞는 행위 중에서도 의무로부터 나온 행위만이 도덕적이라고 보았다. 단순히 의무에 맞는 행위라도 동정심이나 자연적 경향성에서 비롯된 행위는 도덕적 가치가 없다고 보았다.

오답피하기 ㄴ. 칸트는 동정심에서 비롯된 행위도 의무에 일치할 수 있다고 보았다. 하지만 칸트는 이러한 행위가 도덕적이라고 보지 않았다.

ㄷ. 칸트는 행위의 결과에 따라 도덕적 가치가 결정된다고 보지 않았으며, 행위의 동기에 따라 행위의 도덕적 가치가 결정된다고 보았다.

07 매킨타이어와 벤담의 입장 비교

문제분석 갑은 매킨타이어, 을은 벤담이다. 매킨타이어는 덕 윤리 사상가로서 공동체의 전통과 역사를 중시하고 도덕적 판단에서 구체적이고 맥락적인 사고를 중시하며 행위자의 유덕한 성품을 강조하였다. 벤담은 공리주의 사상가로서 최대 다수의 최대 행복이라는 결과를 낳는 행위를 도덕적이라고 보았다.

정답찾기 ② 매킨타이어는 개인이 공동체 속에서 덕의 학습과 실천 기회를 부여받는다고 보며 공동체의 전통과 역사를 중시하였다.

오답피하기 ① 매킨타이어는 도덕적 판단에서 구체적이고 맥락적인 사고를 강조하였다.

③ 벤담에 따르면 사회적 이익은 사회를 구성하는 개인들의 이익을 모두 합한 것이다.

④ 벤담은 행위의 도덕적 가치를 결정하는 것은 행위의 동기가 아니라 행위의 결과라고 보았다. 벤담은 최대 다수의 최대 행복이라는 결과를 산출한 행위를 도덕적이라고 보았다.

⑤ 벤담은 도덕 판단을 할 때 행위 결과의 유용성이 기준이 되어야 한다고 보았다.

08 칸트와 아퀴나스의 사상 비교

문제분석 (가)의 갑은 칸트, 을은 아퀴나스이다. 칸트는 행위의 동기를 기준으로 행위의 도덕성을 평가해야 한다고 보았으며, 법칙에 대한 존경에 따른 행위를 도덕적이라고 보았다. 아퀴나스는 인간이 자기 보존, 종족 보존, 신과 사회에 대한 진리 파악의 자연적 성향을 가진다고 보았으며, 이러한 자연적 성향에 따른 행위를 도덕적이라고 보았다.

정답찾기 ㄷ. 아퀴나스는 인간과 동물 모두 자기 보존을 추구하려는 성향을 가진다고 보았다.

ㄹ. 아퀴나스는 인간의 이성으로 파악되는 자연법을 기준으로 행위의 도덕성을 판단해야 한다고 보았다.

오답피하기 ㄱ. 칸트는 행위의 동기를 강조하였으며, 어떤 행위가 도덕적 가치를 갖기 위해서는 그 행위가 의무 의식에서 비롯되어야 한다고 보았다.

ㄴ. 칸트는 도덕 법칙에 대한 존경에서 나온 행위는 도덕적 가치를

갖는다고 보았다. 그는 존경이 외부 영향으로부터 받아들인 감정이 아니라 이성을 통해 자체적으로 일어난 감정이기 때문에 다른 감정과 구분된다고 보았다.

09 진화 윤리학의 입장 파악

문제분석 그림의 강연자는 도덕성의 기원을 진화론의 관점에서 분석하고 있다. 도덕적인 사람이 많은 집단이 다른 집단과의 경쟁에서 승리했으며, 이러한 과정이 반복됨에 따라 도덕성이 인간의 본성적 능력이 되었다고 본다.

정답찾기 ㄱ. 강연자는 개인이 이타적인 행위를 하는 것이 생물학적인 적응, 즉 진화의 결과라고 본다.

ㄹ. 강연자는 다른 동물과 구별되는 인간의 도덕성의 기원에 대해 진화론적인 관점에서 설명하고 있다.

오답피하기 ㄴ. 강연자는 인간의 도덕성이 발달하게 된 과정을 진화론의 관점에서 과학적으로 파악해야 한다고 본다.

ㄷ. 강연자는 개인의 생존 본능을 추구하는 진화적 과정에서 도덕성이 인간의 본성적 능력으로 자리 잡게 되었다고 본다.

10 행위 공리주의와 규칙 공리주의 입장 비교

문제분석 (가)는 행위 공리주의, (나)는 규칙 공리주의 입장이다. 공리의 원리를 개별 행위에 직접 적용하는 행위 공리주의와 달리, 규칙 공리주의는 어떤 규칙이 최대 행복을 산출하는지 판단한 후 그러한 규칙에 부합하는 행위를 도덕적으로 본다.

정답찾기 ④ 행위 공리주의와 규칙 공리주의 모두 쾌락을 추구하고 고통을 회피하는 인간의 자연적 경향성에 기초한 행위가 도덕적 가치를 가질 수 있다고 본다.

오답피하기 ① 행위 공리주의는 공리의 원리를 개별 행위에 적용하여 사회적 결과를 예측하고 계산하는 것을 강조한다. 이와 달리 규칙 공리주의는 개별 행위마다 사회적 결과를 예측하고 계산하는 것이 비현실적이라고 보며 공리의 원리에 부합하는 도덕 규칙의 수립을 강조한다.

② 행위 공리주의와 규칙 공리주의 모두 공리주의로서 최대 다수의 최대 행복이라는 원리에 따른 행위를 도덕적이라고 본다.

③ 규칙 공리주의는 최대 다수의 최대 행복이라는 결과를 산출하는 도덕 규칙을 수립해야 한다고 본다.

⑤ 규칙 공리주의는 어떤 규칙이 최대 행복을 산출하는지 판단한 후 그러한 규칙에 부합하는 행위를 도덕적으로 본다.

11 칸트, 밀, 벤담의 입장 비교

문제분석 (가)의 갑은 칸트, 을은 밀, 병은 벤담이다. 칸트는 의무 의식에서 비롯된 행위만이 도덕적 가치를 가진다고 보았다. 밀은 공리주의 사상가로서 최대 행복의 원리를 강조하고 쾌락의 질적 차이를 주장하였다. 벤담 또한 공리주의 사상가로서 최대 다수의 최대 행복이라는 결과를 낳는 행위를 도덕적이라고 보았다.

정답찾기 ⑤ 벤담은 최대 행복의 원리를 행위의 도덕적 가치를 판단하는 기준으로 본 반면, 칸트는 선의지에서 나온 행위만이 도덕적 가치를 가진다고 보았다. 따라서 벤담이 칸트에게 제기할 수 있는 비판으로 적절하다.

오답피하기 ① 칸트는 타인의 행복을 증진하는 행위가 의무 의식에서 비롯된 행위일 경우 도덕적이라고 보았다. 따라서 칸트가 제기할 수 있는 비판으로 적절하지 않다.

② 칸트는 개인이 자기 자신의 행복을 추구하려는 동기에 따라 행위 할 수 있다고 보았다. 따라서 칸트에게 제기할 수 있는 비판으로 적절하지 않다.

③ 밀은 쾌락의 질적 차이를 인정하는 것이 최대 행복의 원리와 양립 가능하다고 보았다. 따라서 밀에게 제기할 수 있는 비판으로 적절하지 않다.

④ 벤담은 행위에 영향을 받는 사람들의 최대 행복을 증진하는 행위가 도덕적이라고 보았다. 따라서 벤담에게 제기할 수 있는 비판으로 적절하지 않다.

12 신경 과학과 규범 윤리학에 대한 입장 파악

문제분석 칼럼은 신경 과학이 인간의 판단과 행위에 대한 설명을 일정 부분 제공할 수 있지만, 신경 과학만으로는 인간의 판단과 행위에 대한 모든 설명을 할 수 없다고 보며 규범 윤리학의 역할도 필요하다고 강조하고 있다.

정답찾기 ④ 칼럼은 신경 과학이 제공하는 도덕적 행동에 대한 과학적 분석과 더불어 규범 윤리학의 연구를 활용하여 바람직한 삶의 방향에 대해서도 탐구할 것을 강조하고 있다.

오답피하기 ① 칼럼은 뇌의 신경 활동이 인간의 판단과 행동에 영향을 미치기는 하지만, 뇌의 신경 활동만으로 인간의 행위를 모두 설명할 수는 없다고 본다.

② 칼럼은 신경 과학이 인간 행위에 대한 부분적인 설명을 제공한다고 보며, 규범 윤리학이 어떻게 행동해야 하는지에 대한 원리를 제시한다고 본다.

③ 칼럼은 도덕적 행위에 대한 객관적 설명과 행위에 대한 규범적 성찰을 모두 강조하고 있다.

⑤ 칼럼은 규범 윤리학이 행위에 대한 도덕적 정당화의 근거를 제공한다고 본다.

THEME 03 삶과 죽음의 윤리

수능실전문제

본문 20~24쪽

01 ③	02 ①	03 ④	04 ④
05 ②	06 ④	07 ①	08 ②
09 ⑤	10 ②		

01 죽음에 대한 공자와 장자의 입장 이해

문제분석 갑은 공자, 을은 장자이다. 공자는 백이와 숙제를 자신의 뜻을 굽히지 않고 그 몸을 욕되게 하지 않으면서 인을 구한 사람이라고 보았다. 장자는 사람으로 태어나 성장하고 수고롭게 지내다 죽음을 맞이하는 것은 자연스러운 일이므로 늙음과 죽음도 부정적으로 볼 필요가 없다고 보았다.

정답찾기 ③ 장자는 삶을 기뻐하고 죽음을 슬퍼하는 것이야말로 자연의 순리에 어긋나는 것이므로 죽음에 초연해야 한다고 보았다.

오답피하기 ① 공자는 죽음을 자연의 과정으로 여겨 일찍 죽거나 오래 사는 것이 이상한 일이 아니라고 보았다.

② 공자는 죽음보다 인을 실천하는 삶이 더 중요하다고 보았다.

④ 장자는 도덕규범의 인위적 실천보다 도에 어긋나지 않게 사는 것이 중요하다고 보았다.

⑤ 공자와 장자는 모두 죽음이 자연스러운 것이므로 삶에 대한 과도한 집착을 버려야 한다고 보았다.

02 죽을 권리에 대한 토론의 핵심 쟁점 이해

문제분석 갑은 자신의 신체에 대한 자기 결정권에 죽을 권리가 포함되므로 적극적 안락사를 허용할 수 있다고 본다. 을은 자신의 신체에 대한 자기 결정권에 죽을 권리가 포함될 수 없으므로 적극적 안락사를 허용해서는 안 된다고 본다.

정답찾기 ① 갑은 자신의 신체에 대한 자기 결정권에 죽을 권리가 포함되어야 한다고 본다. 반면 을은 자신의 신체에 대한 자기 결정권에 죽을 권리가 포함될 수 없다고 본다. 따라서 토론의 핵심 쟁점으로 적절하다.

오답피하기 ② 갑, 을 모두 적극적 안락사는 인간의 생명을 죽음에 이르도록 하는 것이라고 본다.

③ 갑, 을 모두 자신의 신체에 대한 자기 결정권이 정당화될 수 있는 권리라고 본다.

④ 갑, 을 모두 죽음에 대한 자기 결정권의 인정이 적극적 안락사의 정당화 근거가 될 수 있다고 본다.

⑤ 갑은 자신의 신체에 대한 자기 결정권 보장이 인간 생명의 존엄성을 보장하는 것이라고 본다. 을은 자신의 신체에 대한 자기 결정권 보장이 생명의 존엄성에 기초할 때 정당화될 수 있다고 본다. 따라서 갑, 을 모두 무관하지 않다고 볼 것이다.

03 죽음에 대한 석가모니와 장자의 입장 비교

문제분석 (가)의 갑은 불교 사상가인 석가모니, 을은 도가 사상가인 장자이다. 불교에서는 인간을 구성하는 다섯 가지 요소인 오온(五蘊)이 해체되는 것이 죽음이며, 중생들은 깨달음을 얻지 못하면 오온이 해체되어도 생멸(生滅)을 반복하게 된다고 본다. 장자는 삶과 죽음을 서로 연결된 자연적 과정으로 보고 죽음에 초연할 것을 주장하였다.

정답찾기 ㄱ. 현세에서 자신이 지은 업에 따라 죽음 이후의 삶이 영향을 받는다고 본 사상가는 장자가 아니라 석가모니이다.

ㄴ. 석가모니는 연기에 대한 깨달음을 통해 죽음을 올바르게 이해할 수 있다고 보았으며, 장자는 도에 대한 깨달음을 통해 죽음을 자연스러운 것으로 받아들이게 된다고 보았다.

ㄷ. 석가모니와 장자 모두 삶의 변화를 받아들이고 죽음에 집착하지 말아야 한다고 보았다.

오답피하기 ㄹ. 석가모니는 연기의 법칙을 깨달아 생로병사의 고통에서 벗어나야 한다고 보았다.

04 죽음에 대한 하이데거와 에피쿠로스의 입장 비교

문제분석 갑은 하이데거, 을은 에피쿠로스이다. 하이데거는 죽음이란 현존재가 피할 수 없는 가능성이라고 보았다. 에피쿠로스는 인간이 죽음을 경험할 수 없으므로 죽음을 두려워할 필요가 없다고 보았다.

정답찾기 ④ 하이데거는 인간이 죽음을 올바로 인식할 때 주체적으로 자신의 삶을 살아갈 수 있다고 보았다. 또한 에피쿠로스는 죽음이 아무것도 아니라는 것을 깨달으면 죽음을 두려워하지 않게 된다고 보았다. 따라서 갑, 을 모두 긍정의 대답을 할 질문으로 적절하다.

오답피하기 ① 하이데거에 따르면 인간은 동물과 달리 죽음을 대면하고 죽음을 염려하는 존재이다. 따라서 갑이 부정의 대답을 할 질문이다.

② 하이데거는 죽음을 회피하지 말고 직면해야 한다고 보았으며, 에피쿠로스는 죽음을 악으로 보지 않았다. 따라서 갑, 을 모두 부정의 대답을 할 질문이다.

③ 에피쿠로스는 죽음 이후의 삶이 있다고 보지 않았다. 따라서 을이 부정의 대답을 할 질문이다.

⑤ 하이데거는 인간이 자신의 유한성을 인식하여 죽음을 자신의 것으로 받아들여야 한다고 보았다. 따라서 갑이 부정의 대답을 할 질문이다.

05 태아의 생명권에 대한 입장 비교

문제분석 갑은 생명에 대한 권리가 수정되는 순간부터 시작되므로 태아의 생명권을 훼손하는 것은 옳지 않다고 본다. 을은 태아가 성인이 아니므로 태아의 생명권은 제한될 수밖에 없다고 본다. 병은 태아에게 생명권이 없으며, 인공 임신 중절을 해야 할지 여부를 임신부 스스로가 결정할 수 있다고 본다.

정답찾기 ② 갑은 인격체로서 보호받을 권리가 수정되는 순간부터 시작된다고 보므로, 태아의 인간 생명체로서의 도덕적 지위가 임신부와 차이가 없다고 볼 것이다. 반면 을은 태아의 생명권이 제한적이라고 보며, 병은 태아에게 생명권이 없다고 본다.

오답피하기 ① 갑은 수정되는 순간부터 인간 생명은 인격체로서 보호

받아야 한다고 본다.

③ 을은 태아의 생명권이 제한될 수밖에 없다고 보므로 태아의 생명권이 절대적 가치를 지닌다고 보지 않을 것이다.

④ 인공 임신 중절 가능 여부를 임신부의 자유로운 결정에 맡겨야 한다고 본 사람은 갑, 을이 아니라 병이다.

⑤ 병은 태아가 인격체가 아니므로 생명에 관한 권리를 갖지 못한다고 본다.

06 죽음에 대한 하이데거의 입장 이해

문제분석 가상 대화의 선생님은 하이데거이다. 하이데거는 죽음에 대한 불안이 본래적 자기로 돌아갈 수 있도록 하는 계기가 되므로 죽음을 외면해서는 안 된다고 보았다.

정답찾기 ㄱ. 하이데거는 죽음으로부터 도망치지 말고 죽음에 대한 불안을 받아들여 본래적 자기를 회복해야 한다고 보았다.

ㄷ. 하이데거는 죽음이란 현존재에게 가장 자기적이고 다른 사람이 대신할 수 없는 가능성이므로 불안이 없다면 본래적 존재로서의 현존재도 있을 수 없음을 깨달아야 한다고 보았다.

오답피하기 ㄴ. 하이데거는 죽음으로 미리 달려가 봄, 즉 죽음으로의 선구(先驅)를 통해 현존재는 자신이 죽음을 향한 존재라는 것을 깨닫고 삶을 더욱 의미 있게 살 수 있다고 보았다.

07 죽음에 대한 플라톤과 에피쿠로스의 입장 비교

문제분석 갑은 플라톤, 을은 에피쿠로스이다. 플라톤은 죽음 이후에 영혼이 육체로부터 해방될 때 참된 지혜에 이를 수 있다고 보았다. 에피쿠로스는 죽음이 두려움의 대상이 아니라는 것을 깨달을 때 삶이 즐거울 수 있다고 보았다.

정답찾기 ① 플라톤은 영혼이 육체를 떠날 때 가장 잘 사유하게 된다고 보았으며, 에피쿠로스는 죽으면 인간을 구성하던 원자가 흩어져 개별 원자로 돌아간다고 보았다. 따라서 플라톤의 입장에 비해 에피쿠로스의 입장은 '죽음 이후에 참된 진리에 이를 수 있음을 중시하는 정도(X)'는 낮고, '죽음은 육체와 영혼이 모두 소멸되는 것임을 중시하는 정도(Y)'와 '죽음에 대한 올바른 인식이 최고선인 쾌락 추구에 기여할 수 있음을 인정하는 정도(Z)'는 높다. 따라서 ㉠이 적절한 위치이다.

08 죽음의 기준에 대한 입장 비교

문제분석 (가)의 갑은 심폐사가 죽음의 기준이어야 한다고 보고, 을은 뇌의 모든 기능이 아니라 고등 뇌의 기능만 정지되어도 이를 죽음으로 인정해야 한다고 본다. 병은 뇌의 모든 기능이 상실되면 이를 죽음으로 간주해야 한다고 본다.

정답찾기 ② 식물인간은 자발적 호흡이 가능하지만 고등 뇌의 기능이 정지되었으므로 을은 식물인간 상태의 환자를 죽은 것으로 볼 수 있다고 주장할 것이다. 반면 심폐사를 주장하는 갑과 뇌사를 주장하는 병의 입장에서는 식물인간 상태의 환자를 죽은 것으로 보지 않을 것이다. 따라서 을이 갑과 병에게 제기할 수 있는 비판으로 적절하다.

오답피하기 ① 갑은 죽음의 기준으로 심폐사를 주장하므로 죽음이란 생명체로서의 생명의 상실을 의미한다고 볼 것이다.

③ 병은 뇌사가 죽음의 기준이 되어야 한다고 보므로 뇌사를 죽음에

이르는 과도기적 상태가 아닌 죽은 상태라고 볼 것이다.

④ 갑은 심폐사가 죽음의 시점을 확실하게 적시할 수 있어서 죽음의 기준으로 유용하다고 보므로 죽음의 기준을 정할 때 사망 시점에 대한 판정 가능 여부를 고려한다고 볼 수 있다.

⑤ 병은 뇌사에 이르게 되면 회복할 수 없는 상태가 되므로 죽음의 기준으로 뇌사가 타당하다고 본다. 따라서 의학적 치료의 한계를 고려하여 죽음의 기준을 설정하는 것이 필요하다고 볼 것이다.

09 죽음에 대한 장자와 공자의 입장 비교

문제분석 (가)의 갑은 장자, 을은 공자이다. 장자는 삶과 죽음을 인간이면 누구나 겪게 되는 자연스러운 과정으로 보았다. 공자는 삶과 죽음이 하늘의 명[天命]에 따른 것이므로 삶에 집착하기보다 도덕적 삶을 살아가기 위해 노력해야 한다고 보았다.

정답찾기 ⑤ 공자는 생사(生死)가 천명에 따른 것이므로 생사에 얽매일 필요가 없다고 보았다. 따라서 을이 긍정의 대답을 할 질문으로 적절하다.

오답피하기 ① 공자는 죽음을 자연의 과정으로 보았다.

② 장자는 삶 자체가 다른 무엇보다 소중한 것이라고 보지 않았으며, 삶을 기뻐하고 죽음을 슬퍼하는 세속적 가치에 얽매이지 않아야 한다고 보았다.

③ 장자는 죽음이 도(道)에 따르는 자연스러운 과정의 일부이므로 슬퍼할 필요가 없다고 보았다.

④ 장자에 따르면 세상 만물의 원리인 도에는 시작도 끝도 없다.

10 자살에 대한 아퀴나스의 입장 이해

문제분석 제시문은 아퀴나스의 주장이다. 아퀴나스는 자살이 자기 생명의 보존을 강조하는 자연법에 어긋나는 것이라고 보았다.

정답찾기 ㄱ. 아퀴나스는 자살이 자신이 속한 공동체에 상처를 주고 신에 대한 의무를 어기는 행위라고 보았다.

ㄷ. 아퀴나스에 따르면 생명은 신이 부여한 것이므로 인간에게는 자기 삶을 종식할 권리가 없다.

오답피하기 ㄴ. 아퀴나스는 자살이 인간의 자연적 성향에 따른 자기 보존의 의무를 이행하지 않는 것으로 자연법적으로 악이라고 보았다.

ㄹ. 아퀴나스는 인간에게 도덕 원리의 참, 거짓을 인식하는 능력이 있다고 보았다.

THEME 04 생명 윤리

수능 실전 문제
본문 27~32쪽

01 ④	02 ③	03 ④	04 ③
05 ⑤	06 ③	07 ⑤	08 ④
09 ④	10 ①	11 ⑤	12 ④

01 우생학적 유전자 조작에 대한 하버마스의 입장 이해

문제분석 제시문은 하버마스의 주장이다. 하버마스는 치료가 아닌 강화를 목적으로 하는 우생학적 유전자 조작은 인간을 수단시하는 것이며, 세대 간의 평등성을 훼손하고 유전자 조작의 대상이 되는 존재의 자율성을 침해한다고 보았다.

정답찾기 ④ 하버마스는 우생학적 유전자 조작이 타고난 우연성을 침해하여 공동체 구성원들 간의 평등한 인간관계를 훼손할 수 있다고 보았다.

오답피하기 ① 하버마스는 부모가 자녀의 자질 강화를 위해 자녀의 동의 없이 유전자 조작을 하는 것은 자신의 삶을 스스로 결정할 자녀의 자유를 제한하는 것이라고 보았다.

② 하버마스는 부모의 자녀에 대한 우생학적 유전자 조작은 부모의 가치 지향을 실현하기 위해 자녀를 도구화하는 것이라고 보았다.

③ 하버마스는 부모가 자녀에 대한 우생학적 유전자 조작을 할 경우, 조치의 결정자는 부모이고 대상자는 자녀가 되어 결정자와 대상자가 일치하지 않음으로써 자녀의 주체성이 침해될 수 있다고 보았다.

⑤ 하버마스는 부모의 유전자 조작에 의해 태어난 자녀는 이미 삶의 방향이 결정되어 있어 자신에 대한 이해의 가능성이 줄어들 수 있다고 보았다.

02 인간 배아 연구에 대한 입장 비교

문제분석 갑은 인간 배아가 잠재적 인간 존재로서 도덕적 지위를 지니며 인격체로서 존중받아야 하므로 배아 연구가 허용되어서는 안 된다고 본다. 을은 인간 배아가 잠재적 인간 존재로서 도덕적 지위를 지니지만, 완전히 성숙한 인간의 도덕적 지위보다는 낮으므로 배아 연구가 허용될 수 있는 경우가 존재한다고 본다.

정답찾기 ③ 갑은 인간 배아가 인격체로서 지위를 지니므로 이를 대상으로 하는 연구는 정당화될 수 없다고 본다. 반면 을은 인간 배아가 도덕적 지위를 지니지만 사회적으로 유용성이 있다면 제한적으로 배아 연구가 이루어질 수 있다고 본다. 따라서 갑의 입장에 비해 을의 입장은 '배아 연구에 규범적 한계가 설정되면 배아 연구가 허용될 수 있음을 인정하는 정도(X)'는 높고, '배아는 잠재적 인간 존재이지만 성인과 동일한 도덕적 지위를 지님을 강조하는 정도(Y)'는 낮으며, '배아 연구의 사회적 효용이 배아 연구를 정당화하는 근거가 될 수 있음을 중시하는 정도(Z)'는 높다. 따라서 ⓒ이 적절한 위치이다.

03 동물에 대한 아퀴나스와 데카르트의 입장 비교

문제분석 갑은 아퀴나스, 을은 데카르트이다. 아퀴나스는 인간이 동물을 이용하는 것은 신의 섭리이지만 인간이 동물의 고통에 동정심을 느낀다면 다른 인간에게는 더 많은 동정심을 갖게 될 것이라고 보았다. 데카르트는 인간에게 영혼이 있기 때문에 인간은 동물과 다르며 동물보다 우월하다고 보았다.

정답찾기 ㄱ. 아퀴나스는 이성적 존재인 인간의 목적을 위해 동물이 수단으로 존재할 수 있다고 보았다.
ㄴ. 아퀴나스는 인간이 동물을 잔인하게 대한다면 다른 인간에게도 잔인하게 행동할 수 있다고 보았다.
ㄷ. 데카르트는 인간이 동물보다 우월한 이유는 인간에게 영혼이 있어 이성적 사유가 가능하기 때문이라고 보았다.

오답피하기 ㄹ. 아퀴나스와 데카르트는 모두 동물이 인간을 위한 수단이 될 수 있다고 보았기 때문에 그 자체로 동물을 도덕적 고려의 대상으로 간주하지 않았다.

04 인간 복제에 대한 입장 비교

문제분석 갑은 인간의 질병 치료를 위해 줄기세포를 배양하는 치료적 복제뿐만 아니라 인간 개체 탄생을 목적으로 하는 생식적 복제도 허용될 수 있어야 한다고 본다. 을은 치료적 복제는 활성화되어야 하지만 생식적 복제는 허용되어서는 안 된다고 본다.

정답찾기 ③ 갑은 인간 개체 탄생을 목적으로 하는 생식적 복제가 허용될 수 있다고 보지만, 을은 이를 허용할 경우 인간 존엄성이 훼손될 수 있다고 본다. 따라서 토론의 핵심 쟁점으로 적절하다.

오답피하기 ① 갑, 을 모두 인간의 질병 치료를 목적으로 하는 치료적 복제는 허용될 수 있다고 본다.
② 갑, 을 모두 줄기세포를 추출하여 배양하는 치료적 복제의 활성화가 장기 이식의 원활한 진행에 기여할 수 있다고 본다.
④ 갑, 을 모두 복제 기술을 인간에게 적용하는 것이 생명 공학과 의학의 발전에 기여할 수 있다고 본다.
⑤ 갑은 복제 기술이 치료적 복제와 생식적 복제 모두에, 을은 치료적 복제에만 적용되어야 한다고 본다.

05 유전자 치료에 대한 입장 비교

문제분석 갑은 체세포 유전자 치료와 생식 세포 유전자 치료를 모두 허용해야 한다고 본다. 을은 체세포 유전자 치료는 허용되어야 하지만 생식 세포 유전자 치료는 허용되어서는 안 된다고 본다. 병은 생식 세포 유전자 치료뿐만 아니라 체세포 유전자 치료도 허용되어서는 안 된다고 본다.

정답찾기 ㄴ. 을은 경제적으로 부유한 사람들이 우수한 유전자를 선별하여 자질을 강화하기 위해 생식 세포 유전자 치료를 악용할 수 있으므로 생식 세포 유전자 치료가 허용되어서는 안 된다고 본다. 반면 갑은 생식 세포 유전자 치료가 허용되어야 한다고 본다.
ㄷ. 병은 생식 세포 유전자 치료뿐만 아니라 체세포 유전자 치료도 해악을 줄 수 있으므로 어떠한 유전자 치료도 허용되어서는 안 된다고 본다. 반면 을은 체세포 유전자 치료는 환자의 고통을 덜어 주지만, 생식 세포 유전자 치료는 미래 세대에 부정적 영향을 줄 수 있으므로 생식 세포 유전자 치료는 허용되어서는 안 된다고 본다.

ㄹ. 갑, 을, 병 모두 체세포 유전차 치료와 생식 세포 유전자 치료가 가져오는 이익과 손해를 근거로 유전자 치료의 허용 여부를 결정할 수 있다고 본다.

오답피하기 ㄱ. 갑뿐만 아니라 을도 체세포 유전자 치료는 허용되어야 한다고 본다.

06 종 차별주의에 대한 입장 비교

문제분석 제시문의 '나'는 싱어이다. 싱어는 종 차별주의를 비판하면서 인간과 동물이 느끼는 고통을 동등하게 취급해야 한다고 보았다. 반면 '어떤 사람'은 인간이 다른 생물종에 비해 도덕적 능력이 우월하므로 종 차별주의가 정당하다고 본다.

정답찾기 ③ 싱어는 도덕적 자율성의 유무가 도덕적 고려 대상을 결정하는 기준이 될 수 없다고 보았으며, 도덕적 자율성을 근거로 쾌고 감수 능력을 지닌 동물을 차별하는 것은 옳지 않다고 보았다. 반면 '어떤 사람'은 인간이 동물보다 도덕적으로 우월하므로 동물을 차별하는 것이 정당하다고 본다. 따라서 싱어의 입장에서 '어떤 사람'이 간과하고 있다고 볼 내용으로 적절하다.

오답피하기 ① '어떤 사람'은 종 차별주의가 정당하다고 보므로 인간의 이익보다 동물의 이익을 중시해야 한다고 보지 않을 것이다.
② '어떤 사람'은 인간과 동물이 도덕적으로 중요한 차이가 있으므로 인간과 동물을 도덕적으로 다르게 대우하는 것이 정당화될 수 있다고 볼 것이다.
④ '어떤 사람'은 인간과 동물의 도덕적 차이가 종 차별주의를 정당화하는 근거가 된다고 본다.
⑤ '어떤 사람'은 인간이 동물에 비해 도덕적으로 우월하며 종 차별주의는 이를 인정하는 올바른 입장이라고 보므로, 도덕 공동체 구성 여부가 동물과 비교하여 인간에게 차별적 권리를 부여하는 기준이 될 수 있다고 볼 것이다.

07 동물에 대한 아리스토텔레스와 벤담의 입장 이해

문제분석 갑은 아리스토텔레스, 을은 벤담이다. 아리스토텔레스는 동물과 식물이 인간을 위해 존재한다고 보았다. 벤담은 동물이 고통을 느끼므로 도덕적으로 고려할 필요가 있다고 보았다.

정답찾기 ㄱ. 아리스토텔레스는 인간이 무생물뿐 아니라 다른 어떤 생물보다도 우월한 존재이며, 동물은 인간의 행복 실현을 위해 존재한다고 보았다.
ㄷ. 벤담은 공리주의 입장에서 쾌락과 고통을 느끼는 존재가 도덕적 고려 대상이 된다고 보았다.
ㄹ. 아리스토텔레스는 인간 행위의 궁극적 목적을 행복이라고 보았다. 벤담은 쾌락이 선이고 고통이 악이며, 행복이 삶의 목적이라고 보았다.

오답피하기 ㄴ. 아리스토텔레스는 동물이 감각 능력은 있지만 사고 능력은 없다고 보았으며, 식물은 감각 능력과 사고 능력이 모두 없다고 보았다.

08 동물의 도덕적 권리에 대한 입장 비교

문제분석 (가)의 갑은 인간과 동물이 모두 도덕적 존재로서 도덕적 권리를 지니지만, 동물은 인간과 달리 권리 주체가 될 수 없으므로 동물의 도덕적 권리는 제한될 수 있다고 본다. 을은 인간과 동물이 모두 내재적 가치를 지니므로 인간과 동물의 도덕적 권리는 동등하며, 동물을 인간을 위한 수단으로 취급해서는 안 된다고 본다.

정답찾기 ④ 을은 인간의 도덕적 권리와 동물의 도덕적 권리가 동등하다고 보는 반면, 갑은 인간과 동물의 도덕적 권리가 충돌할 때에는 인간의 권리가 우선되어야 하므로 동물의 권리는 제한될 수 있다고 본다. 따라서 을이 갑에게 제기할 비판으로 적절하다.

오답피하기 ① 갑은 동물 실험이 제한 없이 전면적으로 허용되어야 한다고 보지 않는다.

② 갑은 동물이 도덕적으로 존엄한 존재로서 도덕적 지위를 갖지만, 동물은 권리 주체가 아닌 권리 객체일 뿐이라고 본다. 따라서 권리 객체가 아닌 권리 주체에게만 도덕적 지위가 부여된다고 보지 않을 것이다.

③ 갑, 을 모두 인간과 동물이 공통적으로 도덕적 권리를 지닌다고 본다.

⑤ 갑은 동물이 도덕적 권리를 지녔지만 인간의 권리와 충돌할 경우에는 인간의 권리가 우선되므로 동물 실험을 전면적으로 금지할 필요는 없다고 본다. 따라서 도덕적 권리를 지닌 존재라 하더라도 수단으로 이용될 수 있다고 볼 것이다.

09 생물학적 기술에 대한 요나스의 입장 이해

문제분석 제시문은 요나스의 주장이다. 요나스는 기존 기술이 사물을 대상으로 한다면 생물학적 기술은 생명체를 대상으로 하며 유전자를 조작하고 변형할 만큼 발전했다고 보았다. 또한 그는 자연뿐 아니라 인간 본성까지도 바꿀 만큼 거대해진 생물학적 기술이 새로운 위험을 야기할 수 있으므로 이에 무방비로 노출될 수밖에 없는 미래 인류에 대해 책임지려는 자세가 요청된다고 보았다.

정답찾기 ④ 요나스는 미래 인류가 생물학적 기술을 통해 현세대가 갖게 된 권력 앞에 무방비로 노출된다고 보았다. 따라서 긍정의 대답을 할 질문으로 적절하다.

오답피하기 ① 요나스는 생물학적 기술이 생명체를 대상으로 하므로 그 적용 결과가 비가역적이라고 보았다.

② 요나스는 기존 기술에 비해 생물학적 기술은 활동성을 지닌 생명체에 적용되므로 그 결과에 대한 예측이 한층 더 어렵다고 보았다.

③ 요나스에 따르면 무생물을 대상으로 하는 실험은 실험 대상을 교체하고 파괴하는 것이 가능하지만, 생명체를 대상으로 하는 실험은 대체가 어렵기 때문에 실험 과정에서도 생명에 대한 책임 의식을 지녀야 한다.

⑤ 요나스는 생물학적 기술이 인간의 유전자 정보를 조작하여 인간의 고유성을 해칠 수 있는 단계에까지 이르렀으므로 이에 대한 윤리적 성찰이 필요하다고 보았지만, 그렇다고 해서 생물학적 기술에 대한 연구를 금지해야 한다고 보지는 않았다.

10 유전자 조작에 대한 입장 비교

문제분석 갑은 유전자 조작을 통해 인간의 지성과 능력을 향상시키려는 시도는 존중되어야 하며, 이에 대한 개인의 자유로운 선택권이 보장되어야 한다고 본다. 을은 유전자 조작이 적극적 우생학으로 이어질 경우 자신의 삶을 스스로 결정하려는 인간의 자유를 침해할 수

있으므로 허용되어서는 안 된다고 본다.

정답찾기 ① 을은 유전자 조작이 인간의 자율성을 침해할 수 있으므로 인간의 자율성을 존중하기 위해서는 유전적 우연성이 훼손되어서는 안 된다고 본다. 반면 갑은 인류가 유전자 조작을 통해 더 나은 삶에 대한 전망을 갖게 될 수 있다고 본다. 따라서 을의 입장에서 갑에게 제기할 수 있는 비판으로 적절하다.

오답피하기 ② 갑은 국가 주도의 강제적 유전자 조작은 개인의 선택권을 침해할 수 있으므로 도덕적으로 정당화될 수 없다고 볼 것이다.

③ 갑은 인간의 지성과 능력을 향상시키기 위한 유전자 조작이 가능하다고 본다.

④ 갑은 유전자 조작이 인간의 자연적 한계를 넘어서게 해 주는 인위적인 조치라고 본다.

⑤ 을은 인간의 강화를 위한 적극적 우생학에 반대한다. 따라서 인간의 선천적 소질을 유전자 조작으로 강화시키는 것이 허용되어야 한다고 보지 않을 것이다.

11 불교의 생명 윤리 적용

문제분석 제시문은 불교의 주장이다. 불교에서는 모든 생명이 연기(緣起)를 바탕으로 상호 의존 관계에 있으므로 인간은 함부로 생명을 해쳐서는 안 된다고 본다.

정답찾기 ㄴ. 불교에서는 살아 있는 것을 함부로 죽여서는 안 된다고 보므로 불살생(不殺生)을 강조한다.

ㄷ. 불교에서는 모든 생명이 서로 연결되어 있으므로 생명의 상호 의존성을 존중해야 한다고 본다.

ㄹ. 불교에서는 지금 행하는 자신의 행위가 업이 되어 다음 생에 영향을 미치게 되므로 현세에서 선한 행위를 실천해야 한다고 본다.

오답피하기 ㄱ. 불교는 자비의 대상을 인간으로만 국한하지 않으므로 인간의 이익을 위해 동물의 생명을 무분별하게 도살하는 행위를 반대할 것이다.

12 동물에 대한 레건과 코헨의 입장 비교

문제분석 갑은 레건, 을은 코헨이다. 레건은 삶의 주체가 되는 일부 동물은 도덕적으로 존중받을 권리를 지닌다고 보았다. 코헨은 어떤 존재가 권리를 소유하려면 윤리 규범의 고안 능력이나 자율성 등을 지녀야 하는데, 동물에게는 그러한 능력이 없으므로 동물은 도덕적 권리를 지니지 않는다고 보았다.

정답찾기 ㄱ. 레건은 삶의 주체인 동물을 인간을 위한 자원인 것처럼 취급해서는 안 된다고 보았다. 따라서 야생 동물을 덫을 이용하여 사냥하는 것은 동물의 권리를 침해하는 행위일 수 있다고 볼 것이다.

ㄴ. 코헨은 동물이 권리를 갖지 않으므로 인간 종과 동물 종을 차별적으로 대우할 수 있다고 보았다.

ㄷ. 코헨은 동물이 이익을 가질 수 있을지는 몰라도 권리를 가질 수는 없으므로 동물을 과학 실험에 이용하는 것은 허용될 수 있다고 보았다.

오답피하기 ㄹ. 레건은 삶의 주체에 인간뿐만 아니라 지각, 믿음, 기억 등의 특성을 지닌 일부 동물이 포함되는데, 이때 일부 동물은 도덕적 자율성을 지니지 않은 도덕적 행위 무능력자이다. 따라서 레건이 어떤 존재가 권리를 지니려면 그 존재가 반드시 도덕적 자율성을 지녀야만 한다고 보지 않을 것이다.

THEME 05 사랑과 성 윤리

수능 실전 문제

본문 35~38쪽

| 01 ① | 02 ⑤ | 03 ③ | 04 ⑤ |
| 05 ④ | 06 ④ | 07 ③ | 08 ⑤ |

01 성의 정당화에 대한 입장 비교

문제분석 (가)의 갑은 결혼을 거쳐 출산을 목적으로 하는 성행위만이 정당화될 수 있다고 본다. 을은 성행위가 참여자 간의 자율성을 존중하며 상대방에게 해를 끼치지 않으면서 이루어질 경우 정당화될 수 있다고 본다.

정답찾기 ㄱ. 갑은 성의 목적이 결혼을 통한 출산이며, 이는 신의 섭리라고 본다. 반면 을은 생식적 가치의 실현을 성의 목적으로 보지 않는다.
ㄷ. 갑, 을 모두 성적 활동이 상호 존중을 바탕으로 이루어져야 한다고 본다.

오답피하기 ㄴ. 갑은 성적 활동이 결혼을 거쳐 출산을 목적으로 할 때 허용될 수 있으며, 을은 성적 활동이 상호 간 자발적 동의를 근거로 해악 없이 이루어질 때 허용될 수 있다고 본다. 따라서 갑, 을 모두 사랑을 성적 활동의 허용을 위한 필요충분조건으로 보지 않는다.
ㄹ. 을의 경우 타인에게 해악을 주지 않더라도 상대방의 동의가 있어야 성적 활동이 정당화될 수 있다고 본다.

02 효에 대한 유교와 불교의 입장 이해

문제분석 (가)의 갑은 유교 사상가인 공자, 을은 불교 사상가인 석가모니이다. 유교에서는 효를 부모에 대한 자식의 도리라고 보며, 효의 실천 방법으로 부모가 살아계실 때는 그 뜻을 헤아리고 실질적으로 잘 모시기 위해 노력해야 하고, 돌아가신 후에는 상례와 제례를 통해 효를 이어갈 수 있다고 본다. 불교에서는 부모의 은혜에 대한 감사와 보은의 행위가 바로 효라고 보며, 부처의 말씀을 널리 전파하여 깨달음에 이르게 하는 것도 효를 실천하는 방법 중의 하나라고 본다.

정답찾기 ⑤ 불교에서는 부모가 윤회의 굴레를 거듭하지 않도록 부처의 깨달음을 전하는 것도 효에 포함된다고 본다. 따라서 을이 긍정의 대답을 할 질문으로 적절하다.

오답피하기 ① 자애(慈愛)란 부자자효(父慈子孝)에서 알 수 있듯이 부모의 자식에 대한 사랑을 의미한다.
② 불교에서는 효가 부모의 은혜에 대한 감사의 표현이라고 본다.
③ 유교에서는 부모가 돌아가신 후에도 상례나 제례를 통해 효가 지속될 수 있다고 본다.
④ 공자는 부모에 대한 효가 확대되어 주위 어른에 대한 공경으로 이어져야 한다고 보았다.

03 사랑에 대한 프롬의 입장 이해

문제분석 가상 편지를 쓴 사상가는 프롬이다. 프롬은 사랑을 적극적

이고 능동적인 활동으로 보았으며, 사랑하는 상대방을 존중의 대상으로 삼고 사랑을 통해 자기 자신뿐만 아니라 상대방의 생동감을 고양해야 한다고 주장하였다.

정답찾기 ㄱ. 프롬은 사랑이란 상대방을 소유하려는 것이 아니며 상대방의 성장과 발달을 진심으로 지지하는 것이어야 한다고 보았다.
ㄴ. 프롬은 사랑의 구성 요소가 보호, 책임, 존경, 이해라고 보았으며, 상대방에 대한 올바른 이해가 결여된 사랑은 맹목적 충동에 불과하다고 보았다.

오답피하기 ㄷ. 프롬은 사랑이란 상대방의 소생과 성장을 도모하는 것이어야 하며, 이를 위해서는 자신의 요구대로만 상대방을 이끌어서는 안 된다고 보았다.

04 여성에 대한 보부아르와 밀의 입장 이해

문제분석 갑은 보부아르, 을은 밀이다. 보부아르는 남성 중심 사회에서 여성은 남성에 예속된 존재이자 비주체적인 타자로 규정된다고 보고, 여성이 주체적 존재가 되기 위해 노동을 하며 창조적으로 활동해야 한다고 주장하였다. 밀은 남성에 의한 여성의 예속은 옳지 못할 뿐만 아니라 인류의 발전을 저해하므로 여성이 자신의 능력을 발휘할 기회를 가질 수 있도록 해야 한다고 보았다.

정답찾기 ㄱ. 보부아르는 남성 중심 사회에서 여성은 남성과 동등한 주체적 존재로 인정받지 못하고 남성에 의해 대상화된다고 보았다.
ㄷ. 밀은 여성으로 태어난 것이 사회적 지위를 결정하거나 다양한 직업으로 진출하는 것을 방해하는 요인이 되어서는 안 된다고 보았다.
ㄹ. 보부아르와 밀 모두 남성이 여성보다 우월하며 여성이 남성보다 열등한 존재라고 간주하는 것은 근거가 없는 주장이라고 보았다.

오답피하기 ㄴ. 밀은 여성이 억압과 예속에서 해방되기 위해 결혼으로부터 벗어나야 한다고 주장하지 않았다.

05 성과 결혼에 대한 칸트의 입장 이해

문제분석 그림의 강연자는 칸트이다. 칸트에 따르면 성관계는 서로를 사물로 만들지만 결혼한 부부의 경우에는 서로의 인격성을 상실하지 않으면서 성을 향유할 수 있다.

정답찾기 ④ 칸트는 성관계가 상대방을 사물화하는 것이지만 결혼한 부부의 경우에는 허용될 수 있다고 보았다.

오답피하기 ① 칸트는 성적 충동의 행사를 통해 상대방의 인격을 도구화하는 것이 정당화되려면 결혼이 필수적이라고 보았다.
② 칸트는 결혼이란 결혼하는 인격 간에 자신의 인격을 서로 양도하기로 계약을 맺는 것이라고 보았다.
③ 칸트는 성관계로 인격이 사물화되는 것이 인간성의 권리에 위배될 수 있다고 보았다.
⑤ 칸트는 인간성을 추락시키지도 않고 도덕성을 위반하지도 않으면서 성적 만남이 가능한 방식이 바로 결혼이라고 보았다.

06 나딩스의 배려 윤리 이해

문제분석 가상 대화의 선생님은 나딩스이다. 나딩스는 언제 어디서나 적용될 수 있는 보편적 도덕 원리를 추상적이라고 비판하였으며, 도덕적 실천을 할 때 구체적 관계와 맥락에서 요구되는 배려와 공감을 중시하였다.

정답찾기 ㄱ. 나딩스는 도덕적 삶을 살기 위해 배려와 공감이 중요하므로 이를 함양하기 위한 교육이 필요하다고 보았다.

ㄴ. 나딩스는 피배려자에 대한 배려자의 공감과 관심이 중요하며 배려자의 노력에 피배려자가 응답할 때 배려의 관계가 완성된다고 보았다. 따라서 배려의 관계 속에 있으려고 하는 인간의 열망이 도덕적 실천의 동기를 제공할 수 있다고 주장하였다.

ㄷ. 나딩스는 도덕적 실천을 위해서 피배려자의 상황을 파악하고 그 사람의 요구에 귀를 기울여야 한다고 보았다.

오답피하기 ㄹ. 나딩스는 배려가 친밀한 사람뿐만 아니라 낯선 사람에게도 이행될 수 있는 윤리적 태도라고 보았다.

07 콜버그와 길리건의 사상적 입장 비교

문제분석 갑은 콜버그, 을은 길리건이다. 콜버그는 도덕성을 도덕적 추론 능력과 관련지어 설명하는 도덕성 발달 이론을 제시하였다. 길리건은 책임, 관계, 맥락 등에 초점을 둔 여성의 도덕적 특징에 주목하여 배려 윤리를 주장하였다.

정답찾기 ③ 길리건은 기존의 남성 중심의 윤리를 비판하면서 남성과 여성의 도덕성이 다르다고 보았다. 또한 추상적 원칙에 따라 도덕 판단을 내리기보다는 주어진 상황과 맥락을 고려하여 도덕 판단을 내려야 한다고 보았으며, 인간관계 속에서 상대방의 입장을 이해하고 느끼며 배려를 실천하는 것을 중시하였다. 따라서 갑 사상가의 입장에 비해 을 사상가의 입장은 '윤리가 도덕적 추론보다 보살핌에 대한 관심에서 비롯될 수 있음을 강조하는 정도(X)'는 높고, '도덕 판단이 상황적 맥락보다 보편적 도덕 원리에 따라 이루어져야 함을 강조하는 정도(Y)'는 낮으며, '도덕성 발달 단계가 합리성과 정의가 아닌 관계와 책임 중심으로 설명되어야 함을 강조하는 정도(Z)'는 높다. 따라서 ⓒ이 적절한 위치이다.

08 성과 사랑의 관계에 대한 입장 비교

문제분석 (가)의 갑은 성의 결과인 출산과 양육에 대해 온전히 책임을 지려면 부부간의 성만이 정당화되어야 한다고 본다. 을은 사랑이 전제가 될 때 성이 가치를 지니며 자아실현과 인격 완성에 기여할 수 있다고 본다. 병은 성의 목적이 쾌락 추구이므로 일정한 조건만 충족된다면 자유로운 성적 쾌락을 추구할 수 있다고 본다.

정답찾기 ⑤ 갑은 성을 통해 생식적 가치를 실현해야 한다고 보는 반면, 병은 성을 통해 쾌락적 가치를 추구해야 한다고 본다. 따라서 갑이 병에게 제기할 수 있는 비판으로 적절하다.

오답피하기 ① 을은 성이 사랑을 실현하기 위해 이루어져야 하며 이럴 때만이 성이 자아실현과 인격 완성에 중요한 역할을 할 수 있다고 보므로, 사랑이 없는 성은 인간의 존엄성을 침해할 수 있다고 볼 것이다.

② 갑은 성이 출산과 양육을 목적으로 해야 한다고 보므로 성이 출산에 기여할 때 도덕적으로 가치를 지닐 수 있다고 볼 것이다.

③ 병은 성의 목적이 쾌락 추구에 있기는 하지만 성적 쾌락을 추구할 때 상대의 의사를 존중하면서 상대에게 해를 끼쳐서는 안 된다고 본다.

④ 병은 결혼하지 않고 쾌락 추구를 위해 이루어지는 성이라 하더라도 일정한 조건을 충족하면 정당화될 수 있다고 본다.

THEME
06
직업과 청렴의 윤리

수능 실전 문제

본문 41~45쪽

01 ②	02 ②	03 ④	04 ①
05 ②	06 ③	07 ②	08 ③
09 ①	10 ③		

01 직업에 대한 공자와 플라톤의 입장 비교

문제분석 (가)의 갑은 공자, 을은 플라톤이다. 공자는 사회 구성원 각자가 자신의 직분을 성실히 수행하는 정명(正名)을 강조하였다. 플라톤은 각자의 타고난 성향에 따라 사회적 역할을 분담해야 하며, 각자는 다른 계층의 일에 간섭하지 않고 자신의 직분을 충실히 수행해야 한다고 주장하였다.

정답찾기 ㄱ. 공자와 플라톤 모두 긍정의 대답을 할 질문이다. 공자와 플라톤은 모두 사회적 역할 분담을 강조하였으며, 각자가 자신의 역할에 충실할 때 이상적 국가를 실현할 수 있다고 보았다.

ㄹ. 플라톤이 긍정의 대답을 할 질문이다. 플라톤에 따르면 절제는 다른 계층의 일에 간섭하지 않고 각자의 직분을 충실히 수행하도록 하는 덕으로 모든 계층에 요구된다.

오답피하기 ㄴ. 공자와 플라톤 모두 부정의 대답을 할 질문이다. 공자는 각자의 덕에 따른 사회적 역할 분담을, 플라톤은 각자의 타고난 성향에 따른 사회적 역할 분담을 주장하였다.

ㄷ. 공자와 플라톤 모두 긍정의 대답을 할 질문이다. 공자는 통치자가 먼저 군자다운 인격을 닦은 후에, 즉 덕을 갖춘 후에 백성을 다스려야 한다고 주장하였다. 플라톤은 통치자가 선의 이데아에 대한 지식, 즉 지혜의 덕을 갖추어야 한다고 주장하였다.

02 맹자의 직업관 이해

문제분석 제시문은 맹자의 주장이다. 맹자는 덕에 따른 사회적 역할 분담과 직업 간의 상호 보완성을 강조하였다. 그리고 직업을 통한 경제적 안정[恒産]은 백성들이 도덕적 마음을 유지하기[恒心] 위한 토대가 된다고 보았다.

정답찾기 ② 맹자가 부정의 대답을 할 질문이다. 맹자는 분업을 바탕으로 직업 간 상호 부조가 이루어져야 한다고 보았다.

오답피하기 ①, ③ 맹자가 긍정의 대답을 할 질문이다. 맹자는 덕에 따라 사회적 역할을 분담해야 하며, 각자가 자신의 직분에 충실할 때 사회 질서를 유지할 수 있다고 보았다.

④, ⑤ 맹자가 긍정의 대답을 할 질문이다. 맹자는 직업을 통한 경제적 안정이 백성들의 도덕적 삶의 기반이 되므로 통치자는 백성들에게 일정한 생업을 마련해 주어야 한다고 보았다.

03 순자의 직업관 이해

문제분석 제시문은 순자의 주장이다. 순자는 인간의 성정(性情)을 선하게 변화시키고 사회와 국가를 다스리기 위한 인위적 규범으로 예(禮)를 강조하였다.

정답찾기 ㄱ. 순자는 예를 바탕으로 사람들을 분별함으로써 그들의 무분별한 욕구를 제어해야 한다고 보았다.

ㄴ. 순자는 덕과 능력에 따라 사회적 역할을 분담해야 하며, 이는 예를 통해 가능하다고 보았다.

ㄹ. 순자는 예를 기준으로 한 사회적 역할 분담이 사람들의 무분별한 욕구를 제어함으로써 결국은 많은 사람들이 욕구를 적절하게 충족할 수 있게 한다고 보았다.

오답피하기 ㄷ. 순자는 인간의 악한 본성을 성인(聖人)이 제정한 예를 통해 선하게 변화시켜야 한다고 보았다.

04 마르크스의 직업 노동관 이해

문제분석 제시문은 마르크스의 주장이다. 마르크스는 인간이 노동을 통해 자아를 실현할 수 있어야 하는데, 자본주의 체제의 분업화된 노동은 이를 가로막고 인간 소외를 발생시킨다고 비판하였다.

정답찾기 ① 마르크스가 긍정의 대답을 할 질문이다. 마르크스는 자본주의 사회의 분업으로 노동자는 생산에 필요한 정신적 능력 이외의 다른 모든 정신적 능력을 잃어버렸다고 보았다.

오답피하기 ② 마르크스가 부정의 대답을 할 질문이다. 마르크스에 따르면 자본주의 사회에서는 노동자가 자신의 노동 생산물을 온전히 소유할 수 없는 노동 소외가 발생한다.

③ 마르크스가 부정의 대답을 할 질문이다. 마르크스는 자본주의 사회에서 노동은 노동 주체의 의지와 무관하게 자본을 위해 수행될 뿐이라고 보았다.

④ 마르크스가 부정의 대답을 할 질문이다. 마르크스에 따르면 자본주의 사회에서는 노동자가 자본가와 협력하더라도 소외를 극복할 수 없으며, 오히려 노동 소외를 극복하기 위해 노동자(프롤레타리아)의 투쟁과 혁명이 요구된다.

⑤ 마르크스가 부정의 대답을 할 질문이다. 마르크스는 자본주의 사회에서 분업이 비록 노동자의 자아실현은 방해하지만 전체적인 생산성을 대폭 향상시키는 데는 기여한다고 보았다.

05 칼뱅의 직업관 이해

문제분석 제시문은 칼뱅의 주장이다. 칼뱅은 직업이 신의 부르심, 즉 소명이자 이 땅에서 신의 영광과 이웃 사랑을 실현하는 통로라고 주장하였다. 그리고 구원은 신에 의해 예정되어 있다고 보았다.

정답찾기 ㄱ. 칼뱅은 아무리 힘든 일이라도 이것을 소명으로 알고 순종하면 모든 일은 신 앞에서 빛날 것이라고 주장하였다. 따라서 칼뱅에 따르면 신의 소명으로서 주어진 직업에는 귀천이 없다.

ㄷ. 칼뱅에 따르면 직업 활동의 궁극적 목적은 신의 영광을 드러내는 것이므로 근면하고 성실하게 생활해야 한다.

오답피하기 ㄴ. 칼뱅은 직업적 성공을 구원의 현세적 징표라고 보았지만, 직업적 성공을 거둔 사람만이 구원받을 수 있다고 주장하지 않았다.

ㄹ. 칼뱅은 신의 소명인 직업에 충실히 임한 결과로서 축적한 부를 신의 축복이라고 보았다. 따라서 칼뱅에 따르면 직업 활동을 통한 부의 축적과 신의 소명 실천은 양립할 수 있다.

06 직업에 대한 플라톤과 마르크스의 입장 비교

문제분석 (가)의 갑은 플라톤, 을은 마르크스이다. 플라톤은 통치자, 방위자, 생산자 계급이 각자 본분에 맞는 탁월성을 발휘하여 조화를 이룰 때 정의로운 국가가 실현될 수 있다고 보았다. 마르크스는 자본주의 사회에서 노동자는 자율성을 상실하고 자본의 논리에 완전히 종속된다고 보았다.

정답찾기 ㄷ. 마르크스는 계급이 소멸된 공산주의 사회에서 이상적인 삶이 실현될 수 있다고 보았다. 반면 플라톤은 세 계급이 각자 사회적 역할에 충실할 때 이상적 국가가 실현될 수 있다고 보았다. 따라서 마르크스가 플라톤에게 제기할 수 있는 적절한 비판이다.

ㄹ. 마르크스는 이상 사회인 공산주의 사회에서는 모든 구성원이 생산 수단을 공유함으로써 사유 재산을 소유하지 않는다고 보았다. 반면 플라톤은 생산자 계급은 사유 재산을 소유할 수 있다고 보았다. 따라서 마르크스가 플라톤에게 제기할 수 있는 적절한 비판이다.

오답피하기 ㄱ. 플라톤은 각자 타고난 성향에 따라 사회적 역할을 분담해야 하며, 구성원 간 역할 교환이나 간섭이 일어나서는 안 된다고 주장하였다.

ㄴ. 마르크스는 노동을 통해 자신의 본질을 실현할 수 있어야 한다고 주장하였다.

07 퍼트넘의 사회적 자본 이해

문제분석 그림의 강연자는 퍼트넘이다. 퍼트넘은 사회 구성원들 간의 네트워크, 호혜성, 신뢰 등을 사회적 자본으로 보고, 이는 협력적 행위를 촉진함으로써 집단적 문제가 더 쉽게 해결될 수 있도록 한다고 주장하였다.

정답찾기 ㄱ. 퍼트넘은 사회적 자본이 축적된 사회에서는 시민들 스스로 기회주의적 처신과 부정행위를 하지 않음으로써 청렴한 품성을 함양하게 된다고 보았다.

ㄹ. 퍼트넘은 사회적 자본이 확장되면 시민적 품성이 강력한 힘을 발휘하게 되어 시민들 간의 자율적 규제가 가능해진다고 보았다.

오답피하기 ㄴ. 퍼트넘은 사회적 자본이 시민들 간의 자율적 규제 가능성을 높여 부정부패를 막을 수 있다고 보았다.

ㄷ. 퍼트넘은 사회적 자본이 시민들 간의 협력을 촉진하여 사회적 갈등을 수월하게 해결할 수 있도록 한다고 보았다.

08 공직자의 자세에 대한 정약용의 입장 이해

문제분석 제시문은 정약용의 주장이다. 정약용은 공직자 윤리로 절용(節用)과 청렴을 강조하였으며, 이는 애민 정신을 실현하기 위함이라고 주장하였다.

정답찾기 ③ 정약용은 공직자가 청렴하기 위해 사유 재산을 소유해서는 안 된다고 주장하지 않았다.

오답피하기 ① 정약용은 지혜로운 사람이 청렴함을 이롭게 여긴다고 주장하며, 공직자가 청렴하지 못한 것은 지혜가 모자라기 때문이라고 보았다.

② 정약용은 공직자가 국민을 위해 봉사하는 자세를 가져야 한다고 주장하였다.

④ 정약용은 공직자가 사익에 얽매이지 않고 공익을 추구해야 한다고 주장하였다.

⑤ 정약용은 공직자가 애민 정신을 실현하기 위해 절용과 청렴을 실천해야 한다고 주장하였다.

09 전문직 윤리 이해

문제분석 칼럼에 따르면 전문직 종사자들은 그들의 전문성, 독점성, 자율성, 그리고 사회에 끼치는 영향력 등을 고려하여 사회에 대한 책임감뿐만 아니라 일반 시민보다 높은 도덕성을 지녀야 한다.

정답찾기 ① 칼럼에 따르면 전문직 종사자들이 갖춘 지식과 기술은 고도의 전문적 교육과 훈련에서 비롯된 것으로 누구나 쉽게 보유할 수 있는 것이 아니다.

오답피하기 ②, ③, ④, ⑤ 칼럼의 입장으로 적절하다.

10 기업의 사회적 책임에 대한 입장 비교

문제분석 (가)의 갑은 프리드먼, 을은 애로우이다. 프리드먼은 기업에 이윤 추구 외의 사회적 책임을 강요하는 것은 자유 시장 경제의 틀을 깨뜨리는 행위이며, 이는 기업의 본질에 대한 무지에서 나온 것이라고 보았다. 애로우는 기업이 사회적 책임을 수행하는 것은 기업의 장기적 이익 확보에 도움이 된다고 보았다.

정답찾기 ㄴ. 프리드먼이 긍정의 대답을 할 질문이다. 프리드먼에 따르면 기업 경영자는 오직 기업의 소유주들에 대해서만 직접적인 책임을 지면 되므로, 그들의 이익 극대화를 위한 활동에 전념해야 한다. ㄹ. 애로우가 긍정의 대답을 할 질문이다. 애로우는 기업의 사회적 책임 이행이 기업의 장기적 이익 확보에 기여한다고 보았다.

오답피하기 ㄱ. 프리드먼과 애로우 모두 긍정의 대답을 할 질문이다. 프리드먼과 애로우는 모두 기업이 법을 준수하며 건전하게 이윤을 추구해야 한다고 보았다. ㄷ. 애로우가 부정의 대답을 할 질문이다. 애로우는 기업 경영의 본질적 목적은 공익 증진이 아니라 기업의 이윤 추구라고 보았다.

THEME 07 사회 정의와 윤리

수능 실전 문제
본문 48~53쪽

01 ③	02 ②	03 ⑤	04 ③
05 ④	06 ①	07 ②	08 ③
09 ②	10 ③	11 ③	12 ③

01 사회 윤리에 대한 니부어의 입장 이해

문제분석 제시문은 니부어의 주장이다. 니부어는 사회 정의를 실현하기 위해서는 정치적 해법으로서 외적 강제력을 동원해야 한다고 주장하였다. 단, 비합리적 수단인 강제력의 사용은 최소화해야 하며, 도덕적 선의지의 통제를 받아야 한다고 강조하였다.

정답찾기 두 번째 입장. 니부어는 개인적으로 도덕적인 사람도 자신이 속한 집단의 이익을 위해 비도덕적으로 행동하기 쉬우며, 집단 속에서 이기적으로 되어 가는 인간의 성향과 집단 간의 힘의 불균등한 분배가 사회 부정의의 원인이라고 보았다.

세 번째 입장. 니부어는 집단 간의 힘의 균형을 실현하기 위해서는 정치적 방법으로서 강제력이 필요하다고 보았다.

오답피하기 첫 번째 입장. 니부어는 진정한 정의 실현을 위해서 개인의 양심과 선의지 함양도 필요하다고 보았다. 그리고 집단 간의 갈등을 해결하기 위한 비합리적 수단이 도덕적 선의지의 통제를 받지 않는다면 사회에 위협이 될 수 있다고 강조하였다.

네 번째 입장. 니부어에 따르면 강제력은 도덕성이 높은 사람들로부터 도덕적 승인을 얻어 낼 수 없는 방법이지만 사회 정의를 실현하기 위해 이를 사용해야 한다.

02 분배적 정의에 대한 롤스의 입장 이해

문제분석 제시문은 롤스의 주장이다. 롤스는 공정한 절차를 설정하기 위해 원초적 입장을 가정하였다. 그리고 원초적 입장에 있는 사람들은 서로에게 무관심하고 자신의 이익을 추구하는 합리적인 사람들이긴 하나, 무지의 베일로 자신의 신원이 확인되지 않음으로써 결국 최소 수혜자를 포함한 모든 사람에게 이익이 되는 정의의 원칙에 합의하게 된다고 주장하였다.

정답찾기 ② 롤스는 기본적 자유 중 어느 것도 절대적이지 않으므로 기본적 자유가 상충할 경우 제한될 수 있다고 보았다.

오답피하기 ① 롤스에 따르면 정의의 원칙을 채택하게 되는 원초적 입장은 역사상 실재했던 상태가 아니며, 일정한 정의관에 이르게 하도록 규정된 순수한 가설적 상황이다.

③ 롤스는 차등의 원칙이 사회 구성원들 간의 호혜성을 표현한 것이며, 모든 구성원을 고려한 상호 이익의 원칙이라고 보았다.

④ 롤스는 자연적 · 사회적 우연성을 도덕적 관점에서 임의적이라고 보았으며, 차등의 원칙은 이러한 운명의 우연성을 공정하게 다루는 정의로운 방식이라고 주장하였다.

⑤ 롤스는 유사한 능력과 재능을 가진 사람들이 유사한 인생의 기회

를 가지도록 실질적인 공정한 기회가 보장되어야 한다고 주장하였다.

03 분배적 정의에 대한 롤스와 노직의 입장 비교

문제분석 갑은 롤스, 을은 노직이다. 롤스는 도덕적으로 임의적인 우연적 요소들이 정의의 원칙을 선택하는 데 작용해서는 안 되기 때문에 정의의 원칙은 무지의 베일 속에서 선택되어야 한다고 주장하였다. 노직은 소유 권리론을 역사적이라 보고, 과거의 상황이나 행위는 사물에 대한 차별적인 소유 권리나 응분의 자격을 낳는다고 주장하였다.

정답찾기 ㄱ. 롤스는 천부적 재능의 분포를 공동의 자산으로 간주하고, 이러한 분포로 인한 이익 획득이 최소 수혜자에게 이익이 된다면 정당하다고 보았다.

ㄷ. 노직은 자신의 노동이 투입되지 않더라도 양도(이전)의 원칙에 따라 취득한 소유물에 대해 개인은 정당한 소유권을 가질 수 있다고 보았다.

ㄹ. 롤스와 노직 모두 분배 절차의 공정성은 분배 결과의 정의를 보장한다고 보았다.

오답피하기 ㄴ. 노직은 개인이 노동을 통해 취득한 소유물일지라도 취득 과정에서 다른 사람의 상황을 악화시켰다면 그 소유물은 교정의 대상이 된다고 보았다.

04 분배적 정의에 대한 롤스와 왈처의 입장 비교

문제분석 제시문은 왈처의 주장이다. 왈처는 사회적 가치의 분배 영역을 세분화하고, 서로 다른 사회적 가치는 서로 다른 분배 기준과 절차, 그리고 주체에 따라 분배되어야 한다고 주장하였다. 그리고 사회적 가치의 분배 영역 사이에는 원칙적으로 경계가 존재하므로 어떤 가치도 다른 가치에 의해 지배되어서는 안 된다고 강조하였다.

정답찾기 ㄴ. 왈처는 개인들의 정체성과 역사적 배경을 고려하지 않고 가상적 상황에서 도출된 롤스의 정의의 원칙은 실제 삶에서 실현될 가능성이 적다고 비판하며, 공동체의 문화적·역사적 특수성과 차이를 고려한 분배 원칙이 필요하다고 주장하였다. 따라서 왈처가 롤스에게 제기할 수 있는 적절한 비판이다.

ㄹ. 왈처는 다양한 사회적 가치의 분배 방식으로 단일한 체계의 정의의 원칙을 제시한 롤스를 비판하며, 다양한 사회적 가치는 각기 고유한 영역 내에서 서로 다른 기준과 절차에 따라 분배되어야 한다고 주장하였다. 따라서 왈처가 롤스에게 제기할 수 있는 적절한 비판이다.

오답피하기 ㄱ. 롤스는 분배 정의가 복지 국가에서 완전히 실현될 수 없음을 간과하지 않았다. 롤스는 평등한 기본적 자유와 공정한 기회균등을 바탕으로 부의 집중을 막는 재산 소유 민주주의에서 분배 정의가 실현될 수 있다고 보았다.

ㄷ. 롤스는 어떤 사회적 가치가 불평등하게 분배되어도 정당화될 수 있음을 간과하지 않았다. 롤스는 정의의 원칙에 따라 모두에게 이익이 되는 사회적·경제적 불평등은 정당화될 수 있다고 보았다.

05 분배적 정의에 대한 롤스와 노직의 입장 비교

문제분석 갑은 롤스, 을은 노직이다. 롤스는 정의의 두 원칙이 근간을 이루고, 이것이 분배 절차의 구조를 형성하는 재산 소유 민주주의를 강조하였다. 노직은 국가의 기능을 강도, 절도, 사기 등으로부터

개인의 권리를 보호하는 것에 국한하는 최소 국가를 강조하였다.

정답찾기 ㄱ. 롤스와 노직 모두 긍정의 대답을 할 질문이다. 롤스에 따르면 개인의 능력은 우연성의 영향을 받는 도덕적으로 임의적인 것으로, 이에 따른 분배는 정의의 원칙에 어긋날 수 있다. 노직에 따르면 능력에 따른 분배는 정형적 원리에 따른 분배로, 이는 필연적으로 재분배를 초래함으로써 개인의 소유권을 침해할 수 있다.

ㄴ. 롤스와 노직 모두 긍정의 대답을 할 질문이다. 롤스와 노직 모두 자연적·사회적 운으로 취한 이득은 정당화될 수 있다고 보았다.

ㄷ. 롤스와 노직 모두 긍정의 대답을 할 질문이다. 롤스와 노직 모두 개인은 정의의 원칙에 따른 정당한 소유물에 대해 배타적 사용권을 지닌다고 보았다.

오답피하기 ㄹ. 롤스는 긍정, 노직은 부정의 대답을 할 질문이다. 롤스에 따르면 경제적 불평등은 최소 수혜자를 포함한 사회 구성원 모두에게 이익이 될 때 정당화된다. 반면 노직은 취득과 양도의 과정에 문제가 없는 한 그 과정에 따른 경제적 불평등은 정당하다고 보았다.

06 정의에 대한 아리스토텔레스의 입장 이해

문제분석 제시문은 아리스토텔레스의 주장이다. 아리스토텔레스는 정의를 일반적 정의와 특수적 정의로 구분하고, 특수적 정의를 분배적 정의와 교정적 정의 등으로 구분하였다. 아리스토텔레스에 따르면 일반적 정의는 공익을 지향하는 법을 따르는 것이고, 분배적 정의는 가치의 분배와 관련된 것이며, 교정적 정의는 상호 교섭에서 발생하는 부정의를 바로잡는 것이다.

정답찾기 ① 아리스토텔레스가 긍정의 대답을 할 질문이다. 아리스토텔레스는 분배와 상호 교섭에서 정의로운 것은 동등함이고, 부정의한 것은 동등하지 않음이라고 보았다.

오답피하기 ② 아리스토텔레스가 부정의 대답을 할 질문이다. 아리스토텔레스에 따르면 동등한 사람들에게 동등한 몫을, 동등하지 않은 사람들에게 동등하지 않은 몫을 분배하는 것이 기하학적 비례의 동등함이다.

③ 아리스토텔레스가 부정의 대답을 할 질문이다. 아리스토텔레스에 따르면 명예나 금전과 같은 사회적 재화는 각자의 가치에 비례하여 분배되어야 한다.

④ 아리스토텔레스가 긍정의 대답을 할 질문이다. 아리스토텔레스에 따르면 상호 교섭에서 발생하는 불균형을 바로잡을 때 당사자들을 동등한 사람으로 간주해야 한다.

⑤ 아리스토텔레스가 긍정의 대답을 할 질문이다. 아리스토텔레스에 따르면 타인에게 이익을 주거나 타인에게 해를 끼친 경우에는 산술적 비례에 근거하여 교정해야 한다.

07 분배적 정의에 대한 마르크스와 노직의 입장 비교

문제분석 (가)의 갑은 마르크스, 을은 노직이다. 마르크스는 능력에 따라 일하고 필요에 따라 분배하는 공산주의 사회를 이상 사회로 제시하였다. 노직은 절차적 정의의 관점에서 재화의 취득과 이전의 과정이 정의롭다면 그 결과도 정의롭다고 보았다.

정답찾기 ㄴ. 마르크스는 생산 수단의 사적 소유권이 폐지된 사회에서 이상적인 분배가 실현된다고 보았다. 반면 노직은 정의를 자기 소유에 대한 개인의 권리를 존중하는 것으로 보고 소유 권리로서의 정

의를 주장하였다. 따라서 마르크스가 노직에게 제기할 수 있는 적절한 비판이다.

ㄷ. 노직은 재화의 취득과 양도 과정에서 발생하는 부정의를 바로잡기 위해 국가의 개입이 필요하다고 보았다. 반면 마르크스는 국가가 소멸한 공산주의 사회에서 이상적인 분배가 실현된다고 주장하였다. 따라서 노직이 마르크스에게 제기할 수 있는 적절한 비판이다.

오답피하기 ㄱ. 마르크스는 국가 주도의 재분배 정책이 노동자의 예속을 해소할 수 있다고 주장하지 않았다. 마르크스는 필요에 따른 분배가 이루어지는 공산주의 사회에서 노동자의 예속이 해소될 수 있다고 보았다.

ㄹ. 노직은 분배의 정당성이 분배의 역사적 과정보다 분배된 결과에 달려 있다고 주장하지 않았다. 노직은 절차적 정의의 관점에서 분배의 정당성은 분배의 역사적 과정에 달려 있다고 보았다.

08 우대 정책에 대한 입장 비교

문제분석 갑은 과거 부당한 차별을 받은 특정 집단의 후손에 대한 우대 정책 시행을 찬성하는 입장이고, 을은 반대하는 입장이다.

정답찾기 ㄷ. 갑은 긍정, 을은 부정의 대답을 할 질문이다. 갑은 우대 정책이 과거의 부당한 차별을 보상함으로써 우리 사회의 불평등을 실질적으로 완화한다고 본다. 반면 을은 우대 정책이 특정 집단에만 혜택을 제공함으로써 다른 집단에 속한 사람들에 대한 역차별 문제를 발생시킨다고 본다.

ㄹ. 갑은 긍정, 을은 부정의 대답을 할 질문이다. 갑은 우대 정책이 사회 구성원들 간의 화합에 도움이 된다고 본다. 반면 을은 우대 정책이 사회 구성원들 간에 새로운 갈등을 발생시킨다고 본다.

오답피하기 ㄱ, ㄴ. 을이 긍정의 대답을 할 질문이다.

09 교정적 정의에 대한 칸트의 입장 이해

문제분석 제시된 표는 칸트에 대한 질의 응답지이다. 칸트는 형벌의 질과 양이 공적인 보복법에 따라 결정되어야 하고, 형벌은 범죄자가 물권의 대상이 되는 것으로부터 그를 보호해 주는 것이라고 주장하였다.

정답찾기 ② 칸트가 긍정의 대답을 할 질문이다. 칸트에 따르면 형벌은 범죄자를 자유 의지를 가진 행위자로, 즉 스스로 선택한 행위에 대한 책임을 질 수 있는 존재로 대우하는 것이다.

오답피하기 ① 칸트가 부정의 대답을 할 질문이다. 칸트에 따르면 형벌은 범죄자가 형벌을 의욕했기 때문이 아니라 형벌을 받아야 할 행위를 의욕했기 때문에 부과되는 것이다.

③ 칸트가 부정의 대답을 할 질문이다. 칸트에 따르면 형벌은 언제나 범죄를 저질렀다는 오직 그 이유만으로 부과되어야 한다.

④ 칸트가 긍정의 대답을 할 질문이다. 칸트에 따르면 형벌은 범죄자의 타고난 인격성을 존중하는 행위이다.

⑤ 칸트가 긍정의 대답을 할 질문이다. 칸트에 따르면 형벌은 범죄에 비례하여 정언 명령에 의해 주어져야 한다. 즉 형벌은 어떤 다른 선을 촉진하기 위한 한낱 수단으로 가해져서는 안 된다.

10 교정적 정의에 대한 칸트, 루소, 베카리아의 입장 비교

문제분석 (가)의 갑은 칸트, 을은 루소, 병은 베카리아이다. 칸트는

응보주의 관점에서 살인자에 대한 사형은 정당하며 사형 이외의 형벌은 정의에 부합하지 않는다고 주장하였다. 루소는 살인자가 정당한 사회 구성원이 아니므로 그 생명권을 박탈하더라도 이것이 사회 계약에 위반되는 것은 아니라고 주장하였다. 베카리아는 공리주의 관점에서 사형보다 종신 노역형이 훨씬 효과적인 범죄 예방 수단이라고 주장하였다.

정답찾기 ③ 베카리아에 따르면 법은 각자의 자유 중 최소한의 몫을 모은 것으로 생명권 양도는 그 최소한의 몫에 포함되지 않는다. 반면 루소에 따르면 사람들은 자신이 살인자의 희생물이 되지 않기 위해 살인자에 대한 사형에 동의, 즉 생명권을 국가에 양도한다. 따라서 베카리아가 루소에게 제기할 수 있는 비판으로 적절하다.

오답피하기 ① 루소와 베카리아는 모두 사형의 정당성 여부가 사회 계약에 근거해야 함을 간과하지 않았다. 루소는 사회 계약에 바탕을 둔 사회 방위론의 입장에서 사형 제도를 찬성하였고, 베카리아는 사회 계약론의 관점에서 생명을 빼앗는 사형은 성립할 수 없다고 주장하였다.

② 칸트는 형벌이 범죄 사실 자체를 근거로 부과되어야 함을 간과하지 않았다. 칸트에 따르면 형벌은 범죄자가 단지 범죄를 저질렀다는 이유 때문에 부과되어야 한다.

④ 루소는 국가가 계약자의 생명을 무조건 보존해야 한다고 주장하지 않았다. 루소에 따르면 살인자는 사회 계약을 어긴 자로서 추방되거나, 공공의 적으로 사형에 처해져야 한다.

⑤ 베카리아는 사형을 범죄 억제력이 전혀 없는 비효과적인 형벌로 보지 않았다. 베카리아는 사형의 범죄 억제력이 종신 노역형에 비해 떨어진다고 보았지 전혀 없다고 본 것은 아니다.

11 교정적 정의에 대한 칸트, 벤담, 베카리아의 입장 비교

문제분석 (가)의 갑은 칸트, 을은 벤담, 병은 베카리아이다. 칸트는 형벌이 범죄자를 물권의 대상이 되는 것으로부터 보호해 준다고 주장하였다. 벤담은 형벌이 그 자체로 악이며, 그것은 더 큰 악을 없애는 것을 보장하는 한에서만 인정된다고 주장하였다. 베카리아는 자신의 생명을 빼앗는 권리를 국가에 양도하는 것은 불가능하며, 사형은 한 사람의 시민에 대한 국가의 전쟁 행위와 같다고 주장하였다.

정답찾기 ㄷ. 벤담이 긍정의 대답을 할 질문이다. 벤담은 공동체의 선을 촉진하는 형벌도 그 자체는 악이라고 보았다.

ㄹ. 베카리아가 긍정의 대답을 할 질문이다. 베카리아는 인간의 정신에 무엇보다 큰 효과를 끼치는 것은 형벌의 강도가 아니라 지속도라고 보았다.

오답피하기 ㄱ. 칸트, 벤담, 베카리아 모두 긍정의 대답을 할 질문이다. 칸트는 동등성의 원리에 따라, 벤담과 베카리아는 공리의 원리에 따라 형벌이 부과되어야 한다고 주장하였다.

ㄴ. 벤담과 베카리아 모두 부정의 대답을 할 질문이다. 벤담과 베카리아는 형벌을 통해 통제하고자 하는 대상이 범죄자로 국한되어서는 안 된다고 보았다.

12 교정적 정의에 대한 루소의 입장 이해

문제분석 가상 대담 속 사상가는 루소이다. 루소는 사회 계약에 바탕을 둔 사회 방위론의 입장에서 살인자, 즉 국가의 적으로부터 계약자

의 생명을 보존하고 안전을 보장하기 위해 사형 제도에 찬성하였다.

(정답찾기) ③ 루소는 국가의 적으로부터 시민들의 안전을 지키기 위해 사형이 실행되어야 한다고 대답할 것이다.

(오답피하기) ① 루소는 법이 일반 의지의 행위에 속하고, 일반 의지는 오직 공공의 이익만을 생각하므로 법에 의해 집행되는 모든 형벌도 공공의 이익을 위해 집행되어야 한다고 보았다.

② 칸트의 대답으로 적절하다.

④ 베카리아의 대답으로 적절하다.

⑤ 베카리아의 대답으로 적절하다. 루소는 국가가 시민의 생명권을 양도받았다고 보았다.

수능 실전 문제

본문 57~61쪽

01 ④	02 ⑤	03 ④	04 ①
05 ④	06 ④	07 ②	08 ⑤
09 ④	10 ③		

01 국가에 대한 맹자와 묵자의 입장 비교

(문제분석) (가)의 갑은 맹자, 을은 묵자이다. 맹자는 민본주의(民本主義)에 근거하여 부도덕한 군주가 백성을 고통에 빠뜨리고 나라를 위태롭게 하면 그 군주를 바꿀 수 있다는 역성혁명(易姓革命)을 인정하였다. 묵자는 군주가 하늘의 뜻에 따라 남의 나라와 나의 나라, 남의 가족과 나의 가족을 차별하지 않고 서로 돌보고 상호 이익을 추구해야 한다고 주장하였다.

(정답찾기) ㄱ. 맹자와 묵자 모두 긍정의 대답을 할 질문이다. 맹자는 군주의 통치권이 하늘로부터 주어진 것[天命]이라고 보았다. 묵자는 군주가 하늘의 뜻에 따라 겸애교리(兼愛交利)를 추구해야 한다고 보았다.

ㄷ. 묵자가 긍정의 대답을 할 질문이다. 묵자는 군주가 나의 가족을 돌보듯 백성을 사랑해야 한다고 주장하였다.

ㄹ. 묵자가 긍정의 대답을 할 질문이다. 묵자는 군주가 남의 나라를 공격하거나 침략해서는 안 된다고 주장하였다.

(오답피하기) ㄴ. 맹자가 부정의 대답을 할 질문이다. 맹자는 군주가 이로움을 따지기보다 인의(仁義)를 먼저 생각해야 한다고 주장하였다.

02 아리스토텔레스의 국가관 이해

(문제분석) 제시문은 아리스토텔레스의 주장이다. 아리스토텔레스는 국가를 단순한 생존뿐만 아니라 구성원의 훌륭한 삶, 즉 행복 실현이라는 최고선을 추구하는 가장 포괄적인 공동체라고 주장하였다.

(정답찾기) ㄴ. 아리스토텔레스는 국가를 인간의 사회적·정치적 본성에 의해 생겨난 자연적 산물로 보았다.

ㄷ. 아리스토텔레스는 국가를 완전한 자급자족이 가능하며 다른 모든 공동체를 포괄하는 공동체라고 보았다.

ㄹ. 아리스토텔레스는 국가를 구성원의 생존뿐만 아니라 최고선을 추구하는 공동체라고 보았다.

(오답피하기) ㄱ. 아리스토텔레스는 인간 본성에 따라 성립된 국가는 자연스럽게 권위를 갖게 된다고 보았다.

03 국가에 대한 공자와 한비자의 입장 비교

(문제분석) (가)의 갑은 공자, 을은 한비자이다. 공자는 군주가 먼저 군자다운 인격을 닦은 후, 도덕과 예의로 백성을 다스려야 한다고 주장하였다. 한비자는 군주가 공리(公利)를 명문화한 법에 따라 통치해야 하며, 적절한 포상과 엄격한 처벌을 통해 질서를 유지해야 한다고

주장하였다.

정답찾기 ㄱ. 공자는 한비자와 달리 군주가 인이 실현된 도덕 공동체 구현을 통치의 궁극적 목적으로 삼아야 한다고 주장하였다. 따라서 공자가 한비자에게 제기할 수 있는 적절한 비판이다.

ㄴ. 공자는 한비자와 달리 군주가 도덕과 예의로 백성을 교화함으로써 백성들이 자기 잘못을 부끄러워할 줄 알도록 해야 한다고 주장하였다. 따라서 공자가 한비자에게 제기할 수 있는 적절한 비판이다.

ㄹ. 한비자는 공자와 달리 인간의 본성을 이기적으로 보고, 군주는 백성들의 이기적 본성을 다스릴 힘과 수단을 갖추어야 한다고 주장하였다. 따라서 한비자가 공자에게 제기할 수 있는 적절한 비판이다.

오답피하기 ㄷ. 공자는 군주가 먼저 자신을 수양하여 덕을 갖춘 후 나라를 다스려야 한다고 강조하였다.

04 로크의 사회 계약론 이해

문제분석 제시문은 로크의 주장이다. 로크는 자연 상태에서 공통의 법률과 재판관의 부재로 자연법을 해석하고 집행하는 데 불편을 겪은 개인이 자신의 권리를 보장받기 위해 계약을 맺어 국가를 형성한다고 주장하였다.

정답찾기 ① 로크에 따르면 법을 제정하는 권력은 입법부가, 법을 집행하는 권력은 집행부가 지닌다.

오답피하기 ② 로크는 명시적 동의뿐만 아니라 묵시적 동의에 의해서도 국가에 대한 시민의 정치적 의무가 발생한다고 보았다.

③ 로크에 따르면 입법권은 일정한 목적을 달성하기 위해 신탁된 권력에 불과하므로 자의적으로 행사되어서는 안 된다.

④ 로크는 입법부가 구성원의 권리를 침해한다면 시민은 신탁을 철회하고 저항권을 행사할 수 있다고 주장하였다.

⑤ 로크에 따르면 국가는 개인이 자신의 생명과 자유, 재산을 보존할 수 있는 권리를 보장받기 위해 계약을 맺어 수립한 인위적 산물이다.

05 홉스와 로크의 사회 계약론 비교

문제분석 (가)의 갑은 홉스, 을은 로크이다. 홉스는 계약을 통해 탄생한 국가(군주)는 모든 구성원의 무제한적인 자연권을 양도받았기 때문에 절대적인 권력을 지닌다고 주장하였다. 로크는 계약을 통해 수립된 국가의 권력은 입법권과 집행권으로 분립되어야 하며, 입법부가 구성원의 권리를 침해한다면 시민은 양도한 권력을 되찾을 수 있다고 주장하였다.

정답찾기 ㄱ. 홉스만의 입장이다. 로크는 국가(군주)의 절대적 권력을 주장했던 홉스를 비판하고 국가의 권력은 입법권과 집행권으로 분립되어야 한다고 주장하였으며, 입법권에 제한을 가하였다.

ㄴ. 홉스와 로크의 공통 입장이다. 홉스와 로크는 모두 국가 권위의 정당성은 자연 발생적인 것이 아니라 사회 계약에 의해 발생한다고 보았다.

ㄷ. 홉스와 로크의 공통 입장이다. 홉스와 로크는 모두 개인이 자연 상태에서 이성의 능력을 발휘하여 계약을 맺는다고 보았다.

오답피하기 ㄹ. 로크의 입장이 아니다. 로크는 자연 상태에서도 개인이 준수해야 할 자연법이 존재한다고 주장하였다. 다만 자연 상태에서는 공통의 법률과 재판관이 없기 때문에 자연법을 해석하고 집행하는 데 불편을 겪는다고 보았다.

06 홉스와 루소의 사회 계약론 비교

문제분석 갑은 홉스, 을은 루소이다. 홉스는 만인의 만인에 대한 투쟁 상태인 자연 상태에서 벗어나기 위해 사람들은 계약을 맺어 절대적인 권력을 지닌 리바이어던을 탄생시킨다고 주장하였다. 루소는 개인이 자연 상태에서 누리던 자유를 보장받기 위해 전적인 권리 양도의 계약을 맺어 국가를 형성한다고 주장하였다. 그리고 이를 통해 개인은 국가 내에서 스스로 절대적 주권자이자 동시에 입법자가 된다고 보았다.

정답찾기 ④ 루소는 국가 구성원 각자가 절대적 주권자이자 동시에 입법자로서 동등한 권리를 지닌다고 보았다. 반면 홉스는 국가 구성원이 아니라 리바이어던을 주권자라고 보았다. 따라서 루소가 홉스에게 제기할 수 있는 적절한 비판이다.

오답피하기 ① 루소는 일반 의지의 표현인 주권은 양도될 수도, 분할될 수도, 대표될 수도 없다고 강조하였다.

② 루소는 각 개인의 사적 이익을 초월하여 공공의 이익만을 지향하는 일반 의지에 근거하여 법을 제정해야 한다고 강조하였다.

③ 홉스와 루소 모두 국가는 구성원의 생명 보장을 위해 필수적이라고 보았다.

⑤ 홉스는 주권자가 모든 국가 구성원의 대리인으로, 그가 행하는 행위의 장본인은 모든 국가 구성원이라고 강조하였다.

07 시민 불복종에 대한 롤스의 입장 이해

문제분석 제시문은 롤스의 주장이다. 롤스는 거의 정의로운 사회에서는 부정의한 법을 준수할 의무가 있으며, 심각하게 정의의 원칙들을 위배한 법 또는 정책만이 불복종의 대상이 된다고 주장하였다.

정답찾기 ② 롤스가 긍정의 대답을 할 질문이다. 롤스는 부정의한 법을 변혁하고자 불가피하게 다른 정당한 법을 위반하는 시민 불복종도 정당화될 수 있다고 보았다.

오답피하기 ① 롤스가 부정의 대답을 할 질문이다. 롤스는 시민 불복종이 거의 정의로운 입헌 체제에서 성립할 수 있다고 보았다. 롤스에 따르면 매우 부정의한 정치 체제에서는 시민 불복종이 아니라 혁명적인 변화를 위한 방도를 마련하도록 노력해야 한다.

③ 롤스가 부정의 대답을 할 질문이다. 롤스는 시민 불복종이 사회 협동체의 원칙이 아니라 부정의한 법과 정책에 이의를 제기하는 정치적 행위라고 보았다. 롤스에 따르면 사회 협동체의 원칙, 즉 정의의 원칙들은 시민 불복종의 대상이 아니라 시민 불복종의 기준이다.

④ 롤스가 긍정의 대답을 할 질문이다. 롤스는 똑같이 타당한 사정을 가진 많은 집단이 모두 시민 불복종에 가담할 경우, 정의로운 체제의 효율성을 침해하게 될 극심한 무질서가 초래된다고 주장하였다. 따라서 롤스는 시민 불복종이 가져올 결과를 신중히 고려해야 한다고 보았다.

⑤ 롤스가 긍정의 대답을 할 질문이다. 롤스는 부정의한 모든 법이 시민 불복종의 대상은 아니라고 보았다. 롤스에 따르면 시민 불복종은 평등한 자유의 원칙에 대한 심한 위반이나 공정한 기회균등의 원칙에 대한 현저한 위배에 국한되어야 한다.

08 시민 불복종에 대한 롤스와 싱어의 입장 비교

문제분석 (가)의 갑은 롤스, 을은 싱어이다. 롤스는 시민 불복종이 사회적 다수에 의해 공유된 정의관, 즉 정의의 원칙에 근거해야 한다고 주장하였다. 싱어는 공리주의 입장에서 시민 불복종의 결과가 가져올 이익과 손해를 계산해 보아야 한다고 주장하였다.

정답찾기 ㄴ. 롤스가 긍정의 대답을 할 질문이다. 롤스는 평등한 자유의 원칙을 심각하게 위반한 법은 시민 불복종의 대상이 될 수 있다고 주장하였다.

ㄷ. 싱어가 긍정의 대답을 할 질문이다. 싱어는 동물의 고통을 감소시키기 위한 시민 불복종이 정당화될 수 있다고 보았다.

ㄹ. 싱어가 긍정의 대답을 할 질문이다. 싱어는 시민 불복종이 민주주의적인 의사 결정을 좌절시킨다기보다는 복원하려는 시도라고 주장하였다.

오답피하기 ㄱ. 롤스가 부정의 대답을 할 질문이다. 롤스에 따르면 시민 불복종의 목적은 다수의 이익 증진이 아니라 사회 정의를 실현하는 것이다.

09 시민 불복종에 대한 소로, 롤스, 싱어의 입장 비교

문제분석 (가)의 갑은 소로, 을은 롤스, 병은 싱어이다. 소로는 개인의 정의감, 즉 양심을 시민 불복종의 정당화 근거로 보았다. 롤스는 사회적 다수에 의해 공유된 정의관이 시민 불복종의 정당화 근거가 되어야 한다고 주장하였다. 싱어는 공리주의 입장에서 불복종 행위의 성공 가능성을 고려해야 한다고 주장하였다.

정답찾기 ④ 롤스는 공유된 정의관이 포괄하지 못하는 사안은 시민 불복종의 대상이 될 수 없다고 보았다.

오답피하기 ① 소로는 시민 불복종을 정당화하는 근거는 개인의 정의감, 즉 양심이라고 주장하였다. 반면 롤스는 사회적 다수에 의해 공유된 정의관을, 싱어는 시민 불복종이 산출할 이익을 시민 불복종을 정당화하는 근거로 보았다. 따라서 소로가 롤스와 싱어에게 제기할 수 있는 적절한 비판이다.

② 롤스는 거의 정의로운 사회에서는 부정의한 법도 그 부정의의 정도가 심각하지 않으면 준수해야 할 의무가 있다고 주장하였다. 반면 소로는 개인의 양심이 준법의 의무에 우선한다고 주장하였다. 따라서 롤스가 소로에게 제기할 수 있는 적절한 비판이다.

③ 싱어는 공유된 정의관 자체에 대한 불복종이 가능하다고 보았다. 반면 롤스는 공유된 정의관은 시민 불복종의 기준으로, 그 자체에 대한 불복종은 가능하지 않다고 보았다. 따라서 싱어가 롤스에게 제기할 수 있는 적절한 비판이다.

⑤ 싱어는 시민 불복종을 합법적인 수단이 실패했을 때 사용할 수 있는 적합한 수단이라고 보았다. 반면 소로는 부정의한 법에 대한 즉각적인 불복종이 정당하다고 보았다. 따라서 싱어가 소로에게 제기할 수 있는 적절한 비판이다.

10 시민의 정치 참여에 대한 입장 비교

문제분석 (가)는 시민의 정치 참여가 가지는 한계를 지적하며 시민들은 정치에 간섭해서는 안 된다고 주장한다. 반면 (나)는 정책 결정과 집행 과정의 정당성 확보와 시민의 이익 증진을 근거로 시민들은 정치에 적극적으로 참여해야 한다고 주장한다.

정답찾기 ③ (가)의 입장에 비해 (나)의 입장은 상대적으로 '공청회, 주민 투표제 등을 통한 의사 결정을 강조하는 정도(X)'는 높고, '정책

결정 과정에서 선출된 대표의 역할과 권한을 강조하는 정도(Y)'는 낮으며, '정책 결정 과정에 대한 시민의 참여가 시민에게 유리함을 강조하는 정도(Z)'는 높다. 따라서 ⓒ이 적절한 위치이다.

과학 기술과 윤리

본문 64~68쪽

01 ④	02 ⑤	03 ④	04 ③
05 ④	06 ④	07 ②	08 ③
09 ②	10 ⑤		

01 과학 기술의 가치 중립성 논쟁에 대한 이해

문제분석 갑은 과학 기술 연구에서 연구 주제를 선택하고 목표를 설정하는 활동에서 가치를 배제해야 한다고 주장한다. 을은 과학 기술 연구에서 가치는 특정한 주제를 추구하도록 영감을 주거나 연구의 방법에 영향을 주기 때문에 배제될 수 없다고 주장한다.

정답찾기 ㄱ. 갑은 과학 기술의 연구 주제를 선택하고 목표를 설정하며 사실성 여부를 판단하는 경우에 가치를 개입시키면 안 된다고 본다.

ㄴ. 을은 과학자들이 가치가 과학에 영향을 주는 다양한 방법을 인지하고, 그 영향이 정당한지 판단해야 한다고 주장한다.

ㄹ. 갑, 을 모두 가치가 과학에 개입하여 부정적 영향을 주는 경우가 있다고 인정한다.

오답피하기 ㄷ. 을은 과학에서 가치가 특정한 주제를 추구하도록 영감을 주는 등 영향을 주기 때문에 가치를 배제할 수 없다고 주장한다.

02 로봇 공학자가 지켜야 할 윤리적 원칙 이해

문제분석 칼럼은 인간의 삶에 도움이 되는 로봇을 만들기 위해 로봇 공학자들이 로봇을 연구하고 개발하는 데 지켜야 할 윤리적 원칙을 따라야 한다고 본다.

정답찾기 ⑤ 칼럼은 로봇이 책임을 지는 것이 아니라 사람이 책임을 져야 한다고 본다. 즉 로봇을 책임의 주체로 인정해야 한다고 주장하지 않는다.

오답피하기 ① 칼럼은 로봇을 무차별한 인명 살상을 목적으로 사용하도록 설계해서는 안 된다고 본다.

② 칼럼은 로봇이 감정적인 반응이나 의존을 유발해 취약한 이용자를 기만적인 방식으로 착취하도록 제작되어서는 안 된다고 본다.

③ 칼럼은 로봇 공학자가 로봇이 법률과 기본적인 인권을 준수하도록 설계하고 운영해야 한다고 본다.

④ 칼럼은 로봇을 사용자의 안전과 보안을 보장할 수 있게 설계해야 한다고 본다.

03 기술에 대한 야스퍼스와 하이데거의 입장 비교

문제분석 갑은 야스퍼스, 을은 하이데거이다. 야스퍼스는 기술 그 자체가 선도 아니고 악도 아닌 가치 중립적 수단이라고 보았다. 하이데거는 기술을 단순한 가치 중립적인 수단으로만 보아서는 안 되며, 인간은 기술의 본질을 성찰해야 한다고 주장하였다.

정답찾기 ㄱ. 야스퍼스에 따르면 기술은 선도 악도 아닌 수단일 뿐이며, 그러한 기술을 실현시키는 것과 독립해 있는 자립적인 존재이다.

ㄷ. 하이데거는 기술을 가치 중립적인 것으로 고찰하여 무방비 상태가 된다면 인간이 오히려 과학 기술에 조종당하는 상황이 올 수 있다고 경고하였다.

ㄹ. 야스퍼스는 인간의 목적 설정에 따라 기술이 긍정적인 효과 혹은 부정적인 효과를 낼 수 있다고 보고, 기술의 활용이 인간 사회에 가져올 영향을 반성적으로 검토해야 한다고 주장하였다. 하이데거는 기술을 활용하며 발생할 수 있는 부정적 결과에 대해 성찰해야 한다고 보았다.

오답피하기 ㄴ. 하이데거는 기술의 수단적 가치만을 중시하게 될 경우 기술의 본질적 속성에 다가가기 어렵다고 보았다.

04 과학 기술자의 사회적 책임 이해

문제분석 제시문에 따르면 과학 기술자의 사회적 책임은 과학 기술의 본질과 직결되어 있다. 과학 기술자는 과학의 불확실성과 위험성으로 실수를 범할 수 있으므로, 과학 기술이 지닌 위험성과 오용 가능성에 대해 사회에 알려야 할 의무가 있다고 주장한다.

정답찾기 ③ 제시문에서는 과학 기술자가 자신의 활동을 사회적 맥락에서 살펴보아야 하며, 자신의 연구 결과가 어떻게 활용될지 신중하게 숙고해야 한다고 본다.

오답피하기 ① 제시문에서는 과학 기술자가 자신이 담당하는 연구를 사회적 맥락에서 살펴보고, 자신의 연구 결과물이 어떻게 이용되고 오용되는가에 대한 책임을 지녀야 한다고 본다.

② 제시문에서는 과학 기술자가 자신의 연구 결과의 이용에 대해 책임을 져야 하며, 오용 가능성을 사회에 알려야 할 의무가 있다고 본다.

④ 제시문에서는 어떤 과학 기술 연구이든 결과에 불확실성과 위험성이 내재하므로 과학 기술자의 사회적 책임은 필요하다고 본다.

⑤ 제시문에서는 과학 기술자가 자신의 활동을 사회적 맥락에서 살펴보고, 연구 결과의 이용에 대한 책임을 져야 한다고 본다.

05 과학 기술자의 책임에 대한 입장 비교

문제분석 (가)의 갑은 과학 기술자가 연구 윤리를 준수해야 하지만, 연구의 사회적 응용에 따른 결과의 책임은 과학 기술자가 지닐 필요가 없다고 본다. 을은 과학 기술자가 연구 윤리의 준수뿐만 아니라 과학 연구 활동의 결과가 사회에 미치는 영향에 대해 책임을 져야 한다고 본다.

정답찾기 ㄴ. 갑은 을과 달리 과학 기술자는 자유로운 과학 연구를 위해 사회적 책임을 질 필요가 없다고 본다. 따라서 갑이 을에게 제기할 수 있는 비판이다.

ㄹ. 을은 갑과 달리 과학 기술자는 자신의 연구가 사회에 끼치게 될 결과를 예견하여 사회적 책임을 져야 한다고 주장한다. 따라서 을이 갑에게 제기할 수 있는 비판이다.

오답피하기 ㄱ. 갑, 을 모두 과학 기술자는 위조되지 않은 자료를 사용하여 과학의 객관성을 추구하는 연구 윤리를 준수해야 한다고 주장한다. 따라서 갑이 을에게 제기할 수 없는 비판이다.

ㄷ. 갑, 을 모두 과학 기술자는 타인의 연구 결과를 자신의 연구 성과인 것처럼 사용해서는 안 된다고 주장한다. 따라서 을이 갑에게 제

기할 수 없는 비판이다.

06 기술에 대한 하이데거의 입장 이해

문제분석 제시문은 하이데거의 주장이다. 하이데거는 기술이 단순한 가치 중립적 도구가 아니며, 감추어져 있는 존재의 모습을 드러내는 수단이라고 보았다. 그는 현대 기술의 특징을 도발적 요청인 몰아세움으로 규정하였으며, 현대 기술이 자연을 한낱 인간을 위한 저장고로서 탈은폐시킬 뿐이라고 보았다.

정답찾기 ④ 하이데거는 현대 기술을 더 이상 인간이 통제 가능한 가치 중립적 수단으로만 규정해서는 안 된다고 주장하였다.

오답피하기 ① 하이데거는 현대 기술이 자연의 가치를 쓸모가 있는지 없는지로 판단하며, 현대 기술의 지배 속에서 자연은 에너지원으로 규정된다고 보았다.
② 하이데거는 현대 기술이 자연을 기술적으로 조작 가능한 쓸모 있는 재료로 탈은폐한다고 보았다.
③ 하이데거에 따르면 현대 기술의 본질은 자연에 대한 도발적 요청으로서의 탈은폐이다.
⑤ 하이데거는 현대 기술의 종속에서 벗어나기 위해 기술의 본질에 대한 고찰이 필요하다고 보았다.

07 요나스의 책임 윤리 이해

문제분석 제시문은 요나스의 주장이다. 요나스는 우리가 무엇을 보호해야 하는가를 알아내기 위해서는 미래의 희망보다 공포를 논의의 대상으로 삼아야 한다고 주장하였다.

정답찾기 ② 요나스는 현세대가 미래 세대에 대해 비호혜적이고 일방적인 책임을 져야 한다고 주장하였다.

오답피하기 ① 요나스는 선을 탐구함에 있어 선의 인식보다 악의 인식이 더 직접적이고 설득력 있다고 주장하였다.
③ 요나스에 따르면 책임 윤리는 생명이 처한 미래의 상황에 대한 책임을 의무로 규정하면서, '행위되어야 할 것에 대한 책임'을 강조한다.
④ 요나스는 과학 기술이 가져올 부정적인 결과에 주목해야 한다고 주장하면서, 기술적 행위가 미칠 수 있는 부정적 영향에 대한 반성적 고찰이 필요하다고 주장하였다.
⑤ 요나스는 현세대의 책임 범위를 자연과 미래 세대로 확장해야 한다고 주장하면서, 기술은 자연과 인류의 지속 가능성을 담보할 수 있는 방향으로 발전되어야 한다고 주장하였다.

08 기술 영향 평가에 대한 논쟁 이해

문제분석 갑은 기술 영향 평가를 수행할 주체가 관련 분야의 지식을 지닌 전문가여야 한다고 주장한다. 반면 을은 전문가만이 아니라 일반 시민들도 기술 영향 평가를 수행할 주체가 되어야 한다고 주장한다.

정답찾기 ③ 갑은 긍정, 을은 부정의 대답을 할 질문이다. 갑은 기술 영향 평가의 주체는 관련 분야의 전문 지식을 지닌 전문가로 한정해야 한다고 주장한다. 이와 달리 을은 일반 시민들도 평가를 수행할 주체로 인정해야 한다고 주장한다.

오답피하기 ① 갑, 을 모두 긍정의 대답을 할 질문이다. 갑, 을 모두 기술 영향 평가의 도입을 통해 기술 개발에 따른 부정적 영향을 예측하고 대비해야 한다고 주장한다.

② 갑, 을 모두 부정의 대답을 할 질문이다. 갑, 을 모두 기술에 대한 사후적 평가만이 아니라 사전적 평가가 이루어져야 한다고 주장한다.
④ 갑, 을 모두 긍정의 대답을 할 질문이다. 갑, 을 모두 기술 영향 평가의 도입을 통해 기술에 대한 사회적 수용성을 높이는 결과를 가져올 수 있다고 본다. 다만 갑은 기술의 사회적 수용성의 향상은 일반 시민들에게 평가 결과를 제공함으로써 가능하다고 보고, 을은 일반 시민들이 평가의 주체가 되어야 가능하다고 본다.
⑤ 갑, 을 모두 긍정의 대답을 할 질문이다. 갑, 을 모두 기술 영향 평가를 통해 바람직한 기술 정책을 마련해야 한다고 본다.

09 과학자의 사회적 책임 이해

문제분석 제시문은 과학자가 전문 지식을 소유한 전문가이므로 자신의 연구 결과가 사회에 미칠 수 있는 영향에 책임을 져야 한다고 주장한다. 또한 과학자가 공공의 논의에 적극 참여해야 하고, 자신의 연구를 공개적으로 수행해야 하며, 사회적으로 해로운 결과가 예상된다면 연구를 중단해야 한다고 주장한다.

정답찾기 ② 제시문은 과학자의 사회적 책임을 강조하고 있다. 과학자는 공공의 논의에 적극 참여해야 하며, 연구와 관련된 사회적 책임을 지니므로 자신의 연구를 대중에게 공개적으로 알리고 수행할 필요가 있다고 본다.

오답피하기 ① 과학자는 사회적으로 미치는 영향의 강도가 크고 범위가 넓은 주제를 연구할 수 있으므로, 자신의 연구가 가져올 사회적 위험에 대해 예의 주시해야 한다고 본다.
③ 과학자는 자신의 연구가 인류를 위협하는 방향으로 이용된다면 문제를 제기할 책임이 있다고 본다.
④ 과학자는 과학 지식을 지닌 전문직 종사자로서 책임감을 지니고 연구해야 한다고 본다.
⑤ 과학자는 과학 기술의 건강성을 유지하기 위해 연구 결과의 활용에 책임을 지고, 연구 결과가 올바르게 사용되도록 노력해야 한다고 본다.

10 기술에 대한 요나스의 입장 이해

문제분석 그림의 강연자는 요나스이다. 요나스는 현대 기술 문명의 특징이 미래에 대한 영향력 증대라고 설명하면서, 현대 기술에서 인간의 권력은 확대되고 있으며, 권력의 행사에 대한 도덕적 통찰이 필요하다고 주장하였다.

정답찾기 ㄴ. 요나스는 기술 문명 시대 속에서 인간의 행위와 인간의 확대된 권력 행사가 도덕적으로 숙고되어야 한다고 주장하였다.
ㄷ. 요나스는 인류 전체의 삶을 존속하기 위해 자연과 미래 세대에 대한 책임 의식을 지녀야 한다고 주장하였다.
ㄹ. 요나스는 책임이 권력의 크기와 상관관계를 지닌다고 주장하면서, 인간이 지녀야 할 책임의 범위는 인간이 지닌 권력이 영향을 미치는 범위에 비례한다고 보았다.

오답피하기 ㄱ. 요나스는 기술이 가져올 긍정적 결과보다 부정적 결과에 주목하면서 인류 전체의 삶을 위협할 정도로 커진 기술의 영향력에 주목해야 한다고 주장하였다.

있다.

정답찾기 ③ 갑은 인공 지능 챗봇에 특정 성향을 학습시키는 것이 문제가 아니라 인공 지능 챗봇에 특정 성향에 편향된 알고리즘이 적용되는 것이 문제라고 지적하고 있다.

오답피하기 ① 갑은 인공 지능 챗봇을 설정할 때 편향 위험 요인을 최소화하기 위해 요청되는 윤리 지침을 안내하고 있다.

② 갑은 편향된 알고리즘을 지닌 인공 지능 챗봇의 사용이 인간의 편향된 가치를 심화시켜 심각한 사회적 문제를 양산할 수 있다는 점에서 인간에게 이롭지 않을 수 있다고 본다.

④ 갑은 인공 지능 챗봇 개발에 사용될 학습 데이터가 성별, 인종, 종교, 지역 등에 따른 차별을 담고 있지 않아야 한다고 본다.

⑤ 갑은 인공 지능 챗봇 개발자가 챗봇에 불공정한 편향을 강화하지 않기 위해 중립적인 자세로 데이터를 선택해야 한다고 본다.

정보 사회와 윤리

수능 실전 문제

본문 72~76쪽

01 ⑤ 02 ⑤ 03 ③ 04 ④
05 ③ 06 ④ 07 ② 08 ④
09 ④ 10 ⑤

01 잊힐 권리에 대한 입장 비교

문제분석 (가)의 갑은 자신이 공개를 원하지 않는 민감한 정보를 타인이 열람하여 발생하는 개인의 인격권 침해 문제를 예방하기 위해 잊힐 권리를 보장해야 한다고 주장한다. 반면 을은 잊힐 권리를 인정하는 것이 대중의 정보 접근권을 방해하여 표현의 자유가 제한되는 문제가 발생하며, 정보의 독점을 초래하여 또 다른 불평등과 억압을 초래하므로 잊힐 권리를 인정하지 않아야 한다고 주장한다.

정답찾기 ㄷ. 갑은 인터넷 시대를 살아가는 개인의 인격권을 보장하기 위해 잊힐 권리가 보장되어야 한다고 주장한다.

ㄹ. 을은 잊힐 권리의 인정이 대중의 정보 접근권을 방해하여 알 권리를 침해할 수 있다고 보면서 잊힐 권리의 인정을 반대한다.

오답피하기 ㄱ. 갑, 을 모두 잊힐 권리는 정보 주체가 개인 정보를 비롯해 자신이 공개를 원하지 않는 민감한 정보를 열람하지 않도록 요구할 수 있는 권리라고 본다.

ㄴ. 갑은 잊힐 권리가 개인의 모든 정보에 대한 대중의 접근을 가능하게 하는 권리라고 보지 않는다.

02 표현의 자유에 대한 밀의 입장 이해

문제분석 제시문은 밀의 주장이다. 밀은 표현의 자유에 간섭하는 것에 대해 반대하였다. 밀에 따르면 인간은 인식과 판단에서 오류 가능성을 지니고 있다. 인간은 잘못된 인식과 판단을 할 가능성이 있기 때문에 모든 인식과 판단은 검토되고 수정될 필요가 있다. 밀은 자신과 의견을 달리하는 사람들과의 토론을 통해 오류 가능성을 줄일 수 있다고 보았다.

정답찾기 ㄱ. 밀은 그릇된 의견이라 하더라도 일부 진리를 소지할 수 있기 때문에 토론과 논쟁을 통해 이득을 얻을 수 있다고 보았다.

ㄴ. 밀은 타당성에 의문이 제기된 문제에 대해서 자유로운 토론을 허용해야 한다고 주장하였다.

ㄷ. 밀에 따르면 자신의 주장의 정당성은 그릇된 의견과 대비함으로써 더 명확하게 드러날 수 있다.

03 인공 지능 챗봇에 대한 입장 이해

문제분석 제시된 대화에서 갑은 인공 지능 챗봇에 특정 성향을 학습시키는 이유가 사용자의 지속적인 사용을 유도하기 위해서라고 주장하면서, 특정 성향을 챗봇에 학습시킬 경우 인공 지능 챗봇에 특정 성향에 편향된 알고리즘이 사용되지 않도록 해야 한다고 강조하고

04 디지털 통제가 가진 윤리적 문제 이해

문제분석 제시문은 디지털 플랫폼 경제가 현대인의 삶을 편리하게 해 주었지만, 정부가 시민을 감시할 기회와 사회를 효율적으로 통제할 수단을 마련해 주었다고 본다.

정답찾기 ㄱ. 디지털 통제가 심화되면 정부가 시민을 감시할 기회가 증대되면서 정보를 가진 정부의 정치적 통제 능력이 비대해지는 문제가 발생할 수 있다.

ㄴ. 정보에 대한 감시가 가능해지면 개인의 민감한 사생활이 부당하게 침해당하는 문제가 발생할 수 있다.

ㄷ. 디지털 통제로 개인과 사회를 감시할 수 있게 되어 개인의 표현의 자유가 위축될 문제가 발생할 수 있다.

오답피하기 ㄹ. 정보 유통 과정에서 정보 생산자가 정보를 결정하고 통제할 자유가 강화되는 것은 디지털 통제의 심화로 발생하는 윤리적 문제가 아니다.

05 디지털 맞춤 광고에 대한 논쟁 이해

문제분석 갑은 디지털 맞춤 광고에서 식별 개인 정보와 달리 익명으로 처리되어 그 자체로 특정 개인을 식별할 수 없는 비식별 개인 정보를 수집하여 이용해야 한다고 본다. 을은 디지털 맞춤 광고에서 식별 개인 정보와 비식별 개인 정보 모두 수집하거나 이용해서는 안 된다고 본다.

정답찾기 ③ 갑은 긍정, 을은 부정의 대답을 할 질문이다. 따라서 토론의 핵심 쟁점으로 적절하다.

오답피하기 ① 갑, 을 모두 긍정의 대답을 할 질문이다. 갑, 을 모두 디지털 맞춤 광고가 소비자에게 맞춤형 상품을 추천하여 생활의 편리함을 가져다준다고 본다.

② 갑, 을 모두 긍정의 대답을 할 질문이다. 갑, 을은 모두 디지털 맞춤 광고가 수집하는 정보에 사용자들의 성향과 같은 민감한 정보가 있어 개인의 사생활을 침해할 위험성이 증가한다고 본다.

④ 갑, 을 모두 긍정의 대답을 할 질문이다. 갑, 을 모두 디지털 맞춤 광고가 생산자에게는 효율적인 마케팅 수단이 되며, 소비자에게는 맞춤형 상품을 추천받을 수 있게 함으로써 양자 모두에게 이익이 된다고 본다.

⑤ 갑, 을 모두 부정의 대답을 할 질문이다. 갑, 을 모두 디지털 맞춤

광고는 정보 주체의 사생활 보호를 위해 특정 개인을 식별할 수 있는 식별 개인 정보를 사용해서는 안 된다고 본다.

06 온라인 그루밍의 문제 이해

문제분석 칼럼은 온라인 그루밍의 문제와 대책을 담고 있다. 온라인 그루밍은 온라인에서 청소년을 대상으로 허위, 가장된 신뢰 관계를 이용하여 성적 착취를 하는 대표적인 디지털 성범죄에 해당한다.

정답찾기 ㄱ. 칼럼은 익명성에 숨어 있는 가해자가 청소년에게 접근함으로써 디지털 성범죄의 위험성이 증폭될 수 있다고 본다.

ㄴ. 칼럼은 청소년을 대상으로 한 온라인 그루밍을 처벌할 실효성 있는 처벌 규정의 마련이 필요하다고 본다.

ㄷ. 칼럼은 청소년을 디지털 성범죄로부터 보호하기 위한 지속적인 예방 교육이 필요하다고 본다.

오답피하기 ㄹ. 칼럼은 디지털 성범죄가 이루어지고 그 피해가 확산되는 기반인 플랫폼 기업에 사회적 책임이 요청된다고 본다.

07 디지털 시대의 미디어 문해력 문제 이해

문제분석 제시문은 디지털 시대의 미디어 문해력의 문제는 검증되지 않은 정보가 양상되는 디지털 미디어가 지닌 특성에 기인한다고 보면서, 디지털 미디어에서 생산된 정보가 사실인지 검증하는 역량과 정보를 이용해 새로운 지식을 능동적으로 생산하는 역량을 길러야 한다고 본다.

정답찾기 ㄱ. 제시문에서는 디지털 미디어에서 생산되고 유통되는 정보의 진위를 검증해야 한다고 주장한다.

ㄹ. 제시문에서는 디지털 미디어에서 유통되는 정보를 적극적으로 평가하고 새로운 지식을 능동적으로 생산하는 역량을 기르는 교육이 필요하다고 본다.

오답피하기 ㄴ. 제시문에서는 디지털 시대의 미디어 문해력의 문제가 어휘의 의미를 파악하지 못해 발생하는 것이 아니라 검증되지 않은 정보가 양산되는 디지털 미디어의 특성에 기인한다고 본다.

ㄷ. 제시문에서는 디지털 시대의 미디어에서 생산되고 유통되는 정보가 상업적 이익을 추구함으로써 객관성과 신뢰성에 문제가 있다고 본다.

08 정보 사유론과 정보 공유론의 쟁점 이해

문제분석 (가)는 정보화 사회에서 지식과 정보가 일반 재화처럼 사유화 대상이 되어야 한다고 주장하면서, 지식과 정보가 사유재로 보호될 때 사회 발전을 촉진할 수 있다고 본다. 반면에 (나)는 정보화 사회에서 지식과 정보가 공공재처럼 공유되어야 한다고 주장하면서, 지식 재산권의 강화는 정보 유통을 억제하여 사회의 발전에 위협이 된다는 입장이다.

정답찾기 ④ (가)의 입장에 비해 (나)의 입장은 '지식과 정보를 특정 개인과 집단의 노력의 산물로 규정하는 정도(X)'는 낮고, '지식 재산권의 강화가 정보 생성 촉진에 방해가 된다고 보는 정도(Y)'는 높으며, '사회 발전의 촉진을 위해 지식과 정보의 독점 허용을 인정하는 정도(Z)'는 낮다. 따라서 ㉣이 적절한 위치이다.

09 디지털 미디어 기술 확산에 대한 관점 비교

문제분석 갑은 디지털 미디어 기술이 확산되면 문화 수용자들의 문화 선택의 기회가 확대되고 다양화될 것이라고 본다. 이와 달리 을은 디지털 미디어 기술의 확산이 문화 불평등을 심화시키며, 문화 편식 문제를 야기할 것이라고 본다.

정답찾기 ㄱ. 갑은 디지털 미디어 기술의 출현이 여가 활동과 문화를 누리는 패턴을 변화시켰다고 본다.

ㄴ. 갑은 디지털 미디어 기술이 다양한 문화 선택의 기회를 증대시키고 다양한 문화를 향유하게 한다고 본다.

ㄷ. 을은 디지털 미디어 기술이 문화의 폭넓은 취향의 계발보다 문화 수용자들을 획일적으로 만든다고 본다.

오답피하기 ㄹ. 갑만의 입장이다. 을은 디지털 미디어 기술이 활용될수록 문화 불평등 문제가 심화될 것이라고 본다.

10 메타버스에서 발생할 윤리적 문제 이해

문제분석 메타버스는 현실의 나를 대리하는 아바타를 통해 일상 활동과 경제생활을 영위하는 3D 기반의 가상 세계로, 메타버스에도 사회적 의무와 책임이 수반된다. 제시문에서는 메타버스의 모든 경험과 활동이 데이터화되어 플랫폼 기업에 수집되면서 발생하는 문제점이 있으므로, 메타버스 플랫폼 기업은 적극적으로 윤리 규범을 마련해야 하고, 메타버스 생태계 보호를 위한 법적 정비와 제도 구축이 필요하다고 본다.

정답찾기 ⑤ 제시문에서는 사용자들이 메타버스를 건전하게 이용하기 위해 메타버스 플랫폼 기업은 적극적으로 윤리 규범을 마련해야 한다고 본다.

오답피하기 ① 제시문에서는 메타버스가 일상생활과 경제 활동이 가능한 공간이므로 현실 공간처럼 사회적 의무와 책임이 있다고 보고, 사용자들이 따라야 할 윤리 규범을 마련해야 한다고 본다.

② 제시문에서는 메타버스의 아바타를 현실의 나로부터 책임, 의무, 권리를 위임받아 행동하는 대리인으로 본다.

③ 제시문에서는 사용자들의 개인 정보 유출이 발생할 수 있는 문제를 제시하면서, 개인 정보 보안을 위한 법적 제도를 마련해야 한다고 본다.

④ 제시문에서는 메타버스가 개인 정보, 금융 정보, 위치 정보 등의 유출로 악용될 문제점이 있을 수 있으므로 메타버스에서 발생할 문제를 해결하기 위해 법적 제도 정비가 필요하다고 본다.

THEME 11 자연과 윤리

수능 실전 문제

본문 79~84쪽

01 ⑤	02 ②	03 ②	04 ⑤
05 ⑤	06 ②	07 ①	08 ③
09 ④	10 ②	11 ②	12 ③

01 칸트의 입장 이해

문제분석 제시문은 칸트의 주장이다. 칸트는 이성은 없지만 생명이 있는 일부 피조물과 관련하여 동물을 폭력적으로 그리고 동시에 잔학하게 다루는 것은 인간의 자기 자신에 대한 의무에 위배되는 것이라고 보았다.

정답찾기 ㄷ. 칸트는 이성적 존재인 인간은 무조건적 명령인 도덕 법칙을 따라야 한다고 보았다.

ㄹ. 칸트는 자연에 관해 인간이 행하는 의무는 오직 인간의 자기 자신에 대한 의무일 뿐이라고 보았다.

오답피하기 ㄱ. 칸트는 이성적 존재 이외의 다른 존재들이 어떤 가치도 가질 수 없다고 주장하지 않았다. 그는 이성적 존재 이외의 다른 존재들은 수단적 가치를 지닐 수 있다고 보았다.

ㄴ. 칸트는 동물이 목적 그 자체로서 가치를 지닐 수는 없다고 보았다.

02 싱어의 입장 이해

문제분석 제시문은 싱어의 주장이다. 싱어는 쾌고 감수 능력을 지닌 동물의 이익을 배척하는 것은 종(種) 차별주의라고 보았다.

정답찾기 ② 싱어는 유정적 존재가 어떤 특징을 가지고 있는지와 무관하게 모든 유정적 존재는 도덕적 고려의 대상이 된다고 보았다.

오답피하기 ① 싱어는 도덕적 고려의 구체적 내용이 우리의 행위에 의해 영향을 받는 대상의 특징에 따라 달라질 수 있다고 보았다.

③ 싱어는 이익 평등 고려의 원리에 입각해 보았을 때, 어떤 존재의 이익을 고려한다는 기본 요소만큼은 모든 이익 관심을 갖는 존재에게 확대 적용되어야 한다고 보았다.

④ 싱어는 자신이 소속되어 있는 종의 이익을 옹호하면서 다른 종의 이익을 배척하는 편견 또는 왜곡된 태도를 종 차별주의라고 보았으며 이를 반대하였다.

⑤ 싱어는 고통이나 쾌락을 느낄 수 있는 능력이 이익 관심을 갖기 위한 전제 조건이라고 보았다. 즉 싱어에 따르면 쾌고 감수 능력을 갖는다는 조건은 이익을 의미 있는 방식으로 논하기 위해 우선적으로 충족되어야 한다.

03 테일러의 입장 이해

문제분석 제시문은 테일러의 주장이다. 테일러는 모든 생명체가 고유의 선(善)을 지니며 목적론적 삶의 중심이라고 보았다. 또한 그는 인간의 가치 평가와는 독립적으로 모든 생명체가 내재적 가치를 지

니므로 도덕적으로 고려해야 한다고 보았다.

정답찾기 ㄱ. 테일러는 각각의 생명체가 자신을 보존하고 고유한 방식으로 개별적인 선을 추구하므로, 어떤 종(種)을 위한 선이 다른 종을 위한 선은 아닐 수도 있다고 보았다.

ㄹ. 테일러는 생명체의 선에 대한 관심과 배려에서 나온 인간의 행동은 자연을 존중하는 진정한 태도로 볼 수 있다고 보았다.

오답피하기 ㄴ. 테일러는 생명 공동체 자체가 고유의 선을 갖는 것은 아니라고 보았다.

ㄷ. 테일러는 내재적 가치를 지니는 모든 생명체를 도덕적으로 대우해야 한다고 강조하였을 뿐, 모든 생명체 간에 도덕적 책임이 있다고 주장하지 않았다.

04 레오폴드의 입장 이해

문제분석 제시문은 레오폴드의 주장이다. 레오폴드는 인간이 상호 의존적 관계인 생명 공동체의 한 구성원이라고 보았으며, 전일론(全一論)적 관점에서 생명 공동체의 온전함과 안정성 그리고 아름다움의 보전을 중시하였다.

정답찾기 ⑤ 레오폴드가 부정의 대답을 할 질문이다. 레오폴드는 개별 생명체의 이익보다 생명 공동체의 안정성을 우선 고려해야 한다고 보았다.

오답피하기 ① 레오폴드가 긍정의 대답을 할 질문이다. 레오폴드는 인간이 생명 공동체의 정복자가 아니라 평범한 한 구성원일 뿐이라고 보았다.

② 레오폴드가 긍정의 대답을 할 질문이다. 레오폴드는 개별 유기체를 자신의 삶에 필요한 자원으로 활용할 수 있다고 보았다.

③ 레오폴드가 긍정의 대답을 할 질문이다. 레오폴드는 생명 공동체가 그 자체로서 인간의 목적과 무관하게 본래적 가치를 지닌다고 보았다.

④ 레오폴드가 긍정의 대답을 할 질문이다. 레오폴드는 생명 공동체의 유기적 관계와 균형을 중시하였으며, 인간이 이에 함부로 개입해서는 안 된다고 보았다.

05 싱어와 테일러의 입장 비교

문제분석 갑은 싱어, 을은 테일러이다. 싱어는 쾌고 감수 능력이 있는 존재는 이익 관심을 갖기 때문에 도덕적 지위를 가진다고 보았다. 테일러는 모든 생명체가 고유한 방식으로 자신의 생존, 성장, 번식과 같은 목적을 추구하고 있으며, 고유한 선을 지닌 모든 유기체는 도덕적으로 존중받아야 한다고 보았다.

정답찾기 ⑤ 싱어는 쾌고 감수 능력을 지닌 동물을 도덕적으로 배려해야 한다고 보았다. 테일러는 쾌고 감수 능력이 없는 식물을 포함한 모든 생명체가 도덕적 배려의 대상이 된다고 보았다. 따라서 테일러의 입장에서는 싱어에게 야생의 생물 군집도 인간의 도덕적 관심과 배려의 대상이 되어야 함을 간과하고 있다고 비판할 수 있다.

오답피하기 ① 테일러는 모든 존재가 아닌 모든 생명체를 도덕적으로 대우해야 한다고 주장하였다.

② 테일러는 식물을 포함한 모든 개별 유기체가 인간과 동등한 의식 능력을 지닌다고 주장하지 않았다.

③ 테일러는 자연의 모든 존재가 내재적 가치를 지닌다고 주장하지

않았다.

④ 싱어와 테일러 모두 이성적 존재는 자신의 이익보다 생명체의 선을 우선 고려해야 한다고 주장하지 않았다.

06 요나스의 입장 이해

문제분석 그림의 강연자는 요나스이다. 요나스는 칸트의 정언 명법을 수정하여 "네 행위의 결과가 지구상의 인간 삶에 대한 미래의 가능성을 파괴하지 않도록 행위 하라."라는 새로운 생태학적 정언 명법을 제시하였다. 그는 인류가 존재해야 한다는 당위적 요청을 근거로 현세대가 져야 하는 책임의 범위를 미래 세대와 자연으로까지 확대해야 한다고 보았다.

정답찾기 ㄴ. 요나스는 인류 존속에 관한 현세대의 책임을 강조하며 지상에서 인류의 무한한 존속을 가능하게 하는 모든 조건을 위협하지 말 것을 주장하였다.

ㄷ. 요나스는 책임의 원칙에 따라 현세대가 지녀야 할 덕목으로 두려움, 겸손, 검소, 절제 등을 제시하였다.

오답피하기 ㄱ. 요나스는 이미 실존하는 대상만이 아닌 아직 현존하지 않는 미래 세대도 현세대의 책임 대상에 포함된다고 보았다.

ㄹ. 요나스는 현세대만이 책임의 주체가 될 수 있다고 보았다.

07 도가와 유교의 자연관 비교

문제분석 (가)는 도가, (나)는 유교의 입장이다. 도가에서는 천지 만물이 무위(無爲)의 체계이며, 인간은 자연의 순리에 따라 살아야 한다고 본다. 유교에서는 인간이 우주 만물의 생성 원리[理]를 본받아 다른 존재와 타인에게 인(仁)을 실천해야 한다고 본다.

정답찾기 ① 도가에 따르면 자연은 무목적의 질서 체계를 지니고 있지만 인간에게 도덕성을 부여하는 존재가 아니다.

오답피하기 ② 도가에 따르면 자연은 인간의 인위적인 의지나 욕구와 무관하게 고유한 가치를 지닌다.

③ 유교에 따르면 만물의 모습은 다양하게 드러나지만 만물의 생성에는 하나의 이치[理]만이 있다.

④ 유교에 따르면 하늘과 땅은 서로 끊임없이 상응하여 자연 만물을 생성하고 기른다.

⑤ 도가와 유교에 따르면 인간의 자연에 대한 무분별한 개입은 만물의 본성을 거스르는 행위이다.

08 베이컨, 테일러, 레오폴드의 입장 비교

문제분석 (가)의 갑은 베이컨, 을은 테일러, 병은 레오폴드이다. 베이컨은 자연 과학적 지식을 활용하여 자연을 정복하고 인간의 물질적 혜택과 복지를 증진해야 한다고 보았다. 테일러는 모든 생명체를 의식의 여부에 상관없이 자기 보존과 행복이라는 목적을 지향하는 '목적론적 삶의 중심'으로 보았다. 그에 따르면 모든 생명체는 자신의 고유한 방식으로 자신의 선(善)을 추구한다는 점에서 내재적 존엄성을 지니므로 도덕적으로 고려되어야 한다. 레오폴드는 인간이 대지의 한 구성원일 뿐이며 인간, 동식물, 흙과 물 등을 포괄하는 자연 전체가 도덕적 고려의 대상이 되어야 한다고 보았다.

정답찾기 ㄷ. 테일러가 긍정의 대답을 할 질문이다. 테일러는 인간에 대한 의무의 근거가 내재적 존엄성이라고 보았으며, 내재적 존엄

성을 지닌 생명체들은 도덕적 지위를 지닌다고 보았다.

ㄹ. 레오폴드가 긍정의 대답을 할 질문이다. 레오폴드는 생명 공동체의 구성원에 대한 존중과 생명 공동체 자체에 대한 존중이 양립 가능하다고 보았다. 다만 두 입장이 서로 대립할 때에는 전일주의적 입장을 취해야 한다고 보았다.

오답피하기 ㄱ. 테일러와 레오폴드 역시 불가피한 경우에는 쾌고 감수 능력을 지닌 존재를 해치는 행위가 가능하다고 보았다.

ㄴ. 테일러와 레오폴드 모두 긍정의 대답을 할 질문이다. 테일러는 개별 생명체의 선을 보호 또는 증진하기 위해 인간이 생명 공동체에 개입할 수 있다고 보았다. 레오폴드는 생명 공동체의 보전을 위한 인간의 개입을 정당한 것으로 보았다.

09 레건의 입장 이해

문제분석 제시문은 레건의 주장이다. 레건은 의무론에 기초하여 내재적 가치를 갖는 대상은 단지 수단이 아니라 목적으로 대우해야 한다고 보았다. 즉 레건은 동물이 도덕적으로 무능할지라도 자기의 삶을 영위할 수 있는 '삶의 주체'로서 내재적 가치를 지니기 때문에 도덕적으로 존중받을 권리가 있다고 보았다.

정답찾기 ④ 레건은 인간이 동물 종(種)에 대한 직접적인 의무를 지니는 것이 아니라 삶의 주체가 되는 일부 동물에 대해 직접적 의무를 지닌다고 보았다.

오답피하기 ① 레건은 인간이 동물을 도덕적으로 고려해야 하는 이유는 인간의 이익 관심이 아니라 동물이 가진 내재적 가치 때문이라고 보았다.

② 레건은 인간만이 자기 행위에 대해 책임질 수 있는 존재라고 보았다.

③ 레건은 내재적 가치를 지닌 모든 동물이 동등하게 존중받을 권리가 있다고 보았다.

⑤ 레건은 과학적이고 상업적인 연구에 동물을 이용하는 것, 식량으로 동물을 이용하는 것, 그리고 사냥, 동물원과 같이 오락 용도로 동물을 이용하는 것 등이 나쁜 궁극적인 이유는, 동물이 느끼는 고통과 괴로움 때문이 아니라 이런 관행이 동물이 소유하고 있는 본래적인 윤리적 가치를 부정함으로써 동물의 권리를 침해하기 때문이라고 보았다.

10 아퀴나스, 싱어, 테일러의 입장 비교

문제분석 (가)의 갑은 아퀴나스, 을은 싱어, 병은 테일러이다. 아퀴나스는 신의 섭리에 따라 동물은 인간이 사용하도록 운명 지어져 있다고 보았다. 싱어는 쾌락과 고통을 느끼는 존재의 이익을 동등하게 고려해야 한다는 이익 평등 고려의 원칙을 제시하며, 인간과 쾌고 감수 능력이 있는 동물의 이익을 동등하게 고려해야 한다고 주장하였다. 테일러는 모든 생명체가 의식의 유무와는 상관없이 생존, 성장, 발전 등 자기 보존을 향한 목적 지향적 활동을 한다고 보았다.

정답찾기 ㄴ. 아퀴나스는 인간이 지성을 소유하기에 도덕적 지위를 갖는다고 보았다. 반면 싱어와 테일러는 모두 어떤 존재의 도덕적 지위가 지성적 능력 여부로 결정되어서는 안 된다고 보았다.

ㄹ. 아퀴나스, 싱어, 테일러 모두 동물을 함부로 다루어서는 안 된다고 보았다. 특히 아퀴나스는 동물이 도덕적으로 고려받을 권리는 없지만, 그렇다고 해서 동물을 함부로 다루어서도 안 된다고 보았다.

오답피하기 ㄱ. 싱어는 식물을 고유한 목적을 추구하는 존재로 간주하지 않았다. 동물과 식물은 각각 자신만의 고유한 목적을 추구하는 존재라고 본 것은 테일러의 입장이다.

ㄷ. 아퀴나스, 싱어, 테일러 모두 비이성적 존재인 동물이나 식물, 무생물이 인간의 삶을 위한 자원으로 활용될 수 있다고 보았다.

11 슈바이처와 네스의 입장 비교

문제분석 갑은 생명 중심주의 입장인 슈바이처, 을은 심층 생태주의 입장인 네스이다. 슈바이처는 생명을 지상 최고의 가치로 정하고, 생명을 대하는 윤리적 자세를 선악 판단의 중요한 기준으로 삼았다. 네스는 환경 위기를 극복하기 위해 인간의 세계관 자체를 근본적으로 바꾸어야 한다고 보았으며, 이에 따라 '큰 자아실현'과 '생명 중심적 평등'이라는 두 가지 규범을 제시하였다. 그는 '큰 자아실현'이란 자기를 자연과의 상호 관련성을 통해서 이해하는 과정이라고 보았으며, '생명 중심적 평등'은 모든 생명체가 상호 연결된 공동체의 평등한 구성원으로서 동등한 가치를 지닌다고 강조하였다.

정답찾기 ② 슈바이처는 불가피하게 다른 생명을 해쳐야 할 때도 생명을 해치는 일에 대한 도덕적 책임을 자각해야 한다고 주장하였다.

오답피하기 ① 슈바이처에 따르면 악은 생명을 파괴하는 것, 생명을 저해하는 것, 그리고 발전 가능한 생명을 억누르는 것이다.

③ 네스는 인간이 자신을 자연이라는 더 큰 전체의 일부로 인식하는 것이 필요하다고 보았으며, 자기 자신을 자연과 상호 연관성 속에서 존재하는 것으로 파악하는 '큰 자아실현'을 강조하였다.

④ 네스는 인간을 포함한 모든 생명체의 풍요로움과 다양성은 그 자체로서 가치가 있다고 보았다.

⑤ 슈바이처와 네스는 모두 생태계 안의 모든 생명체가 본질적으로 평등한 존재라고 보았다.

12 기후 정의에 대한 입장 이해

문제분석 칼럼은 기후 변화 현상이 각 지역에 따라 미치는 영향도 다르고, 개별 국가별로 대처할 수 있는 역량도 다르다고 본다. 또한 기후 변화 현상의 주된 원인 제공자는 선진국이지만 주된 피해자는 경제적으로 어려운 국가이며, 이를 '기후 불평등'이라고 본다.

정답찾기 ㄷ. 칼럼은 기후 변화 현상으로 발생한 피해에 대한 대처는 해당 국가의 경제력에 따라 다르게 나타나므로 가난한 국가에서 더 큰 피해가 나타날 수 있다고 본다.

ㄹ. 칼럼은 기후 변화 현상으로 인한 문제점이 개별 지역이나 국가에 따라 다양한 방식으로 나타난다고 본다.

오답피하기 ㄱ. 칼럼은 기후 변화 현상에 대한 책임을 모든 국가나 개인이 균등하게 져야 한다고 본 것이 아니라 온실가스를 많이 배출한 국가가 더 많이 부담해야 한다고 본다.

ㄴ. 칼럼은 기후 변화 현상의 문제가 더 이상 단순한 자연 현상이 아닌 사회 구조적인 불평등 문제로 봐야 할 필요가 있다고 본다.

THEME 12 예술과 대중문화 윤리

수능실전문제

본문 87~91쪽

01 ②	02 ①	03 ④	04 ④
05 ⑤	06 ②	07 ④	08 ③
09 ③	10 ③		

01 음악에 대한 순자의 입장 이해

문제분석 제시문은 순자의 주장이다. 순자는 음악이 천지자연의 형상을 본뜬 것이라고 보았으며, 옛 성군들이 예의와 함께 음악으로 백성들을 올바르게 이끌었다고 강조하였다.

정답찾기 ㄱ. 순자는 음악이란 즐기는 것인데 군자는 올바른 도(道)를 터득함을 즐기고, 소인은 자신의 욕망 채움을 즐긴다고 보았다.

ㄹ. 순자는 음악이 통치자가 나라를 다스리는 데 중요한 수단으로 사용될 수 있다고 보았다.

오답피하기 ㄴ. 순자는 음악과 예를 통해 사람들의 성정을 바로잡고 올바르게 이끌 수 있다고 보았다.

ㄷ. 순자는 음악이란 백성들을 즐거움으로 인도하는 방편이라고 보았으며, 올바른 도로 욕망을 통제하면 곧 즐거우면서도 어지럽지 않게 된다고 보았다.

02 음악에 대한 묵자의 입장 이해

문제분석 제시된 가상 편지의 내용은 묵자의 주장이다. 묵자는 음악이 생산적 활동을 방해하여 백성의 삶에 이익이 되지 않고, 천하에 해로움을 증가할 뿐이라고 보았다. 그는 비악(非樂)을 통해 음악이 나라를 다스리는 중요한 수단이 될 수 없다고 보았다.

정답찾기 ㄱ. 묵자는 임금이나 신하가 음악을 좋아하여 계속 즐긴다면 국가는 어지러워지고 위태로워질 수 있다고 보았다.

ㄴ. 묵자는 어진 사람이라면 음악의 사회적 효용성을 고려하여 음악의 가치를 판단한다고 보았다.

오답피하기 ㄷ. 묵자는 음악이 백성들에게 감정적인 즐거움은 줄 수 있다고 보았다. 다만 음악과 관련하여 재물과 노동력이 낭비되는 것이 해악이라고 보았다.

ㄹ. 묵자는 음악을 금지하는 것이 천하의 법도에 맞고 천하의 이익 증진에도 맞는 일이라고 보았다.

03 플라톤의 입장 이해

문제분석 제시문은 플라톤의 주장이다. 플라톤은 예술이 인간의 영혼에 영향을 미치므로 윤리의 관점에서 예술 작품을 선별해야 한다고 주장하였다. 〈사례〉에서 A는 작품성 대신 청소년에게 유해할 수 있고 선정성과 폭력성까지 높은 작품 집필 계약을 받아들일지 고민하고 있다.

정답찾기 ④ 플라톤은 예술이 올바른 품성 함양을 위한 삶의 모범을 제공해야 한다고 주장하였다.

오답피하기 ① 플라톤은 인간의 도덕성 함양에 기여하는 예술이 훌륭한 예술이라고 보았다.
② 플라톤은 단순한 유희에 불과한 예술은 추방되어야 할 예술이라고 보았다.
③ 플라톤은 사회에 좋은 영향을 끼치고 사람들의 품성에도 좋은 영향을 미치는 예술 작품이 좋은 예술이라고 보았다.
⑤ 플라톤은 예술가가 작품을 만들 때 도덕적 이상을 따라야 한다고 보았다. 즉 도덕적 가치가 결여된 작품은 예술이 아니라고 보았다.

04 예술에 대한 와일드의 입장 이해

문제분석 제시문은 와일드의 주장이다. 와일드는 예술가가 다른 사람의 욕구를 만족하게 하려는 순간 그는 예술가이기를 포기한 것이며, 예술가에게 윤리적 공감은 독창성을 잃게 한다고 보았다.

정답찾기 ㄱ. 와일드는 아름다움을 추구하는 예술은 아름다움 자체만을 위해 존재하며 도덕적 삶을 사는 것과 무관하다고 보았다.
ㄷ. 와일드는 예술이 사실이나 진실을 단순하게 복제하는 것이 아니라 아름다움을 드러내는 방법이라고 보았다.
ㄹ. 와일드는 예술이 다른 무엇을 위해 존재하는 것이 아닌 예술 자체를 위해 존재한다고 보았다.

오답피하기 ㄴ. 와일드는 예술이 지성이나 감성에 호소하는 것이 아니라 예술적 기질에 호소하는 것이라고 보았다.

05 예술에 대한 톨스토이의 입장 이해

문제분석 제시문은 톨스토이의 주장이다. 톨스토이는 예술을 통해 현재의 인간이 과거 시대와 소통할 수 있고, 개인의 행복에 필요한 감정을 고양하고 불필요한 감정을 추방할 수 있다고 보았다. 톨스토이는 이를 예술의 목적으로 간주하여 이러한 목적에 부합하면 좋은 예술이 되고, 목적에 부합하지 않으면 나쁜 예술이 된다고 보았다.

정답찾기 ⑤ 톨스토이는 예술의 목적이 아름다움이나 쾌락이 아니라 인류애의 실현에 있다고 보았다.

오답피하기 ① 톨스토이는 예술이 선을 촉진할 수 있다고 보았으며, 이런 예술이 참된 예술이라고 보았다.
② 톨스토이는 예술이 인간의 감정을 변화시키고 고양시키는 데 도움이 된다고 보았다.
③ 톨스토이는 예술을 통해 현재뿐만 아니라 과거와 미래의 모든 사람과도 감정을 교환할 수 있다고 보았다.
④ 톨스토이는 예술과 언어가 인류를 진보시키는 수단으로 작용한다고 보았다.

06 예술에 대한 칸트와 와일드의 입장 비교

문제분석 (가)의 갑은 칸트, 을은 와일드이다. 칸트는 미(美)의 판단과 선(善)의 판단이 각기 고유성과 독자성을 지니고 있지만 형식에서 유사하므로 상징의 관계로 연결될 수 있다고 보았다. 와일드는 예술이 자연에 아름다움을 부여하는 것이며, 삶과 자연이 예술을 모방한다고 보았다. 또한 와일드는 예술이 유용성과 무관하게 그 자체로 가치를 지니며, 도덕적 평가의 대상이 아니라고 보았다.

정답찾기 ㄴ. 칸트와 와일드는 모두 인간은 예술을 통해 아름다움을

느낄 수 있는 존재라고 보았다.
ㄷ. 칸트는 미적 판단이 감각적 관심이나 도덕적 관심과도 구분되는 판단이라고 보았다. 와일드는 미적 가치와 도덕적 가치가 서로 다르며 분리된다고 보았다. 따라서 칸트와 와일드는 모두 예술과 도덕이 서로 독자성과 자율성을 지닌다고 보았다.

오답피하기 ㄱ. 와일드는 미적 가치와 도덕적 가치가 별개의 것이지만 예술 작품의 소재로 인간의 선함과 악함이 사용될 수 있다고 보았다.
ㄹ. 칸트는 미적 체험이나 자유로운 도덕적 행위가 특정 이익을 추구하는 것이 아니라는 점에서 미와 도덕성은 유사성을 가지고 서로 상징 관계에 있으며, 미적 체험이 도덕성을 실현하는 데 기여할 수 있다고 보았다.

07 예술에 대한 벤야민의 입장 이해

문제분석 제시문은 벤야민의 주장이다. 벤야민은 예술 작품의 기술적 복제가 가능해지면서 예술 작품의 아우라는 위축되었으며, 종교 의식 중심의 예술은 전시 가치 중심의 예술로 변화되었다고 보았다.

정답찾기 ④ 벤야민은 복제 기술이 발달했다고 해도 진품이 가진 아우라까지 복제품에 전승되는 것은 아니라고 보았다.

오답피하기 ① 벤야민은 복제 기술로 예술 작품 원작이 가진 유일무이한 현존성의 가치는 위축된다고 보았다.
② 벤야민은 복제 기술로 인해 복제 대상이 일회적으로 나타나지 않고 대량으로 나타나게 되어 대중은 예술 작품을 더 쉽게 접할 수 있게 된다고 보았다.
③ 벤야민은 복제 기술의 발달로 예술의 종교적 가치보다 전시 가치가 더 중시된다고 보았다.
⑤ 벤야민은 복제 기술 덕분에 원작이 도달할 수 없는 상황이나 공간에서는 복제품이 대신할 수 있다고 보았다.

08 인공 지능의 예술 창작에 대한 이해

문제분석 칼럼은 인공 지능과 같이 새로운 기술적 장치가 창작 행위에 도입되고 있음을 설명하고, 창작의 의미에 대한 사회적 협의가 필요하다고 말한다.

정답찾기 ③ 칼럼은 새로운 기술적 장치가 창작 행위에 도입되면 그 기술적 장치를 어느 정도까지 사용하더라도 창작으로 인정할 수 있는지 각 시대마다 사회적 논의를 해야 한다고 본다. 따라서 인공 지능을 이용한 작품이 진정한 예술 창작물로 인정될 수 있는지의 여부는 사회 구성원들이 창작의 의미를 어떻게 규정하는지 그 기준에 따라 결정된다고 볼 수 있다.

오답피하기 ①, ② 칼럼은 인공 지능을 이용한 작품이 예술 창작물로 인정될 수 있는지의 여부가 엔지니어의 협력이 필수적이었는지에 따라 달라지거나, 새 기술적 장치가 창작 행위에 사용되었는지에 따라 달라진다고 주장하지 않는다.
④, ⑤ 칼럼은 인공 지능을 이용한 작품이 예술 창작물로 인정될 수 있는지의 여부가 인공 지능이 만든 최종 산출물의 완성도나 인공 지능이 스스로 창작 행위를 기획하고 실행했는지에 따라 달라진다고 주장하지 않는다.

09 예술의 상업화에 대한 입장 비교

문제분석 갑은 앤디 워홀의 말을 예로 들며 예술의 상업화를 긍정적으로 바라보는 입장이고, 을은 페기 구겐하임의 말을 예로 들며 예술의 상업화를 부정적으로 바라보는 입장이다. 갑은 예술의 상업화로 대중이 쉽게 예술 작품을 감상할 수 있게 되었다고 본다. 을은 예술의 상업화로 예술의 본래 목적인 예술의 자율성이나 미적 가치가 없어지고 있다고 본다.

정답찾기 ③ 을은 예술의 상업화로 미적 가치나 자율성을 목적으로 한 예술 작품들은 점점 퇴색하여 자율성이나 미적 가치를 표현하는 예술 작품이 줄어들 수 있다고 본다.

오답피하기 ① 갑은 예술의 상업화로 예술가의 창작 활동 기반이 마련될 수 있다고 본다.

② 갑은 예술의 상업화로 대중이 예술의 아름다움을 체험할 수 있게 되었다고 본다.

④ 을은 예술의 상업화로 예술 작품은 경제적 이익 추구를 위한 수단으로 전락할 수 있다고 본다.

⑤ 갑, 을 모두 예술의 상업화로 대중의 취향이나 요구, 기호가 반영된 예술 작품이 창작될 수 있다고 본다.

10 문화 산업에 대한 아도르노의 입장 이해

문제분석 그림의 강연자는 아도르노이다. 아도르노는 현대 사회의 대중문화는 자본에 종속되어 문화 산업으로 전락하였으며, 대중은 자율적이고 독립적인 능력을 잃어버리게 된다고 보았다.

정답찾기 ㄱ. 아도르노는 문화 산업의 생산물이 이를 소비하는 사람들을 기계적이고 수동적으로 반응하게 함으로써 소비자의 적극적이고 반성적인 사유를 위축시키고 비판 능력을 상실하게 만든다고 보았다.

ㄴ. 아도르노는 자본을 바탕으로 한 문화 산업이 대중의 욕구를 조장하고 통제한다고 보았다.

오답피하기 ㄷ. 아도르노에 따르면 문화 산업은 대중이 주체적인 문화 생산자가 되도록 하는 것이 아니라 자본을 가진 문화 생산자가 만든 문화 생산물을 수동적으로 소비하도록 조직되어 있다.

수능 실전 문제
본문 94~97쪽

01 ④	02 ③	03 ④	04 ③
05 ④	06 ④	07 ③	08 ①

01 주거에 대한 볼노브의 입장 이해

문제분석 제시문은 볼노브의 주장이다. 볼노브는 인간에게는 뿌리를 내릴 중심, 즉 모든 관계의 중심이 필요하다고 보았으며, 인간은 참된 거주를 통해 자신의 본질을 실현할 수 있다고 보았다. 그는 자기 집을 소유하는 것만으로 인간이 자신의 참된 중심을 만들어 내고 실현하기란 불충분하며, 오히려 집과 내적인 관계를 구축하여 집이 우리에게 든든한 발판을 제공할 수 있도록 하는 것이 중요하다고 보았다.

정답찾기 ㄱ. 볼노브에 따르면 거주는 인간이 자신의 참된 본질을 실현하는 행위이다. 따라서 인간은 거주함을 통해 자신의 참된 본질을 실현할 수 있다.

ㄴ. 볼노브에 따르면 인간은 자신이 뿌리를 내릴 중심을 주어진 것으로 보지 말고, 스스로 만들어 내야 한다.

ㄹ. 볼노브에 따르면 인간에게 중심의 창조는 삶에서 핵심 과제가 되며, 이를 통해 인간은 원초적 안도감과 편안함을 실현할 수 있다.

오답피하기 ㄷ. 볼노브에 따르면 현대인의 고향 상실의 문제는 단지 자기 집을 소유하는 것만으로 해결되는 것이 아니다.

02 베블런의 과시적 소비 이해

문제분석 제시문은 베블런의 주장이다. 베블런에 따르면 낭비는 명성 획득을 목표로 하는 과시적 여가와 소비에 공통적으로 존재하며, 이를 위해 시간과 노력, 재화의 낭비는 필수적이다. 그는 이러한 특성을 유행하는 취미에도 적용했는데, 앵무새나 비둘기 같은 감상용 조류, 개와 고양이, 경주마 등도 생산재로서 유용성이 아니라 상류 계급에 의해 과시적 소비 품목으로 적절하다는 인습에 따라 찬미된다고 보았다.

정답찾기 ③ 베블런은 상류 계급이 과시적 소비를 위한 품목에 대해 가치 평가할 때 생산재로서 유용성보다 그들이 인습적으로 해 오던 인식과 평가를 따른다고 보았다.

오답피하기 ① 베블런에 따르면 과시적 소비 성향은 인간관계가 다양하고 인구 이동이 많은 도시가 그렇지 않은 시골에서보다 더욱 두드러진다.

② 베블런에 따르면 인간은 자신의 허영을 채우기 위해 비참하고 열악한 생활도 감수할 수 있다.

④ 베블런은 금력(金力)을 통해 명성을 획득하려는 행위는 과시적 소비와 여가를 통해 표현되며, 여기에는 낭비가 함께 뒤따른다고 보았다.

⑤ 베블런에 따르면 상류 계급의 과시적 소비는 하류 계급이 상위 계급의 소비문화를 좇도록 하는 데 영향을 미친다.

03 자유 무역과 공정 무역의 입장 이해

문제분석 (가)는 국가 간에 존재하는 무역 장벽을 제거함으로써 자유 무역을 실현해야 한다고 주장한다. 또한 이러한 자유 무역이 국가 간 상호 이익을 실현하게 할 것이며, 국제 분업을 통해 경제 성장에도 도움이 된다고 주장한다. (나)는 국경 없는 자유 무역이 개발 도상국의 빈곤 문제를 해결할 수 없다고 주장하고, 대안으로 공정 무역을 주장한다. 공정 무역은 개발 도상국 생산자와의 공정한 거래 계약과 생산자 중심의 협동조합을 통한 생산자들의 경제적 자립을 강조한다.

정답찾기 ㄱ. (가)는 자유 무역을 통한 국제 분업이 국가 간 상호 이익을 가져오게 될 것이라고 본다.

ㄴ. (나)는 공정 무역이 생산자인 노동자의 인간다운 노동 환경을 보장하는 데 기여한다고 본다.

ㄷ. (나)는 공정 무역이 개발 도상국의 생산자 또는 농민들의 경제적 자립에 기여한다고 본다.

오답피하기 ㄹ. (가)는 국제 분업에 의한 자유 무역을, (나)는 자유 무역의 대안으로 공정 무역을 주장하고 있다.

04 엘리아데의 종교와 공간 이해

문제분석 제시문은 엘리아데의 주장이다. 엘리아데는 종교적 인간이 경험하는 공간의 비균질성은 모든 종교에서 발견되는 공통점이라고 보았다. 그는 세속적 공간의 균질성에서는 어떤 세계도 태어날 수 없으며, 하나의 고정점(중심)을 발견 또는 설계하는 행위는 세계의 창조 행위에 해당한다고 보았다. 엘리아데에 따르면 종교적 인간에게 공간은 비균질적인 것으로 경험되며, 그에게 이것은 원초적 경험이자 세계의 창조와 관련된다.

정답찾기 ③ 엘리아데에 따르면 세속적 경험에서 공간은 균질적인 것이며, 비종교적 인간은 세속적 경험만을 받아들이는 공간을 경험한다. 반면 그는 종교적 인간은 이러한 세속적인 것과 반대되는 것으로서 거룩함의 드러남[聖顯]을 종교의 역사로 보았다.

오답피하기 ① 엘리아데에 따르면 공간의 비균질은 모든 종교에서 발견되는 공통된 현상, 곧 종교적 경험과 같은 의미가 되므로 이 둘은 서로 분리될 수 없다.

② 엘리아데는 거룩한 공간의 발견, 즉 계시는 종교적 인간에게 깊은 실존적 가치를 갖는다고 보았다.

④ 엘리아데에 따르면 종교적 인간은 거룩한 공간의 구축, 즉 중심축(또는 고정점)이 없으면 어떤 것도 시작될 수 없고, 성취될 수도 없으며, 그러한 공간을 구축하는 행위는 신들의 작업을 재현한다는 의미를 지닌다.

⑤ 엘리아데에 따르면 종교적 인간의 거룩한 공간의 구축은 초월적 존재와의 소통을 위한 상징의 의미를 지닌다.

05 종교에 대한 큉의 입장 이해

문제분석 제시문은 큉의 주장이다. 큉은 모든 종교가 자기 종교의 절대성과 무오류성을 주장해서는 안 되며, 진정한 의미의 종교 간 대화와 평화, 일치를 위해서는 먼저 세계 각 종교가 자신의 과오와 실수에 대해 성찰적 자아비판을 실천해야 한다고 주장하였다.

정답찾기 ㄱ. 큉은 참된 인간성이 참된 종교의 전제이고, 참된 종교는 참된 인간성의 완성이라고 보았다. 따라서 참된 종교는 인간의 존

엄과 근본 가치에 대한 존중을 구현해야 한다.

ㄴ. 큉은 종교 간 평화를 위해서는 자기 종교의 고유한 진리 기준을 타 종교가 수용하도록 강요해서는 안 된다고 주장하였다.

ㄷ. 큉은 종교 간 평화를 위해서는 먼저 세계 각 종교가 자신의 실수와 과오의 역사에 대해 비판적으로 성찰해야 한다고 주장하였다.

오답피하기 ㄹ. 큉은 세계의 종교 간 화해와 평화를 주장한 것이지 모든 종교를 단일한 종교로 통합해야 한다고 주장하지 않았다.

06 다문화에 대한 동화주의와 국수 대접 이론 이해

문제분석 (가)의 갑은 동화주의 입장을, 을은 국수 대접 이론의 입장을 지지하고 있다. 동화주의는 주류 문화·사회에 다양한 이민자 문화를 동화해야 한다고 주장하고, 국수 대접 이론은 주류 문화를 중심으로 문화 다양성에 대한 인정을 주장한다.

정답찾기 ㄱ. 동화주의는 이민자의 문화적 정체성이 주류 문화에 동화되게 해야 한다고 본다.

ㄴ. 동화주의와 국수 대접 이론 모두 사회 통합과 안정을 위해서는 주류 문화의 주도적 역할이 중요하다고 본다.

ㄷ. 동화주의와 달리 국수 대접 이론은 주류 문화와 이민자 문화가 각각 자신들의 문화적 정체성을 유지하는 것을 인정한다.

오답피하기 ㄹ. 동화주의와 국수 대접 이론 모두 주류 문화와 이민자 문화 간 대등한 공존에 대해 비판적이다.

07 윤리적 소비와 합리적 소비 이해

문제분석 (가)의 갑은 윤리적 소비를, 을은 합리적 소비를 지지하고 있다. 윤리적 소비는 재화나 서비스의 생산, 유통과 관련된 전체 과정을 윤리적 가치에 따라 판단하고 소비하는 것을 강조한다. 반면 합리적 소비는 소비자 자신의 욕구와 상품에 대한 정보를 바탕으로 자신의 소득 범위 내에서 최소 비용으로 최대 만족을 얻을 수 있는 소비 생활을 강조한다.

정답찾기 ㄷ. 윤리적 소비는 소비 행위에서 생산자의 노동 환경과 인권, 환경 등과 같은 인류의 보편적 가치를 중요하게 고려한다.

ㄹ. 합리적 소비는 소비 행위에서 재화가 지닌 가격과 소비에 따른 효용 가치를 중요하게 고려한다.

오답피하기 ㄱ. 윤리적 소비와 합리적 소비 모두 소비 주체의 소비 성향과 행동에는 소비 주체의 신념과 가치관이 반영된다고 본다.

ㄴ. 윤리적 소비와 합리적 소비 모두 소비 주체의 소비 행위가 기업의 경영 활동에 영향을 미칠 수 있다고 본다.

08 음식에 대한 대승 불교의 입장 이해

문제분석 제시문은 대승 경전의 『입능가경(入楞伽經)』의 일부 내용이다. 제시문은 인간과 동물 모두 불성을 지닌 평등한 존재이며, 육식 행위는 자기 친족을 먹는 행위라고 가르치고 있다.

정답찾기 ① 불교에서는 불살생(不殺生)의 계율을 닦아 반복되는 윤회의 삶에서 벗어나 열반에 이르러야 한다고 가르친다.

오답피하기 ② 『입능가경』에 따르면 인간이 고기를 먹는 것은 자신과 자기 부모, 친족을 먹는 행위와 같다.

③ 『입능가경』에 따르면 인간은 일체중생을 자기 몸과 같이 여겨 이들에게 자비를 행해야 한다.

④ 『입능가경』에 따르면 청정범행(淸淨梵行)을 닦는 수행자는 모든 중생을 자기 몸과 같이 여기고 육식을 해서는 안 된다.

⑤ 『입능가경』에 따르면 인간은 동물의 고통에 함께 참여하고, 그들의 고통을 없애 주며, 그들에게 고통을 주어서는 안 된다.

THEME 14 갈등 해결과 소통, 민족 통합의 윤리

수능 실전 문제
본문 100~103쪽

01 ③	02 ③	03 ①	04 ⑤
05 ①	06 ③	07 ①	08 ②

01 갈등 해결을 위한 밀의 입장 이해

문제분석 제시문의 사상가는 공리주의자인 밀이다. 밀은 남성과 여성 사이의 불평등을 뒷받침해 줄 만한 것은 아무것도 없다고 주장하였으며, 인류의 역사와 사회의 발전 방향은 경쟁과 공정한 기회의 평등을 향하고 있다고 강조하였다.

정답찾기 ㄴ. 밀은 남성에 의한 여성의 종속을 비판하고, 인류의 역사와 사회의 진보 방향은 경쟁과 공정한 기회의 평등 실현이라는 쪽을 향하고 있다고 주장하였다.

ㄷ. 밀에 따르면 자신은 물론 사회 전체의 이익을 위해서 자신의 능력을 발휘하려는 사람의 기회가 제한되어서는 안 된다.

오답피하기 ㄱ. 밀은 남녀가 평등한 존재라고 보았지만, 두 성 사이에 생물학적 차이가 존재하지 않는다고 주장하지는 않았다.

ㄹ. 밀은 남성 중심의 가부장제에 기초한 전통적 관습을 비판하였으며, 자유주의적 입장에서 남녀평등에 기초한 공정한 경쟁을 강조하였다.

02 하버마스의 담론 윤리 이해

문제분석 제시문은 하버마스의 주장이다. 하버마스는 담론 참여자들의 합리적 의사소통 행위를 통해 공적 문제의 해결을 위한 보편적 합의 도출이 가능하다고 보았다.

정답찾기 ③ 하버마스에 따르면 담론의 참여자는 의사소통 공동체의 구성원으로서 모두 자유롭게 담론 과정에 참여할 수 있으며, 이를 통해 자기 의견을 자유롭게 개진할 수 있어야 한다.

오답피하기 ① 하버마스에 따르면 담론의 참여자는 자신의 의견이나 주장에 오류 가능성이 있음을 전제하고 담론에 참여한다.

② 하버마스에 따르면 담론의 참여자는 자신과 다른 타인의 의견이나 주장에 대해 이성적이며 논리적으로 반박하거나 이의를 제기할 수 있어야 한다.

④ 하버마스는 담론의 참여자가 무지의 베일 상태에서 보편적 동의를 위한 합리적 선택에 참여해야 한다고 가정하지 않았다.

⑤ 하버마스는 담론의 참여자가 전문가의 조언을 조건 없이 따라야 한다고 보지 않았다.

03 갈등 해결을 위한 칸트의 입장 이해

문제분석 제시문은 칸트의 주장이다. 칸트는 행위의 도덕성을 의무로부터, 그리고 도덕 법칙에 대한 존경으로 나온 행위의 필연성에 두어야 하며, 인간은 목적 그 자체이므로 한낱 수단으로 사용될 수 없다고 주장하였다.

(정답찾기) ① 칸트는 목적 그 자체인 인간을 단지 수단으로만 사용할 수 없다고 주장하였다.

(오답피하기) ② 칸트는 행위의 도덕성을 행위자 자신의 도덕적 성품에 기초해 판단해야 한다고 주장하지 않았다.

③ 칸트는 자기 사랑의 원리가 도덕적 행위를 위한 실천 법칙이 될 수 없다고 보았다.

④ 칸트가 아닌 공리주의 입장에서 제시할 수 있는 조언이다.

⑤ 칸트는 자기 의지의 준칙이 항상 동시에 보편적 법칙 수립의 원리로서 타당할 수 있도록 행위 할 것을 강조하였다.

04 갈등 해결을 위한 원효의 입장 이해

(문제분석) 제시문은 원효의 주장이다. 원효는 모든 종파와 사상을 분리하고 독립시키려는 분열보다 더 높은 차원에서 대승적으로 통합하고 조화하려고 했으며, 이것을 회통(會通)과 화회(和會)로 제시하였다.

(정답찾기) ⑤ 원효는 자신의 견해에 집착하여 배타적 주장이나 쟁론(諍論)을 초래하는 것을 희론(戱論)이라 하고, 이러한 독선에서 벗어나 상대를 존중하고 포용할 것을 강조하였다.

(오답피하기) ① 원효는 회통, 즉 언뜻 보기에 서로 어긋나는 뜻이나 주장을 조화롭게 해야 한다고 보았기 때문에 원효가 제시할 조언으로 적절하지 않다.

② 원효가 불교 사상가이지만, 제시문의 문제 상황이 종교 간 갈등이라는 단서를 구체적으로 명시할 수 없고, 원효라면 종교적 교리의 차이에 기초해 권익을 실현하려는 시위와 갈등이 정당한 명분을 갖는다고 조언하지 않을 것이다.

③ 원효는 회통과 화회를 강조하므로 언설에 대한 이분법적 접근과 이에 기초한 조언을 적절하다고 하지 않을 것이다.

④ 원효는 화회, 즉 갈등과 다툼을 그치고 서로 가지고 있던 나쁜 마음을 풀 것을 강조하므로 원효가 제시할 조언으로 적절하지 않다.

05 갈등 해결을 위한 노력 이해

(문제분석) 칼럼은 갈등 해결을 위해 정부와 지자체에 대해서는 제도적 지원 같은 행정의 민주성을 강조하고 있고, 시민 사회와 이해 당사자들에 대해서는 합리적 소통과 타협을 강조하고 있다. 또한 갈등이 사회 통합과 발전을 위한 순기능을 하도록 해야 하며, 갈등 해결을 위한 사회의 기초 자산인 사회적 자본을 고갈시켜서는 안 된다고 주장하고 있다.

(정답찾기) ① 칼럼은 갈등 해결을 위해서 행정의 편의와 효율성이 아니라 행정의 민주성과 함께 이해 당사자 간의 대승적이고 합리적 소통을 강조하고 있다.

(오답피하기) ② 칼럼은 갈등 해결을 위해 이해 당사자들이 대승적 태도를 보여야 하고, 사회적 자본을 갉아먹지 않도록 해야 한다고 주장하고 있으므로 상생(相生)을 위해 양보와 타협의 정신을 보여야 한다고 할 수 있다.

③ 칼럼은 갈등 해결과 관련해 사회적 자본은 기초 자산이 된다고 보고 있다. 사회적 자본에는 사회 구성원들이 공유하고 있는 규범적 가치와 신뢰, 네트워크 등이 포함되며, 신뢰는 사회적 자본의 핵심 가치이기도 하므로 칼럼의 입장으로 적절하다.

④ 칼럼은 갈등이 사회 분열이나 불신처럼 역기능이 아니라 사회 발전과 통합의 순기능을 하도록 노력해야 한다고 주장하고 있다.

⑤ 칼럼은 갈등의 합리적 해결을 위해 정부와 지자체는 제도적 지원을 해야 하고, 시민 사회는 이를 활용해 대승적이고 합리적으로 해결하려는 노력을 해야 한다고 주장하고 있다.

06 포퍼의 관용의 역설 이해

(문제분석) 제시문은 포퍼의 주장이다. 포퍼는 무제한의 관용은 자유를 위하는 방법이 될 수 없다고 보았으며, 관용에 제한을 두지 않는 불관용까지 관용하게 되면 결국 관용이 사라지게 될 것이라는 '관용의 역설' 문제가 발생한다고 보았다.

(정답찾기) ㄴ. 포퍼는 인간의 불완전성과 오류 가능성에 대해 서로가 인정함으로써 독선을 피할 수 있고, 관용과 자유로운 토론을 통해 진리에 가까이 갈 수 있다고 보았다.

ㄷ. 포퍼에 따르면 관용 있는 사회는 관용의 이름으로 불관용을 관용하지 않을 권리를 천명해야 하며, 관용의 적들에 대해서는 이를 제압할 준비도 갖추어야 한다.

(오답피하기) ㄱ. 포퍼는 모든 행위를 무제한적으로 관용하게 될 경우 관용의 역설에 맞닥뜨리게 될 것이라고 주장하면서, 편협함과 박해를 선동하는 행위를 범죄로 간주해야 한다고 보았다.

ㄹ. 포퍼에 따르면 관용이 있는 사회는 관용의 역설을 막기 위해 불관용 세력들에 대해 관용하지 않을 권리를 천명해야 한다.

07 통일에 대한 입장 이해

(문제분석) 갑은 통일의 일차적 의미가 국토 통일임을 지지하고 있으며, 이와 함께 통일은 남북한이 하나의 경제권으로 통합된다는 의미를 지닌다고 주장한다. 을은 통일의 일차적 의미가 정치 체제를 하나로 통합하는 공동체의 형성에 있다고 주장한다. 이러한 공동체는 사회·문화적 공동체의 형성이라는 의미와 '우리 의식'에 기초한 정서적 공동체의 실현이라는 의미를 갖는다고 주장한다.

(정답찾기) ① 갑의 입장에 비해 을의 입장은 상대적으로 '통일이 경제·지리적 공간의 확장에 유익함을 강조하는 정도(X)'는 낮고, '통일이 단일한 정치 공동체의 형성에 유익함을 강조하는 정도(Y)'와 '통일이 정서적 유대에 기초한 공동체 실현에 유익함을 강조하는 정도(Z)'는 높다. 따라서 ㉠이 적절한 위치이다.

08 통일 문제의 이해

(문제분석) 그림의 강연자는 통일 과정에서 평화의 가치에 대해 이해해야 하고, 통일 문제의 이중성과 특성을 고려해야 하며, 군건한 안보에 기초한 통일이 평화와 번영의 구현으로 발전해야 한다고 주장하면서, 통일을 특정 계층이나 집단의 문제로 보아서는 안 된다고 주장하고 있다.

(정답찾기) ② 강연자는 통일이 국민적 합의에 기초해 평화적이고 민주적 절차를 따라야 하는 과제이므로, 특정 정치 집단이나 계층의 문제로 접근해서는 안 된다고 주장하고 있다.

(오답피하기) ① 강연자는 통일이 민족 문제이자 국제 문제라는 특수성과 이중성을 띤 문제이므로, 남북한의 노력과 함께 주변국의 지지와 협력이 필요한 문제라고 주장하고 있다.

③, ④ 강연자는 통일을 위해서는 남북한이 서로의 존재를 인정하고 호혜적 협력의 관계로 발전해 나가야 하며, 이를 통해 분단 이후 지속된 대립과 갈등의 상호 불신과 적대적 의식을 극복하는 일이 중요하다고 주장하고 있다.

⑤ 강연자에 따르면 진정한 의미의 통일 또는 평화는 단지 정전(停戰)에 의한 전쟁이 없는 상태의 유지가 아니라 한반도와 동북아시아의 공동 번영이 보장되는 미래 지향과 관련된 항구적이고, 적극적인 평화의 실현을 의미한다.

THEME 15 지구촌 평화의 윤리

수능 실전 문제

본문 107~111쪽

01 ②	02 ④	03 ④	04 ④
05 ③	06 ②	07 ⑤	08 ③
09 ②	10 ④		

01 원조에 대한 싱어의 입장 이해

문제분석 제시문은 싱어의 주장이다. 싱어는 우리가 자신의 중요한 다른 일을 희생하지 않고 나쁜 일을 막을 수 있다면, 우리는 그것을 마땅히 의무로서 받아들이고 그렇게 해야 한다고 주장하였다. 그는 극단적인 절대 빈곤이 여기에 속하며, 풍요한 사람들은 이러한 극단적 빈곤을 막을 기부나 원조에 참여해야 한다고 주장하였다.

정답찾기 ② 싱어는 반드시 공리주의자가 아니더라도 절대 빈곤의 해결을 위한 기부는 보편화 가능성의 원리를 충족할 수 있다고 보았다. 즉 극단적 빈곤을 감소시키는 문제와 관련하여 개인의 기부는 보편화 가능성의 원칙을 충족할 수 있다는 것이다.

오답피하기 ① 싱어는 풍요한 사람들이 자발적 기부를 통해 빈곤국의 모든 국민을 도와야 한다고 보지는 않았다. 싱어는 원조를 공리주의 입장에서 주장하였다.

③ 싱어는 원조 단체의 행정 비용이 상대적으로 높더라도 원조에 관련한 경험 많은 노련한 사람을 고용하여 원조의 효과를 높이는 것이 필요하다고 보았다.

④ 싱어는 가장 큰 효과를 낼 수 있는 곳에 한정된 자원을 사용하는 것은 타당하다고 보았다.

⑤ 싱어는 원조와 관련해 자신과 가까운 사람으로부터 점차 확대하여 이방인에 이르러야 한다는 일명 '가까운 사람 먼저 돌보기' 논거를 비판하였다.

02 원조에 대한 베이츠의 입장 이해

문제분석 제시문은 베이츠의 주장이다. 베이츠는 국제적 차원의 무지의 베일의 존재라는 가정으로부터 인간의 기본적 필요 충족 그 이상의 국가 간 부의 재분배가 필요하다고 보았다.

정답찾기 ㄱ. 베이츠는 롤스와 달리 지구적 차등의 원칙은 부국에서 빈국으로의 부의 이전을 필수적인 것으로 요청한다고 보았다.

ㄴ. 베이츠에 따르면 국제 사회는 현존하는 가난한 국가의 국내 사회의 제도가 정의롭게 되도록 도와야 한다.

ㄹ. 베이츠에 따르면 국제적 경제 협력은 국내 정치와 개인들에게 미치는 영향력이 매우 크므로, 국제적 차원의 경제적 상호 의존은 지구적 차원의 분배 정의의 원칙을 필요로 한다.

오답피하기 ㄷ. 베이츠는 부정의한 제도를 가진 국가에 대한 국제 사회의 간섭은 그것이 해당 국가의 정의를 촉진할 가망성이 매우 높은 경우라면 정당화될 수 있다고 보았다.

03 원조에 대한 롤스의 입장 이해

문제분석 제시문은 롤스의 주장이다. 롤스는 원조의 목적을 고통받는 사회가 자신의 문제들을 합당하고 합리적으로 관리할 수 있도록 도와주어, 결과적으로 질서 정연한 국제 사회의 구성원이 되도록 하는 것에 두었다.

정답찾기 ④ 롤스는 원조가 여성의 법률적·경제적 지위의 향상을 추구해야 하며, 여성의 지위 향상은 식량과 빈곤 문제 해결에 중요한 역할을 할 뿐만 아니라 사회의 정의를 위해 반드시 필요하다고 주장하였다.

오답피하기 ① 롤스는 지구적 불평등의 개선을 위한 방안으로 주장되는 지구적 평등주의 원칙에 동의하지 않으며, 따라서 지구적 분배를 위한 국제 공동 기금 조성 방안에 대해서도 동의하지 않았다.
② 롤스에게 원조의 목적은 개인들의 복지가 아니라 사회의 정의에 관한 것이다. 롤스는 고통받는 사회가 적정 수준의 제도를 갖추게 되면 원조는 중단되어야 한다고 보았다.
③ 롤스는 한 사회의 정의와 발전에서 중요한 요소는 부존자원이 아니라 그 사회의 정치 문화라고 보았다.
⑤ 롤스는 부존자원의 우연적 배분이 한 사회의 정의나 발전에 어떠한 곤란함도 야기하지 않는다고 보았으며, 따라서 지구적 재분배 원칙에 대해서도 동의하지 않았다.

04 원조에 대한 롤스와 싱어의 입장 비교

문제분석 (가)의 갑은 롤스, 을은 싱어이다. 롤스는 원조의 목적과 관련해 불리한 여건으로 고통받는 사회를 질서 정연한 사회가 되도록 도와주는 것이라고 보았다. 싱어는 원조와 관련해 공리주의 입장에서 고통을 감소시키고 쾌락을 증진하는 것이 인류의 의무라고 보았다.

정답찾기 ④ 롤스에 따르면 한 사회의 기근과 식량 위기는 정치 제도와 사회적 제도의 결함, 그리고 식량 생산 부족을 교정할 경제 정책의 실패에 그 원인이 있다.

오답피하기 ① 롤스는 한 사회의 정치적·사회적 부정의의 교정은 단지 분배 재원의 마련만으로는 충분하지 않으며, 인권과 같은 정치 문화적 요인이 중요하다고 보았다.
② 롤스는 원조와 관련해 정치 문화적 요소를 강조하였으며, 천연자원의 풍부함이나 결핍은 중요한 고려 요소가 아니라고 보았다.
③ 롤스는 원조에서 고통을 겪는 사회가 정치 문화를 변경하도록 도와야 하지만, 강압적이고 강제적 방법을 사용하는 것에 대해서는 동의하지 않았다.
⑤ 싱어는 원조와 관련해 공리주의 원리와 이익 평등 고려의 원칙을 적용할 것을 주장하였다.

05 칸트의 영원한 평화 이해

문제분석 제시문은 칸트의 주장이다. 칸트는 전쟁의 폭력성과 적대성의 악순환에서 벗어나 평화를 유지할 수 있는 대책을 제시하였으며, 이를 영원한 평화를 위한 예비적 조항과 확정 조항으로 구체화해 제시하였다.

정답찾기 ㄴ. 칸트는 모든 사람에게 인간애 또는 박애가 아닌 권리로서 타국에 대한 방문권이 존재한다고 보았다.

ㄷ. 칸트는 이방인의 타국에서의 교제와 타국에 대한 방문권은 일시적인 것으로 영속적인 체류권을 의미하는 것이 아니라고 주장하였다.

오답피하기 ㄱ. 칸트는 모든 전쟁의 영원한 종식은 평화 조약이 아니라 평화 연맹에 기초해 추구해야 한다고 보았다.
ㄹ. 칸트는 모든 국가를 포함하는 국제 국가 형성이라는 적극적 대안보다 자유로운 국가 간 연맹이라는 소극적 대안에 기초해 영원한 평화로 나아가야 한다고 보았다.

06 국제 관계에 대한 칸트와 모겐소의 입장 비교

문제분석 (가)의 갑은 칸트, 을은 모겐소이다. 칸트는 국제 사회에서 영원한 평화를 실현하기 위해서는 독립된 주권을 가진 국가 간의 연맹이 필요하다고 보았다. 반면 모겐소는 정치적 현실주의 관점에서 국제 관계를 파악했는데, 국내 정치는 물론 국제 정치도 권력 투쟁을 그 본질로 한다고 주장하였다.

정답찾기 ② 칸트는 정치적 현실주의 입장과 달리 진정한 정치는 도덕에 충실해야 하고, 도덕에 경의를 표하지 않고서는 앞으로 나아갈 수 없다고 보았다.

오답피하기 ① 칸트는 영원한 평화의 실현을 위해 세계 공화국이라는 단일 주권 국가 설립이 현실적 대안이라고 주장하지 않았다.
③ 칸트는 국제 정치에서 국제법 규범과 국제기구의 중요성을 강조하였으며, 모겐소 또한 국제 권력 정치에서 국제법 규범과 국제기구가 불필요한 것이라고 보지는 않았다.
④ 모겐소는 국내 정치와 국제 정치 모두 그 본질을 권력 투쟁으로 보았다.
⑤ 칸트는 국가를 도덕적 인격체로 보았으며, 그렇기 때문에 하나의 독립 국가가 다른 국가의 소유물로 전락하는 경우가 있어서는 안 된다고 보았다.

07 평화에 대한 갈퉁의 입장 이해

문제분석 그림의 강연자는 갈퉁이다. 갈퉁에 따르면 폭력은 필요한 것을 박탈하는 것으로 폭력은 폭력을 낳고, 평화는 평화를 낳으며, 폭력에 대한 최선의 방어는 적극적 평화이다. 그는 폭력을 직접적 폭력, 구조적 폭력, 문화적 폭력 등으로 구분해 설명하였다.

정답찾기 ㄷ. 갈퉁은 문화적 폭력이 직접적 폭력과 구조적 폭력의 이면에 존재하며, 이러한 폭력을 정당화한다고 보았다.

ㄹ. 갈퉁은 문화적이고 적극적인 평화가 폭력의 합법화를 평화의 합법화로 바꿀 수 있다고 보았다.

오답피하기 ㄱ. 갈퉁은 문화적 폭력이 과학, 법, 종교, 예술, 교육, 매체 등 다양한 영역에 존재한다고 보았다.

ㄴ. 갈퉁에 따르면 직접적 폭력은 그 자체로 보복과 공격적 요소를 일으키고, 구조적 폭력은 그 자체로 반복되거나 완성된 폭력을 낳으며, 문화적 폭력은 반복과 완성을 통해 그 자체를 형성한다.

08 평화에 대한 칸트와 갈퉁의 입장 비교

문제분석 (가)의 갑은 칸트, 을은 갈퉁이다. 칸트는 영구 평화를 위한 확정 조항에서 모든 국가의 시민적 정치 체제는 공화정이어야 한다고 주장하였으며, 이 유일한 체제는 근원적 계약의 이념으로부터 도출될 수 있다고 보았다. 갈퉁은 평화는 갈등을 처리하는 능력으로 시험할 수 있으며, 갈등이 해소되는 것은 아니지만 갈등을 창조적으로 처리하는 사람들에 의해 바뀔 수 있다고 보았다. .

정답찾기 ㄴ. 칸트와 갈퉁 모두 폭력은 평화를 위협하는 것이라 보았으며, 평화를 위해서는 전쟁과 폭력이 영원히 종식되어야 한다고 보았다.

ㄷ. 칸트와 갈퉁 모두 진정한 평화의 실현을 위해서는 국제 관계에서 영토 및 세력 확장과 같은 현실주의에 기초한 접근 방식이 부적절하다고 비판하였다.

오답피하기 ㄱ. 칸트는 국가 간 제약 없이 어떠한 평화도 정착될 수 없거나 보장받을 수 없다고 보았다. 이러한 이유 때문에 공화 정체에 기초한 연맹이 있어야 한다고 보았으며, 이러한 연맹 이념을 서서히 모든 국가로 확산해야 한다고 보았다.

ㄹ. 칸트는 영구 평화를 위해 상비군을 폐지해야 한다고 보았다.

09 국제 관계에 대한 이상주의와 현실주의 입장 이해

문제분석 (가)는 국제 관계에서 이상주의 입장을, (나)는 현실주의 입장을 제시하고 있다. 이상주의 입장은 국가 간 협력과 잘못된 제도의 개선에 기초해 국제 분쟁을 해결하고 평화를 실현하려는 반면, 현실주의 입장은 힘(세력)의 균형에 기초한 공격 충동의 제어를 통해 평화를 유지하고자 한다.

정답찾기 ② 이상주의와 현실주의 입장 모두 국제 관계에서 평화를 위해서는 국제법 규범과 합리적 외교 정책이 필요하다고 본다.

오답피하기 ① 국제 관계에서 이상주의 입장은 힘의 대등한 균형을 통해서만 영원한 평화가 실현된다고 보지 않는다. 현실주의 입장은 전쟁 억지에 의한 국가의 생존과 이익을 중시한다.

③ 이상주의와 현실주의 입장 모두 국제 관계에서 국가 간 분쟁을 중립적인 비정부 기구가 중심이 되어 주도적으로 해결해야 한다고 주장하지 않는다.

④ 현실주의 입장과 달리 이상주의 입장은 국제 관계에서 국가 간 분쟁의 원인을 상대방 국가에 대한 오해와 무지에서 찾는다.

⑤ 이상주의 입장은 현실주의 입장과 달리 국제 관계에서 국가 간 분쟁이나 갈등을 국제법 규범이나 국제기구 등을 통해 해결할 것을 강조한다.

10 세계화에 대한 입장 이해

문제분석 (가), (나) 모두 세계화에 대해 설명하고 있다. (가)는 세계화가 국가 경쟁력과 기업의 생산성을 높여 주고, 지구적 차원의 문제에 대한 국제적 협력을 가능하게 해 준다고 본다. 반면 (나)는 세계화가 선진국과 후진국 간의 빈부 격차를 심화시키며, 개별 국가의 고유성 약화를 초래한다고 본다. (가), (나) 모두 세계화로 국가 간 상호 의존성이 증대하고 있다고 본다.

정답찾기 ㄱ. (가)는 세계화가 진행되면서 공동의 지구 문제에 대해 국제적 차원에서 협력할 수 있는 여건이 조성되고 있다고 본다.

ㄴ. (나)는 세계화로 문화 교류가 세계적 차원에서 활발해짐에 따라 개별 지역과 국가가 갖고 있는 문화적 정체성이 약화되고 획일화되는 문제가 일어나고 있다고 본다.

ㄹ. (가), (나) 모두 세계화가 국가 간 상호 의존성과 긴밀성을 높여 한 국가의 다른 국가에 대한 영향력이 점점 커지고 있다고 본다.

오답피하기 ㄷ. (나)는 세계화가 빈곤국보다 자본과 기술이 앞선 선진국에 더 유리한 기회를 제공함으로써 지구적 빈부 격차를 심화시키고 있다고 본다.

1 ④	2 ②	3 ①	4 ⑤	5 ④
6 ①	7 ③	8 ⑤	9 ①	10 ①
11 ②	12 ③	13 ④	14 ⑤	15 ③
16 ③	17 ③	18 ⑤	19 ②	20 ③

1 이론 윤리학과 메타 윤리학의 입장 비교

문제분석 제시문의 '나'는 이론 윤리학, '어떤 사람들'은 메타 윤리학의 입장이다. 이론 윤리학은 보편적 도덕 원리의 정립을 강조하는 반면, 메타 윤리학은 도덕 언어의 의미를 분석하고 도덕적 추론의 논리적 정당성을 검증하는 것을 강조한다.

정답찾기 ④ 이론 윤리학은 윤리적 판단을 위한 보편적 도덕 원리의 정립을 강조한다. 반면 메타 윤리학은 보편적 도덕 원리의 정립보다 도덕적 명제에서 사용되는 용어의 의미를 밝히는 것을 강조한다.

오답피하기 ① 도덕적 딜레마 해결을 위해 학제적 연구가 필요함을 강조하는 것은 실천 윤리학의 입장이다.

② 메타 윤리학은 도덕적 주장에 사용되는 용어의 의미 분석을 강조한다.

③ 사회에 존재하는 도덕적 관습에 대한 가치 중립적 서술을 강조하는 것은 기술 윤리학의 입장이다.

⑤ 메타 윤리학은 윤리학의 학문적 성립 가능성에 대한 비판적 검토를 강조한다.

2 음악에 대한 묵자와 순자의 입장 비교

문제분석 갑은 묵자, 을은 순자이다. 묵자는 음악이 백성에게 이익이 되지 않기 때문에 금지해야 한다고 보았다. 반면 순자는 올바른 음악이 바람직한 인격 형성과 사회 질서 확립에 도움을 줄 수 있다고 보았다.

정답찾기 ② 순자는 올바른 음악이 개인의 올바른 인격 함양과 사회 질서 확립에 도움을 줄 수 있다고 보아 이상적인 공동체 실현에 도움이 될 수 있다고 보았다.

오답피하기 ① 묵자는 음악이 백성의 이익에 부합하지 않기 때문에 음악을 금지해야 한다고 보았다.

③ 묵자와 순자 모두 음악이 개인의 삶에 영향을 미칠 수 있다고 보았다.

④ 묵자와 순자 모두 음악이 감정적인 즐거움을 제공할 수 있다고 보았다.

⑤ 순자는 음악이 사회 질서 유지에 도움이 될 수 있다고 보았다.

3 나딩스의 배려 윤리 이해

문제분석 제시문은 나딩스의 주장이다. 나딩스는 배려의 관계를 형성할 것을 강조하며 구체적인 상황과 맥락을 중시하였다. 또한 배려의 관계를 완성하기 위해서는 배려자와 피배려자 모두의 노력이 필요하다고 보았다.

정답찾기 ㄱ. 나딩스는 배려의 관계를 완성하기 위해서는 배려자뿐만 아니라 피배려자의 역할도 필요하다고 보았다. 나딩스는 피배려자가 배려자의 배려를 수용하고 배려에 대해 반응해야 한다고 보았다.

ㄴ. 나딩스는 구체적인 맥락과 상황을 고려하여 상대방을 배려해야 한다고 보았다.

오답피하기 ㄷ. 나딩스는 배려하고자 하는 자연스러운 감정에 근거하여 행위 해야 한다고 보았다.

ㄹ. 나딩스는 초월적 존재에 근거한 보편적 도덕 원리를 통해 도덕 판단을 내려야 한다고 보지 않았으며, 도덕 판단에서 상황과 맥락을 고려해야 한다고 보았다.

4 죽음에 대한 에피쿠로스와 하이데거의 입장 비교

문제분석 갑은 에피쿠로스, 을은 하이데거이다. 에피쿠로스는 죽음이 감각의 상실이기 때문에 죽으면 고통을 경험할 수 없다고 보았다. 하이데거는 죽음 앞으로 미리 달려가 봄으로써 자기 삶의 유한성을 인식하고 본래적 실존을 회복할 수 있다고 보았다.

정답찾기 ⑤ 에피쿠로스와 하이데거 모두 죽음에 대한 인식이 현재 삶의 방식에 영향을 미칠 수 있다고 보고 죽음에 대한 올바른 인식을 강조하였다.

오답피하기 ① 에피쿠로스는 죽으면 감각을 상실하기 때문에 쾌락과 고통을 경험할 수 없다고 보았다.

② 에피쿠로스는 사람이 죽게 되면 영혼과 육체 모두 개별 원자로 분해된다고 보았다.

③ 하이데거는 죽음의 직시가 본래적 실존을 회복할 수 있는 계기가 될 수 있다고 보았다.

④ 하이데거는 다른 동물과 달리 인간만이 죽음에 대해 자각할 수 있는 존재라고 보았다.

5 요나스의 사상적 입장 이해

문제분석 제시문은 요나스의 주장이다. 요나스는 과학 기술을 활용하는 현세대 인간의 책임 범위를 확대할 것을 강조하였다.

정답찾기 ④ 요나스는 책임질 수 있는 능력이 있는 현세대 인간이 지켜야 하는 생태학적 정언 명령을 강조하였다.

오답피하기 ① 요나스는 과학 기술 연구에 대한 자유가 절대적이라고 보지 않았으며, 인류 전체를 위해 최소한의 범위에서 연구의 자유에 대한 간섭이 가능하다고 보았다.

② 요나스는 과학 기술의 활용과 자연 보전이 양립할 수 있다고 보았으며, 과학 기술을 사용하는 인간의 책임 확대를 강조하였다.

③ 요나스는 과학 기술이 가져올 부정적인 영향에 주목할 것을 강조하며 공포의 발견술을 주장하였다.

⑤ 요나스는 인간뿐만 아니라 다른 생명체도 고유한 권리를 가지고 있다고 보았다.

6 마르크스의 사상적 입장 이해

문제분석 제시문은 마르크스의 주장이다. 마르크스에 따르면 자본주의 체제에서는 노동을 통해 자기 본질을 실현할 수 없으며 노동 소외가 발생한다.

정답찾기 ㄱ. 마르크스는 분업에 따른 업무의 세분화가 노동 생산성을 증가시킬 수 있다고 보았다. 그러나 노동자는 이 과정에서 생산에 필요한 능력 외에 다른 정신적 능력을 잃어버리게 된다고 보았다.

오답피하기 ㄴ. 마르크스는 노동자와 자본가 간 역할 분담을 통해 노동 소외를 극복할 수 있다고 보지 않았다. 마르크스는 자본주의 체제에서는 노동 소외가 필연적으로 발생한다고 주장하며 자본주의의 몰락과 공산 사회의 도래를 강조하였다.

ㄷ. 마르크스에 따르면 분배 정의가 실현된 공산 사회에서는 국가와 계급이 존재하지 않는다.

7 갈퉁의 사상 이해

(문제분석) 제시문은 갈퉁의 주장이다. 갈퉁은 직접적 폭력뿐만 아니라 구조적 폭력과 문화적 폭력까지 모두 사라진 적극적 평화를 실현하기 위해 노력할 것을 강조하였다.

(정답찾기) ③ 갈퉁은 의도적인 폭력의 제거만으로 적극적 평화의 실현이 보장된다고 보지 않았다. 갈퉁은 의도적인 폭력뿐만 아니라 비의도적인 폭력까지 제거되어야 적극적 평화가 실현될 수 있다고 보았다.

(오답피하기) ① 갈퉁은 평화적인 수단으로 적극적 평화를 성취해야 한다고 보았다.

② 갈퉁은 폭력의 삼각형 이론을 주장하며 직접적 폭력 이후에 구조적 폭력이 발생할 수 있다고 보았다.

④ 갈퉁은 문화적 폭력이 직접적 폭력과 구조적 폭력을 정당화하는 기능을 수행한다고 보았다.

⑤ 갈퉁은 구조적 폭력이 정신뿐 아니라 신체에도 악영향을 미칠 수 있다고 보며 구조적 폭력을 제거할 것을 강조하였다.

8 동물 실험에 대한 입장 이해

(문제분석) (가)의 갑은 동물의 고통을 초과하는 인간의 이익을 가져올 때만 동물 실험이 허용될 수 있다고 보고, 인공 지능 기술을 활용해 동물의 고통을 감소시켜야 한다고 본다. 을은 도덕적 권리를 갖는 동물을 대상으로 한 실험은 부당하다고 보며, 장기칩 기술을 통해 동물 실험을 대체해야 한다고 본다.

(정답찾기) ⑤ 갑은 동물의 고통을 초과하는 인간의 이익을 산출하는 경우에는 동물 실험이 정당하다고 본다. 반면 을은 인간에게 이익이 된다고 하더라도 동물 실험은 정당화될 수 없다고 보고 장기칩 기술로 동물 실험을 대체해야 한다고 본다. 따라서 을이 갑에게 제기할 수 있는 비판으로 적절하다.

(오답피하기) ① 갑, 을 모두 동물이 권리를 가질 수 있다고 본다. 갑은 동물이 부당하게 고통받지 않을 권리가 있다고 보고, 을은 인간뿐만 아니라 동물도 도덕적 권리를 갖는다고 본다.

② 갑, 을 모두 동물 실험을 통해 인간의 이익이 증진될 수 있다고 본다.

③ 갑은 동물이 고통을 느낄 수 있다고 보고, 고통을 감소시키기 위해 인공 지능 기술의 활용을 강조한다.

④ 갑은 인공 지능 기술의 활용을 통해 동물의 고통을 감소시킬 수 있다고 본다.

9 베카리아와 벤담의 사상 비교

(문제분석) (가)의 갑은 베카리아, 을은 벤담이다. 베카리아는 사형보다 종신 노역형이 범죄 예방에 효과적인 형벌이라고 보았다. 벤담은 형벌이 정당화되기 위해서는 형벌의 고통을 초과하는 사회적 효용이

있어야 한다고 보았다.

(정답찾기) ㄱ. 베카리아와 벤담 모두 쾌락을 추구하고 고통을 회피하는 인간이 자기 이익을 중시한다는 것을 고려하여 형벌을 부과해야 한다고 보았다.

ㄹ. 벤담은 형벌을 사회적 선을 증진하기 위한 필요악이라고 보았으며, 형벌이 정당화되기 위해서는 형벌의 고통을 초과하는 사회적 효용이 있어야 한다고 보았다.

(오답피하기) ㄴ. 베카리아는 사형이 정당하지 않고, 유용하지도 않은 형벌이라고 보았기 때문에 살인범에 대한 사형을 반대하였다.

ㄷ. 베카리아는 종신 노역형이 범죄자뿐만 아니라 시민에게도 공포감을 주기 때문에 범죄 예방 효과가 있는 유용한 형벌이라고 보았다.

10 공자와 노자의 사상 비교

(문제분석) 갑은 공자, 을은 노자이다. 공자는 존비친소를 구별하는 사랑인 인(仁)의 실현을 통해 사회 혼란을 극복할 것을 강조하였다. 노자는 사회 혼란의 극복을 위해 인위적인 규범과 제도에 반대하며 자연을 따르는 삶을 강조하였다.

(정답찾기) ① 공자와 노자 모두 이상 사회 실현을 위해서는 통치자가 덕을 갖추어야 한다고 보았다.

(오답피하기) ② 노자는 하늘이 인간에게 도덕적 본성을 부여하는 인격적 존재라고 보지 않았다.

③ 공자는 이상적 인간이 되기 위해서는 옳고 그름을 분명히 분별해야 한다고 보았다.

④ 노자는 지식을 쌓는 행위가 소박한 본성을 해칠 수 있다고 보아 무지(無知)를 강조하였으며, 예를 인위적인 가치로 보고 이에 반대하였다.

⑤ 공자는 친소의 구분이 있는 사랑인 인의 실현을 통해 사회 혼란을 극복해야 한다고 보았다.

11 종교 간 대화에 대한 입장 파악

(문제분석) 칼럼은 종교 간 갈등을 해결하기 위해서는 종교 간 상호 비판적인 대화가 필요하다고 본다.

(정답찾기) ㄱ. 칼럼은 다른 종교와의 대화를 통해 자기 종교에 대한 신념이 더욱 성숙하고 깊어질 수 있다고 본다.

ㄹ. 칼럼은 종교 간 대화를 통해 상대 종교에 대한 신념의 차이를 이해하고 이러한 차이를 받아들일 수 있게 된다고 본다.

(오답피하기) ㄴ. 칼럼은 종교 간 대화에 참여한 사람들이 자기 종교의 정당화에만 힘써야 한다고 보지 않으며, 자기 종교에 대한 비판적 성찰을 해야 한다고 본다.

ㄷ. 칼럼은 상호 존중과 관용의 자세를 토대로 한 건설적인 충고와 비판을 통해 종교 간 공존과 상생을 도모할 수 있다고 본다.

12 해외 원조에 대한 싱어와 롤스의 입장 비교

(문제분석) 갑은 싱어, 을은 롤스이다. 싱어는 공리주의 관점에서 절대 빈곤으로 고통받는 사람에 대한 원조를 의무로 보았다. 롤스는 정치 문화의 결함으로 고통받는 사회에 대한 원조를 의무로 보았다.

(정답찾기) ③ 롤스는 고통받는 사회를 질서 정연한 사회로 만드는 것이 원조의 목표라고 보았다. 그는 원조를 통해 고통받는 사회가 질서 정연한 사회가 되면 해당 사회가 상대적으로 빈곤하더라도 더 이상

의 원조는 필요하지 않다고 보고 해당 사회에 대한 원조를 중단해야
한다고 보았다.

오답피하기 ① 싱어는 모든 개인이 원조 이행의 의무를 가진다고 보지
않았으며, 원조 능력이 있는 주체가 원조를 이행해야 한다고 보았다.
② 싱어는 원조를 헛되게 만드는 정책을 시행하는 국가에 대한 원조
는 불필요하다고 보았다.
④ 롤스는 정의의 원칙에 따라 운영되지 않는 국가 중에서 고통받는
사회를 원조의 대상으로 보았으며, 무법 국가는 원조의 대상이 아니
라고 보았다.
⑤ 롤스는 원조를 통해 국가 간 자원과 부의 불평등 문제를 해결해야
한다고 보지 않았으며, 고통받는 사회를 질서 정연한 사회로 만드는
것이 원조의 목표라고 보았다.

13 기업 활동의 법적 규제 강화에 대한 쟁점 파악

문제분석 갑은 인공 지능 기술과 관련한 위험은 기업의 자율적 노력
을 통해 해결해야 한다는 입장이다. 반면 을은 기업의 자율적 노력만
으로는 인공 지능 기술과 관련한 모든 위험을 해결할 수 없기 때문에
기업의 책임을 강화하는 법을 제정해야 한다고 본다.

정답찾기 ④ 갑은 인공 지능 기술과 관련한 위험을 기업의 자율적 노
력에 따라 해결해야 한다고 보며, 법적 규제의 강화에 대해 반대하고
있다. 반면 을은 기업의 자율적 노력으로는 모든 위험을 예방할 수
없다며 법적 규제의 강화를 주장하고 있다.

오답피하기 ① 갑, 을 모두 인공 지능 기술이 인간에게 이익을 준다
는 점에 동의한다.
② 갑, 을 모두 인공 지능 기술의 위험성을 감소시키기 위한 노력이
필요하다고 본다. 갑은 기업의 자율적 노력을, 을은 법적 규제의 강
화를 방법으로 제시하고 있다.
③ 갑, 을 모두 인공 지능 기술의 개발 금지를 주장하지 않으며, 인
공 지능 기술의 위험성을 감소시키기 위한 노력이 필요하다고 본다.
⑤ 갑은 기업의 자율적 노력으로 인공 지능 기술의 위험을 예방할 수
있다고 본다. 을도 기업의 자율적 노력으로 인공 지능과 관련한 위험
을 일정 수준에서 예방할 수 있다고 본다.

14 영구 평화에 대한 칸트의 입장 이해

문제분석 제시문은 칸트의 주장이다. 칸트는 영구 평화 실현을 위해 국
제법과 자유로운 국가들이 참여하는 평화 연맹이 필요하다고 보았다.

정답찾기 ⑤ 칸트는 개별 국가의 시민적 체제가 국가 간 평화 실현에
영향을 미칠 수 있다고 보며, 개별 국가의 시민적 체제는 공화정이어
야 한다고 보았다.

오답피하기 ① 칸트는 외부의 침략으로부터 자신과 자국을 보호하기
위해 시민들이 스스로 행하는 무장 훈련은 허용될 수 있다고 보았다.
② 칸트는 개별 국가가 주권적 권력을 가져야 한다고 보았다.
③ 칸트는 국제법이 개별 국가의 자율성을 침해한다고 보지 않았으
며 영구 평화를 위해 국제법이 필요하다고 보았다.
④ 칸트는 평화적으로 처신하는 외국인에게 일시적인 방문권을 보장
해야 한다고 보았지, 영구적인 체류권을 보장해야 한다고 보지는 않
았다.

15 아리스토텔레스, 테일러, 레오폴드의 입장 비교

문제분석 (가)의 갑은 아리스토텔레스, 을은 테일러, 병은 레오폴드
이다. 아리스토텔레스는 동물이 인간을 위해 존재한다고 보았으며,
테일러는 모든 생명체가 고유의 선을 추구하는 목적론적 삶의 중심
이라고 보았다. 레오폴드는 대지 공동체의 온전성, 안정성, 아름다
움에 기여하는 행위를 도덕적이라고 보았다.

정답찾기 ㄷ. 아리스토텔레스는 인간만이 도덕적 지위를 가진다고
보았고, 테일러는 생명이 있는 개체를 도덕적으로 존중해야 한다
고 보았다. 레오폴드는 생명체와 무생물, 생태계 자체를 도덕적으로
존중해야 한다고 보았다.
ㄹ. 아리스토텔레스, 테일러, 레오폴드 모두 이성적 능력이 있는 인
간을 도덕적으로 고려해야 한다고 보았다.

오답피하기 ㄱ. 아리스토텔레스는 인간을 포함한 모든 생명체가 자
신의 목적을 추구한다고 보았다.
ㄴ. 테일러는 쾌락을 추구하는 인간의 태도가 자연 존중과 양립할 수
있다고 보았다. 테일러는 생명체를 해치지 않고, 생태계에 손상을 입
히지 않으면서 야외 활동을 즐길 수 있는 방법이 있다고 보았다. 그
는 생태적으로 민감한 지역에서 인간 활동을 제한하는 등의 방법을
제시하였다.

16 롤스와 노직의 사상 비교

문제분석 갑은 롤스, 을은 노직이다. 롤스는 원초적 입장에서 정의
의 원칙에 합의하게 된다고 보았다. 노직은 비정형적, 역사적 원리를
주장하며 정당하게 취득한 재화에 대한 배타적 권리를 강조하였다.

정답찾기 ㄴ. 노직은 근로 소득에 대한 과세에는 반대하였지만 국
방, 치안 기능 수행에 필요한 과세는 정당하다고 보았다.
ㄷ. 노직은 도덕적 공과에 따른 분배 원리가 과거 행위를 고려한다는
점에서 역사적이지만, 분배 기준을 설정한다는 점에서 정형적이라고
보았다.

오답피하기 ㄱ. 롤스는 정의의 원칙을 원초적 입장에서 모두가 합의
한 것으로 보았다. 그는 원초적 입장이 가상적 상황이며 문화적 원시
상태가 아니라고 보았다.
ㄹ. 롤스는 기본적 자유가 서로 상충할 수 있기 때문에 개인의 기본
적 자유가 제한되는 경우가 있다고 보았다.

17 홉스와 로크의 사상 비교

문제분석 갑은 홉스, 을은 로크이다. 홉스는 비참한 자연 상태에서
벗어나 자기 생명을 보존하기 위해 국가를 형성하기로 합의하게 된다
고 보았다. 로크는 자연 상태에서 발생하는 분쟁을 해결하고 개인의
생명, 자유, 재산을 보호하기 위해 국가를 형성하게 된다고 보았다.

정답찾기 ③ 로크는 입법권을 국가의 최고 권력이라고 보았으며, 이
러한 입법권은 국민의 행복을 위해 행사되어야 한다고 보았다.

오답피하기 ① 홉스는 평화를 위해 사회 계약의 주체인 자연 상태의
개인들이 절대적 권력을 행사해야 한다고 보지 않았으며, 자연 상태
에서 갖고 있던 권력과 힘을 양도해야 한다고 보았다.
② 홉스는 사회 계약을 맺을 때 개인이 가진 생명에 대한 권리는 양
도되지 않는다고 보았다.
④ 로크는 자연 상태에서 보편적 윤리 규범인 자연법이 존재한다고

보았다.

⑤ 로크는 국가가 부당하게 개인의 생명, 자유, 재산을 침해할 경우 개인은 국가 권력에 저항할 수 있다고 보았다.

18 동화주의, 문화 다원주의, 다문화주의의 입장 이해

문제분석 (가)는 동화주의, (나)는 문화 다원주의, (다)는 다문화주의의 입장이다. 동화주의는 이주민이 자신의 문화를 포기하고 주류 문화로 편입할 것을 강조한다. 문화 다원주의는 주류 문화와 비주류 문화의 위계를 인정하는 토대 위에서 공존할 것을 강조하며, 다문화주의는 다양한 문화를 평등하게 존중할 것을 강조한다.

정답찾기 ⑤ 문화 다원주의와 다문화주의는 모두 사회 통합을 위해서 다양한 문화의 공존을 허용해야 한다고 본다.

오답피하기 ① 동화주의는 이주민에게 문화적 자율성을 부여하면 사회적 결속력이 약화된다고 보기 때문에 이주민이 주류 문화로 편입할 것을 강조한다.

② 문화 다원주의는 주류 문화와 비주류 문화 간 위계를 인정하는 토대 위에서의 공존을 강조한다.

③ 다문화주의는 주류 문화로의 동화를 강조하지 않으며, 다양한 문화를 동등하게 존중해야 한다고 본다.

④ 문화 다원주의는 단일한 문화의 형성을 반대하며 주류 문화와 비주류 문화의 공존을 강조한다.

19 시민 불복종에 대한 롤스, 싱어, 소로의 입장 비교

문제분석 (가)의 갑은 롤스, 을은 싱어, 병은 소로이다. 롤스는 평등한 자유의 원칙이나 공정한 기회균등의 원칙을 심각하게 위반한 법에 대해 시민 불복종이 가능하다고 보았다. 싱어는 공리주의 관점에서 시민 불복종이 산출할 이익과 손해를 계산해 보아야 한다고 보았으며, 소로는 개인의 양심에 따라 부정의한 법을 거부해야 한다고 보았다.

정답찾기 ② 롤스는 공유된 정의관이 시민 불복종을 결정하는 기준이 되어야 한다고 보았다. 반면 싱어는 공유된 정의관을 대상으로 한 시민 불복종도 가능하다고 보았다. 따라서 싱어가 롤스에게 제기할 수 있는 비판으로 적절하다.

오답피하기 ① 롤스는 시민 불복종으로 발생할 결과를 고려해야 한다고 보았으며, 시민 불복종이 정의로운 체제에 위협이 되지 않아야 한다고 보았다. 따라서 롤스가 제기할 수 있는 비판으로 적절하지 않다.

③ 싱어는 사회 구성원 다수에 의한 의사 결정이 언제나 옳은 것은 아니라고 보았다. 따라서 싱어에게 제기할 수 있는 비판으로 적절하지 않다.

④ 롤스, 싱어, 소로 모두 법에 반하는 행위인 시민 불복종이 정의 실현에 도움이 될 수 있다고 보았다. 따라서 롤스와 싱어가 소로에게 제기할 수 있는 비판으로 적절하지 않다.

⑤ 롤스는 시민 불복종이 양심적이고 깊이 간직된 신념을 표현하는 행위라고 보았다. 따라서 롤스에게 제기할 수 있는 비판으로 적절하지 않다.

20 성(性)에 대한 입장 비교

문제분석 (가)는 성에 대한 자유주의 입장, (나)는 보수주의 입장을 주장하고 있다.

정답찾기 ③ (가)의 입장에 비해 (나)의 입장은 출산을 목적으로 하는 성적 행위가 정당하다고 본다. 따라서 '종족을 보존하는 수단으로서 성의 가치를 강조하는 정도(X)'는 높고, '성과 관련한 개인의 자유로운 선택을 강조하는 정도(Y)'는 낮으며, '사랑이 동반되지 않은 성적 행위가 부당함을 강조하는 정도(Z)'는 높다. 따라서 ©이 적절한 위치이다.

				본문 117~121쪽
실전 모의고사 2회				
1 ③	**2** ⑤	**3** ④	**4** ①	**5** ④
6 ④	**7** ④	**8** ④	**9** ③	**10** ④
11 ③	**12** ②	**13** ⑤	**14** ②	**15** ④
16 ③	**17** ①	**18** ⑤	**19** ①	**20** ①

1 이론 윤리학과 메타 윤리학의 입장 이해

문제분석 (가)는 이론 윤리학, (나)는 메타 윤리학이다. 이론 윤리학은 어떤 원리가 도덕적 행위를 위한 근본 원리로 성립될 수 있는지를 탐구하여 도덕 문제 해결의 이론적 토대를 제공하고자 한다. 메타 윤리학은 도덕적 언어의 의미 분석과 도덕 추론의 타당성 입증을 윤리학의 본질로 삼고자 한다.

정답찾기 ③ 윤리학이 도덕적 담론의 논증 구조를 논리적으로 분석해야 한다고 보는 것은 메타 윤리학이다.

오답피하기 ① 윤리학이 각 사회의 도덕 현상을 인과적으로 서술해야 한다고 보는 것은 기술 윤리학이다.

② 윤리학이 윤리학의 학문적 성립 가능성 검증에 주력해야 한다고 보는 것은 메타 윤리학이다.

④ 윤리학이 현실의 윤리 문제에 대한 실천적 해결 방안을 모색해야 한다고 보는 것은 실천 윤리학이다.

⑤ 메타 윤리학은 윤리학이 바람직한 삶에 대한 방향을 제시하는 것을 핵심 과제로 삼아야 한다고 보지 않는다.

2 종교에 대한 엘리아데의 입장 이해

문제분석 제시문은 엘리아데의 주장이다. 엘리아데는 종교란 일상에서 성스러움과 만나는 것이며 세속의 세계를 성스럽게 만드는 초월적 존재가 있다고 보았다.

정답찾기 ㄱ. 엘리아데는 일상적인 삶 자체가 언제나 성스러움의 드러남, 즉 성현이 될 수 있으며, 종교란 자연물에 드러나는 초월적 존재를 숭배하는 것이라고 보았다.

ㄴ. 엘리아데는 종교의 역사란 다수의 성현으로 구성되어 있다고 보았다.

ㄷ. 엘리아데는 종교적 인간에게는 자연이 성스러운 것으로, 즉 우주적 신성성으로 계시되므로 종교적 인간은 이 세계의 역사를 성현의 역사로 해석하고자 한다고 보았다.

3 베이컨과 요나스의 입장 비교

문제분석 갑은 베이컨, 을은 요나스이다. 베이컨은 자연에 대한 지식을 쌓음으로써 인간이 자연을 지배할 수 있다고 보았다. 요나스는 기술이 산출할 부정적인 결과에 대한 두려움을 갖고 겸손한 자세로 현세대뿐만 아니라 미래 세대와 자연에 대해 책임을 지는 태도를 가져야 한다고 보았다.

정답찾기 ④ 베이컨은 과학 기술의 발전을 통해 인류는 무한히 진보할 수 있다고 보았다. 요나스는 새로운 윤리는 책임의 대상을 인간뿐만 아니라 다른 생명체로 확대해야 한다고 보았으며, 인간의 책임질 수 있는 능력은 책임을 져야 하는 당위로 이어진다고 주장하였다. 따

라서 갑 사상가의 입장에 비해 을 사상가의 입장은 '인간의 책임 범위가 자연에까지 확대되어야 함을 강조하는 정도(X)'와 '기술의 진보가 초래할 공포로부터 인간의 책임이 도출되어야 함을 강조하는 정도(Y)'는 높고, '자연은 인류의 풍요로운 삶을 위한 수단으로 관찰과 실험의 대상임을 중시하는 정도(Z)'는 낮다. 따라서 ㉣이 적절한 위치이다.

4 아리스토텔레스의 덕 윤리 이해

문제분석 제시문은 아리스토텔레스의 주장이다. 아리스토텔레스에 따르면 중용은 두 악덕, 즉 지나침에 따른 악덕과 모자람에 따른 악덕 사이의 중용이며, 중용에 알맞은 행위를 습관화하면 덕을 형성할 수 있다.

정답찾기 ㄱ. 아리스토텔레스는 건강이 지나침과 모자람에 의해 파괴되고 중용에 의해 보존되므로, 건강 관리를 위해 실천할 것들을 꾸준히 해 나가야 한다고 조언할 수 있을 것이다.

ㄷ. 아리스토텔레스는 지나친 운동이나 운동 부족이 체력을 파괴하여 건강을 해칠 수 있다고 보았다.

오답피하기 ㄴ. 아리스토텔레스는 절제란 지나침과 모자람에 의해 파괴되고 중용에 의해 보존된다고 주장하였으며, 절제의 덕을 타고 난다고 보지 않았다.

ㄹ. 아리스토텔레스는 지나치게 먹고 마시는 것이나 부족하게 먹고 마시는 것 모두 건강을 파괴하므로 적당하게 마땅한 양을 취해야 한다고 보았다.

5 다문화 사회 이론에 대한 이해

문제분석 갑은 국수 대접 이론의 입장으로, 다문화 사회에서 이민자들의 문화는 비주류 문화로서 주류 문화와의 공존을 모색해야 한다고 본다. 을은 샐러드 볼 이론의 입장으로, 기존 문화와 이민자들의 문화를 동등하게 대우함으로써 서로 다른 문화 간에 공존과 조화를 이루어야 한다고 본다.

정답찾기 ④ 갑은 주류 문화의 위상을 훼손하지 않으면서 비주류 문화로서 이민자 문화를 인정하는 것이 공존과 조화를 이루는 길이라고 본다. 반면 을은 기존 문화와 이민자들의 문화를 대등하게 인정해야 한다고 본다. 따라서 갑은 부정, 을은 긍정의 대답을 할 질문으로 적절하다.

오답피하기 ① 갑, 을 모두 다문화 사회는 이질적 문화 간의 공존을 모색해야 한다고 본다.

② 이민자들의 문화를 주류 문화에 편입하여 동화시켜야 한다고 보는 것은 동화주의 입장이므로 갑, 을 모두 부정의 대답을 할 질문이다.

③ 갑, 을 모두 다문화 사회에서 서로 다른 문화 간의 공존을 위해서는 이민자들의 정체성을 존중해야 한다고 본다.

⑤ 갑은 주류 문화의 존재를 전제로 이민자들의 문화적 특수성을 보장해야 한다고 보므로 갑이 부정의 대답을 할 질문으로 적절하지 않다.

6 음악에 대한 순자의 입장 이해

문제분석 그림의 강연자는 순자이다. 순자는 백성의 본성을 교화하기 위해 예악(禮樂)을 사용해야 한다고 보았으며, 음악을 통해 백성의 마음을 선하게 할 수 있다고 주장하였다.

정답찾기 ㄱ. 순자는 음악을 즐기는 일이 무절제하게 일어난다면 음악의 즐거움이 백성에게 해가 될 수 있다고 보았다.
ㄴ. 순자는 음악이 바르면 백성이 서로 조화를 이루고 올바른 길로 향하게 된다고 보았다.
ㄷ. 순자는 음악이 백성의 본성을 교화할 뿐만 아니라 풍속을 순화할 수 있다고 보았다.
오답피하기 ㄹ. 순자는 음악이 예법에 어긋나지 않을 때 백성의 절제를 이끌어 낼 수 있다고 보았다.

7 인간 배아에 대한 입장 이해
문제분석 가상 편지를 쓴 사람은 수정란부터 비롯된 인간의 발생은 인간 생명의 연속적 진행이며 인간 생명은 존엄하므로 인간 배아 복제를 허용해서는 안 된다고 본다.
정답찾기 ④ 가상 편지를 쓴 사람은 수정란을 세포 덩어리가 아닌 인간 생명으로 간주하며, 인간의 발생 과정에서는 도덕적 지위의 질적 변화란 일어나지 않는다고 본다.
오답피하기 ① 가상 편지를 쓴 사람은 인간 배아와 성인이 동등한 도덕적 지위를 지닌다고 본다.
② 가상 편지를 쓴 사람은 인간 배아는 수정된 순간부터 인간 생명으로 보아야 한다고 주장한다.
③ 가상 편지를 쓴 사람은 인간 배아가 생명의 존엄성을 지니므로 이를 훼손해서는 안 된다고 본다.
⑤ 가상 편지를 쓴 사람은 인간의 발생을 인간 생명의 연속적 진행으로 본다.

8 정의로운 분배에 대한 노직과 롤스의 입장 비교
문제분석 갑은 노직, 을은 롤스이다. 노직은 재화의 취득, 이전의 과정이 정당하면 개인은 자신의 소유물에 대한 배타적 소유 권리를 지닌다고 보았다. 롤스는 무지의 베일을 쓴 상황에서 정의의 원칙에 합의하게 된다고 보았다.
정답찾기 ④ 노직은 복지 국가가 개인의 소유 권리를 침해할 수 있다고 보았다. 롤스는 복지 국가에서는 분배 정의가 완전하게 실현될 수 없다고 보았으며 재산 소유 민주주의를 주장하였다.
오답피하기 ① 롤스는 원초적 입장의 당사자들이 정의의 원칙을 수립할 때 당사자 간 합의는 가설적이고 비역사적이라고 보았다.
② 롤스는 최소 수혜자에게 이득이 된다면 자연적 우연성을 활용하여 재화를 늘리는 것이 허용될 수 있다고 보았다.
③ 노직과 롤스 모두 정당한 절차를 거쳐 소유했다면 결과적 불평등 그 자체는 부정의한 것이 아니라고 보았다.
⑤ 노직은 분배의 최종 결과를 규정하는 종국 상태적 원리는 분배의 역사적 과정을 무시하므로 옳지 않다고 보았다. 또한 롤스는 분배 정의를 위해서는 올바른 결과에 대한 독립적 기준 대신 바르고 공정한 절차가 필요하다고 보았다.

9 죽음에 대한 플라톤과 에피쿠로스의 입장 비교
문제분석 갑은 플라톤, 을은 에피쿠로스이다. 플라톤은 죽음 이후에 영혼이 육체를 떠나 참된 진리를 인식할 수 있다고 보았다. 에피쿠로스는 죽음이 우리에게 아무것도 아니기 때문에 죽음을 두려워할 필

요가 없다고 보았다.
정답찾기 ③ 플라톤은 죽음 이후에 영혼이 육체로부터 벗어나 참된 진리를 인식하는 것이 가능해진다고 보았다. 반면 에피쿠로스는 죽으면 인간을 구성하던 원자가 흩어져 개별 원자로 돌아가므로 영혼과 육체가 모두 소멸한다고 보았다.
오답피하기 ① 플라톤은 현실 세계와 죽음 이후의 세계를 구분해야 한다고 보았다.
② 에피쿠로스에 따르면 현자(賢者)는 삶이 해를 주는 것도 아니고 죽음도 악이라고 생각하지 않기 때문에 죽음을 두려워하지 않는다.
④ 플라톤과 에피쿠로스 모두 죽음을 두려워하지 말고 올바르게 이해하는 것이 중요하다고 보았다.
⑤ 에피쿠로스는 우리가 존재하는 한 죽음은 우리와 함께 있지 않으며, 죽음이 오면 이미 우리는 존재하지 않으므로 죽음은 경험할 수 없는 것이라고 보았다.

10 시민 불복종에 대한 롤스의 입장 이해
문제분석 제시문은 롤스의 주장이다. 롤스는 시민 불복종이 거의 정의로운 사회에서 부정의한 법과 정책의 변화를 위해 전개되어야 한다고 보았다. 또한 시민 불복종의 근거는 다수에 의해 공유된 정의관이어야 한다고 보았다.
정답찾기 ④ 롤스는 시민 불복종이 개인이나 집단의 이익이 아니라 다수의 공통된 정의감에 근거해야 한다고 보았으며, 다수의 공통된 정의감에 근거한다면 소수가 일으킨 시민 불복종도 정당화될 수 있다고 보았다. 따라서 부정의 대답을 할 질문으로 적절하다.
오답피하기 ① 롤스는 시민 불복종이 거의 정의로운 국가 내에서 그 체제의 합법성을 인정하고 받아들이는 시민들에 의해 이루어지는 것이라고 보았다.
② 롤스에 따르면 시민 불복종은 심각하게 부정의한 법이나 정책이 그 대상이다.
③ 롤스는 시민 불복종이 효과적으로 이루어지려면 적절하게 계획되는 것이 필요하다고 보았다.
⑤ 롤스는 시민 불복종이 법의 바깥 경계선에서 이루어지는 위법 행위이지만, 법에 대한 충실성의 한계 내에서 행해지는 정치적 행위라고 보았다.

11 로크와 홉스의 사회 계약론 비교
문제분석 (가)의 갑은 로크, 을은 홉스이다. 로크는 사람들이 자신의 생명, 자유, 재산을 보존하고 외부로부터 안전을 확보하기 위해 자신의 자연법 집행권을 포기함으로써 공동체를 결성하는 사회 계약을 맺는다고 보았다. 홉스는 자연 상태가 '만인의 만인에 대한 투쟁 상태'이므로 사람들은 이로부터 벗어나 자신의 생명과 안전을 지키기 위해 주권자를 세우는 사회 계약을 맺는다고 보았다.
정답찾기 ③ 로크와 홉스는 모두 국가 권위에 복종해야 할 의무는 구성원들이 맺는 사회 계약에 토대를 둔다고 보았다.
오답피하기 ① 로크는 이성적 존재인 인간은 사회 계약을 맺으면서 공동체를 구성하고 공동체가 정하는 법률의 구속을 받는 데 동의하게 된다고 보았다. 또한 홉스는 사람들이 자연 상태에서 벗어나 자신의 생명과 안전을 지키기 위해 이성을 통해 자기 보존에 가장 유리한

행위를 합리적으로 계산하여 선택하고 수행하게 된다고 보았다.

② 로크는 자연 상태가 비교적 평화로웠으나 공통의 법률과 재판관이 없는 까닭에 끊임없는 분쟁에 시달리게 되므로, 사람들이 이러한 자연 상태를 벗어나 자신의 생명과 자유, 재산을 안전하게 누리기 위해 자연법의 집행권을 양도하는 사회 계약을 맺는다고 보았다. 따라서 자연 상태의 평화 유지를 위해 자연권 모두를 양도해야 한다고 보지 않을 것이다.

④ 홉스는 공통의 권력이 없는 자연 상태에서는 법이 존재할 수 없으며, 법이 존재하지 않는 곳에서는 정의나 불의도 존재하지 않는다고 보았다.

⑤ 로크는 국가 권력을 입법권과 집행권으로 나누어야 한다고 보아 권력 집중보다 권력 분립이 필요하다고 보았다. 반면 홉스는 사회 계약을 통해 창출한 주권자를 지상의 절대자로 상정하고 이를 '리바이어던'이라고 명명하였다.

12 자연에 대한 테일러, 싱어, 칸트의 입장 비교

문제분석 (가)의 갑은 테일러, 을은 싱어, 병은 칸트이다. 테일러는 모든 생명체가 각기 고유한 방식으로 자신의 생존, 성장, 발전, 번식이라는 목적을 지향하고 있는 목적론적 삶의 중심이라고 보았다. 싱어는 쾌고 감수 능력을 지닌 동물은 이익 관심을 지니며 모든 이익 관심은 평등하게 고려되어야 한다고 보았다. 칸트는 이성이 없지만 생명이 있는 일부 피조물과 관련하여 동물을 잔학하게 다루는 것이 인간의 자기 자신에 대한 의무에 배치되는 것이라고 보았다.

정답찾기 ㄱ. 테일러는 생명 중심주의 입장으로 모든 생명체를 도덕적으로 존중해야 한다고 보았다. 반면 싱어는 쾌고 감수 능력을 지닌 존재만이 도덕적 고려의 대상이라고 보았으며, 칸트는 이성적 존재만이 도덕적 존중의 대상이라고 보았다. 따라서 갑만의 입장으로 적절하다.

ㄹ. 테일러는 모든 생명체가 도덕적으로 존중받아야 한다고 보았으며, 싱어는 쾌고 감수 능력을 지닌 존재의 고통을 도덕적으로 고려해야 한다고 보았다. 또한 칸트는 도덕성을 촉진하는 인간의 감정을 약화시키지 않기 위해 동물을 잔학하게 대해서는 안 된다고 보았다. 따라서 갑, 을, 병의 공통 입장으로 적절하다.

오답피하기 ㄴ. 칸트는 동식물이 수단적 가치를 지닌다고 보았으므로 오직 인간만이 가치를 지닌 유일한 존재라고 보지 않을 것이다.

ㄷ. 테일러는 인간과 동식물 간에 충돌하는 이해관계가 모두 기본적일 때 인간이 불가피하게 동식물을 이용할 수 있다고 보았다.

13 해외 원조에 대한 롤스와 싱어의 입장 비교

문제분석 (가)의 갑은 롤스, 을은 싱어이다. 롤스는 불리한 여건으로 고통받는 사회를 질서 정연한 사회가 되도록 돕는 것이 원조의 목적이라고 보았다. 싱어는 공리주의 입장에서 가까이 있는 사람이든 멀리 있는 사람이든 관계없이 어려움에 처한 사람을 원조해야 한다고 보았다.

정답찾기 ⑤ 싱어는 원조란 공리의 원리에 따라 세계 시민주의 관점에서 인류 전체의 고통을 줄이고 쾌락을 증진하기 위해 행해야 하는 윤리적 의무라고 보았다. 반면 롤스는 원조를 윤리적 의무로 보았지만 공리의 원리에 따라 원조를 해야 한다고 주장하지는 않았다. 따라

서 을이 갑에게 제기할 비판으로 적절하다.

오답피하기 ① 롤스뿐만 아니라 싱어도 원조를 통해 모든 사람의 경제 수준을 일치시킬 필요는 없다고 보았다.

② 싱어는 원조 대상국이 원조를 헛되게 만들 수 있는 정책을 시행할 경우 원조를 하지 않을 수 있다고 보았다.

③ 롤스는 차등의 원칙이 개별 사회 내의 분배 정의와 관련되어 있다고 보았으며, 원조와 관련하여 차등의 원칙을 적용하지 않았다.

④ 싱어는 빈곤을 해결하는 것뿐만 아니라 빈곤을 예방하기 위해서도 원조를 할 수 있다고 보았다.

14 칸트의 영구 평화론 이해

문제분석 제시문의 '나'는 칸트이고, '어떤 사상가'는 모겐소이다. 칸트는 영원한 평화를 실현하기 위해 모든 국가가 자유로운 국가 간의 연맹에 참여해야 한다고 보았다. 모겐소는 국제 정치를 국가 이익의 관점에서 정의된 권력을 위한 투쟁이라고 보았다.

정답찾기 ② 칸트는 세력 균형에 의한 일시적 평화는 불안정을 가져올 뿐이라고 보았다. 반면 모겐소는 세력 균형이 효율적인 평화 전략이라고 보았다. 따라서 칸트의 입장에서 모겐소가 간과한다고 볼 내용으로 적절하다.

오답피하기 ① 모겐소는 외교 정책을 통해 국가 간 갈등을 해결할 수 있는 가능성이 있음을 부정하지 않았다.

③ 칸트는 정치와 도덕의 합치를 지향하기는 했지만, 이를 위해 세계 정부가 필요하다고 보지는 않았다.

④ 칸트는 군비 경쟁에 반대하였으며 영구 평화를 위해서는 상비군을 조만간 완전히 폐지해야 한다고 보았다.

⑤ 모겐소는 인간의 본성이 이기적이므로 국가도 국가 이익으로서 권력의 극대화를 추구한다고 보았다.

15 소통과 관련된 원효의 입장 이해

문제분석 (가)는 원효의 주장이다. 원효는 깨끗함과 더러움, 참과 거짓, 옳고 그름 등 일체의 이원적 대립을 초월하여 일심(一心)으로 돌아가야 한다고 보았다.

정답찾기 ㄱ. 원효는 서로 다른 입장 간에 포용과 존중의 중요성을 강조하는 화쟁(和諍)을 주장하였다.

ㄴ. 원효는 일심 사상을 통해 서로 다르게 보이는 주장도 같은 근원에서 비롯될 수 있다고 보았다.

ㄷ. 원효는 일심이란 일체의 이원적 대립을 초월한 것이므로 이를 근원으로 하여 각자의 입장에서 벗어나 대승적 차원에서 조화를 이루어야 한다고 보았다.

오답피하기 ㄹ. 원효는 의견이 대립할 때 상대방에게 자신의 견해를 포기하도록 강제하는 것이 아니라 더 높은 차원에서 조화를 이루어야 한다고 보았다.

16 공자와 노자의 사상적 입장 이해

문제분석 갑은 유교 사상가인 공자, 을은 도가 사상가인 노자이다. 공자는 인간을 내면적 도덕성인 인(仁)을 지닌 존재라고 보았으며, 사랑의 정신인 인과 외적 규범인 예(禮)의 실천을 강조하였다. 노자는 천지 만물의 근원인 도(道)에 따라 인위적 강제나 욕심이 없는 무

위(無爲)와 무욕(無欲)의 삶을 살아야 한다고 보았다.

(정답찾기) ③ 공자는 백성들이 악한 행동을 부끄러워하도록 도덕과 예의로 다스려야 한다고 보았다. 반면 노자는 도덕과 예의를 인위적인 규범으로 보았으며, 백성들에게 인위적인 규범을 강제해서는 안 된다고 주장하였다. 따라서 갑은 긍정, 을은 부정의 대답을 할 질문으로 적절하다.

(오답피하기) ① 공자는 도덕적인 사회를 이루기 위해서는 인을 실현해야 하며, 인을 실현할 때 시비와 선악의 분별이 필요하다고 보았다.
② 노자는 백성들이 명예와 지혜 같은 인위적 가치를 추구할수록 사회가 혼란해지므로 현자를 숭상하지 않는 사회를 지향해야 한다고 보았다.
④ 노자는 백성들을 무지하고 무욕하도록 만드는 무위지치(無爲之治)가 올바른 정치라고 보았다.
⑤ 공자와 노자 모두 백성들이 외물에 의지해 자신의 욕망만을 충족하는 것을 경계해야 한다고 보았다.

17 형벌에 대한 칸트, 루소, 벤담의 입장 비교

(문제분석) (가)의 갑은 칸트, 을은 루소, 병은 벤담이다. 칸트는 형벌의 본질이 응보에 있으며, 오직 보복법만이 형벌의 양과 질을 명확하게 제시할 수 있다고 보았다. 루소는 사회 계약론의 관점에서 계약자인 시민의 생명과 안전을 확보하기 위해 살인자를 사형에 처하거나 추방시켜야 한다고 보았다. 벤담은 공리주의에 근거하여 모든 형벌은 필요악이지만 더 큰 악을 없애는 것을 보장할 때 인정될 수 있다고 보았다.

(정답찾기) ㄱ. 칸트는 형벌이 시민 사회의 선을 촉진하기 위한 수단으로 가해져서는 안 된다고 보았다. 반면 루소는 법이 공공의 이익을 지향하는 일반 의지를 반영해야 한다고 보았으며, 벤담은 모든 형벌이 범죄 예방과 범죄자 교화라는 공공의 이익을 위해 집행되어야 한다고 보았다. 따라서 갑은 긍정, 을과 병은 모두 부정의 대답을 할 질문으로 적절하다.
ㄷ. 루소는 사회 계약의 목적이 계약자의 생명 보존에 있으므로, 무고한 타인의 생명을 빼앗은 사람은 사회 계약을 위반한 사람으로서 국가로부터 생명을 박탈당할 수 있다고 보았다. 따라서 을이 긍정의 대답을 할 질문으로 적절하다.

(오답피하기) ㄴ. 루소와 벤담 모두 형벌이 범죄자에게 고통을 유발한다 하더라도 정당화 가능하다고 보았다.
ㄹ. 벤담은 형벌이 그 자체로는 악이지만 공동체 전체의 행복에 기여할 때 정당화될 수 있다고 보았다.

18 결혼과 부부에 대한 입장 이해

(문제분석) 갑의 제시문은 유교 경전인 『예기(禮記)』에 나온 내용이고, 을은 칸트이다. 유교에서는 부부가 서로 역할을 존중하고 공경함으로써 조화를 이루어야 한다고 본다. 칸트는 결혼한 부부간의 성관계는 도덕적으로 정당화될 수 있다고 보았다.

(정답찾기) ⑤ 칸트는 부부간 성관계가 생식적 가치를 지닐 때만 도덕적으로 정당화된다고 보지 않았다.

(오답피하기) ① 유교에서는 결혼으로 가정이 이루어진 후 여러 인간관계가 형성되므로 부부로부터 인륜이 비롯된다고 보며, 부부간에 서

로 공경하는 부부상경(夫婦相敬)의 자세가 중요하다고 주장한다.
② 유교에서는 결혼을 통해 자손이 태어나고 후대가 이어질 수 있다고 본다.
③ 칸트는 부부간에 성관계를 통해 쾌락을 추구하는 것이 가능하다고 보았다.
④ 칸트는 결혼을 한 부부 관계에서만 남녀 간 성의 향유가 정당화될 수 있다고 보았다.

19 노동에 대한 칼뱅과 마르크스의 입장 이해

(문제분석) 갑은 칼뱅, 을은 마르크스이다. 칼뱅은 신이 우리 각자에게 해야 할 일을 부여하였는데 이를 '소명'이라고 보았다. 마르크스는 자본주의 체제에서 자본가가 분업화된 노동을 통해 노동자를 착취한다고 보았다.

(정답찾기) ㄱ. 칼뱅은 자신의 직업에 충실하게 임하는 것이 신에게 영광을 바치는 것이라고 보았다.
ㄷ. 마르크스는 자본주의적 생산 방식이 노동자가 노동으로부터 소외되는 결과를 초래하였으며, 자본주의 사회에서 노동자는 자본가에게 예속될 수밖에 없다고 보았다.

(오답피하기) ㄴ. 칼뱅은 노동을 통해 부를 축적해야 구원을 받을 수 있다고 보지 않았다.
ㄹ. 칼뱅은 노동의 본질이 신의 영광을 실현하는 것이므로 직업 생활에서 검소하고 절제하며 이웃에 봉사하려는 자세를 지녀야 한다고 보았다. 따라서 노동의 본질을 실현하는 것과 도덕적 삶을 사는 것은 양립할 수 있다고 볼 것이다.

20 디지털 사회에 필요한 자세 이해

(문제분석) 칼럼은 디지털 기술의 발달로 인한 부정적 측면을 최소화하고 긍정적 측면을 확산하기 위해 사람들이 디지털 사회에 필요한 디지털 시민성을 갖추어야 한다고 본다. 또한 앞으로 인공 지능 기술이 우리 삶에 밀접하게 연관될 수 있다는 점을 고려할 때 이로 인해 발생하는 문제를 해결하기 위한 자세도 필요하다고 본다.

(정답찾기) ① 칼럼은 디지털 기술과 앞으로 확산될 인공 지능 기술의 부작용으로 인한 문제를 해결하기 위해 디지털 사회의 시민에게 필요한 윤리적 자세를 갖추어야 한다고 본다.

(오답피하기) ② 칼럼은 오늘날 우리가 디지털 사회의 긍정적 측면과 부정적 측면을 모두 경험하고 있으며, 누가 어떤 목적으로 디지털 기술을 이용하느냐에 따라 그 결과가 달라진다고 본다.
③ 칼럼은 디지털 기술을 누가 어떻게 활용하느냐에 따라 그 결과가 달라진다고 보므로 디지털 사회의 문제가 인간이 아닌 기술 때문이라고 보지 않는다.
④ 칼럼은 디지털 사회의 부정적 측면을 디지털 시민성의 함양을 통해 해결해야 한다고 본다.
⑤ 칼럼은 인공 지능 기술의 발달에 따라 새로운 윤리적 문제가 발생할 수 있다고 보지만, 그렇다고 해서 인공 지능 기술의 개발을 막아야 한다고 보지는 않는다.

1 ②	2 ④	3 ③	4 ⑤	5 ②
6 ④	7 ④	8 ④	9 ①	10 ②
11 ①	12 ③	13 ①	14 ⑤	15 ③
16 ②	17 ④	18 ②	19 ②	20 ①

1 기술 윤리학에 대한 이론 윤리학의 비판 이해

문제분석 제시문의 '나'는 이론 윤리학의 입장이고, '어떤 사람'은 기술 윤리학의 입장이다. 이론 윤리학은 도덕적 행위의 근거가 되는 도덕 원리의 정립에 중점을 두는 반면, 기술 윤리학은 도덕 현상이나 관행에 대한 객관적 서술에 중점을 둔다.

정답찾기 ② 이론 윤리학의 입장에서 기술 윤리학에 대해 올바른 행위 지침을 제공하는 규범의 정립이 중요함을 간과한다고 비판할 수 있다.

오답피하기 ① 도덕적 진술을 구성하는 도덕 언어의 논리적 명료화를 강조하는 것은 메타 윤리학의 입장이다.

③ 사회 구조 속에 존재해 온 도덕적 관행을 서술해야 한다고 주장하는 것은 기술 윤리학의 입장이다.

④ 도덕적 담론에서 논리적 추론의 타당성 검증을 강조하는 것은 메타 윤리학의 입장이다.

⑤ 윤리학의 학문적 성립 가능성에 대한 비판적 검토를 강조하는 것은 메타 윤리학의 입장이다.

2 죽음에 대한 하이데거와 에피쿠로스의 입장 이해

문제분석 갑은 하이데거, 을은 에피쿠로스이다. 하이데거는 인간이 죽음에 이르는 존재라는 사실을 직시함으로써 삶을 기획해야 한다고 주장하였다. 에피쿠로스는 인간이 자신의 죽음을 경험할 수 없기 때문에 죽음을 두려워할 필요가 없다고 주장하였다.

정답찾기 ④ 에피쿠로스는 죽음에 이르면 인간의 몸과 영혼이 분해되고 감각이 상실되어 자신의 죽음을 경험할 수 없다고 보았다. 따라서 죽음은 산 사람에게나 죽은 사람 모두와 아무런 상관이 없으므로 인간이 두려워할 대상이 아니다.

오답피하기 ① 하이데거는 죽음에 대한 불안이 본래적 실존을 회복하게 한다고 보았다.

② 하이데거는 죽음을 실제로 경험하지 않더라도 인간이 죽음 앞으로 미리 달려가 봄으로써 본래적 실존으로 존재할 수 있다고 보았다.

③ 에피쿠로스는 죽음에 관한 진정한 앎을 지닌 현명한 사람은 불멸을 열망하지 않는다고 보았다.

⑤ 하이데거와 에피쿠로스 모두 사후 세계의 존재에 대한 믿음으로 죽음을 성찰하지 않았다.

3 공자와 장자의 사상적 입장 이해

문제분석 갑은 공자, 을은 장자이다. 공자는 인(仁)의 실천을 강조하면서 이상적 인간으로서 군자가 갖추어야 할 덕목으로 의(義), 예(禮) 등을 강조하였다. 장자는 이상적 인간으로서 지인(至人), 성인(聖人)을 제시하며 도의 관점에서 만물을 바라볼 것을 강조하였다.

정답찾기 ③ 장자는 마음을 비우는 수양을 통해 만물을 평등하게 바라보는 제물을 실천해야 한다고 주장하였다.

오답피하기 ① 공자는 시비선악을 분별하는 사랑으로서 인을 추구하였다.

② 석가모니의 주장이다. 석가모니는 모든 것이 상호 관계 속에서만 존재한다는 연기의 법칙을 깨닫게 되면 모든 것에 대해서 자비의 마음이 생긴다고 보았다.

④ 공자의 주장이다. 공자는 지나친 욕구를 극복하고 예를 회복하고자 하는 극기복례를 추구하였다.

⑤ 장자가 자연과 하나가 되는 삶을 살아야 한다고 주장한 것은 맞지만, 타고난 선한 본성의 보존을 주장하지는 않았다.

4 건전한 메타버스 환경을 위한 노력 이해

문제분석 칼럼은 메타버스가 현실과 가상을 접목하여 현실 생활에서 겪는 문제들이 가상 세계에서도 발생하므로, 건전한 메타 버스 환경을 조성하기 위해 메타버스 참여자들이 스스로 윤리 원칙을 수립하여 지키는 자율적 규제가 필요하다고 주장한다.

정답찾기 ⑤ 칼럼은 메타버스가 사회적 상호 작용의 공간이 되기 위해 참여자들의 자율적 규제 역량을 키워야 한다고 주장한다.

오답피하기 ① 칼럼은 현실 세계와 같은 사회, 경제, 문화 활동이 메타버스에서 아바타를 통해 이루어진다고 보면서, 아바타에 대한 비도덕적 행동의 문제에 대해 다루고 있다.

② 칼럼은 메타버스의 부작용을 규제할 제도 마련도 필요하지만, 메타버스 참여자들이 스스로 윤리 원칙을 세워 지키는 자율적 규제가 더 중요하다고 본다.

③ 칼럼은 메타버스에서도 아바타를 통해 경제 활동이 이루어진다고 본다.

④ 칼럼은 메타버스에서도 현실 생활에서 겪는 스토킹, 성희롱과 같은 문제들이 발생한다고 본다.

5 안락사에 대한 다양한 입장 이해

문제분석 갑은 소극적 안락사는 허용하되, 적극적 안락사는 허용되어서는 안 된다고 주장한다. 반면 을은 소극적 안락사뿐만 아니라 적극적 안락사도 허용할 수 있다고 주장한다.

정답찾기 ② 갑은 부정, 을은 긍정의 대답을 할 질문이다. 갑은 환자를 죽음에 이르게 하기 위해 약물 투여와 같은 직접적 수단을 사용하는 적극적 안락사에 반대한다. 반면 을은 직접적 수단을 사용하는 적극적 안락사를 찬성한다.

오답피하기 ① 을이 부정의 대답을 할 질문이다. 을은 환자의 의사와 무관하게 시행되는 안락사를 허용해서는 안 된다고 본다.

③ 을이 부정의 대답을 할 질문이다. 을은 환자의 죽음을 인위적으로 앞당기는 적극적 안락사를 허용할 수 있다고 본다.

④ 갑, 을 모두 긍정의 대답을 할 질문이다. 갑, 을 모두 환자를 연명시킬 수 있는 행위를 하지 않는 소극적 안락사를 허용한다.

⑤ 갑, 을 모두 부정의 대답을 할 질문이다. 갑, 을 모두 연명 치료 중단에 대해 허용할 수 있다고 보는 입장이다.

6 예술에 대한 톨스토이의 입장 이해

문제분석 제시문은 톨스토이의 주장이다. 톨스토이는 예술이 인간 상호 간의 교류 수단이며, 모든 사람을 동일한 감정으로 통일하는 수단으로서 의미를 지닌다고 보았다.

정답찾기 ④ 톨스토이가 긍정의 대답을 할 질문이다. 톨스토이에 따르면 예술은 사람이 어떤 감정을 체험하여 이를 의식적으로 타인에게 전달하는 수단이 되는 인간의 작업이다.

오답피하기 ① 톨스토이가 부정의 대답을 할 질문이다. 톨스토이는 예술의 목적을 쾌락에 두는 입장에 대해 비판하였다.
② 톨스토이가 부정의 대답을 할 질문이다. 톨스토이는 도덕주의 사상가로서, 예술이 담고 있는 내용을 중요하게 여겼다.
③ 톨스토이가 부정의 대답을 할 질문이다. 톨스토이는 예술 활동을 인간이 타인의 마음에 감염될 수 있는 능력을 바탕으로 설명하기 때문에 예술의 감염성이 인간을 타락시킨다고 보지 않았다.
⑤ 톨스토이가 부정의 대답을 할 질문이다. 톨스토이는 예술이 주는 쾌락이 좋은 예술과 나쁜 예술을 구분하는 기준이라고 보지 않았다.

7 원조에 대한 싱어와 롤스의 입장 비교

문제분석 갑은 싱어, 을은 롤스이다. 싱어는 원조의 목적을 인류 전체의 행복 증진에 두어야 한다고 보았다. 반면 롤스는 원조의 목적을 원조 대상국의 사회 제도 개선에 두어야 한다고 보았다.

정답찾기 ㄱ. 싱어는 고통을 감소시키고 쾌락을 증진하는 것이 인류의 의무라고 보았으며, 빈곤을 방치하는 것은 인류 전체의 고통을 증가시키는 옳지 않은 행동이라고 보았다.
ㄴ. 롤스는 질서 정연한 사회가 부유한 사회일 필요는 없다고 주장하였다.
ㄷ. 롤스는 만민법에 순응하기를 거부하는 사회를 무법 국가로 정의하면서, 이러한 무법 국가들은 원조의 대상에 포함되지 않는다고 보았다.

오답피하기 ㄹ. 롤스에 따르면 원조의 의무는 분배 정의의 의무가 아니다. 사회 간의 자원의 차이가 한 사회가 경제적으로 어려운 여건에 처하는 근본적인 원인이 아니라고 보았기 때문이다.

8 국가에 대한 아리스토텔레스와 로크의 입장 비교

문제분석 갑은 아리스토텔레스, 을은 로크이다. 아리스토텔레스는 국가가 자연적으로 존재한다고 보았으며, 국가에 복종하는 것은 인간의 본성에 부합한다고 보았다. 반면 로크는 국가를 사회 계약으로 성립된 인위적인 산물로 보았다.

정답찾기 ㄱ. 아리스토텔레스는 인간이 정치적 동물로서 국가는 이러한 인간의 본성에 기반하여 자연스럽게 생겨났다고 보았다.
ㄴ. 로크는 시민이 사회 계약을 체결하는 이유가 개인의 생명, 자유, 재산을 보존하기 위해서라고 보았다.
ㄷ. 로크는 시민이 국가의 구성원이 되겠다는 명시적 동의를 하지 않았더라도, 국가의 영토를 소유하거나 혜택을 향유하고 있다면 묵시적 동의가 이루어진 것으로 보았다. 로크에 따르면 국가에 복종할 의무는 묵시적 동의로도 발생한다.

오답피하기 ㄹ. 로크는 사회 계약으로 형성된 국가가 시민의 생명과 자유와 재산을 침해하면 신탁을 위반한 것이므로 시민이 국가에 저

항할 수 있다고 보았다.

9 칸트의 영구 평화론 이해

문제분석 제시문은 칸트의 주장이다. 칸트는 국가가 도덕적 인격체이므로 다른 국가에 대해 자유의 상태에 있으며, 상비군은 조만간 완전히 폐지되어야 한다고 주장하였다.

정답찾기 ① 칸트는 모든 전쟁의 영원한 종식이 평화 조약으로 보장된다고 보지 않았다. 칸트에 따르면 평화 조약은 조약을 맺은 해당 국가 간의 전쟁을 종식시키는 것이며, 평화 연맹은 모든 전쟁을 영구히 종식하고자 한다.

오답피하기 ② 칸트는 국제법이 자유로운 국가들의 연맹 체제에 기초해야 한다고 주장하였다.
③ 칸트는 국가가 다른 나라와 전쟁하는 동안에 장래의 평화 시기에 상호 신뢰를 불가능하게 할 것이 틀림없는 적대 행위를 해서는 안 된다고 주장하였다.
④ 칸트는 영구 평화를 위한 예비 조항을 통해 현실적 정치권력 투쟁 속에서 전쟁을 유발하고 적의의 감정을 자극하는 모든 원인을 가능한 한 제거해야 한다고 주장하였다.
⑤ 칸트는 모든 국가를 독자적 권위와 권리를 지닌 자주적 인격체로 보고, 타국에 대한 폭력적인 간섭과 개입은 부당하다고 주장하였다.

10 형벌에 대한 칸트, 루소, 베카리아의 입장 비교

문제분석 (가)의 갑은 칸트, 을은 루소, 병은 베카리아이다. 칸트는 오직 보복법만이 형벌의 질과 양을 명확히 제시할 수 있다고 보고 살인범에 대한 사형 제도를 정당화하였다. 루소는 계약자가 살인을 저질렀다면 생명 보존을 위한 사회 계약을 파기한 것으로 보고 살인범에 대한 사형 제도를 정당화하였다. 베카리아는 공리주의 관점에서 형벌을 정당화하였으며, 사형을 한 사람의 국민에 대한 국가의 전쟁 선포라고 보고 사형 제도를 비판하였다.

정답찾기 ㄱ. 칸트만의 주장이다. 칸트는 응보주의 관점에서 형벌이 부과되어야 한다고 보았다.
ㄹ. 칸트, 루소, 베카리아가 모두 동의할 주장이다. 세 사상가 모두 살인범에 대한 형벌은 공정한 법률에 근거해 부과되어야 한다고 보았다.

오답피하기 ㄴ. 루소는 살인을 저지른 범죄자는 사회 계약의 위반자로서 국가로부터 추방되거나 아니면 공공의 적으로 사형에 처해 제거되어야 한다고 보았다.
ㄷ. 베카리아만의 주장이다. 베카리아는 인간의 행동을 순화시켜야 할 법률이 잔혹한 본보기를 증폭시켜서는 안 된다고 보면서, 사법적 살인은 신중하게 격식을 갖추고 집행되는 까닭에 사람들에게 훨씬 더 유해하다고 보았다.

11 요나스의 책임 윤리 이해

문제분석 제시문은 요나스의 주장이다. 요나스는 기술이 인간에게 가져올 위험에 대해 인식해야 한다고 주장하며 이에 대해 책임지려는 자세가 필요하다고 주장하였다. 요나스는 우리가 실제로 무엇을 보호해야 하는가를 알아내기 위해 도덕 철학은 공포를 논의의 대상으로 삼아야 한다고 주장하였다.

정답찾기 ㄱ. 요나스가 긍정의 대답을 할 질문이다. 요나스는 기술 문명이 초래한 위험을 극복하기 위해 미래 지향적인 책임 윤리가 필요하다고 주장하였다.

ㄴ. 요나스가 긍정의 대답을 할 질문이다. 요나스는 선을 탐구하는 데 악의 인식이 선의 인식보다 무한히 더 쉽고, 더 직접적이고 설득력 있다고 보았다.

오답피하기 ㄷ. 요나스가 부정의 대답을 할 질문이다. 요나스는 인류가 무한히 생존하기 위해서는 기술 권력의 한계를 짓는 것이 필요하다고 주장하였다.

ㄹ. 요나스가 부정의 대답을 할 질문이다. 요나스는 미래 지향적인 책임 윤리는 과거의 행위에 대한 사후적 책임에서 더 나아가 미래의 결과에 대한 사전적 책임까지 확장되어야 한다고 주장하였다.

12 정약용의 청렴 사상 이해

문제분석 제시문은 정약용의 주장이다. 정약용은 청렴이 목민관의 기본 임무이고, 모든 선의 원천이며, 모든 덕의 근본이라고 주장하면서 목민관이 청렴한 태도로 공익을 중시해야 한다고 주장하였다.

정답찾기 ③ 정약용은 목민의 소임을 잘 수행하려면 백성을 두려워하는 마음을 가지고 백성들에게 너그럽게 대해야 한다고 주장하였다.

오답피하기 ① 정약용은 공직자가 애민 정신을 바탕으로 백성을 다스려야 한다고 보았다.

② 정약용은 공직자가 청렴한 마음을 가지고 공익을 우선해야 한다고 보았다.

④ 정약용은 공직자가 백성을 대할 때 말과 행동을 신중하게 해야 하고, 백성을 편안하게 할 방책을 헤아리는 등 아랫사람을 배려하는 태도를 지녀야 한다고 주장하였다.

⑤ 정약용은 곤궁한 처지에 놓인 백성을 보살피는 것도 공직자의 역할이라고 보았다.

13 문화 산업에 대한 아도르노의 입장 이해

문제분석 그림의 강연자는 아도르노이다. 아도르노는 현대의 문화 산업이 자본에 종속되어 대중문화를 지배하고 소비자의 욕구를 조종하고 통제한다고 보았다.

정답찾기 ① 아도르노는 자본에 종속된 문화 산업이 소비자의 욕구를 만들어 내고 조종하고 교육시킨다고 보았다.

오답피하기 ② 아도르노는 문화 산업이 대중의 의식을 통제하며 무력화하여 주체성을 약화시킨다고 보았다.

③ 아도르노는 문화 산업이 자본에 종속되어 있으며 획일화된 대중문화를 양산한다고 보았다.

④ 아도르노는 문화 산업이 소비자가 상상하거나 반성할 여지를 남겨 두지 않는다고 보고, 대중이 적극적으로 사유하는 것을 불가능하게 한다고 보았다.

⑤ 아도르노는 문화 산업이 생산 방식의 표준화를 거쳐 획일화됨으로써 개별적인 미적 체험의 기회를 박탈한다고 보았다.

14 분배 정의에 대한 노직과 롤스의 입장 비교

문제분석 (가)의 갑은 노직, 을은 롤스이다. 노직은 재화의 취득과 이전의 과정이 정의롭다면 그 결과도 정의롭다고 보았다. 롤스는 원초적 입장에서 채택한 정의의 원칙에 따라 사회적 가치가 분배되어야 정의롭다고 보았다.

정답찾기 ⑤ 롤스가 긍정의 대답을 할 질문이다. 롤스는 최소 수혜자가 사회적 기본 구조 내에서 허용되는 불평등으로부터 이득을 얻을 수 있어야 한다고 주장하였다.

오답피하기 ① 노직은 부정, 롤스는 긍정의 대답을 할 질문이다. 노직은 사회 복지를 명목으로 국가가 과세하는 것은 개인의 자유를 필연적으로 침해한다고 보고 반대하였다.

② 노직과 롤스 모두 긍정의 대답을 할 질문이다. 노직과 롤스 모두 개인의 권리를 보호하고 정의를 실현하기 위한 국가의 역할을 인정하였다.

③ 노직이 부정의 대답을 할 질문이다. 노직은 재화 소유의 역사적 과정이 중요하다고 보았다.

④ 롤스가 부정의 대답을 할 질문이다. 롤스는 공정한 기회균등의 원칙이 차등의 원칙보다 우선적으로 보장되어야 한다고 주장하였다.

15 유전 공학에 대한 하버마스의 입장 이해

문제분석 제시문은 하버마스의 주장이다. 하버마스는 우생학 목적으로 자녀에 대한 유전자 간섭을 허용한다면 자유롭고 평등한 인격체들 사이에 성립하는 대칭적인 책임 묻기 관계가 제한될 수 있다고 보며, 우생학적 유전자 간섭에 반대하였다.

정답찾기 세 번째 입장. 하버마스는 자질 강화를 위한 유전적 간섭은 인간 종의 윤리적 자기 이해, 자율성과 평등성을 침해한다고 보았다. 네 번째 입장. 하버마스는 우연적 생식 과정의 조작 불가능성이 우리가 자신으로 있을 수 있음의 필연적 전제라 보면서, 출생에서 우연성의 조건이 인격체의 자유 확보의 조건이라고 보았다.

오답피하기 첫 번째 입장. 하버마스는 적극적 우생학이 자녀의 자율적인 삶을 저해하기 때문에 문제가 있다고 보며 반대하였다.

두 번째 입장. 하버마스는 부모가 자녀의 유전적 소질을 자신의 선호에 따라 디자인하는 권리를 지녀서는 안 된다고 주장하였다.

16 성에 대한 입장 비교

문제분석 갑은 성에 대한 중도주의 입장이고, 을은 성에 대한 보수주의 입장이다.

정답찾기 ② 중도주의 입장은 사랑이 없는 성은 도덕적으로 그르다고 본다. 따라서 타인의 선택권을 침해하지 않더라도 사랑이 없는 성 행위는 정당하지 않다.

오답피하기 ① 중도주의 입장에 따르면 사랑은 인간의 성이 특별한 가치와 존엄성을 가지도록 만들어 준다. 따라서 사랑 있는 성이 인격을 고양하는 결과를 가져올 수 있다.

③ 보수주의 입장은 오직 사랑하는 부부의 성행위만이 도덕적으로 허용될 수 있다고 본다.

④ 보수주의 입장에 따르면 결혼은 성으로 인한 사회적 혼란을 방지하고 사회적 안정을 유지하기 위한 제도이다.

⑤ 중도주의와 보수주의 입장은 모두 성행위의 도덕성 여부가 성적 쾌락의 유무에 달려 있지 않다고 본다.

17 기업의 사회적 책임에 대한 입장 비교

문제분석 갑은 프리드먼, 을은 애로우이다. 프리드먼은 사회에 대한 적극적 책임을 기업에 강요하는 것은 자유 시장 경제의 틀을 깨뜨리는 행위라고 비판하였다. 애로우는 기업이 적극적 책임을 수행하는 것이 기업의 장기적 이익 확보에 도움이 된다고 주장하였다.

정답찾기 ㄱ. 프리드먼은 사회에 대한 적극적 책임을 기업에 강요하는 것은 기업의 본질에 대한 무지에서 나온 것이라고 보았다.

ㄴ. 애로우는 기업이 기부, 환경 보호, 사회 복지 공헌과 같은 사회적으로 가치 있는 활동을 할 수 있는 경제 주체라고 보았다.

ㄹ. 프리드먼과 애로우는 모두 기업이 이윤을 추구하는 과정에서 법을 지켜야 한다고 주장하였다.

오답피하기 ㄷ. 애로우는 기업의 사회적 책임을 이윤 추구에 국한시키지 않았다.

18 시민 불복종에 대한 롤스와 싱어의 입장 비교

문제분석 갑은 롤스, 을은 싱어이다. 롤스는 공유된 정의관에 심각하게 위배되는 법률과 정책이 시민 불복종의 대상이라고 주장하였으며, 공유된 정의관 자체는 불복종의 대상이 될 수 없다고 보았다. 싱어는 공리주의 입장에서 시민 불복종이 산출할 이익과 손해를 계산해 보아야 한다고 주장하였으며, 한 사회 내에 공유된 정의관이 정의롭지 못하다면 공유된 정의관 자체에 대한 불복종도 가능하다고 보았다.

정답찾기 ② 롤스는 시민 불복종의 행위가 항의의 대상이 되고 있는 바로 그 법을 위반하라는 요구에만 국한되지 않는다고 보았다. 롤스는 직접적인 시민 불복종뿐만 아니라 간접적인 시민 불복종의 방식도 인정하였다. 그는 부정의하다고 간주되는 법이나 정책도 어기지 않아야 할 강력한 이유가 있다면 마땅히 그러한 고려를 해야 하며, 그 대신에 우리는 자신의 처지를 드러내는 방식으로서 다른 정당한 법을 어길 수 있다고 보았다.

오답피하기 ① 롤스는 시민 불복종이 매우 부정의한 입헌 체제에서는 성립할 수 없으며, 어느 정도 정의로운 국가 내에서 그 체제의 합법성을 인정하고 받아들이는 시민들에 의해서만 생겨난다고 보았다.

③ 싱어는 시민 불복종의 결과가 가져올 이익과 손해를 계산하여 시민 불복종의 여부를 결정해야 한다고 보았다.

④ 싱어는 시민 불복종이 다수를 강제하려는 시도가 아니라 다수의 진정한 의견이 반영되지 않은 사안을 설득하기 위한 시도로 이해하면서, 다수의 결정에 문제가 있다면 교정을 위한 시민 불복종은 정당화될 수 있다고 보았다.

⑤ 롤스와 싱어는 모두 사회적 부정의로 자유를 침해받아 온 소수자의 시민 불복종은 정당화될 수 있다고 보았다.

19 환경에 대한 테일러, 칸트, 레오폴드의 입장 비교

문제분석 (가)의 갑은 테일러, 을은 칸트, 병은 레오폴드이다. 테일러는 생명체가 목적론적 삶의 중심이라는 점에 근거해 생명 중심주의를 정당화하였다. 칸트는 이성이 결여된 동물을 잔학하게 다루는 것은 인간의 자기 자신에 대한 의무에 어긋난다고 주장하였다. 레오폴드는 생명 공동체의 온전함과 안정성, 아름다움을 보전하는 것이 윤리적이라고 보았다.

정답찾기 ② 칸트는 동물 학대가 인간의 도덕성에 도움이 되는 자연적 소질을 약화 또는 소멸시키기 때문에 옳지 않다고 보았다. 이와 달리 테일러는 동물이 내재적 가치를 지니므로 동물 학대는 옳지 않다고 보았고, 레오폴드는 생태계를 이루는 존재들의 권리를 인정하면서 동물 학대는 그르다고 보았다.

오답피하기 ① 칸트는 존엄성을 지닌 인간은 도덕적 고려의 대상이 된다고 보았다.

③ 레오폴드는 대지 이용 문제를 고려할 때 경제적 관점을 배제하지 않았다.

④ 레오폴드에 따르면 대지는 인간을 비롯한 자연의 모든 존재가 한데 어울려 살아가는 생명 공동체이다. 따라서 대지는 인간의 번영에 기여한 정도와 무관하게 그 자체로 가치를 지닌다.

⑤ 테일러는 자연의 모든 존재가 아니라 생명을 지닌 존재만이 도덕적 지위를 갖는다고 보았다.

20 통일에 대한 쟁점 이해

문제분석 (가)는 분단이 막대한 유·무형의 비용을 발생시키므로 분단 비용을 절감하고 국토를 효율적으로 이용하는 등 경제적 편익을 얻기 위해 통일이 이루어져야 한다고 본다. 이와 달리 (나)는 분단이 남북한 구성원들의 인간다운 삶을 저해하므로 북한 주민의 인권 신장, 한반도 평화 정착 등 인류의 보편적 가치 수호를 위해 통일이 이루어져야 한다고 본다.

정답찾기 ① (가)의 입장에 비해 (나)의 입장은 '통일이 가져올 경제적 편익을 강조하는 정도(X)'는 낮고, '통일이 세계 평화에 이바지함을 강조하는 정도(Y)'와 '통일을 통한 보편적 가치의 실현을 강조하는 정도(Z)'는 높다. 따라서 ㉠이 적절한 위치이다.

1 ⑤	2 ③	3 ②	4 ④	5 ④
6 ④	7 ③	8 ⑤	9 ③	10 ④
11 ④	12 ③	13 ④	14 ①	15 ①
16 ③	17 ④	18 ⑤	19 ②	20 ⑤

1 실천 윤리학과 메타 윤리학의 입장 비교

문제분석 제시문의 '나'는 실천 윤리학의 입장에서 윤리학은 도덕적 삶의 지침이 될 수 있는 적절한 윤리 이론을 실제 문제 상황에 적용해 구체적 대안을 모색하는 데 주력해야 한다고 본다. 반면에 '어떤 학자'는 메타 윤리학의 입장에서 윤리학은 도덕 언어의 의미를 분석하고, 도덕적 추론의 타당성 입증을 주된 목표로 해야 한다고 본다.

정답찾기 ⑤ 실천 윤리학의 입장에서는 메타 윤리학의 입장에 대해 도덕적 실천을 위한 도덕 이론의 실제 적용에 관심을 두어야 함을 간과하고 있다고 비판할 수 있다.

오답피하기 ① 메타 윤리학은 도덕적 추론이나 도덕 명제의 타당성 분석을 주요 과제로 삼는다.
② 도덕 언어의 의미를 명확하게 분석하는 데 주력해야 함을 강조하는 것은 메타 윤리학이다.
③ 현실적인 경험 세계 안에서 도덕 현상을 설명하는 데 주된 목표를 두는 것은 기술 윤리학이다.
④ 도덕적 풍습을 가치 중립적, 과학적으로 기술하는 것을 주된 목표로 두는 것은 기술 윤리학이다.

2 요나스의 책임 윤리 이해

문제분석 제시문은 요나스의 주장이다. 요나스는 책임의 범위를 현세대로 한정하는 기존의 전통 윤리로는 과학 기술 시대에 발생하는 문제를 해결하기 어렵다고 보고 윤리적 책임의 범위를 확대해 인간뿐만 아니라 자연, 그리고 미래 세대에 대한 책임까지 고려해야 한다고 보았다.

정답찾기 ③ 요나스는 책임질 수 있는 능력을 지녔다는 것 자체에서 책임을 져야 한다는 의무가 발생하는 것이므로 책임의 주체는 현세대여야 한다고 보았다.

오답피하기 ① 요나스는 현세대가 자신의 존재를 위해 미래 세대를 위태롭게 할 권리를 가지고 있는 것은 아니라고 보았다.
② 요나스는 현대 과학 기술의 발전과 변화에 비례해 인간의 책임도 확장되어야 한다고 보았다.
④ 요나스는 현대 기술의 힘이 인간의 통제 범위를 넘어서 있기 때문에 사고의 전환을 통한 새로운 윤리학이 필요하다고 보았다.
⑤ 요나스는 현대 기술이 미래에 어떤 결과를 가져올지 예측하기 어렵지만, 우리는 인간 삶의 미래의 가능성을 파괴하지 않도록 현대 기술이 초래할 수 있는 위험에 대한 윤리적 숙고가 필요하다고 보았다.

3 죽음에 대한 에피쿠로스와 장자의 입장 비교

문제분석 갑은 에피쿠로스, 을은 장자이다. 에피쿠로스는 인간이 살아 있는 동안에는 죽음을 경험하지 못하고, 죽은 후에는 의식과 감각

이 없기 때문에 죽음을 두려워할 필요가 없다고 보았다. 장자는 삶은 기가 모인 것이고 죽음은 기가 흩어진 것이라고 보았으며, 삶과 죽음을 분별하거나 차별하지 말아야 한다고 주장하였다.

정답찾기 ㄱ. 에피쿠로스는 인간의 불멸에 대한 욕망이 인간에게 고통을 준다고 보았다.
ㄹ. 에피쿠로스와 장자 모두 죽음에 대한 실상을 바르게 인식해야 불필요한 두려움에서 벗어날 수 있다고 보았다.

오답피하기 ㄴ. 에피쿠로스는 산 사람이나 죽은 사람 모두 죽음의 고통을 느낄 수 없다고 보았다.
ㄷ. 장자는 삶과 죽음을 사계절의 순환과 같이 자연스러운 것으로 보고 자연의 흐름에 순응하고 살아야 한다고 보았다.

4 엘리아데의 종교관 이해

문제분석 제시문은 엘리아데의 주장이다. 엘리아데는 성(聖)과 속(俗)이 분리되거나 단절되어 있지 않으며 일상적인 삶 자체가 언제든지 성스러움의 드러남, 즉 성현(聖顯)이 될 수 있다고 보았다. 즉 그는 성스러움과 세속적인 것이 조화롭게 공존한다고 강조하였다.

정답찾기 ④ 엘리아데에 따르면 종교적 인간은 이 세계가 항상 종교적 의미로 충만해 있으며, 성스러움이 다양한 양태로 나타나는 것을 발견할 수 있다.

오답피하기 ① 엘리아데는 종교적 인간에게 자연은 결코 단순히 자연적인 것이 아니라고 보았다.
② 엘리아데에 따르면 종교적 인간은 이 세계 안에 자신을 드러내는 절대적 실재가 있다고 믿는다.
③ 엘리아데에 따르면 종교적 인간은 자연을 항상 그것을 초월하는 무엇인가를 표현하는 것으로 여긴다.
⑤ 엘리아데에 따르면 종교적 인간은 우주가 신의 창조물이고 세계는 신들의 손으로 완성된 것이어서 성스러움으로 가득 차 있다고 본다.

5 평화에 대한 갈퉁의 입장 이해

문제분석 제시문은 갈퉁의 주장이다. 갈퉁은 직접적 폭력뿐만 아니라 구조적 폭력, 문화적 폭력이 서로 연관되어 있으며, 이러한 모든 폭력을 극복한 상태를 진정한 평화라고 보았다.

정답찾기 ㄱ. 갈퉁은 문화적 폭력이 언어, 예술, 종교 등에서 상징적 차원으로 발생한다고 보았다. 특히 그는 문화적 폭력이 모든 유형의 폭력을 합법화시킬 수 있다고 보았다.
ㄴ. 갈퉁은 구조적 폭력이 사회 구조적 차원에서 발생하는 것으로 인간의 잠재 능력을 충분히 실현할 수 없게 한다고 보았다.
ㄷ. 갈퉁은 폭력을 줄이는 것도 중요하지만, 폭력을 예방하는 것이 더 중요하다고 보았다. 전자는 소극적 평화를 목표로 하지만, 후자는 적극적 평화를 지향하는 것이기 때문이다.

오답피하기 ㄹ. 갈퉁은 반드시 평화적 수단을 통해 진정한 평화를 실현해야 한다고 보았다.

6 유행에 대한 지멜의 입장 이해

문제분석 그림의 강연자는 지멜이다. 지멜은 유행이 사회에 대한 의존 욕구와 개성을 표현하고 싶은 욕구를 동시에 충족시켜 주는 매우 독특한 현상이라고 보았다. 다시 말해 유행을 따르는 것은 자신도 주

변 사람들과 똑같이 행동하고 있다는 안도감을 얻으려는 심리와 유행에 따르지 않는 사람들과 구별되는 만족감을 얻으려는 심리가 복합적으로 얽혀 있다는 것이다.

(정답찾기) ④ 지멜이 부정의 대답을 할 질문이다. 지멜은 유행이 사회 계층의 구분 없이 동일한 방식으로 나타난다고 주장하지 않았다. 지멜에 따르면 유행은 자신보다 낮은 신분의 사람들에 대한 집단적 폐쇄성을 의미한다.

(오답피하기) ① 지멜에 따르면 유행은 동등한 위치에 있는 사람들 간의 결합, 개인들 간의 상호 작용이다.
② 지멜에 따르면 유행의 본질은 한 집단의 일부가 유행을 선도하고 집단 전체가 그 뒤를 따르는 것으로 인간 삶의 특징이다.
③ 지멜에 따르면 유행은 사회에 대한 의존 욕구를 표현하는 방식이다.
⑤ 지멜에 따르면 유행은 개인적인 차별화 경향이 드러나는 방식이다.

7 국가의 성립에 대한 홉스와 로크의 입장 비교

(문제분석) (가)의 갑은 홉스, 을은 로크이다. 홉스는 자연 상태를 전쟁 상태로 보고, 사회 구성원들이 이러한 전쟁 상태에서 벗어나기 위해 자신의 권리와 힘을 한 인간 또는 한 합의체에 양도함으로써 국가 권력이 발생한다고 보았다. 로크는 개인이 자신의 생명과 자유, 재산을 보호하기 위해 계약을 통해 자연권의 일부를 양도하여 국가를 형성하게 된다고 보았다.

(정답찾기) ㄴ. 홉스와 로크는 모두 인간이 자기 보존을 추구하는 욕구를 지닌 존재라고 보았다.
ㄷ. 홉스와 로크는 모두 사회 계약은 인간이 가진 이성의 능력에 근원을 두고 있다고 보았다.

(오답피하기) ㄱ. 홉스와 로크는 모두 인간은 자연 상태에서 개인의 안전을 보장받기 어렵다고 보았다.
ㄹ. 홉스는 소유권을 비롯한 옳고 그름, 정의와 부정의도 국가 성립 이후에 비로소 시작된다고 보았다. 반면 로크는 모든 인간이 자연법에 따른 자연권을 가지므로 개인의 자유, 생명, 소유물에 대한 권리는 자연 상태에서도 가진다고 보았다.

8 매킨타이어의 덕 윤리 이해

(문제분석) 제시문은 매킨타이어의 주장이다. 매킨타이어는 자신이 속한 공동체의 전통이 도덕적 출발점이 된다고 보았다. 그에 따르면 덕은 사회적 실천을 통해 획득되는 것으로 하나의 습득된 인간의 특성이다.

(정답찾기) ⑤ 매킨타이어에 따르면 개인은 공동체를 벗어나서 오직 개인의 자격으로는 선을 탐구할 수도 없고 덕을 실천할 수도 없다.

(오답피하기) ① 매킨타이어는 공동체의 삶 속에서 개인의 정체성이 형성된다고 보았다. 따라서 개인의 선과 공동체의 선이 서로 양립할 수 있다.
② 매킨타이어에 따르면 개인은 서사적 존재이므로 개인의 이야기는 공동체 이야기 속의 일부분이다.
③ 매킨타이어는 공동체를 단순한 개인의 집합체로 간주할 수 없다고 보았다.
④ 매킨타이어는 덕이 타고난 것이 아니라 하나의 습득된 인간의 성질이라고 보았다.

9 해외 원조에 대한 싱어와 롤스의 입장 비교

(문제분석) (가)의 갑은 싱어, 을은 롤스이다. 싱어는 이익 평등 고려의 원칙에 따라 모든 사람의 고통을 감소시키고 행복을 증진하기 위해 가난과 기아로 고통받는 사람들을 도와야 한다고 보았다. 롤스는 인권이 제도적으로 보장되고 정의와 안정성을 기반으로 하는 질서 정연한 사회로 이행할 수 있도록 돕는 것이 윤리적 의무라고 보았다.

(정답찾기) ㄴ. 싱어가 긍정의 대답을 할 질문이다. 싱어는 효율성의 원리에 근거해, 원조를 통해 얻는 이익보다 원조의 비용이 더 클 경우 원조하지 않을 수 있다고 보았다.
ㄷ. 싱어가 긍정의 대답을 할 질문이다. 싱어는 원조를 실행할 때 원조 대상뿐만 아니라 원조 주체의 쾌락과 고통도 고려해야 한다고 보았다.

(오답피하기) ㄱ. 롤스가 긍정의 대답을 할 질문이다. 롤스는 원조를 통해 고통받는 사회의 사람들, 특히 여성의 인권이 향상되는 데 기여할 수 있다고 보았다.
ㄹ. 롤스가 부정의 대답을 할 질문이다. 롤스는 만민법에서 국가는 원조의 의무를 져야 한다고 보았다.

10 아퀴나스의 사상적 입장 이해

(문제분석) 제시문은 아퀴나스의 주장이다. 아퀴나스는 자연법의 내용을 구성하는 인간의 자연적 성향으로 자기 보존, 종족 보존, 신과 사회에 대한 진리 파악을 제시하였다. 그는 자연법의 근거가 우주에 질서를 부여하는 영원법이며, 인간이 영원법에 참여하는 것이 다름 아닌 자연법이라고 강조하였다. 또한 그는 자연법의 원리로부터 구체적인 도덕 규칙을 이끌어 낼 수 있다고 보았다.

(정답찾기) ㄴ. 아퀴나스는 자연법의 제1계명이 "선을 추구하고 악을 피해야 한다."임을 강조하며 선을 추구하고 악을 피하는 것은 인간의 기본적인 성향이라고 보았다.
ㄷ. 아퀴나스는 자연법을 우리의 본성 안에 있는 일련의 성향으로서 우리 자신을 실현하고 완전하게 하려면 우리는 자연법에 따라야 한다고 보았다.

(오답피하기) ㄱ. 아퀴나스는 인간과 동물이 자기 보존과 종족 보존이라는 공통된 본성, 공통된 자연적 성향을 가진다고 보았다.

11 분배 정의에 대한 롤스와 노직의 입장 비교

(문제분석) 갑은 롤스, 을은 노직이다. 롤스는 원초적 입장에서 무지의 베일을 쓴 계약 당사자들에 의해 도출된 정의의 원칙에 따라 사회적 가치가 분배될 때 정의가 실현될 수 있다고 보았다. 노직은 소유 권리론이 역사적이라고 보고, 취득과 이전의 과정에서 부정의가 발생하지 않았다면 그 소유는 정당하다고 보았다.

(정답찾기) ④ 노직은 천부적 재능의 차이에 의한 불평등을 교정하는 국가의 개입이나 국가 차원의 재분배는 부당하다고 보았다.

(오답피하기) ① 롤스는 원초적 입장의 당사자들은 상호 간의 이해관계에 관심이 없다고 보았다. 당사자들은 상호 간에 이익을 주려고 하거나 손상을 끼치려 하지도 않으며, 서로 질투하거나 잘난 체하지도 않는다고 보았다.
② 롤스에 따르면 천부적으로 타고나는 것은 정의롭다거나 부정의하다고 할 수 없는 단지 자연적인 사실에 불과하다.

③ 노직은 생산물을 수탈하거나 타인의 물건을 훔치는 것과 같은 불의가 발생하는 경우 교정의 원리에 따라 소유 권리가 부여될 수 있다고 보았다.

⑤ 롤스와 노직 모두 정의의 원칙을 통해 정당화 가능한 경제적 불평등이 존재한다고 보았다.

12 시민 불복종에 대한 롤스의 입장 이해

문제분석 제시문은 롤스의 주장이다. 롤스는 시민 불복종이 거의 정의로운 사회에서 부정의한 법과 정책의 변화를 위해 행해지는 의도적인 위법 행위라고 보고, 다수에 의해 공유된 정의관이 시민 불복종의 기준이 되어야 한다고 보았다.

정답찾기 ㄱ. 롤스는 시민 불복종의 성공 가능성을 고려해야 한다고 보았다.

ㄷ. 롤스가 긍정의 대답을 할 질문이다. 롤스는 헌법의 근거 원리이자 해석하는 기준인 공유된 정의관에 따라 시민 불복종이 행해져야 한다고 보았다.

ㄹ. 롤스는 사람들이 직접적인 시민 불복종이라 부르는 것뿐만 아니라 간접적인 시민 불복종이라 하는 것까지도 고려해야 한다고 보았다. 때로는 부정의하다고 간주되는 법이나 정책도 어기지 않아야 할 강력한 이유가 있기 때문이다.

오답피하기 ㄴ. 롤스가 부정의 대답을 할 질문이다. 롤스는 평등한 자유의 원칙이나 공정한 기회균등의 원칙을 위반한 모든 법이나 정책이 아니라 이를 심각하게 위반한 법이나 정책이 시민 불복종의 대상이 된다고 보았다.

13 베버와 마르크스의 직업관 비교

문제분석 갑은 베버, 을은 마르크스이다. 베버는 금욕, 성실, 절제의 덕목을 강조하는 프로테스탄트 윤리가 이윤 추구나 부의 축적을 정당화하고 나아가 자본주의 발전에 기여했다고 보았다. 마르크스는 자본주의 사회에서 노동자는 자본의 지배와 분업에 따라 단순한 기계의 부속품이 되어 강제적인 노동에 시달리게 되고, 결국 비인간화와 소외의 길을 걷게 된다고 비판하였다.

정답찾기 ④ 마르크스에 따르면 자본주의 체제에서는 자발적인 노동을 통해 자아실현을 이룰 수 없다. 자본주의에서의 노동은 자발적인 것이 아니라 강제된 것이기 때문이다.

오답피하기 ① 베버에 따르면 프로테스탄트는 직업적 성공이 구원의 징표라고 본다.

② 베버에 따르면 프로테스탄트에게 직업 노동은 영광스러운 신의 명령이므로 직업 노동에서 게으르고 나태한 행위는 신의 영광을 해치는 행위이다.

③ 마르크스는 자본주의에서 노동자는 자본가에게 예속되어 자기 본질을 실현할 수 없으며 이로 인해 인간 소외가 나타난다고 보았다.

⑤ 베버와 마르크스 모두 개인의 노동이 단순히 생계유지 수단의 의미만을 가지는 것은 아니라고 보았다.

14 기술에 대한 하이데거의 입장 이해

문제분석 제시된 가상 편지는 하이데거의 주장이다. 하이데거는 기술을 가치 중립적인 것으로 여길 경우 인간은 무방비 상태로 기술에 내맡겨진다고 보았다.

정답찾기 ㄱ. 하이데거는 기술이 인간의 삶에 유용한 도구가 될 수 있다고 보았다. 다만 기술을 가치 중립적인 것으로만 보는 것에 대해 반대하였다.

ㄴ. 하이데거는 기술을 가치 중립적으로 볼 것이 아니라 인간의 삶에 미치는 영향에 대한 반성적 성찰이 필요하다고 보았다.

오답피하기 ㄷ. 하이데거는 인간이 기술을 어떻게 사용하느냐에 따라 인간의 삶이 행복해질 수도 있고 불행해질 수도 있다고 보았다.

ㄹ. 하이데거는 기술이 가치 판단과 무관한 사실의 영역일 뿐이라고 주장하지 않았다. 그는 기술을 가치 중립적으로 여겨서는 안 된다고 보았다.

15 칸트와 모겐소의 입장 비교

문제분석 갑은 칸트, 을은 모겐소이다. 칸트는 개별 국가가 공화제를 도입하고, 국가 간에 보편적 우호 관계에 따라 국제법을 적용하는 국제 연맹을 창설함으로써 영구 평화가 달성될 수 있다고 보았다. 모겐소는 세력 균형을 통해 국가 간의 평화 상태 유지가 가능하다고 보았다.

정답찾기 ① 칸트는 국가 간의 분쟁 중단이 영원한 평화 실현을 보장하는 것은 아니라고 보았다.

오답피하기 ② 칸트는 영원한 평화 실현을 위한 예비 조항에서 방어 전쟁은 허용되지만 정복 전쟁을 해서는 안 된다고 보았다.

③ 모겐소는 세력 균형을 통해 국가 간의 일시적인 평화 유지는 가능하지만, 모든 분쟁이 없는 영구적인 평화 실현이 가능하다고 주장하지는 않았다.

④ 모겐소는 국제 정치에서도 권력 투쟁이 발생한다고 보았으며, 협상과 타협, 국제법을 통해 평화를 실현해야 한다고 주장하지 않았다.

⑤ 칸트는 평화 조약을 통해 국가 간 전쟁을 중단시킬 수는 있지만 영원한 평화를 보증할 수는 없다고 보았다.

16 예술에 대한 와일드와 칸트의 입장 비교

문제분석 갑은 와일드, 을은 칸트이다. 와일드는 예술이 사회적 유용성이나 도덕적 효과와 무관하게 예술 그 자체로 가치를 지닌다고 보았다. 칸트는 미(美)의 판단과 선(善)의 판단은 각기 고유성과 독자성을 지니고 있지만 형식에서 유사하므로 상징의 관계로 볼 수 있다고 주장하였다.

정답찾기 ③ 칸트는 미적 판단과 도덕 판단의 형식이 유사하다고 보았다. 즉 미적 판단과 도덕 판단 모두 이해관계에서 벗어난 태도를 반영하고 있고, 보편적인 만족의 감정을 연출한다고 보았다.

오답피하기 ① 와일드는 예술 지상주의 입장에서 예술은 예술 그 자체의 아름다움을 추구해야 한다고 보았다.

② 와일드는 예술가에게 윤리적 동정심은 용서받을 수 없는 매너리즘이므로 불필요하다고 보았다.

④ 칸트는 미를 추구하는 행위가 도덕성 촉진에 기여할 수 있고, 미와 도덕적 선이 서로 조화를 이룰 수 있다고 보았다.

⑤ 와일드와 칸트 모두 예술과 도덕은 고유성과 독자성을 가진다고 보았다.

17 형벌에 대한 칸트와 베카리아의 입장 비교

문제분석 갑은 칸트, 을은 베카리아이다. 칸트에 따르면 형벌은 오직 범죄를 저질렀기 때문에 그 범죄에 대한 응당한 보복으로써 집행되어야 하며, 그것이 공적인 정의 실현이다. 베카리아는 사형 제도가 범죄 예방 효과가 적으며, 공공복리에 필요한 정도를 넘어서는 모든 형벌은 그 자체로 부정의하다고 보았다.

정답찾기 ④ 칸트는 긍정, 베카리아는 부정의 대답을 할 질문이다. 칸트는 살인자에게 사형을 집행하는 것이 살인자의 인격을 존중하는 형벌이 된다고 보았다. 반면에 베카리아는 사형이 사회 계약의 내용에 포함될 수 없을 뿐만 아니라 살인자의 인격을 존중하는 형벌이라고 주장하지 않았다.

오답피하기 ① 칸트가 부정의 대답을 할 질문이다. 칸트는 사형이 공적 정의를 실현하는 데 기여한다고 보았다.
② 베카리아가 긍정의 대답을 할 질문이다. 베카리아는 형벌이 범죄 예방이라는 사회적 선을 증진하기 위한 수단이 된다고 보았다.
③ 베카리아가 긍정의 대답을 할 질문이다. 베카리아는 단 한 명의 범죄자를 통해서도 일반인들에게 유익하고 지속적인 본보기를 제공할 수 있다고 보았다.
⑤ 칸트가 부정의 대답을 할 질문이다. 칸트는 범죄자도 결코 타인의 의도를 위한 수단으로만 취급되어서는 안 된다고 보았다.

18 거주에 대한 볼노브의 입장 이해

문제분석 제시문은 거주에 대한 볼노브의 주장이다. 볼노브에 따르면 집은 안식을 누리고 외부 세계로부터 자신을 지키고 보호하면서 인간의 본질적인 삶을 가능하게 하는 공간이며, 인간 삶의 중심이 된다.

정답찾기 ㄴ. 볼노브에 따르면 주거는 인간의 삶을 위한 기본 바탕이다. 따라서 인간은 어떤 특정한 장소(자리)에 정착하여 거주할 공간인 집을 필요로 한다.
ㄷ. 볼노브에 따르면 인간이 거주한다는 것은 단순히 집에 산다는 것에 한정되지 않고, 공간에 처한 인간의 상황과 심정, 공간에 대한 인간의 관계 전체를 의미한다.
ㄹ. 볼노브에 따르면 인간은 공공의 영역과 분리된 사적인 영역을 확보하고 있을 때 자신의 본질을 실현할 수 있고, 자기 삶의 중심인 집에서의 체험을 통해 세상으로 나아갈 수 있다.

오답피하기 ㄱ. 볼노브에 따르면 인간이 거주할 수 있으려면 임시로 아무 곳에나 정착하는 것으로는 충분하지 않으며, 거주를 위해 자신의 각별한 노력이 필요하다.

19 환경에 대한 칸트, 테일러, 레오폴드의 입장 비교

문제분석 (가)의 갑은 칸트, 을은 테일러, 병은 레오폴드이다. 칸트는 이성은 없지만 생명이 있는 일부 피조물과 관련하여 동물을 폭력적으로 그리고 동시에 잔학하게 다루는 것은 인간의 자기 자신에 대한 의무에 위배된다고 보았다. 테일러는 모든 생명체가 목적론적 삶의 중심으로 고유의 선을 지니며, 인격체와 다름없는 내재적 가치를 지니므로 도덕적으로 고려되어야 한다고 보았다. 레오폴드는 생명 공동체 전체를 도덕적 고려의 대상으로 여겨야 한다고 보았다.

정답찾기 ② 테일러는 칸트와 달리 인간 이외의 동물이나 식물 같은 비이성적 개체도 내재적 가치를 지닌다고 보았다. 따라서 테일러가

칸트에게 제기할 비판으로 적절하다.

오답피하기 ① 칸트는 이성적 존재인 인간은 인간에 대한 의무를 가질 뿐 다른 존재자에 대한 의무를 지니지 않는다고 보았다. 따라서 칸트가 테일러와 레오폴드에게 제기할 비판으로 적절하지 않다.
③ 레오폴드는 옳고 그름의 기준이 공동체를 구성하는 구성원들의 이익이나 손해가 아니라 생명 공동체 전체에 이득이 되느냐 해가 되느냐에 달려 있다고 보았다. 따라서 레오폴드가 테일러에게 제기할 비판으로 적절하지 않다.
④ 테일러와 레오폴드 모두 인간이 생태계의 다양한 구성원 중 하나에 불과하다고 보았다. 따라서 테일러가 레오폴드에게 제기할 비판으로 적절하지 않다.
⑤ 칸트는 자연 중에 생명이 없음에도 아름다운 것들을 함부로 파괴하는 것은 인간의 자기 자신에 대한 의무에 반한다고 보았다. 따라서 레오폴드가 칸트에게 제기할 비판으로 적절하지 않다.

20 니부어의 사상 이해

문제분석 제시문은 니부어의 주장이다. 니부어는 인간이 본래 이기적 충동과 이타적 충동을 모두 가지고 있으며, 이기적 충동은 집단 속에서 더 쉽게 드러난다고 보았다. 그는 사회 정의 실현을 위해서는 선의지의 통제를 받는 외적 강제력이 필요하다고 보았다.

정답찾기 ⑤ 니부어는 집단의 이기심이 비정상적으로 확장될 경우, 이에 맞서는 다른 집단들의 이기심에 의해서만 견제될 수 있다고 보았다. 따라서 니부어는 사회 정의 실현에 집단 간 이기심의 충돌이 도움이 될 수 있다고 보았다.

오답피하기 ① 니부어는 어떤 집단적 힘이 약자를 착취할 때, 대항 세력이 견제하지 않는 한 그 힘은 사라지지 않을 것이라고 보았다. 니부어는 집단 간의 관계는 지극히 정치적이므로 항상 윤리적인 것은 아니라고 보았다.
② 니부어는 개인들의 이기적 충동이 공통된 충동으로 결합되어 집단의 이기적 충동으로 나타날 때에는 외적 강제력을 통해 사회적으로 억제할 수 있다고 보았다.
③ 니부어는 집단 간 세력 불균형이 집단 간 갈등의 원인이라고 보았다.
④ 니부어는 인간 사회가 아무리 집단 간의 협력의 범위를 확대하더라도 집단 간의 갈등과 분쟁은 불가피하다고 보았다.

1 ②	2 ③	3 ②	4 ②	5 ④
6 ③	7 ①	8 ②	9 ②	10 ③
11 ③	12 ②	13 ①	14 ④	15 ①
16 ⑤	17 ⑤	18 ④	19 ③	20 ⑤

1 이론 윤리학과 실천 윤리학의 입장 이해

문제분석 (가)는 이론 윤리학, (나)는 실천 윤리학의 입장이다. 이론 윤리학은 도덕적 행위의 근거가 되는 도덕 원리에 대해 주로 탐구하며, 실천 윤리학은 이러한 도덕 원리를 구체적인 도덕 문제에 적용하여 실천적 삶의 지침을 찾는 일에 집중한다.

정답찾기 ② 이론 윤리학과 실천 윤리학 모두 규범 윤리학에 속하므로 도덕 문제 해결을 위한 실천 방안과 관련된 규범적 탐구를 중시한다. 규범 윤리학은 도덕 원리에 대한 탐구에 관심을 갖는다.

오답피하기 ① 기술 윤리학은 도덕규범에 대해 실증적·경험적 탐구를 하며, 이를 바탕으로 근본 배경이 되는 원인과 결과를 기술하려고 한다.
③ 메타 윤리학은 도덕 용어와 개념에 대한 과학적이고 분석적인 작업 수행을 강조한다.
④ 기술 윤리학은 도덕규범을 사실과 현상의 관점에서 가치 중립적으로 바라보고 기술하는 것을 중시한다.
⑤ 메타 윤리학은 윤리학이 학문적으로 성립할 수 있는지를 밝히고자 하며, 도덕적 언어의 의미 분석을 중시한다.

2 죽음에 대한 에피쿠로스와 플라톤의 입장 비교

문제분석 갑은 에피쿠로스, 을은 플라톤이다. 에피쿠로스는 쾌락이 좋다는 점을 증명할 필요 없는 명백한 사실로 보았으며, 행복한 삶의 시작을 쾌락으로 보았다. 플라톤은 철학적 영혼을 지닌 사람은 죽음을 연습해 온 사람이며, 죽음이 왔을 때 기쁜 마음을 가질 만한 이유를 지닌 사람이라고 보았다.

정답찾기 ㄴ. 플라톤은 철학에 전념해 온 사람, 즉 철학적 영혼을 지닌 사람은 죽음 이후에 자신이 바라던 지혜를 얻을 수 있을 것이라는 희망을 품는다고 보았다.
ㄷ. 플라톤에 따르면 영혼은 죽음을 통해 육체의 구속에서 해방되며 자유를 얻게 된다. 그는 육체로부터 영혼의 분리를 자유로 보았고, 이를 죽음과 관계지어 파악하였다.

오답피하기 ㄱ. 에피쿠로스는 정신과 육체에서 번뇌와 고통이 없는 상태를 순수 쾌락이라고 보았으며, 이러한 상태를 삶 속에서 실현할 수 있다고 보았다.
ㄹ. 플라톤에 따르면 인간의 영혼은 신적인 것을 닮았고, 육체는 사멸할 것을 닮았으므로 영혼은 죽음을 통해 순수하고 영원하며 참된 세계로 들어가게 된다.

3 예술에 대한 순자와 묵자의 입장 비교

문제분석 갑은 순자, 을은 묵자이다. 순자는 올바른 음악은 국가의 구성원들을 서로 화합하게 하고, 사람들의 성정(性情)을 교화하는 데에도 도움이 된다고 보았다. 묵자는 음악이 백성들의 생산 활동에 방해되고, 재물을 낭비하게 하여 백성의 삶에 이익보다 해악이 많으므로 통치 수단으로 적절하지 않다고 보았다.

정답찾기 ② 순자와 묵자 모두 긍정의 대답을 할 질문이다. 순자는 사람에게 즐기는 감정은 없을 수 없으며, 즐거우면 음악으로 나타난다고 보았다. 묵자는 음악이 사람을 즐겁게 만들지만, 음악에 빠지면 자기 일에 전념하지 못하게 된다고 보았다.

오답피하기 ① 순자는 올바른 음악이 사람의 마음과 행동을 바로잡아 주고, 사악한 기운이 스며들지 못하게 하는 역할을 한다고 보았다.
③ 순자는 음악이 정치·사회적 질서를 바로잡고, 백성의 마음과 행동을 바르게 교화하기 위해 필요하다고 보았다.
④ 순자는 음악이 신분을 화합하게 해 주고, 천하의 질서를 바로잡는 데 도움이 된다고 보았다.
⑤ 순자는 사회의 신분에 따라 음악도 그에 어울려야 한다고 보았다.

4 원조에 대한 싱어와 롤스의 입장 비교

문제분석 갑은 싱어, 을은 롤스이다. 싱어는 원조를 공리주의 입장에 기초해 주장하였다. 그는 고통을 감소시키고 쾌락을 증진하는 것이 인류의 의무라고 보았다. 롤스는 원조의 의무가 정의롭고 자유적인 기본 제도나 적정 수준의 제도를 모든 사회가 갖출 때까지 유효하다고 보았다. 그는 원조의 의무에 기본적 필요의 충족과 인권의 보호가 포함된다고 보았다.

정답찾기 ㄱ. 싱어는 원조와 관련해 결국에 가서 극단적 빈곤을 감소시킬 전망을 전혀 갖고 있지 못하고, 오히려 증가시킬 수도 있는 전망을 갖는 경우, 그와 같은 나라를 원조할 책무는 없다고 보았다.
ㄷ. 롤스에 따르면 질서 정연한 만민은 무법 국가들이 자신들의 방식을 바꾸도록 압력을 행사할 수 있고, 경제적 원조 등을 확실히 거부할 수 있다.

오답피하기 ㄴ. 롤스는 사회 간의 부와 복지 수준이 다양할 수 있으므로 이들 사회의 부와 복지 수준을 조정하는 것은 원조의 목표가 되지 않는다고 보았다.
ㄹ. 싱어는 원조와 관련해 절대 빈곤에 의한 고통의 감소와 인류의 복지 증진을 강조한 반면, 롤스는 지구적 분배 정의 실현이 아니라 사회의 정의 실현에 초점을 맞춘 원조를 강조하였다.

5 형벌에 대한 베카리아와 루소의 입장 비교

문제분석 (가)의 갑은 베카리아, 을은 루소이다. 베카리아는 사회 계약의 관점에서 살인자에 대한 사형은 정당하지 않으므로 종신 노역형으로 대체할 것을 주장하였다. 반면 루소는 우리가 살인자에 대해 사형을 승인한 것은 우리가 그와 같은 살인자에게 희생되지 않기 위해서라고 주장하였다. 루소는 살인자에 대한 사형을 사회 계약론의 관점에 기초해 정당화하였다.

정답찾기 ④ 베카리아는 범죄의 진정한 척도를 범죄자의 의도가 아니라 사회에 끼친 해악이라고 보았다.

오답피하기 ① 베카리아는 살인자에 대한 사형을 반대하였다.
② 베카리아와 루소 모두 살인자에게 사형을 대체할 형벌이 있다고 보았다. 베카리아는 사형 반대와 함께 종신 노역형을, 루소는 사형 이외에 추방령을 제시하였다.

③ 베카리아는 사회적 신분(최상급 시민이나 최하급 시민)에 따른 차등 없이 동등하게 처벌받아야 한다고 보았다.

⑤ 루소는 살인자에게 사형이냐 종신형이냐의 선택권이 없으며, 사형 또는 추방형이 가능하다고 보았다.

6 국제 정치에 대한 모겐소의 입장 이해

문제분석 제시문은 모겐소의 주장이다. 모겐소에 따르면 권력에 대한 열망은 모든 정치 현상에 공통적이며, 그런 점에서 국제 정치는 필연적으로 권력 정치이다.

정답찾기 ㄱ. 모겐소에 따르면 국내 정치와 국제 정치는 권력 투쟁이라는 동일한 현상이 다른 형태로 나타나는 것이다.

ㄴ. 모겐소는 세력 균형이 성공적으로 작동하는 한, 국가 간 관계는 불안하게나마 안정된 상태를 조성한다고 보았다. 성공적인 세력 균형은 한 국가가 타국의 지배를 받지 않도록 해 준다.

오답피하기 ㄷ. 모겐소는 국제법의 실효적 구속력의 한계를 인정하면서도, 일반적으로 모든 국가는 국제법 규범을 강제 조치 없이도 잘 준수한다고 보았으며, 그렇게 하는 것은 자국의 이익 때문이라고 보았다.

7 직업에 대한 공자와 플라톤의 입장 비교

문제분석 갑은 공자, 을은 플라톤이다. 공자는 이상적인 사회의 실현을 위해서는 사회 구성원들이 자신의 지위와 신분에 맞는 책임과 역할을 충실히 수행하는 것, 즉 정명(正名)의 실천이 필요하다고 보았다. 플라톤은 이상적인 사회의 실현을 위해서는 국가 공동체의 세 계층이 각자 직분을 충실히 수행하며, 서로의 역할에 간섭하지 않고 조화를 이루는 것이 필요하다고 보았다.

정답찾기 ㄱ. 공자는 수기안인(修己安人), 그리고 백성들에게 널리 베풀고, 백성들의 삶이 안정되도록 해야 한다고 주장하였다.

ㄴ. 공자는 임금과 신하, 백성 등 각각의 사회적 신분에 어울리는 덕(德)이 있고, 공통적으로 갖추어야 할 덕, 예를 들어 인(仁)과 예(禮), 충(忠)과 서(恕) 등이 있다고 보았다.

오답피하기 ㄷ. 플라톤은 국가를 구성하는 세 계층이 각각의 덕을 갖추어야 하며, 세 계층 모두 공통적으로 '절제'의 덕을 갖추어야 한다고 보았다.

ㄹ. 공자와 플라톤 모두 국가의 정의로움은 각자가 사회적 신분과 지위에 맞는 역할을 충실히 수행함으로써 실현될 수 있다고 보았다.

8 시민 불복종에 대한 싱어와 롤스의 입장 비교

문제분석 갑은 싱어, 을은 롤스이다. 싱어는 공리주의 입장에서 시민 불복종이 산출할 이익과 손해를 계산해 보아야 한다고 주장하였다. 롤스는 시민들 다수에 의해 공유되고 있는 정의감이 시민 불복종의 정당화 근거가 된다고 주장하였다.

정답찾기 ② 싱어에 따르면 시민 불복종은 다수를 강제하려는 물리적 행위가 아니라 민주주의적 의사 결정을 복원하려는 시도이다.

오답피하기 ① 싱어는 시민 불복종 행위가 법에 대한 존중심의 감소를 가져올 수 있다고 보았다.

③ 롤스에 따르면 시민 불복종은 사회적 다수에 의해 공유된 정의관이 불복종의 기준이 된다. 따라서 시민 불복종은 공중의 정의감에 의

해 규제되는 사회에서 일어날 수 있다.

④ 롤스는 평등한 기본적 자유를 침해하거나 박탈할 목적으로 제정된 세제법은 시민 불복종의 대상이 될 수 있다고 보았다.

⑤ 싱어와 롤스 모두 시민 불복종 참여자는 불복종 행위에 수반되는 법적 처벌을 감수한다고 보았다.

9 기술의 발전에 대한 요나스와 베이컨의 입장 비교

문제분석 갑은 요나스, 을은 베이컨이다. 요나스는 지구 생태계와 그 안에서 존재하는 모든 생명체들이 인간의 부당한 침해로 훼손될 가능성에 직면해 있다고 보았다. 이에 기초해 그는 인간은 자연이 생명체들에게 허용한 것, 즉 생명체들의 고유한 목적 자체를 존중하지 않으면 안 된다고 주장하였다. 반면 베이컨은 실험과 관찰에 의한 새로운 발견을 강조하였으며, 이를 통해 기술의 발전에 따른 이상 사회의 실현을 추구하였다.

정답찾기 ② 요나스는 책임의 본질적 속성을 기술 진보에 의한 '공포'에서 찾은 반면, 베이컨은 기술 진보에 의한 이상 사회를 추구하였으므로 요나스가 베이컨에게 제기할 비판으로 적절하다.

오답피하기 ① 베이컨은 기술 진보에 의한 낙관적 미래를 주장한 반면, 요나스는 기술에 대한 비판적 성찰을 주장하였으므로 요나스가 베이컨에게 제기할 비판으로 적절하지 않다.

③ 요나스는 기술에 대한 윤리적 성찰을 주장한 반면, 베이컨은 기술 낙관주의를 주장하였으므로 요나스가 베이컨에게 제기할 비판으로 적절하지 않다.

④ 베이컨은 기술 진보에 의한 이상 사회를 주장하였으므로 요나스가 베이컨에게 제기할 비판으로 적절하지 않다.

⑤ 요나스는 생명 공학 관련 기술이 가져올 인류의 미래에 대해 비판적 성찰을 강조하였으므로 기술 중심의 이상 사회를 주장하는 베이컨에게 제기할 비판으로 적절하지 않다.

10 통일에 관한 접근 방식 이해

문제분석 갑은 통일에 관한 접근 방식으로 정치적·군사적 결단, 즉 일괄적 타결 방식을 우선해야 한다고 주장한다. 반면 을은 사회적·정치적·문화적 분야, 즉 비정치적 분야에서 교류와 협력이라는 점진적이고 단계적 방식을 우선해야 한다고 주장한다.

정답찾기 ③ 남북의 통일을 위해서 갑은 남북 간 정치적 통합에 기초해 정서적 통합으로 나아가야 한다고 보는 반면, 을은 비정치적 분야에서 교류와 협력을 우선해야 한다고 본다.

오답피하기 ① 비정치적 분야에서 교류와 협력의 확산이 남북 간 정치적 분야의 통합에 도움이 될 수 있다고 보는 것은 을의 입장이다.

② 통일을 위한 접근 방식으로 군사적 타결보다 단계적·점진적 접근을 강조하는 것은 을의 입장이다.

④ 민족 간 심리적·문화적 통합에 기초해 정치적 통합으로 나아가야 한다고 보는 것은 을의 입장이다.

⑤ 통일을 위한 접근 방식으로 정치 체제의 통합보다 예술과 학술 교류 등 비정치적 분야의 교류를 강조하는 것은 을의 입장이다.

11 합리적 소비와 윤리적 소비에 대한 이해

문제분석 (가)는 합리적 소비, (나)는 윤리적 소비의 입장이다. 합리

적 소비는 소비에 따른 기회비용과 만족감을 고려하여 가장 편익이 큰 대안을 선택하는 소비 행위를 주장한다. 윤리적 소비는 소비자가 상품이나 서비스를 구매할 때, 원료의 생산과 처리, 유통 등 모든 과정이 소비와 연결되어 있다는 것을 인식하고 윤리적 판단에 따라 소비 행위를 결정할 것을 강조한다.

(정답찾기) ③ (나)는 윤리적 소비를 주장하므로 소비 행위에서 고려해야 할 요소로 소비 주체의 경제력만이 아니라 재화의 생산과 유통 과정에서 노동자 인권, 생태적 지속 가능성 등을 중요하게 고려할 것을 강조한다.

(오답피하기) ① (가)는 합리적 소비를 주장하고 있으므로 소비하려는 제품의 정보와 가격, 구매의 필요성에 대한 숙고를 강조한다.
② (가)는 합리적 소비를 주장하고 있으므로 소비에 따른 기회비용과 만족감을 중시한다.
④ (나)는 윤리적 소비를 주장하고 있으므로 소비 행위에서 생산과 유통 과정에서의 생태적 지속 가능성을 강조한다.
⑤ (가), (나) 모두 소비 주체는 자신의 소비 방식과 관련해 자신의 가치관에 따라 어떤 소비를 할 것인지를 결정할 수 있다고 본다.

12 노직과 롤스의 분배적 정의 비교

(문제분석) 갑은 노직, 을은 롤스이다. 노직은 소유 권리로서의 정의를 주장하였고, 롤스는 공정으로서의 정의를 주장하였다. 노직과 롤스 모두 절차적 정의관을 제시하였다.

(정답찾기) ② 노직에 따르면 정형적 분배 원리는 정당한 소유에 이르는 역사적 과정을 무시하게 된다.

(오답피하기) ① 노직에 따르면 교환의 합법성은 양도하려는 소유물에 대한 합법적 소유에 기초해야 한다.
③ 롤스는 우리가 최초의 위치나 천부적 재능 분포에서의 위치에 대해 도덕적으로 자격을 갖지는 않는다고 보았다.
④ 롤스에 따르면 공정으로서의 정의는 나중에 갖게 되는 사회적 지위나 습득된 능력에 대해 적절한 방식으로 자격을 가질 수 있다.
⑤ 노직과 롤스 모두 공정한 상황에서 공정한 절차를 거쳐 합의된 것은 그 자체로 정의롭다고 보는 절차적 정의관의 입장을 취하였다.

13 국가에 대한 홉스, 루소, 아리스토텔레스의 입장 비교

(문제분석) (가)의 갑은 홉스, 을은 루소, 병은 아리스토텔레스이다. 홉스는 자연 상태에서 각자는 자기 보존을 위해 계약을 맺고 국가를 형성하지만, 계약을 맺을 때 생명의 위협에 저항할 권리는 국가에 양도하지 않는다고 보았다. 루소는 주권과 입법권이 국민에게 있으며, 그것은 양도될 수 없다고 보았다. 아리스토텔레스는 인간은 국가 안에서 살아야 하는 존재이며, 정치 공동체 안에서 최선의 삶이 가능한 존재라고 보았다.

(정답찾기) ① 루소는 입법권이 인민 모두에게 있다고 보는 반면, 홉스는 자연권을 양도받은 통치자(주권자)가 국가의 모든 권력을 독점한다고 보았으므로 홉스가 루소에게 제기할 비판으로 적절하다.

(오답피하기) ② 루소는 입법권을 주권자인 인민 모두가 갖는다고 보았으므로 루소가 홉스에게 제기할 비판으로 적절하지 않다.
③ 홉스, 루소, 아리스토텔레스 모두 국가 안에서 개인의 자아실현과 행복한 삶이 가능하다고 보았으므로 적절하지 않다.

④ 루소와 아리스토텔레스 모두 국가 권력은 구성원의 안전과 생명, 재산 보호를 위해 행사되어야 한다고 보았으므로 루소가 아리스토텔레스에게 제기할 비판으로 적절하지 않다.
⑤ 홉스는 국가의 기원을 사회 계약론에 기초해서, 그리고 아리스토텔레스는 인간의 자연적 본성에 기초해서 찾고자 했으므로 홉스가 아리스토텔레스에게 제기할 비판으로 적절하지 않다.

14 종교에 대한 엘리아데의 입장 이해

(문제분석) 제시문은 엘리아데의 주장이다. 엘리아데에 따르면 종교적 인간은 이 세계를 초월하면서도 이 세계 안에 스스로를 현현(顯現)하며, 그럼으로써 이 세계를 성화(聖化)하는 절대적 실재, 즉 거룩한 것이 있다고 믿는다. 그에게 성현(聖顯)이란 거룩한 것이 드러나는 사건을 의미한다.

(정답찾기) ④ 엘리아데에 따르면 종교적 인간에게 자연은 결코 단순히 자연스럽기만 한 것이 아니며, 탈신성화된 자연에 대한 경험은 근대에 와서 일어난 현상이다.

(오답피하기) ① 엘리아데에 따르면 종교적 인간은 세계를 성화하는 절대적 실재가 존재한다고 본다.
② 엘리아데에 따르면 종교적 인간에게 죽음은 단순히 삶의 끝이 아니라 삶의 또 다른 양식(樣式)이다. 그는 우주가 주기적으로 자신을 갱신한다고 보았다.
③ 엘리아데에 따르면 비종교적 인간은 자신을 역사의 주체로 파악한다.
⑤ 엘리아데에 따르면 비종교적 인간은 초월적 존재를 거부하지만, 종교적 인간의 후예로서 변질된 제의(祭儀)를 유지하고 있다.

15 밀과 벤담의 공리주의 이해

(문제분석) 갑은 밀, 을은 벤담이다. 밀은 쾌락을 질적으로 높은 수준의 쾌락과 낮은 수준의 쾌락으로 구분하였으며, 정상적인 인간이라면 질적으로 높고 고상한 쾌락을 추구할 것이라고 보았다. 벤담은 도덕과 입법의 원리로 공리의 원리를 제시하였고, 쾌락을 산출하거나 고통을 줄이는 결과를 가져오는 행위를 선한 행위로 보았다.

(정답찾기) ① 밀과 벤담 모두 공리의 원리에 따라 개인과 사회의 쾌락을 증진하는 행위를 도덕적 행위로 보았다.

(오답피하기) ② 칸트는 밀과 벤담과 달리 도덕 법칙에 대한 존경과 의무 의식에서 나온 행위만이 도덕적 가치를 지닌다고 보았다.
③ 밀과 벤담 모두 공리의 원리는 행위의 결과에 적용된다고 보았다.
④ 밀은 벤담과 달리 쾌락의 양뿐만 아니라 질적 가치까지 고려해야 한다고 보았으며, 질적으로 높고 고상한 쾌락을 바람직하다고 보았다.
⑤ 밀과 벤담 모두 도덕과 입법의 원리는 공리, 즉 최대 행복의 원리가 옳은 행위를 결정하는 기준이 된다고 보았다.

16 석가모니와 장자의 입장 비교

(문제분석) 갑은 석가모니, 을은 장자이다. 석가모니는 연기(緣起)의 법을 깨닫고 계정혜(戒定慧)를 닦음으로써 열반(涅槃)에 이르러야 한다고 주장하였다. 장자는 세상 만물을 차별하지 말고 도(道)의 관점에서 보아야 하며, 좌망(坐忘)과 심재(心齋)의 수양을 통해 절대 자

유[逍遙遊]에 이르러야 한다고 주장하였다.

정답찾기 ⑤ 석가모니와 장자 모두 감각 욕망, 의례 의식에 대한 집착에서 벗어나 이상적인 경지를 추구해야 한다고 주장하였다.

오답피하기 ① 석가모니는 하늘이 인간에게 도덕적 품성을 부여했다고 주장하지 않았다.

② 석가모니는 무명(無明)을 자각하고, 계정혜를 닦음으로써 윤회의 삶에서 벗어나야 한다고 가르쳤다.

③ 장자는 자연의 이치를 깨닫고, 좌망과 심재의 수양을 통해 분별의 속박에서 벗어나 절대적 자유에 이르러야 한다고 주장하였다.

④ 장자는 인위적 사회 규범이 아니라 자연의 순리를 따르는 삶을 통해 이상적인 경지에 이르러야 한다고 주장하였다.

17 동물의 도덕적 지위에 대한 싱어와 코헨의 입장 비교

문제분석 (가)의 갑은 싱어, 을은 코헨이다. 싱어는 쾌고 감수 능력을 지닌 동물의 이익 관심을 인간의 그것과 동등하게 고려해야 한다고 주장하였다. 코헨은 동물이 도덕 공동체의 구성원이 될 수 없다고 보았으며, 종 차별주의는 인간과 동물의 차이를 표현하는 한 방식일 뿐이라고 보았다. 코헨은 반(反) 동물권 사상가로 동물 실험은 합당하다고 보았다.

정답찾기 ⑤ 코헨은 싱어와 달리 인간과 동물의 종적 차이에 근거해 인간과 동물을 차등적으로 대우해야 한다고 보았다.

오답피하기 ① 싱어는 동물 실험이 인간과 동물 상호 간의 호혜적 의무를 위반한다고 주장하지 않았다.

② 싱어는 동물이 욕구 충족이나 고통의 회피와 같은 쾌고 감수 능력을 지닌다고 보았다.

③ 코헨은 동물이 도덕 능력을 지니지 못하며, 동물 실험은 인간의 삶과 가치 증진을 위해 필요하다고 보았다.

④ 코헨은 인간과 동물의 이익 관심이 동등한 가치를 지닌다고 보지 않았으며, 이에 따라 종 차별주의는 정당하다고 보았다.

18 국수 대접 이론과 동화주의 입장 비교

문제분석 다문화 사회와 관련해 갑은 국수 대접 이론의 입장을, 을은 동화주의 입장을 지지하고 있다. 국수 대접 이론은 주류 문화의 주된 역할을 바탕으로 주류 문화와 이민자 문화의 공존을 추구하는 입장인 반면, 동화주의는 이민자 문화를 주류 문화에 편입해야 한다는 입장이다.

정답찾기 ④ 다양한 문화 간의 대등한 공존을 통해 사회 발전을 이끌어야 한다는 것은 샐러드 볼 이론의 입장이다.

오답피하기 ① 국수 대접 이론과 달리 동화주의는 이주민의 문화적 다양성을 주류 문화로 동화되게 해야 한다고 본다.

② 동화주의와 달리 국수 대접 이론은 다양한 문화적 배경을 가진 이주민 문화와의 공존과 조화를 인정한다.

③ 동화주의와 달리 국수 대접 이론은 이주민이 자신의 문화적 정체성을 유지할 수 있어야 한다고 본다.

⑤ 이주민 문화를 주류 문화에 편입하여 사회 갈등과 혼란의 방지를 강조하는 것은 동화주의 입장이다.

19 성(性)에 대한 자유주의와 보수주의 입장 비교

문제분석 제시문의 '나'는 자유주의 성을 주장하고 있고, '어떤 사람'은 보수주의 성을 주장하고 있다. 자유주의 성은 최소한의 책임과 최대한의 성적 자유를 강조한다면, 보수주의 성은 최소한의 성적 자유와 최대한의 성적 책임을 강조한다.

정답찾기 ③ 자유주의 성은 성적 자유의 허용을 중시하며, 이를 위한 도덕적 제약으로 상대방에 대한 해악 금지와 자율성 존중을 인정한다.

오답피하기 ① 성적 행위의 정당성을 결혼한 부부의 출산과 양육에 두는 것은 보수주의 성이다.

② 사랑이 인간의 성에 특별한 가치와 존엄성을 부여해 준다는 입장은 중도주의 성에 해당한다.

④ 자유주의 성은 쾌락 중심의 성을 주장하며, 사랑이 없는 성도 당사자 간의 자발적 동의가 있다면 허용될 수 있다고 본다.

⑤ 성적 행위에서 최소한의 성적 자유와 최대한의 사회적 책임을 강조하는 입장은 보수주의 성이다.

20 레오폴드와 테일러의 자연관 비교

문제분석 갑은 레오폴드, 을은 테일러이다. 레오폴드는 진화론적이고 생태학적 관점에 기초해 생태 중심주의 자연관을 제시하였고, 테일러는 생명체의 고유의 선(善)과 본래적 가치 개념에 기초해 생명 중심주의 자연관을 제시하였다.

정답찾기 ㄴ. 테일러는 모든 야생 생물의 고유한 선은 도덕 행위자로부터 관심과 배려를 받아야 마땅하다고 보았다.

ㄷ. 테일러는 자연 생태계의 모든 야생 생물은 본래적 가치를 지니며, 따라서 그들 자신의 고유한 선을 위해 보존될 가치가 있다고 보았다.

ㄹ. 레오폴드와 테일러는 인간과 야생의 동식물은 모두 생명 공동체를 이루는 동등한 구성원이라고 보았다.

오답피하기 ㄱ. 레오폴드는 인간도 생명 공동체를 구성하는 동등한 구성 요소이므로 생명 공동체 내에서 경쟁과 협동을 통해 생명 공동체의 온전성과 안정성, 아름다움의 보존에 기여하는 것을 옳다고 보았다.

고2~N수 수능 집중 로드맵

수능 입문	기출 / 연습	연계+연계 보완	심화 / 발전	모의고사

수능 입문
- 윤혜정의 개념/패턴의 나비효과
- 하루 6개 1등급 영어독해
- 수능 감(感)잡기
- 수능특강 Light

강의노트
- 수능개념

기출 / 연습
- 윤혜정의 기출의 나비효과
- 수능 기출의 미래
- 수능 기출의 미래 미니모의고사
- 수능특강Q 미니모의고사

연계+연계 보완
- 수능연계교재의 VOCA 1800
- 수능연계 기출 Vaccine VOCA 2200

연계
- 감수 수능특강
- 감수 수능완성

- 수능특강 사용설명서
- 수능특강 연계 기출
- 수능 영어 간접연계 서치라이트
- 수능완성 사용설명서

심화 / 발전
- 수능연계완성 3주 특강
- 박봄의 사회·문화 표 분석의 패턴

모의고사
- FINAL 실전모의고사
- 만점마무리 봉투모의고사
- 만점마무리 봉투모의고사 시즌2
- 만점마무리 봉투모의고사 BLACK Edition
- 수능 직전보강 클리어 봉투모의고사

구분	시리즈명	특징	수준	영역
수능 입문	윤혜정의 개념/패턴의 나비효과	윤혜정 선생님과 함께하는 수능 국어 개념/패턴 학습		국어
	하루 6개 1등급 영어독해	매일 꾸준한 기출문제 학습으로 완성하는 1등급 영어 독해		영어
	수능 감(感) 잡기	동일 소재·유형의 내신과 수능 문항 비교로 수능 입문		국/수/영
	수능특강 Light	수능 연계교재 학습 전 연계교재 입문서		영어
	수능개념	EBSi 대표 강사들과 함께하는 수능 개념 다지기		전 영역
기출/연습	윤혜정의 기출의 나비효과	윤혜정 선생님과 함께하는 까다로운 국어 기출 완전 정복		국어
	수능 기출의 미래	올해 수능에 딱 필요한 문제만 선별한 기출문제집		전 영역
	수능 기출의 미래 미니모의고사	부담없는 실전 훈련, 고품질 기출 미니모의고사		국/수/영
	수능특강Q 미니모의고사	매일 15분으로 연습하는 고품격 미니모의고사		전 영역
연계 + 연계 보완	수능특강	최신 수능 경향과 기출 유형을 분석한 종합 개념서		전 영역
	수능특강 사용설명서	수능 연계교재 수능특강의 지문·자료·문항 분석		국/영
	수능특강 연계 기출	수능특강 수록 작품·지문과 연결된 기출문제 학습		국어
	수능완성	유형 분석과 실전모의고사로 단련하는 문항 연습		전 영역
	수능완성 사용설명서	수능 연계교재 수능완성의 국어·영어 지문 분석		국/영
	수능 영어 간접연계 서치라이트	출제 가능성이 높은 핵심만 모아 구성한 간접연계 대비 교재		영어
	수능연계교재의 VOCA 1800	수능특강과 수능완성의 필수 중요 어휘 1800개 수록		영어
	수능연계 기출 Vaccine VOCA 2200	수능-EBS 연계 및 평가원 최다 빈출 어휘 선별 수록		영어
심화/발전	수능연계완성 3주 특강	단기간에 끝내는 수능 1등급 변별 문항 대비서		국/수/영
	박봄의 사회·문화 표 분석의 패턴	박봄 선생님과 사회·문화 표 분석 문항의 패턴 연습		사회탐구
모의고사	FINAL 실전모의고사	EBS 모의고사 중 최다 분량, 최다 과목 모의고사		전 영역
	만점마무리 봉투모의고사	실제 시험지 형태와 OMR 카드로 실전 훈련 모의고사		전 영역
	만점마무리 봉투모의고사 시즌2	수능 직전 실전 훈련 봉투모의고사		국/수/영
	만점마무리 봉투모의고사 BLACK Edition	수능 직전 최종 마무리용 실전 훈련 봉투모의고사		국·수·영
	수능 직전보강 클리어 봉투모의고사	수능 직전(D-60) 보강 학습용 실전 훈련 봉투모의고사		전 영역

THE
기대돼!
한기대!
FUTURE
HAS
BEGUN
AT **KOREATECH.**

내일의 내 일에 대한 설렘,
그것은 이미 시작됐어!
가슴 뛰게 만드는 한기대에서.

KOREATECH
한국기술교육대학교

1위 2023	80.3%	4,358 만원	공학 238 만원	입학문의
중앙일보 대학평가 '학생교육우수대학'	우수한 취업률, 전국 2위	학생 1인당 교육비(연간)	사회 166 저렴한 등록금	041) 560-1234

* 모두의 요강(mdipsi.com)을 통해 한국기술교육대학교의 입시정보를 확인할 수 있습니다.
* 본 교재 광고의 수익금은 콘텐츠 품질개선과 공익사업에 사용됩니다.

나의 미래를 위한
새로운 도전,
연세 미래캠퍼스!

연세미래의 경쟁력
**최고수준의
취업률**

생활과 교육을 하나로,
RC프로그램

미래가치를 창조하는
자율융합대학

YONSEI
MIRAE
CAMPUS

**연세대학교 미래캠퍼스
2025학년도 수시모집**

입학 문의 | 입학홍보처
033-760-2828
ysmirae@yonsei.ac.kr

원서 접수
2024.9.9.(월)~9.13.(금)
admission.yonsei.ac.kr/mirae